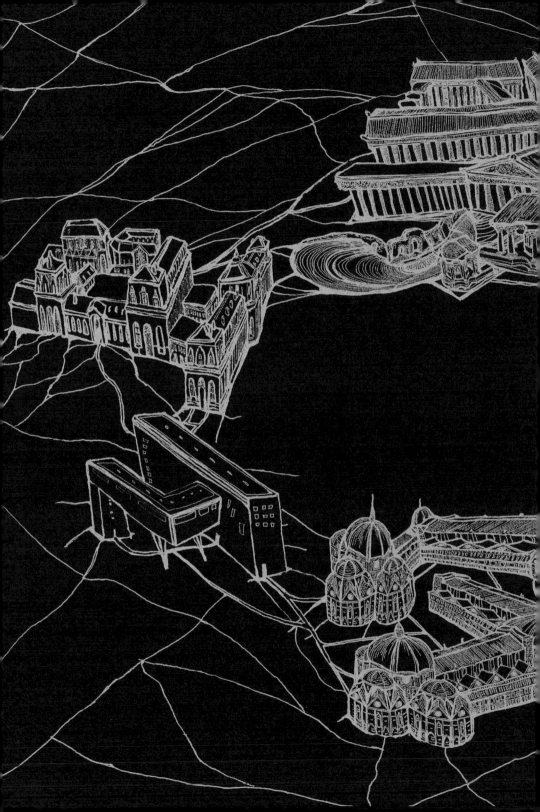

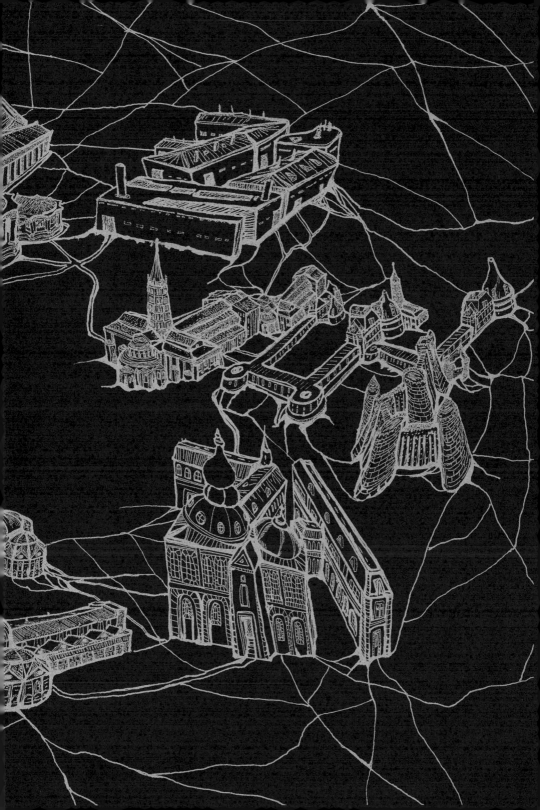

Philosophical Journey

필로소피컬 저니

초판 1쇄 발행 2008년 8월 30일
초판 3쇄 발행 2011년 4월 21일

글쓴이 | 서정욱
펴낸이 | 양소연
표지 및 본문 디자인 | 김미숙
기획 및 책임편집 | 함소연

펴낸곳 | **함께읽는책**
주소 | 서울시 금천구 가산동 60-3 대륭포스트타워 5차 1104호
대표전화 | 02-2103-2480   **팩스** | 02-2624-4240
홈페이지 | www.cobook.co.kr

ISBN 978-89-90369-70-3 (04100)
ISBN 978-89-90369-74-1 (세트)

철학과 **역사**, 문학의 영역을 사뿐히 넘나드는 **7일간의 달콤한 철학 여행**

서정욱 지음

함께읽는책

"당신과 헤어진 후, 이곳에 오게 된 일이 얼마나 기쁜지 모르겠소!
벗이여, 사람의 마음이란 이다지도 변덕스러운 것인지요.
그렇게도 소중하고 떨어지기 싫던 당신과 헤어지고 난 후 기쁨을 느낄 수 있다니!"

_괴테 《젊은 베르테르의 슬픔》 중에서

카오스에서 가이아가 태어났습니다.
하나님이 세상을 창조했습니다.

이 두 문장의 공통점과 차이점은 무엇일까요?

먼저 공통점은 세상의 시작을 말하고 있다는 점입니다. 그리고 차이점은 무엇으로부터 창조되었느냐 하는 것입니다. 고대 그리스 사람들은 아무것도 없는 상태인 무無에서 무엇이 나온다는 것을 인정하지 않았습니다. 그래서 그들은 무엇인지는 모르지만 카오스라는 것을 설정하고, 그곳에서 최초의 시작인 가이아가 나왔다고 이야기합니다. 이런 고대 그리스 사람들의 생각은 당시로서는 매우 논리적인 것이었습니다. 논리란 무엇에서부터 무엇이 추리되어 나오는 것이기 때문에 카오스에서 가이아가 나온 것은 극히 논리적인 것입니다. 이렇게 고대 그리스 사람들은 살아가면서 생기는 모든 물음에 그 원인을 생각하였습니다. 예를 들면, 일식은 왜 생기는가, 자연재해는 또 왜 생기는가 등의 물음을 끊임없이 던진 것입니다. 그리고 그것에 대한 답을 과학적인 사실에서 찾았습니다. 이렇게 과학적인 사실에서 지식을 얻으려 했던 사

6

람들을 당시 사람들은 "지혜를 사랑하는 사람"이라고 하였으며, 지금 우리는 그들을 철학자라고 부릅니다.

과학적인 사실을 알게 된 이들은 이제 근원적인 것들에 대해 묻게 됩니다. 즉, 이들은 자연 세계의 존재 원리를 찾고자 했던 것입니다. 어떤 이들은 물질적인 것으로부터 자연 세계의 존재 원리를 찾으려 했고, 또 어떤 이들은 정신적인 것으로부터 찾고자 했습니다. 후자를 대표하는 사람이 바로 플라톤입니다. 플라톤은 운 좋게도 훌륭한 제자 아리스토텔레스를 두어 오랫동안 자신의 세계를 이어갈 수 있었습니다.

많은 시간이 흐른 후 예루살렘에서 한 아이가 태어났습니다. 그 아이의 이름은 예수입니다. 예수의 탄생은 한 가지 방법만으로 세계의 원리를 파악하려던 사람들의 생각을 바꾸어 놓았습니다. 플라톤 이후 이어지던 고대 그리스 사상에 새로운 그리스도교 사상이 도전장을 내민 것입니다. 이렇게 해서 철학은 다시 둘로 나누어집니다. 이렇게 나누어진 철학적인 생각을 다시 하나로 만든 것은 신학적 생각에 의심을 품은 사람들과 과학의 힘입니다. 르네상스와 종교개혁은 결국 또 다른 의미의 철학적인 분열을 가지고 왔습니다. 특히 과학적인 사고를 가진 사람들이 나타나 철학에도 과학을 접목시키게 됩니다. 유럽의 합리주의적인 생각과 영국의 경험적인 사고가 바로 그것입니다. 데카르트, 스피노자, 그리고 라이프니츠의 합리적인 생각과 로크, 버클리, 그리고 흄의 경험적인 생각이 철학을 다시 둘로 크게 나누었습니다. 물론 이렇게 나누어진 생각을 다시 하나로 묶은 철학자는 칸트를 비롯한 독일의 관념론자들입니다.

하지만 헤겔 이후 철학은 다시 둘로 나누어집니다. 즉, 칸트의 생각을 잇자는 사상가들과 헤겔의 생각을 따르는 철학자들이 바로 그들입니다. 이들은 각자 자신들의 철학을 새롭게 쓰고자 했습니다. 결국 유럽에서는 현상학, 생철학, 실존 철학 등의 철학이 새롭게 나타났습니다. 반면 영국과 미국에서는 경험을 바탕으로 자연과학과 수학에 뜻을 둔 철학자들이 나타나기 시작합니다. 그들은 공리주의를 비롯하여 실증주의, 논리실증주의, 그리고 분석 철학 등 다양하고도 새로운 철학을 만들어냈습니다. 이렇게 해서 오늘날 우리는 유럽을 중심으로 하는 철학적인 분파와 영국과 미국을 중심으로 하는 새로운 철학의 분파를 알고 있습니다.

고대 그리스에서는 철학이 모든 학문의 학문이었습니다. 그리고 중세에는 철학은 신학의 시녀였습니다. 그리고 지금은 철학이 모든 학문의 학문도 아니며, 신학의 시녀도 아닙니다. 단지 과학이 하나의 학문으로 남지 않고 여러 학문으로 분열되었듯이, 철학도 분열에 분열을 계속하고 있습니다.

사람들은 아리스토텔레스를 만학의 아버지라고 불렀습니다. 아리스토텔레스의 철학이 모든 학문에 방향을 제시했다는 뜻입니다. 하지만 지금의 철학은 과학이 분열되는 것에 아무런 방향 제시도 하지 못하고 있습니다. 심지어 많은 사람은 묻습니다. 철학이 과연 인간의 삶에 도움을 주고 있기는 하느냐고 말입니다.

고대 그리스 사람들은 가이아가 카오스에서 태어났다고 했습니다.

이는 현재 있는 것들에 대한 이유를 말해 주는 좋은 예입니다. 다른 말로, '현재 있는 것'이 '어떻게 있게 되었는지' 그 방법을 가르쳐 준 것입니다. 그리고 그들은 철학을 발전시켰습니다. 고대 그리스 철학은 이런 점에서 우리에게 방법론을 제시해 줍니다. 과학이 여러 가지 과학으로 나누어질 때, 가장 중요한 것은 누가 무엇을 어떻게 연구하느냐의 문제였습니다. 그것은 결국 방법론의 문제입니다. 다른 학문도 마찬가지입니다. 한 가지 학문이 두 가지 이상의 다른 학문으로 나누어지는 것은 결국 방법론의 문제라고 할 수 있습니다.

철학이 여러 가지 철학으로 나누어진 것도 결국은 방법적인 문제였습니다. 이런 점에서 앞으로의 철학은 모든 학문에 방법론을 제시해 주는 학문으로 남는다고 해도 과언이 아닐 것입니다. 바로 이 책을 통해 여러분이 이런 철학의 방법적인 문제를 찾고 배울 수만 있다면 더 없는 기쁨으로 생각하겠습니다.

이 책이 나올 때까지 참 많은 사람들이 수고와 노력을 아끼지 않았습니다. 이 책이 출판되도록 도와주신 도서출판 함께읽는책의 양소연 사장님, 처음부터 끝까지 이 책의 편집과 기획을 책임지신 함소연 선생님, 좀 더 쉬운 이해를 위해 그림과 삽화를 담당해 주신 박윤주 선생님, 그 외 이 책을 위해 물심양면으로 도와주신 모든 분께 머리 숙여 깊은 감사와 사랑을 드립니다. 정말 감사합니다.

2008년 6월
서정욱

여행하는 순서

여행을 떠나기 전에
경고! _ 프롤로그

철학을 만나다 _ 에필로그

도움받은 책
더 읽어볼 만한 책

경고!

평소와 마찬가지로 지저귀는 새소리에 눈을 떴다. 그런데 오늘 아침 새소리는 유난히 정겹게 들린다. 살다보면 이럴 때도 있어야지, 그럼.

힘차게 기지개를 켜고 주위를 둘러본다. 저게 뭐지? 그리고 이것은? 여기저기 놓여있는 모든 물건이 낯설다.

"엄마, 아빠, 여기 좀 와 보세요."

"……."

"엄마? 아빠!"

아무 대답이 없다. 다시 한 번 눈을 비비고 주위를 둘러본다. 물건들이 낯설 뿐 아니라 안경을 끼고 자세히 보니 벽도 없다. 보이는 것은 온통 물과 하늘뿐이다. 어찌된 일일까? 이게 어찌 된 일일까? 정말 부모님도, 선생님도 없는 곳으로 오게 되었단 말인가!

"정말…… 혼자란 말이지? 아무도 없단 말이지……. 히야! 이렇게 좋을 수가!"

하지만 잠시 후, 부모님과 선생님 외에도 없는 것이 너무 많다는 생각이 들었다. 컴퓨터도, 텔레비전도, 휴대폰도, 그리고 MP3도. 갑자기 단테의 《신곡》 지옥 편 첫 구절이 생각난다.

올바른 길을 잃고 나는 어두운 숲 속에 놓여 있다. 나는 지금 밝은 하늘 아래 누워 있지만, 어두운 숲 속을 헤매고 있는 것과 다를 것이 전혀 없다.

그리고 어떤 인도 철학자가 했다는 말도 생각난다.

어떤 사람이 지구가 어떻게 있나 궁금해서 한 인도 철학자에게 물었다
"지구는 어떻게 있습니까?"
"코끼리가 등에 지고 있죠."
"그 코끼리는 어떻게 있습니까?"
"거대한 거북이가 떠받치고 있죠."
"그럼, 그 거북이는요?"
"그것은 나도 모르죠."

내 침대는 누가 떠받치고 있는 걸까? 혹 거북이가? 순간, 침대가 기우뚱거렸고, 나는 물속으로 빠져들었다.
"정말, 아무것도 되는 일이 없네! 이 젖은 옷은 또 어떻게 하라고. 갈아입을 옷도 없는데……."
바로 그때, 그리스 신전 같은 어마어마한 건물이 눈에 들어왔다.
'일단 저곳으로 가자!'
무작정 신전의 문을 밀고 들어가자 문 뒤에 또 하나의 문이 있었다. 그 문에는 입구라는 푯말과 함께 다음과 같은 글이 적혀 있었다.

입구

이 문은 입구입니다. 출구는 따로 있습니다.

이 문을 열고 들어가는 사람은 안에 있는 모든 성을 차례로 돌아본 다음

나와야 합니다.

이곳에 있는 모든 성을 돌아보는 순서는 무지개이며,

모든 성을 다 구경하는 데 얼마가 소요될지는

아무도 모릅니다.

이건 또 무슨 말이야? 이 문 뒤에 또 문이 있단 말인가? 그리고 무지개는 또 뭐란 말인가? 모든 성을 구경하는 데 얼마가 걸릴지 모른다고? 출구를 못 찾을 수도 있단 말인가?

'하지만 난 지금 춥고 배고파. 젖은 옷을 말리고 뭐라도 얻어먹으려면 이 문을 열고 들어가야 해. 그런데 잘못하면 못 나올 수도 있단 말이지. 음, 그럼 부모님과 선생님으로부터의 영원한 자유를 얻게 된다는 건가?'

그때 갑자기 문 안쪽에서 누군가 크게 웃는 소리가 들려왔다. 그 웃음소리는 지금까지 한 번도 들어보지 못한 행복에 찬 목소리였다. 그런데 문제는 그 다음에 생겼다. 그 목소리가 나도 모르게 입구 문을 열도록 만들었던 것이다. 문을 여는 순간, 또 다시 단테의 《신곡》 연옥 편, 첫 구절이 생각났다.

저 참혹한 바다를 뒤로 남겨두고, 내 재주의 작은 조각배가 돛대를 올리는구나…… 지금까지 나의 삶이 지옥이었다면, 이제 나는 천당으로 가는 길목인 연옥으로 가리라.

나는 조용히 문턱을 넘었다. 마치 귀신의 집에라도 들어가는 것처럼 조심조심. 안은 생각보다 어두웠다. 내 앞에는 여러 개의 방들과 계단들이 여기저기 정신없이 펼쳐져 있었다. 나는 가장 먼저 눈에 띈 방문의 문고리를 조심스럽게 돌렸다.

"악!"

갑자기 문고리에서 굉음과 함께 이상한 연기가 피어올랐다. 하지만 문은 열리지 않았다. 그때 머릿속에 입구에서 본 경고 문구가 떠올랐다.

'분명 무지개라고 했지. 그래 저것이구나!'

내가 잡은 문고리에는 분명하지는 않지만 빛바랜 본래의 색깔이 남아 있었다.

'무지개 순서라면 가장 먼저 빨간색 문고리를 찾으면 될 거야!'

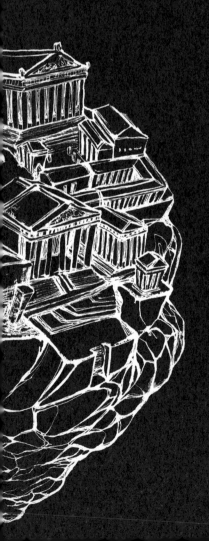

Day 1. 깜짝 놀랄 여행의 시작

- 고대 그리스 · 로마 철학

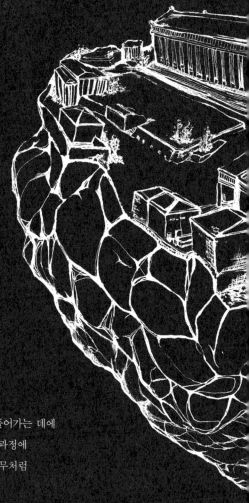

철학이란 사람이 살아가는 동안 없어서는 안 될
중요한 사람의 한 부분이다. 크고 작은 문제를 풀어가는 데에
꼭 필요한 것이다. 나 같으면 의무 교육인 중학교 과정에
꼭 포함시켰겠지만, 당신도 알다시피 철학은 군복무처럼
반드시 거쳐야 하는 국민의 의무는 아니다.
시대에 뒤떨어진 과목이라고 생각하는 사람이 많다 보니,
학교에서도 철학보다야 요새 인기 좋은 사회과학을
가르치는 게 낫다고 생각하게 된 것이다.
하지만 그런 사고방식 대로라면, 정육점 주인조차
전자계산기로 거스름돈 계산을 하는 세상이니,
수학 과목을 없애야 한다고 주장하는 것과 다름없다.
_루치아노 데 크레센초 《그리스철학사 1》 서문 중에서

세상이 만들어지다

1

탈레스 BC 575-BC 500 *Thales*

내 죽음의 비밀을 밝혀다오.

고생 끝에 겨우 첫 번째 문을 발견한 나는 빛바랜 빨간색 문고리를 조심스럽게 돌렸다. 그러고는 내 눈앞으로 순식간에 다가온 위와 같은 구절에 또 한 번 기겁을 해야 했다. 환영 같기도 하고 홀로그램 같기도 한 구절이 허공 위, 내 눈앞을 지나갔다.

'어떤 죽음의 비밀을 밝혀달라는 것일까?'

어둠 속에서 한참을 생각하는 사이, 차츰 어둠에 눈이 익숙해지면서 주위가 조금씩 보이기 시작했다. 야외 강당 같은 그곳에는 영화관처럼 계단식 의자가 놓여 있었고, 이미 내 또래의 많은 아이들이 자리를 잡고 앉아 있었다.

'나 말고도 자유를 찾은 사람들이 또 있었군.'

나는 속으로 이런저런 생각을 하며 슬그머니 자리를 잡고 앉았다. 얼마 지나지 않아 그리스식의 망토인 키톤을 걸친 한 아저씨가 강단 앞에 나와 섰다. 그리스의 철학자 소크라테스는 저런 키톤만 입고 일평생을 살았다지.

"여러분, '필로소피컬 저니'와 함께 하게 된 것을 환영합니다. 이 빨간색의 방은 모두 13개의 또 다른 강의실들로 이루어져 있습니다. 오늘 하루 여러분은 이 13개의 강의실을 모두 무사히 빠져나가야만 휴식을 취하고 내일 다른 방을 찾을 자격이 주어질 것입니다. 나와 함께 풀어야 할 첫 번째 주제는 '죽음의 비밀'입니다."

간단하게 환영의 말을 마치자 키톤을 걸친 아저씨는 숨도 쉬지 않고 이야기를 이어갔다.

'이건 아니야! 부모님과 선생님의 눈치, 과외로부터의 자유를 얻었다고 생각했는데, 겉만 으리으리했지 고작 철학 강의나 듣는 곳이란 말이야? 정말 이건 아니야!'

여러분은 우주, 세계, 그리고 인간의 문제에 대해서 생각해 본 적이 있습니까? 우주와 세계는 어떻게 생성되었으며, 사람과 동물은 누가 만들었는지 생각해 본 적이 있습니까?

고대 그리스에서는 기원전 600년경에 이런 문제를 고민한 몇몇의 사람들이 나타났습니다. 물론 당시의 사람들은 신들이 이 모든 것을 만들었다고 믿고 있었습니다. 그렇기 때문에 이러한 질문을 할 필요가 없었습니다. 하지만 과학이 발달하면서 사람들은 더 이상 우주, 세계, 그리고 인간의 문제를 신화에서만 찾을 수는 없다고 생각했습니다. 우리는 이런 인간의 문제를 신화에 의지하지 않고 스스로 해결하려 했던 사람들을 고대 그리스의 철학자라고 부릅니다. 이런 철학자들이 가장 먼저 나타난 곳은 지금의 터키 서쪽 지방입니다. 당시는 그 지방을 이오니아라고 불렀고, 이오니아는 고대 그리스의 식민지였습니다.

자, 이제부터 우리가 이야기할 탈레스라는 철학자는 바로 이 이오니아 지방의 가장 아래에 있는 도시인 밀레토스에서 살았습니다. 기술자로 활동하던 탈레스는 청년이 되면서 배를 타고 이집트와 중동 지역을 여행하였습니다. 이 여행을 통해서 탈레스는 칼데아의 과학과 이집트의 기하학을 배웠답니다. 이집트에서 기하학을 배운 탈레스는 여러분들이 수학 시간에 배운 비례 법칙 등 수많은 법칙들을 남겼습니다.

1. 원은 지름에 의해서 2등분된다.

2. 두 직선이 교차할 때, 그 맞꼭지각의 크기는 같다.

3. 이등변삼각형의 두 밑각의 크기는 같다.

4. 반원에 내접하는 각은 직각이다.

5. 삼각형은 밑변과 밑각이 주어지면 어떤 삼각형인지 결정된다.

그 외에도 탈레스는 칼데아 지방에서 배운 천문학으로 밀레토스의 일식을 예언해 사람들을 깜짝 놀라게 하였습니다. 오늘날의 과학이 밝힌 기원전 585년 5월 28일에 있었던 바로 그 일식을 탈레스가 예언한 것입니다. 부분일식이 아닌 개기일식이 나타나면서 갑자기 하늘이 어두워졌고 사람들은 갈팡질팡했습니다. 이 일이 있은 후 일식을 예언한 탈레스는 밀레토스뿐 아니라 그리스 전 지역으로 그 이름이 알려지면서 유명해졌답니다.

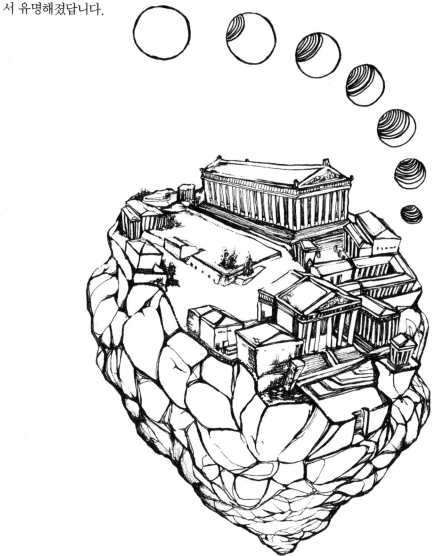

"지금까지의 이야기는 탈레스의 기하학과 천문학에 관한 것이었습니다. 이제 그의 철학에 관한 이야기를 해볼까요? 저기 가운데 앉은 학생, 이름이?"

키톤 아저씨의 손가락은 공교롭게도 나를 가리키고 있었다. 질문이라면 정말 질색인 나를.

"사랑입니다."

"사랑? 아, 그리스어로 필로스! 참 좋은 이름이군요. 앞으로 필로스라고 부르겠습니다. 필로스, 만약에 말이에요, 고대 그리스 사람들이 신화를 믿지 않았다면 그들은 이 세계가 어떻게 만들어졌고, 어떻게 사람들이 생겨났다고 생각했을까요?"

혼자 신이 나서 내 이름을 멋대로 부르겠다고 정한 아저씨는 또 질문을 퍼부었다.

"음, 그러니까…… 고대 그리스 사람들은 그런 의문을 가질 필요가 없었잖아요. 모두들 신화를 믿고 있었으니까……."

"아니요. 그 질문은 탈레스가 여러 나라를 여행하고 난 다음 갖게 된 의문이죠? 그렇죠?"

"탈레스는 아르케라고 했습니다."

이곳저곳에서 쏟아지는 많은 답들에 내 대답은 금세 묻혀버렸다.

'이런!'

아르케는 물질입니다. 우리가 사는 세상에는 참 많은 물질이 있죠. 그 물질 중에서 이 세상이 있게 한 첫 번째 물질이 바로 아르케입니다.

그리스 신화에서는 최초에 카오스가 있었다고 말합니다. 바로 그 카오스에서 가이아가 나오고, 가이아는 우라노스를 낳고, 우라노스는 크로노스를 낳았으며, 크로노스는 제우스를 낳았습니다. 그렇게 해서 그리스 신화는 세상을 완성시켰습니다. 이렇게 그리스 신화와 연결해서 본다면 탈레스가 주장한 아르케는 바로 카오스와 같은 것입니다. 즉, 아르케는 이 세상이 생길 때 최초로 있었던 물질과 같은 것입니다. 고대 그리스어로 아르케는 원래의 물질이라는 의미에서 '원질'이라고 합니다. 이 세상이 만들어질 때, 정말 아르케가 있었는지는 아무도 모릅니다. 단지 탈레스는 그리스 신화를 믿지 않고 자신의 생각을 말했을 뿐입니다. 이런 아르케에 대한 탈레스의 생각이 철학의 첫 번째 의문이랍니다.

"그런데 탈레스는 흙, 나무 등 많은 물질 중에서 왜 하필 물을 아르케라고 했을까요? 조금 전에 아르케를 말한 학생 얘기해 보세요. 아, 그리고 이름이 뭐죠?"

"지혜입니다. 그리스 어로 소피아고요."

"소피아! 정말 좋은 이름을 갖고 있군요. 저 학생은 필로스, 여기 이 학생은 소피아. 합치면 필로소피아, 즉 철학이네요! 흠, 정말 좋은 이름이군요. 소피아, 대답해 보겠어요?"

"그건 잘 모르겠습니다."

'말 한 번 똑 부러지게 하는구나. 그나저나 저 아저씨는 아까부터 왜 남의 이름을 가지고…….'

"그래요. 사실 나도 모릅니다. 하하! 그것을 알고 있는 사람은 아무도 없습니다. 안타깝게도 탈레스가 철학에 대해서 말한 것은 '최초의 아르케는 물이다'라는 것이 전부입니다."

"아르케에 관한 내용이 탈레스 철학의 전부라고요?"

키톤 아저씨의 말에 소피아라는 아이가 놀라며 물었다.

"네, 그렇습니다. 하지만 이것이 철학에서는 아주 중요하답니다."

세계란 무엇일까요? 이것이야말로 탈레스가 가졌던 유일한 의문이었습니다. 세상은 어떻게 생겨났을까요? 세상이 어떤 것에서 생겨났다면, 그 어떤 것은 물질일까요? 그리고 그 물질은 탈레스가 생각한 것처럼 정말 물일까요?

앞에서 말한 대로 탈레스가 여행하고 유학한 나라는 이집트와 바빌로니아 지방이었습니다. 그 지역은 물이 적고 아주 건조한 지방입니다. 물이 부족한 지방에서는 물에 대한 숭배 의식이 매우 높습니다. 이집트 사람들은 나일 강가에서 농사를 짓고 살았습니다. 칼데아 사람들은 유프라테스 강과 티그리스 강 주위에서 역시 농사를 짓고 살았습니다. 그리고 나일 강, 유프라테스 강, 티그리스 강의 삼각주는 기름진 땅으로 유명합니다. 하지만 강의 하류에 있던 삼각주는 홍수와 가뭄을 동시에 겪어야 했던 지역입니다. 그래서 이집트의 나일 강과 메소포타미아의 유프라테스 강, 티그리스 강 주위에 살고 있던 사람들은 홍수와 가뭄에 대한 두려움으로 물을 숭배했습니다. 결국 나일 강은 이집트 사람들에게는 희망이었고, 유프라테스 강과 티그리스 강은 칼데아 사람들에게 생명과도 같았습니다.

"이집트 사람이나 칼데아 사람들이 물에 대해 그렇게 생각한다고 해서 탈레스까지 물을 숭배하거나 생명의 근원이라고 생각할 필요는 없잖아요? 그는 이집트나 칼데아에 산 것이 아니라 항구 도시인 밀레토스에 살았으니까요."

"물이 풍부한 밀레토스에 살았던 탈레스이지만 그 역시 물에는 힘이 있다고 생각했습니다. 즉, 물이 모든 생물을 살리거나 죽일 수 있는 힘을 갖고 있다고 생각한 것이죠."

소피아의 날카로운 질문에 키톤 아저씨는 천진하게 윙크를 보내며 말을 이었다.

메마른 땅에서도 생물을 살아 움직이게 하는 것은 물입니다. 아무리 가뭄이 들어도 비가 오면 들판은 금세 파란빛으로 생기가 돕니다. 탈레스는 이집트 지방과 중동 지방에서 이런 현상을 아주 많이 보았을 것입니다. 그래서 탈레스는 물이야말로 생명을 살리는 힘이 있다고 생각했습니다. 아마도 탈레스는 이런 것을 보고 최초의 물질인 원질 즉, 아르케를 물이라고 생각했을 것입니다.

"결국, 탈레스는 철학적인 문제에 답을 준 사람은 아니군요."

내가 열심히 물에 관한 생각을 할 동안 소피아라는 아이는 또 다른 질문을 하고 있었다.

"그렇습니다. 탈레스가 철학자로 유명한 것은 철학적인 문제를 처음 던진 사람이기 때문입니다. 원질에 관한 탈레스의 생각과 천문학에 관한 탈레스의 예언은 당시 사람들이 탈레스를 존경하고도 남을 일이었습니다. 그래서 탈레스는 고대 그리스의 현명한 일곱 사람, 즉 칠현인 중에 한 사람으로 존경 받았습니다. 바로 이렇게 고대 그리스 사람들로부터 존경 받던 탈레스가 운동경기 관람을 마치고 나오는 길에 죽었습니다. 이제 여러분은 그의 죽음에 대한 비밀을 풀어야 합니다. 비밀을 푼 사람은 다음 강의실로 옮겨 갈 수 있습니다. 그럼."

말을 마친 키톤 아저씨는 누가 뭐라고 말하기도 전에 조용히 강의실을 빠져나갔다. 아저씨가 나가자 환영인지 홀로그램인지 모를 구절이 다시 눈앞에 나타났다.

> 어떤 사람이 죽었습니다. 이 사람은 운동경기를 구경하고 난 다음 경기장 의자에 앉아서 잡자듯 조용히 죽어 있었습니다. 이 사람은 심장마비로 죽었을까요? 아니면 관람객들에게 밟혀 죽었을까요? 그것도 아니면 이 사람 몸에 있던 수분이 몽땅 빠져나가서 죽은 것일까요? 이 사람의 이름은 탈레스입니다. 여러분이 그의 죽음에 관한 비밀을 풀어주시기 바랍니다.

서양문화사 호메로스, 헤시오도스 활동(BC 700년 이전), 드라콘 법[※] 반포(BC 621년)
동양문화사 우파니샤드 시대(BC 800-BC 600년), 석가모니 탄생(BC 565년)

황금 다리를 가진 신,
흰 독수리와 인사를 나누다

2

Pythago 피타고라스 BC 575-BC 500

한 변의 길이가 각각 1cm인
직각삼각형의 빗변의 길이를 구하시오.

첫 번째 방에서 나와 허겁지겁 뛰어가는 내 앞에 또 다시 홀로그램이 뛰어나왔다.

"아, 루트 2!"

'쳇, 저것도 모르는 사람이 있나.'

이렇게 생각하며 나는 황급히 두 번째 방으로 뛰어 들어갔다. 방으로 들어서는 순간 나는 기쁨의 탄성을 질렀다.

"우와, 이게 다 무슨 냄새야!"

"배고프죠? 빨리 와서 이것들 좀 먹어요."

내가 대답할 사이도 없이 키톤 아저씨는 다시 고개를 돌려 계속 무엇인가를 먹고 있었다.

"배 많이 고프지? 빨리 먹어. 금방 강의가 시작될 거야."

언제 왔는지 소피아가 나에게 젓가락을 건네주며 재촉했다.

"자, 다들 맛있게 먹으면서 내 얘기를 듣기 바랍니다."

내가 음식을 막 먹으려는 순간, 키톤 아저씨가 이야기를 시작했다.

"필로스, 이 강의실로 들어 올 때, 주어진 문제가 무엇이었죠?"

"한 변의 길이가 각각 1cm인 직각삼각형의 빗변의 길이를 구하는 문제였습니다. 답은 루트 2고요."

말을 마친 나는 허겁지겁 앞에 놓인 음식을 먹었다. 그것은 아주 맛있게 잘 구워진 쇠고기였다. 허기지고 추웠던 나에겐 그야말로 최고의 음식이었다.

"어떻게 그 문제를 풀었죠?"

음식 맛을 음미하기도 전에 키톤 아저씨가 다른 질문을 던졌다.

"그야, 누구나 다 알고 있는 피타고라스의 정리잖아요."

이오니아 지방 앞에 있는 사모스 섬에서 태어난 피타고라스는 이집트, 페르시아, 칼데아 등에서 당시 고대 그리스보다 앞선 문화를 배우고 돌아왔습니다. 하지만 당시 사모스 섬은 폴리크라테스라는 유명한 폭군 해적이 통치하고 있었고, 매우 도덕적이었던 피타고라스는 폴리크라테스의 폭정이 맘에 들지 않아 이탈리아의 남부에 있는 조그마한 도시 크로톤으로 갔습니다.

당시 크로톤은 고대 그리스의 식민지 도시 국가였습니다. 페르시아는 살기 좋은 곳을 찾아 서쪽으로 계속 땅을 넓히기 위해서 고대 그리스를 괴롭혔답니다. 하지만 이탈리아는 페르시아로부터 멀리 떨어져 있었기 때문에 정치적으로, 경제적으로 안전한 생활을 할 수 있었습니다. 그리고 크로톤은 이오니아 지방의 상품을 멀리 스페인까지 수출하는 중간 도시로 경제적으로도 풍족하였습니다. 그곳에서 피타고라스는 많은 사람들에게 자신이 배운 지식을 가르쳤습니다. 피타고라스는 그들에게 자신을 제우스의 손자라고 소개했습니다.

"제우스의 손자라고요? 그럼 피타고라스는 신이었습니까?"
누군가가 입 안에 잔뜩 고기를 넣은 채로 놀라 되물었다.
"확실한 것은 그 누구도 모르죠. 단지 피타고라스가 자신을 그렇게 소개했다는 것뿐."
"어떻게 그것이 가능하죠?"
배가 고파 아무 생각도 없이 먹고 있는 나와는 달리 소피아가 침착하게 물었다.

그리스 신화에는 영원한 기억을 가진 인간에 대한 이야기가 있습니다. 그 사람의 이름은 아이탈리데스입니다. 아이탈리데스는 헤르메스의 아들이라고도 하고, 아폴론의 아들이라고도 합니다. 헤르메스와 아폴론은 제우스의 아들이기 때문에 아이탈리데스가 누구의 아들이든 제우스의 손자인 것만은 틀림없습니다. 바로 이 아이탈리데스는 죽은 다음에도 살아 있던 동안 기억한 모든 것을 고스란히 간직할 수 있는 능력을 아버지로부터 선물 받았습니다. 피타고라스는 아이탈리데스가 윤회해서 태어난 사람이 자신이라고 크로톤 사람들에게 말했습니다.

"윤회를 인정한다면, 피타고라스는 종교 단체를 만든 것인가요?"
먹는 것도 중요하지만 나는 더 이상 궁금증을 참지 못하고 키톤 아저씨에게 물었다.
"중요한 질문이군요. 피타고라스의 철학은 종교적인 측면과 철학적인 측면으로 나누어서 설명할 수 있습니다."
"그럼, 종교적인 측면은 윤회 사상이 중심이겠네요?"
"맞습니다. 소피아의 말처럼 피타고라스는 윤회 사상을 중심으로 크로톤 사람들에게 자신의 종교적인 가르침을 강조했습니다."

이렇게 피타고라스는 윤회 사상을 중심으로 그의 학파를 만들었습니다. 이것을 우리는 피타고라스학파라고 합니다. 피타고라스학파 사람들은 윤회 사상에 가장 큰 관심을 갖고 있었습니다. 피타고라스는 모든 사람은 216년마다 윤회한다고 주장하였습니다. 피타고라스는 '6'을 마술적인 숫자로 보았으며, 가장 완벽한 숫자는 '3'이라고 했습니다. 마술적인 숫자의 세제곱인 216은 사람이 죽어서 다시 태어나는 동안 필요한 기간입니다. 그래서 피타고라스는 죽은 지 216년 만에 모든 사람은 윤회한다고 말했던 것입니다. 그 외에도 피타고라스는 사람들에게 몇 가지 금기 사항을 지시했습니다.

1. 콩을 먹어서는 안 된다.

2. 빵을 나누어 먹어서는 안 된다.

3. 떨어뜨린 것을 주워서는 안 된다.

4. 동물의 심장을 먹어서는 안 된다.

5. 꽃다발에서 꽃을 빼지 말라.

6. 불빛 아래에서 거울을 보아서는 안 된다.

"그러고 보니, 여기 음식은 전부 고기와 콩뿐이네."

누군가가 이상하다는 듯이 말했다. 그러고 보니 정말 그랬다.

"왜 피타고라스는 자신의 단체 사람들에게 콩을 먹지 못하게 했나요? 그리고 이 쇠고기는 또 뭐예요?"

역시 소피아가 먼저 질문을 던졌다.

"다른 금기 사항에 대해서는 어느 정도 이해가 갑니다만, 왜 콩을 먹지 못하게 했는지에 대한 이유는 많은 시간이 지난 지금까지도 밝혀지지 않았답니다. 하지만 쇠고기에 대한 이야기는 설명해 줄 수 있을 것 같군요. 많은 음식 중에서 여러분이 쇠고기를 먹게 된 것은 분명히 피타고라스와 관계가 있습니다."

피타고라스학파에서는 공동생활을 의무화하였답니다. 그리고 피타고라스는 귀족뿐 아니라 여자와 노예까지도 자신의 학파로 받아들였습니다. 하지만 피타고라스는 스스로를 신이라 자처하면서 사생활을 철저하게 숨겼습니다. 피타고라스학파에서 피타고라스와 얼굴을 맞대고 얘기할 수 있는 사람은 극소수였기 때문에, 그의 외모와 그가 일으킨 기적에 대해서는 여러 가지 설만이 남아 있답니다.

피타고라스는 황금 다리를 가졌으며 독사를 물어 죽였고, 곰과 대화를 나누었으며, 흰 독수리와 강이 피타고라스에게 인사를 했다는 얘기까지. 이렇게 피타고라스가 신비하고 훌륭한 인물로 묘사되는 이유는 피타고라스의 성품 때문입니다. 피타고라스는 작은 일도 자신의 공이라 하지 않고, 피타고라스학파의 공으로 돌렸다고 합니다. 예를 들어, 피타고라스가 새로운 과학적 지식이나 수학적 지식을 알아내면, 그것을 자신이 발견했다고 하지 않고 구성원 전체가 발견했다고 남들에게 이야기했다는 것이죠. 이렇게 피타고라스는 철저하게 자신의 단체 사람들과 제자를 돌봄으로써 점점 신비한 사람으로 변해갔던 것입니다.

"피타고라스가 자신의 단체에서 당시로서는 인간 이하의 대접을 받던 여자와 노예를 가르치게 된 이유가 있나요?"
"소피아의 질문은 항상 훌륭하군요! 그럼요, 있고말고요."

피타고라스는 윤회 사상을 중심으로 사람의 계급을 셋으로 나누고 운동경기에 비유해 설명하였습니다. 가장 낮은 계급은 운동경기장에서 물건을 파는 사람이고, 중간 계급은 명예를 얻고 돈을 벌기 위해 경기를 하는 사람이며, 가장 높은 계급은 단순히 경기를 관람하는 사람이라는 것입니다. 하지만 사람의 영혼은 죽을 때마다 다른 육체를 갖고 태어난다는 것이 피타고라스의 생각입니다. 그리고 이 세상에서 한 일과 행동에 따라 다음 세계에서는 좀 더 높은 계급으로 태어날 수도 있고, 낮은 계급으로 태어날 수도 있다고 피타고라스는 생각했습니다. 그래서 지금은 비록 노예지만 다음 세계에서는 귀한 사람으로 태어날 수도 있는 것이기 때문에, 피타고라스는 모든 사람을 자신의 제자로 받아주었던 것입니다.

"이 강의실로 들어올 때, 수학 문제를 풀어야만 들어올 수 있었잖아요. 피타고라스의 정리와 피타고라스의 철학은 어떤 관계가 있나요?"
갑작스러운 나의 질문에 모두들 먹던 것을 멈추고 나를 쳐다보았다.
'이런!'
"음, 아주 적절한 질문이로군요."
키톤 아저씨의 칭찬에 나도 모르게 어깨를 으쓱하며 소피아를 쳐다보았다. 왜 그 애를 봤는지는 잘 모르겠지만.

피타고라스의 철학은 바로 수(數)에 관한 생각에서 출발합니다. 물론 피타고라스의 정리도 피타고라스 철학의 일부분입니다.
탈레스가 물을 원질로 본 것과 같이, 피타고라스는 숫자를 원질로 보았습니다. 피타고라스에 따르면 '1'은 점입니다. 그리고 '2'는 두 점을 이은 선이며, '3'은 세 선이 이어진 평면입니다. 그리고 '4'는 입체입니다. 선과 점으로 세상의 모든 것이 구성되었다는 피타고라스의 입장에 따른다면 모든 사물은 형태를 갖고 있고, 이 형태는 다시 숫자 내지 점과 선으로 분해됩니다. 그렇기 때문에 모든 물질은 수와 대치가 가능한 것이랍니다.

이렇듯 숫자가 신의 조화라고 생각한 피타고라스는 세상에서 가장 지혜로운 것은 숫자이며, 가장 아름다운 것은 조화라고 이야기합니다. 그리고 최초로 조화와 질서의 의미가 있는 '코스모스Cosmos'라는 단어를 사용하였습니다. 이렇게 피타고라스는 세상에서 가장 지혜로운 숫자야말로 세상의 질서와 조화를 유지하는 것으로 보고, 세상의 근본 물질을 숫자라고 이야기한 것입니다.

"쇠고기에 대한 얘기는 언제 해주시는 거죠?"

누군가 더 이상 참지 못하겠다는 듯이 말했다.

"그렇지 않아도 그 얘기를 막 하려고 했답니다. 피타고라스가 수학에 남긴 가장 큰 공은 바로 피타고라스의 정리를 발견한 것이랍니다. 직각 삼각형의 빗변 위에 있는 정사각형의 넓이는 다른 두 변 위에 있는 정사각형의 넓이의 합과 같다는 것을 발견한 피타고라스는 얼마나 좋았는지 소 100마리를 잡아서 신에게 감사를 드렸다고 합니다."

"아, 그래서 우리가 지금 쇠고기로 파티를 하고 있는 거군요!"

나도 모르게 큰 소리가 나왔다.

'…… 나 이곳에 적응하고 있는 거야?'

"맞아요. 필로스의 말처럼 그래서 우리가 피타고라스의 철학을 공부하면서 가장 인상 깊은 두 가지를 먹고 있는 것이랍니다. 콩과 쇠고기! 그런데 사실 피타고라스학파가 콩을 먹은 것에 대해서는 설들만 무성하기 때문에 정확한 사실을 이야기해 줄 수가 없군요. 하지만 루트에 대한 이야기는 해 줄 수 있습니다."

여러분도 잘 알겠지만, 무리수는 중세 이후에 발견된 숫자입니다. 피타고라스가 살던 시대의 사람들은 무리수가 무엇인지 몰랐습니다. 어느 날 피타고라스의 정리를 공부하던 피타고라스의 제자가 피타고라스에게 질문을 하였습니다. 그 질문이 바로 여러분들이 이 방에 들어오기 전에 풀어야했던 문제입니다.

물론 피타고라스는 그 답을 찾을 수가 없었습니다. 그래서 엘리트주의를 표방하며 그들이 풀 수 없는 비밀스러운 것들은 감추었던 규칙에 따라 이 질문 역시 비밀에 부쳐지게 되었답니다. 뿐만 아니라 엘리트의식을 가진 피타고라스학파는 정치에도 많은 영향을 발휘하였습니다. 그들은 겉으로는 조용한 단체였으나 내부에서는 그들만의 여러 가지 비밀이 쌓여가면서 조화와 질서에 금이 가고 있었습니다.

한편 당시 이탈리아에는 민주주의가 싹트고 있었으며, 크로톤에는 맹목적인 전제주의가 판을 치고 있었습니다. 외적으로는 민주주의와 부딪치고, 내적으로는 신처럼 믿던 숫자에게 배신당한 피타고라스는 결국 결단을 내렸습니다. 민주주의에 대항하여 자신들의 엘리트적인 귀족주의를 지키겠다는 것이었습니다. 민주주의에 취해있던 이탈리아 사람들은 아무 생각 없이 자신들의 삶을 즐겼습니다. 피타고라스는 게으른 이탈리아 사람들을 교육시킨다는 이름으로 그들과 전쟁을 선포하였답니다. 그렇지 않아도 피타고라스학파의 엘리트 귀족주의를 싫어하던 이탈리아 사람들과 크로톤 사람들은 함께 피타고라스학파에 대항하여 싸웠습니다. 킬론이라는 젊은이가 중심이 된 이들은 피타고라스학파의 본거지에 불을 지르고, 피타고라스의 제자들을 무자비하게 죽였답니다. 이때 피타고라스학파는 완전히 붕괴되고 피타고라스도 죽고 말았습니다.

"피타고라스는 사모스의 폭군 폴리크라테스를 피해 크로톤으로 갔습니다. 그가 폐쇄적이고 엄격한 규율을 중시하는 학파를 만들었던 이유는 공동체 생활에 대한 믿음 때문이었습니다. 피타고라스는 공동체 생활을 통해 그의 종교적, 철학적 사상과 윤리를 실천하고자 했습니다. 도덕적으로 깨끗한 사회, 모든 사람들이 자신의 철학을 갖고 법을 지키는 사회, 이것은 피타고라스학파가 원했던 사회입니다. 비록 그 뜻은 이루지 못했지만 말입니다."

이야기를 마친 키톤 아저씨의 입가에 씁쓸한 미소가 보이는 듯 했다.

"식사는 즐거웠습니까? 이제 파티는 끝났습니다. 여러분들은 서둘러 다음 강의실로 옮겨 주시기 바랍니다."

그때 갑자기 머리 위 어디선가 낯선 음성이 우리를 다음 강의실로 재촉했다.

"뭐야? 마치 팬옵티콘 같잖아. 마저 먹고 가자. 먹는 게 남는 거라잖아."

"웅? 어, 그래."

언제 내 옆으로 왔는지 소피아가 아무렇지도 않은 듯 남은 음식을 맛있게 먹고 있었다.

'…… 근데 팬옵티콘은 또 뭐야?'

서양문화사 고대 그리스 칠현인 시대
동양문화사 서경 · 시경 시대, 공자 탄생(BC 552)

물에 젖은 영혼에 불을 쬘 것

3

헤라클레이토스 BC 500년경

비밀번호는 Panta Rei입니다. 번호를 찾으세요!

'번호가 Panta Rei라고? 무슨 말이지?'

다음 강의실로 옮겨 가는 도중에도 홀로그램은 나의 앞에서 사라지지 않았다.

"강의실 앞에 가 보면 뭔가 단서가 있겠지."

어느새 내 생각을 읽기라도 했다는 듯 같이 걷던 소피아가 툭 말을 던지고는 씩씩하게 앞장섰다. 하지만 세 번째 강의실 앞에서 우리는 잠시 머뭇거릴 수밖에 없었다. 문에는 우리 집 현관에 있는 디지털 도어록 같은 기계가 붙어 있었고, 각각의 버튼 위에는 번호만 있었지 알파벳은 보이지 않았다.

40

"알았다."

소피아가 득의양양하게 웃으며 말했다.

"번호는 72682734야."

소피아가 번호를 누르자 강의실 문이 덜컹하고 열렸다.

"어떻게 한 거야?"

내가 묻자 소피아는 '휴대폰'이라고 조용히 말했다.

"자, 마지막으로 우리의 철학이 도착했군요. 그럼 지금부터 이야기를 시작하겠습니다. 빨리들 이곳으로 들어오세요."

"거긴 왜⋯⋯?"

강의실로 들어서는 순간 소피아도 나도 그 자리에 멈춰 설 수밖에 없었다. 키톤 아저씨와 다른 아이들이 모두 강의실 한가운데로 흐르는 강물 속에 들어가 있는 게 아닌가. 우리가 놀라 어리둥절해 하고 있는 사

이 키톤 아저씨는 태연하게 발장구를 치며 입을 열었다.

"이 시간에 우리가 다룰 철학자는 헤라클레이토스입니다."

기원전 500년경에 활동한 헤라클레이토스는 어두운 철학자, 수수께끼 같은 철학자, 은둔의 철학자 등 많은 별명을 갖고 있습니다. 아마도 그가 비판적이고 부정적인 생각을 많이 이야기했기 때문일 겁니다.

헤라클레이토스는 에페소스의 통치자 집안에서 장남으로 태어났습니다. 하지만 그는 장남으로서 그가 누릴 수 있는 모든 것들을 그의 동생에게 양보하였습니다. 그리고 당시 스스로를 엘리트라고 자부하는 귀족들과, 사람들이 지혜롭다고 생각하는 많은 사상가들을 비판하였습니다. 그래서 사람들은 헤라클레이토스를 부정적이고 비판적인 사람으로 보았답니다.

"자, 질문 하나 할까요? 지구상에 있는 모든 것은 변할까요? 변하지 않을까요?"

"당연히 변하죠."

"아니요, 난 안 변해요. 나는 항상 나죠. 변하기는 왜 변합니까?"

서로 다른 생각을 가진 아이들이 한꺼번에 입을 열었다. 어쨌거나 답은 반반이었다. 변한다고 생각하거나 변하지 않는다고 생각하거나.

"여러분이 몸을 담그고 있는 이 물을 한 번 보세요. 이 강물은 흐릅니까? 아니면 흐르지 않습니까?"

"물은 흐르지만, 그래도 물은 물이잖아요. 물이 흐른다고 다른 것이 되는 것은 아니잖아요?"

"필로스, 미안하지만 잠시 강물 밖으로 나갔다가 다시 들어오세요."

'이런, 내 대답이 맘에 안 드신 건가?'

나는 쭈뼛쭈뼛 물 밖으로 나갔다가 다시 들어와 물속에 몸을 담갔다.

"지금 필로스가 몸을 담그고 있는 그 물은 조금 전의 강물과 같은 물일까요? 아니면 다른 물일까요?"

"그거야, 당연히 다른 물이죠. 이 물은 계속 흐르기 때문에 조금 전에 제가 담그고 있던 물과 지금 이 물은 분명 다르⋯⋯."

이 말을 하는 순간 나는 나도 모르게 입을 다물었다. 5분도 지나지 않아서 내 입으로 내가 한 말을 번복하다니.

"여러분들이 어떻게 생각하든 헤라클레이토스는 모든 것은 변한다고 했답니다. 헤라클레이토스는 물이 흐르듯이 세상의 모든 것은 변한다고 믿었습니다. 이것을 우리는 헤라클레이토스의 '판타 레이$^{Panta\ Rei}$' 즉, 모든 것은 흐르고 변한다는 '만물유전^{萬物流轉}사상' 이라고 합니다. 여러분들이 이곳에 들어 올 때 누른 비밀번호가 바로 판타 레이였죠?"

헤라클레이토스가 태어난 에페소스는 탈레스가 활동한 밀레토스와 거리상 많이 떨어지지 않은 곳입니다. 그렇지만 헤라클레이토스는 탈레스가 발전시킨 과학, 수학, 그리고 철학에는 별로 관심이 없었습니다. 뿐만 아니라 헤라클레이토스는 탈레스와는 다르게 원질을 불이라고 생각했답니다.

헤라클레이토스에 따르면 세상의 근본 물질은 불이며, 변하지 않는 것은 아무것도 없고, 세상 어떤 것도 움직이지 않고 가만히 있는 것은 없습니다. 그렇기 때문에 헤라클레이토스는 같은 강물에 두 번 몸을 담글 수 없다고 했습니다. 강물은 계속 흐르기 때문에 처음 들어간 강물과 두 번째 들어간 강물이 같을 수 없는 것입니다.

"하지만 강물은 흐른다는 속성 때문에 다른 강물이 될지 모르지만, 나는, 인간은 그렇게 쉽게 변하는 존재가 아니잖아요?"
어디선가 자신감 있는 목소리가 들려왔다. 왜 나는 저렇게 얘기하지 못 했을까.
"이렇게 생각해 보면 어떨까요? 우리 몸의 세포 분열은 얼마나 자주 그리고 얼마나 빨리 일어날까요?"
"세포 분열은 끊임없이 일어나고 있죠."
"그럼, 세포 분열이 끊임없이 일어난다는 것은 우리가 변한다는 것인가요? 아니면 변하지 않는다는 것인가요?"
"……."

같은 시간이 아닌 다른 시간에 강물에 몸을 담그면, 강물은 흐르기 때문에 다른 강물인 것은 틀림없습니다. 뿐만 아니라 강물에 몸을 담그는 사람도 처음 강물에 들어갈 때와 두 번째 들어갈 때는 이미 다른 사람이 되어 있다는 것입니다. 헤라클레이토스가 세상의 원질을 찾았던 가장 큰 이유는 이 세상에서 정말 변하지 않는 것은 무엇일까를 고민했기 때문입니다. 세상의 모든 것은 흐르고 변한다고 생각한 헤라클레이토스도 변하지 않는 것이 분명 있다고 생각한 것입니다. 바로 그것이 불입니다.

자, 불을 한 번 생각해 보세요. 불의 가장 큰 특성은 영원히 타오른다는 것입니다. 그리고 우리가 살고 있는 이 세계는 어떻습니까? 역시 매일 매일 조금씩 변하지만 영원히 존재하고 있습니다. 꺼지지 않는 불의 속성과 세계의 속성인 영원한 것을 헤라클레이토스는 같다고 보았습니다. 그렇다면 불의 속성은 영원히 꺼지지 않는 것이지만 불의 모양은 어떻습니까? 불은 항상 변합니다. 마치 끊임없이 변하는 세상의 모든 물건과 같습니다. 헤라클레이토스는 이렇게 끊임없이 변하는 모든 물건과 불완전한 세계 뒤에는 불이라는 원질이 있다고 믿었던 것입니다. 불의 모양이 아무리 변해도 불의 성질은 남아 있습니다. 그렇기 때문에 세상의 모든 물건들이 변하지 않는 것처럼 보일지 모르지만 타오르고 사그라지는 불의 성질 때문에 항상 변하고 흐르는 것입니다.

"헤라클레이토스가 원질을 불이라고 했다면, 불이 어떻게 다른 물건을 낳죠?"

오랫동안 강물에 몸을 담그고 있었지만 모두들 진지한 표정을 잃지 않고 키톤 아저씨의 이야기를 들었다. 그러다 갑자기 소피아가 질문을 던졌다.

"그렇지 않아도 그 얘기를 하려고 했답니다. 헤라클레이토스는 원질인 불이 다른 물질과 끊임없이 투쟁을 하고 있다고 말했습니다. 즉, 그는 투쟁과 조화로 만물이 생성되고 소멸한다고 보았답니다."

"투쟁이 만물의 아버지라고 말한 사람이 우리가 지금 얘기하고 있는 헤라클레이토스입니까?"

"조화라면 로고스를 말하는 건가요?"

소피아의 질문을 시작으로 여기저기서 기다렸다는 듯이 질문이 터져 나왔다.

'어렵다, 어려워.'

"맞아요. 헤라클레이토스는 투쟁이 만물의 아버지라고 했으며, 로고스를 가장 먼저 말한 철학자이기도 합니다."

투쟁을 만물의 아버지라고 말한 헤라클레이토스는 불이 다른 물건과 투쟁을 함으로써 새로운 것이 된다고 보았습니다. 만약 투쟁이 없다면 어떻게 될까요? 당연히 새로운 물건이 생겨나지도 않고, 있던 존재가 사라지지도 않겠죠. 그렇기 때문에 헤라클레이토스는 투쟁이 없는 세상은 너무나 삭막하고 재미없다고 말합니다.

투쟁이 꼭 필요한 이 세상을 헤라클레이토스는 화살과 활을 예로 들어서 설명하고 있습니다. 활은 굉장한 힘이 작용하는 활줄과 휘어진 나무로 만들어져 있습니다. 나무는 자신의 속성에 따라 펴지려 합니다. 반면 활줄은 나무를 잡고 휘어져 있도록 합니다. 이렇게 활은 활줄과 나무가 팽팽한 힘으로 작용할 때 살아 있는 것입니다. 그렇지 못하면 활은 죽은 것입니다.

"여러분은 이렇게 살아 있는 활의 용도를 무엇이라고 생각합니까?"

"활의 목적을 생각하면 알 수 있을 것 같은데요."

스스로 훌륭한 답이라고 생각한 순간, 키톤 아저씨의 질문이 이어졌다.

"활의 목적 혹은 속성은 무엇입니까?"

"목표물을 맞히는 것입니다."

"활에 맞은 목표물은 어떻게 될까요?"

"어떤 목표를 겨냥했느냐에 따라 다르겠죠."

"옛날 사람들이 일반적으로 활을 쏘는 목적은 무엇이었을까요?"

"사냥을 위해서…… 였겠죠."

키톤 아저씨와 나 사이에 질문과 대답이 이어졌다.

활의 목적은 결국 살아 있는 생명을 죽이는 것입니다. 활이 생명이라면 화살은 결국 죽음입니다. 이렇게 활과 화살의 관계처럼 투쟁은 두 가지 중 어느 한 가지라도 우세하면 안 됩니다. 둘 중에 하나가 다른 하나를 이긴다는 것은 곧 다른 것의 사라짐을 의미하기 때문입니다. 그러면 이 투쟁의 관계를 끝까지 지켜주는 것은 무엇일까요?

헤라클레이토스는 이것을 '로고스^{Logos}', 즉 조화라고 했습니다. 헤라클레이토스는 로고스를 투쟁 관계에 있는 두 가지 요소를 다스리는 자연법칙으로 보았습니다. 인간의 영혼은 어떤 원질로 구성되어 있을까요? 헤라클레이토스는 인간의 영혼은 불과 물로 구성되어 있다고 말합니다. 불과 물로 구성된 인간의 영혼이 조화를 이루기 위해서는 불과 물의 투쟁이 계속되어야만 됩니다. 어느 한쪽이 이기면 그 사람의 영혼은 병이 들게 됩니다.

헤라클레이토스는 불과 물이 조화를 이루지 못한 상태를 술로 설명합니다. 술에 취한 사람이 비틀거리는 이유는 물이 지나치게 많아 불을 이겼기 때문입니다. 헤라클레이토스에 의하면 인간의 영혼은 항상 말라 있어야 합니다. 인간의 영혼이 완전히 물에 젖은 상태를 헤라클레이토스는 죽음으로 보았습니다.

헤라클레이토스는 스스로 통치자의 자리를 동생에게 주었지만, 귀족답게 민주정치보다는 귀족정치를 원했습니다. 당시 에페소스는 그의 친척인 헤르모도로스가 통치를 잘하고 있었습니다. 하지만 페르시아 사람들은 그의 통치 방법이 싫어 그를 쫓아내기로 결정했습니다. 이 얘기를 전해들은 헤라클레이토스는 에페소스 사람들에게 "목을 매 죽어버려라! 턱에 수염도 없는 아이들에게 에페소스를 맡겨라!"는 욕을 하고는 나물만을 먹으면서 고독하게 숨어 살았습니다. 그가 어떻게 죽었는지는 분명하지 않지만, 그렇게 고독하게 살다 죽은 것으로 보입니다.

"우리도 빨리 물에서 나가요. 이러다가 우리의 영혼도 물에 완전히 젖으면 어떻게 해요!"

서양문화사 이솝 우화의 작가 아이소포스^Aisopos 사망(BC 550), 아테네 참주 정치 시작(BC 527)
동양문화사 공자의 제자 자로子路 태어남(BC 552)

말도 안 되는 말!

파란색 장미를 가진 사람만이 강의실로 들어갈 수 있습니다.

우리가 세 번째 강의실, 아니 강에서 나와 안내표지판을 따라가 준비된 옷으로 갈아입고 다음 강의실을 찾고 있을 때, 우리 앞에 또 다시 홀로그램이 나타났다.

"대체 파란색 장미가 어디 있어?"

파란색 장미라니. 모두들 웅성거리기 시작했다. 돌연변이가 아니고 서야 파란색 장미가 있다는 말은 들어본 적도 없다. 세 번째 강의실과 네 번째 강의실 사이에는 넓은 정원이 있고, 많은 꽃들이 피어 있었지만 그 꽃들 가운데도 파란색 장미가 있을 리 없었다.

"없으면 만들면 되지!"

49

역시 소피아가 씩씩하게 말하면서 나를 데리고 정원 안으로 들어갔다. 한참을 두리번거리던 소피아는 흰색 장미 두 송이를 꺾어 한 송이를 나에게 주었다. 그리고는 가방 속에서 만년필을 꺼내 흰 장미에 파란색 잉크를 칠하기 시작했다.

'요즘 시대에 만년필이라니, 게다가 파란색 잉크는 또…….'

"자, 됐다. 분명히 파란색 장미지? 빨리 가자."

소피아의 질문에 나는 아무 대답도 못했지만 어차피 소피아는 내 대답과는 상관없이 이미 저 앞으로 걸어가고 있었다.

흰 장미를 파란색 잉크에 담가두면 파란 장미가 됩니다. 이것을 우리는 흰 장미꽃이 파란 장미꽃이 되었다고 말해야 할까요? 아니면 흰색이 파란색이 되었다고 해야 할까요?

흰색이 파란색이 될 수 있을까요? 흰 것, 파란 것은 색의 성질입니다. 색의 성질이 바뀔 수 있을까요? 만약 바뀌지 않는다면 흰색은 파란색이 될 수 없습니다. 그럼 변한 것은 무엇일까요? 변한 것은 단지 물질적인 대상이지 색의 고유한 성질은 아닙니다.

키톤 아저씨의 이야기는 계속되었지만 어느 누구도 그 말의 뜻을 제대로 이해하고 있는 것 같지는 않았다. 나처럼.

피타고라스가 철학을 가르쳤던 크로톤과 멀리 떨어지지 않은 곳에 엘레아가 있었습니다. 엘레아는 이오니아 지방의 포카이아 사람들이 건설한 그리스의 식민지입니다. 무역으로 돈을 번 포카이아 사람들은 페르시아의 공격을 피해 지중해를 떠돌다가 이탈리아 남쪽 지방인 엘레아에 정착하여 살았습니다. 이 엘레아 지방에 몇몇의 철학자가 나타나 사람들에게 철학을 가르치기 시작했습니다. 이들을 우리는 엘레아학파라고 합니다. 이 엘레아학파에 속한 철학자는 크세노파네스, 파르메니데스, 그리고 제논입니다.

이오니아 지방에서 태어난 크세노파네스는 호메로스와 헤시오도스의 시를 노래하며 떠돌아다니다가 엘레아에 정착하였습니다. 크세노파네스는 파르메니데스의 스승으로 엘레아학파를 처음 창설한 사람입니다. 크세노파네스는 고대 그리스 사람들과 다르게 유일신을 주장하였지만, 모든 사람들은 자신이 믿는 신을 자신과 같은 모습으로 믿는다고 하였습니다. 즉, 에티오피아 사람들은 검은 피부와 납작코의 신을, 소는 소와 같은 모습의 신을, 그리고 말은 말과 같은 모습의 신을 그릴 것이라고 하였습니다.

크세노파네스가 엘레아학파를 창시한 사람인지 아닌지는 정확하지 않지만 그의 제자로 알려져 있는 파르메니데스는 분명 엘레아학파의 철학자입니다. 파르메니데스는 일반적으로 헤라클레이토스와 정반대의 사상을 가진 철학자로 알려져 있습니다.

"그렇다면 파르메니데스는 세상에서 변하는 것은 아무것도 없다고 주장했나요?"

"역시, 소피아의 질문은 날카롭군요. 헤라클레이토스는 모든 것은 흐르고 변한다고 했죠. 그 반대는, '변하는 것은 아무것도 없다'가 되어야겠죠?"

　파란색 잉크 물이 들어 흰 장미가 파란 장미로 바뀌어도 희다는 속성이 파랗다는 속성으로 변한 것은 아니라고 주장하는 사람들이 있습니다. 이런 사람들은 희다, 혹은 파랗다는 속성이 없다면 희게 변한 물건도 파랗게 변한 물건도 의미가 없다고 합니다. 한편, 흰 장미가 파란 장미로 변했다면, 희다는 속성이 파랗다는 속성으로 변한 것이라고 주장하는 사람도 있을 것입니다. 이들은 희다, 파랗다는 속성은 따로 있는 것이 아니고 단지 우리가 그렇게 생각할 뿐이라고 합니다. 즉, 속성은 물건을 통해서 나타나는 것이지, 속성 그 자체는 우리의 생각일 뿐이라는 것입니다.

　파르메니데스는 헤라클레이토스와 정반대의 사상을 갖고 있다고 했습니다. 그렇다면 파르메니데스는 변하는 것이 아무것도 없다는 생각을 가진 철학자겠지요. 그였다면 잉크로 인해 장미의 색깔이 변한 것은 단지 장미라는 물질이 변한 것이지, 색깔의 본질이 변한 것은 아니라고 할 것입니다. 그렇기 때문에 파르메니데스는 존재하는 것은 계속 존재하며, 비존재는 어떤 경우에도 존재할 수 없다고 생각했습니다. 결국 존재는 영원히 사라지지 않고 존재하지만, 비존재는 어떤 경우에도 존재할 수 없다는 것입니다. 이런 관점에서 파르메니데스는 인간의 감각에 나타나는 세계, 즉 항상 변하는 만물은 결코 지식의 대상이 될 수 없다고 했습니다. 왜냐하면 변하는 것은 결코 어떤 사물의 본질이 아니기 때문입니다. 결국 지식의 대상이 될 수 있는 것은 변하지 않는 본질만이 가능하다는 것입니다.

"아무리 파르메니데스가 감각을 믿지 말라고 했지만, 방법이야 어찌 됐건 지금까지 없던 파란 장미꽃이 이렇게 우리 눈앞에 있잖아요?"

나는 아주 조심스럽게 물었다. 옛말에도 있지 않은가. 모로 가도 서울만 가면 된다고.

어떤 방법이든 지금까지 없던 파란 장미가 새롭게 생긴 것이 아니냐는 질문에 파르메니데스는 생각도 '존재'라는 말을 합니다. 지금까지 없던 파란 장미가 생긴 것이 아니라 우리가 파란 장미를 생각했다면, 이미 그 파란 장미는 존재한다는 것입니다. 그렇기 때문에 파란 장미는 없던 것이 생긴 것이 아니라 있던 것이 나타난 것이지요.

"무슨 말인지는 이해했어요. 하지만 파르메니데스의 생각이 정말 맞는 건가요, 아니면 헤라클레이토스의 생각에 반대하기 위해 그렇게 말한 것인가요?"

소피아는 아직도 뭔가 덜 풀렸다는 표정으로 추궁하듯 물었다.

'철학자를 의심하려 들다니, 도대체 쟤는…….'

"당시 사람들도 소피아와 같은 질문을 하였답니다. 하지만 파르메니데스는 자신의 주장에 대한 분명한 논리를 제공하지 않았습니다."

"그럼 누가 파르메니데스의 사상을 증명했나요?"

'이런!'

소피아를 닮아가는 건지, 학교에서도 질문이라고는 전혀 하지 않던 내가 여기서는 도대체 왜 이러는지.

"그의 제자 제논입니다."

"말도 안 되는 역설을 한 철학자요?"

역시 소피아.

억지로 꿰맞춘 논리라는 뜻의 '역리逆理'를 사용해 유명해진 사람이 바로 제논입니다. 제논은 아주 영리하고 재치 있는 철학자로 잘 알려져 있습니다. 그는 스승 파르메니데스를 대신하여 그의 입장을 좀 더 쉽게 증명하려고 노력하였지만 쉽지 않았습니다. 결국 제논은 색다른 방법으로 파르메니데스의 생각을 정리하게 됩니다.

1. 날아가는 화살은 움직이는 매 순간 순간, 한 지점에서는 정지해 있습니다. 하지만 그 순간들이 연속하여 일어나 우리 눈에는 움직이는 것처럼 보이는 것입니다.

2. 트로이의 영웅 아킬레스와 거북이가 달리기 시합을 하면 누가 이길까요? 거북이가 느리기 때문에 아킬레스보다 약 10m 앞에서 출발한다고 가정합시다. 이렇게 시합을 하면 아킬레스는 아무리 달려도 거북이를 따라 잡을 수 없습니다. 아킬레스가 거북이가 출발한 지점에 도착하면, 거북이는 이미 조금은 앞서 나가 있습니다. 그리고 아킬레

스가 다시 거북이가 있는 장소에 오면, 거북이는 또 조금 나아가 있습니다. 아킬레스가 다시 그곳에 도착했을 때, 거북이는 비록 아주 짧은 거리지만 또 조금은 앞서 있을 것입니다. 이렇게 아킬레스는 거북이의 뒤만 계속 따라 달릴 뿐 아무리 달려도 거북이를 앞설 수는 없습니다.

제논의 이러한 생각을 영화 필름과 연관시켜보면 쉽게 이해할 수 있습니다. 영화의 필름은 한 장 한 장으로 이루어져 있습니다. 그러나 그것이 돌아가면서 우리는 마치 움직이는 것처럼 영화를 본다는 것이죠. 또, 차로 고속도로를 달릴 때 내가 시속 100Km로 달리고, 나를 향해 달려오는 차도 시속 100Km로 달린다면, 내가 느끼는 속도감은 200Km가 됩니다. 하지만 제논이라면 100Km라고 주장할 것입니다.

이렇게 제논은 스승인 파르메니데스가 주장한 변하는 것은 없다는 생각을 증명하기 위해 억지로 자신의 이론을 꿰맞추었습니다. 그러나 우리는 이론적으로는 제논의 주장을 인정하지만, 실제로 그 이론이 맞다고 생각하는 사람은 아무도 없습니다.

"소피아, 내 마음의 표시야. 받아."

나는 이제 필요 없어진 파란 잉크를 가득 머금은 파란 장미를 소피아에게 건네며 장난스럽게 말했다.

"그럼 우리가 갖고 온 장미는 뭐지?"

하지만 나의 말을 들었는지 못 들었는지 소피아는 아직도 파르메니데스의 존재에 대한 고민에 빠져있는 것 같았다.

서양문화사 마라톤 전쟁(BC 490)
동양문화사 인도 모가다 왕국 개국, 공자 사망(BC 479)

비극을 탄생시킨
오이디푸스 왕

5

Sophokle 소포클레스 BC 496–BC 406

하나의 목소리를 가지고 있으면서 4개의 다리,
2개의 다리, 3개의 다리가 되는 생물은 무엇입니까?

"아악, 저게 뭐야?"

네 번째 강의실에서 나와 다섯 번째 강의실로 가는 길에 어마어마한 천둥소리와 함께 수수께끼 같은 질문이 들려왔다. 소피아와 나는 깜짝 놀라 소리가 나는 쪽을 쳐다보았다. 그곳에는 무시무시하게 생긴, 하지만 어딘지 귀여운 스핑크스가 있었다.

"휴, 사람입니다."

놀란 마음을 진정시키며 우리는 동시에 답을 이야기하였다.

"두 번째 질문입니다. 이 문제를 처음 푼 사람은 누구입니까?"

채 숨을 돌리기도 전에 두 번째 질문이 이어졌다.

"오이디푸스입니다."

"오호, 마지막 질문입니다. 이 수수께끼를 푼 오이디푸스는 무엇이
되었습니까?"

"테베의 왕이 되었습니다."

자신 있게 마지막 수수께끼의 답을 이야기하고 강의실 문을 연 순간,
우리는 놀라지 않을 수 없었다.

"아크로폴리스에 온 것을 환영합니다!"

아크로폴리스란 폴리스의 꼭대기라는 뜻입니다. 고대 그리스에서는 도시 국가인 폴리스가 발달하였답니다. 대부분 폴리스는 산을 중심으로 형성되었고, 산 정상에 그 도시가 섬기는 신을 모시는 신전을 건설하였는데, 바로 그 신전이 있는 곳을 아크로폴리스라고 하였습니다. 아크로폴리스 중에서 가장 유명한 곳이 바로 아테네에 있는 아크로폴리스입니다. 이렇게 일반명사였던 아크로폴리스가 아테네의 아크로폴리스라는 고유명사로 바뀌고 말았습니다. 폴리스는 신전과 야외 음악당 겸 야외극장, 시장을 뜻하는 아고라, 그리고 체육을 즐길 수 있는 경기장 이렇게 구성되어 있는 것이 기본입니다.

"지금 여러분이 보고 있는 이 야외극장은 바로 아테네 아크로폴리스 언덕에 자리하고 있는 디오니소스 극장입니다. 고대 그리스의 디오니소스 극장에서 가장 많이 공연된 비극이 무엇인지 알고 있는 사람 있나요?"

"오이디푸스 왕에 관한 내용입니다."

내가 답하자 옆에 있던 소피아가 놀란 눈이 되어 나를 보았다.

"그럼, 오이디푸스 왕은 누구의 작품입니까?"

"소포클레스요."

이번에는 소피아가 얼른 대답하고는 나를 향해 혀를 쏙 내밀었다.

'쳇.'

"우리 철학이, 잘 알고 있군요. 그럼 지금부터 그때 상황을 좀 훔쳐볼까요?"

키톤 아저씨의 말이 끝나자 어느새 강의실은 어두워지고 우리 앞에 펼쳐진 거대한 디오니소스 극장의 무대 중앙에 환하게 조명이 들어왔다.

✑ 제 1 막 ✑

신탁 : 테베의 라이오스 왕은 들어라! 머지않아 태어날 너의 아들이 너를 죽일 것이다!

라이오스 : (신하에게) 아, 가슴이 아프지만 이 아이를 죽여야겠구나. 이 아이를 죽이도록 해라!

신하 : (아이의 발뒤꿈치를 핀으로 찌르며) 왕자님, 아무리 왕의 명령이지만 나는 차마 당신을 죽일 수가 없습니다. 부디 생명을 보존하시어 건강하게 자라소서!

코린트의 왕 폴리보스 : 아니, 웬 아이가 이런 곳에? 그런데 발이 많이 부어있구나. 오이디푸스라고 불러야겠다.

· · ·

오이디푸스의 친구 : 이 바보야, 너는 폴리보스의 아들이 아니야. 그것도 몰라?

오이디푸스 : 싸움에서 졌다고 비겁하게 거짓말을 하는 거냐?

오이디푸스의 친구 : 정말이란 말이다!

신탁 : 너는 장차 아버지를 죽이고 어머니와 잠자리를 하게 될 것이다.

오이디푸스 : (독백) 내가 만약 코린트로 돌아가면 아버지를 죽이고 어머니와 잠자리를 한다는 신탁의 말이 맞을 것이다. 그러나 코린트로 돌아가지 않으면 신탁의 뜻은 이루어지지 않을 것이다. 그렇다면 나는 테베로 가야만 한다.

· · ·

라이오스 왕 : 이 좁은 길에서 감히 나의 앞길을 막는 놈이 누구란 말인가. 당장 길을 비켜라!

오이디푸스 : 나는 코린트의 왕자이다. 누가 감히 나의 길을 막느냐. 너나 비켜라!

라이오스 왕 : (오이디푸스의 칼에 맞으며) 억울하다. 너 같은 어린놈에게 지다니.

스핑크스 : (테베의 입구를 지키며) 하나의 목소리를 가지고 있고, 4개의 다리, 2개의 다리, 3개의 다리가 되는 생물이 무엇이냐? 이 문제를 풀지 못하면 너를 잡아먹을 것이다!

오이디푸스 : 도대체 너는 무엇이냐? 몸은 사자인데 날개가 있고, 여자의 얼굴을 하고 있는 꼴이라니. 그것도 문제라고 내고 있느냐. 답은 사람이다!

제3막

신하 : 왕비마마, 슬픈 소식 한 가지와 기쁜 소식 한 가지가 있습니다.

이오카스테 : 무슨 일이냐. 천천히 말해 보아라.

신하 : 기쁜 소식은 테베를 어지럽히던 스핑크스가 어떤 사람이 자신이 낸 수수께끼를 풀자 부끄럽고 화가 나 죽었다고 합니다. 그리고…… 라이오스 왕이 어떤 젊은이에게 살해당했다는 슬픈 소식이 있습니다.

이오카스테 : 괴물 스핑크스를 죽게 한 젊은이를 들게 하라. 약속한 대로 나는 그와 결혼할 것이며, 그를 테베의 왕으로 모시겠다.

오이디푸스 : 왕비마마, 황송하옵니다. 이제부터 왕비마마와 테베를 위해 이 한 몸 다 바치겠습니다.

제4막

오이디푸스 왕 : (근심에 가득 찬 얼굴을 하고) 나는 최선을 다하여 나라를 다스리려고 노력하는데, 하는 일마다 불행이 따르고 역병이 도는 이유를 모르겠다. 너희들은 가서 그 용하다는 눈 먼 점쟁이 테이레시아스를 불러오라.

테이레시아스 : 왕의 노력에도 불구하고 나라에 불행이 많이 생기는 이유는 아버지를 죽이고 어머니와 함께 살고 있는 패륜아가 이

나라에 살고 있기 때문입니다. 그 패륜아가 죽어야 역병도 사라지고 테베가 다시 옛날처럼 번성할 것입니다.

오이디푸스 왕 : 그 패륜아가 누구냐?

테이레시아스 : 말할 수 없습니다.

오이디푸스 왕 : 만약 말하지 않으면, 네가 그 패륜아와 짜고 저지른 일이라고 생각하고 너를 죽이겠다.

테이레시아스 : (겁에 질려) 황송하옵니다. 당신이 테베로 오던 좁은 길에서 만난 귀인이 당신의 아버지이며, 지금 당신의 왕비가 어머니입니다.

오이디푸스 왕 : (어머니 이오카스테 품에 안겨 바늘로 자신의 두 눈을 찔러 맹인이 된 다음 하늘을 향해) 이제 나는 사막으로 떠날 것입니다. 하늘이시여! 사막의 바람과 모래로 나와 같은 패륜아와 불쌍한 나의 어머니가 다른 사람의 손에 더럽혀지지 않도록 사막에 묻어 주소서.

오이디푸스 왕은 이오카스테의 남동생인 크레온에게 왕위를 넘겨주고, 자신과 어머니 사이에서 태어난 안티고네와 이스메네의 손에 이끌려 사막으로 방랑의 길을 떠난다. 서서히 무대가 어두워진다.

"오이디푸스 왕의 사례에서 오스트리아의 심리학자였던 프로이트는 어린 사내아이가 무의식적으로 아버지를 싫어하고, 이성인 어머니의 사랑을 독차지하려는 경향을 '오이디푸스 콤플렉스'라고 말하기도 했습니다."

연극이 끝났지만 모두들 엄숙한 분위기 속에서 조용히 침묵을 지켰다. 키톤 아저씨가 이 침묵을 깨기라도 하듯이 먼저 입을 열었다.

"결국 운명을 바꿀 수는 없다는 말인가요?"

소피아의 이 물음이 바로 우리를 엄숙하게 만들었던 이유일 것이다. 피할 수 없는 운명이라…….

"바로 그것입니다. 아테네의 디오니소스 극장에서 소포클레스의 오이디푸스 왕이 가장 많이 그리고 가장 오랫동안 공연된 이유가 바로 그것입니다."

역사적으로 가장 비극적인 작품으로 평가받고 있는 오이디푸스 왕은 오이디푸스의 운명적인 삶을 그린 비극입니다. 소포클레스, 에우리피데스 외에도 수많은 작가들이 오이디푸스 왕을 주제로 한 비극을 남겼습니다. 그리고 볼테르 등 근현대 작가들도 오이디푸스 왕에 대한 번안 소설을 남겼답니다.

오이디푸스와 같은 비극이 유행했던 가장 큰 이유는 예술성이 풍부했던 고대 그리스 사람들이 비극에 대해서 특히 큰 감동을 느꼈기 때문입니다. 또 다른 이유는 철학에 대한 그들의 생각입니다. 고대 그리스 철학은 인간, 자연, 우주에 대한 물음으로 시작되었는데, 이렇게 고대 그리스 사람들은 그동안 신에게서 얻었던 답들을 철학을 통해 얻으려 했던 것입니다. 하지만 고대 그리스 사람들은 자연, 인간, 그리고 신이 갖고 있던 절대적인 질서를 인정하지 않을 수 없었습니다. 그것이 바로 운명에 관한 것입니다. 즉, 그들은 운명이란 절대적이며, 이 운명의 종말은 비극이라고 생각했습니다. 아무리 절대적인 힘을 갖고 있던 제우스라 해도 운명 앞에서는 어쩔 수 없다고 고대 그리스 사람들은 믿고 있었습니다. 바로 이런 점에서 오이디푸스 왕에 관한 이야기는 운명 그 자체를 보여 주는 것이었답니다.

"그렇다면 비극적인 운명과 철학이 무슨 관계가 있다는 건가요?"

키톤 아저씨가 오이디푸스 왕에 대한 내용을 한참 얘기하고 있을 때, 소피아가 무엇인가 이상하다는 듯이 물었다.

고대 그리스 사람들은 비극적인 운명을 인간의 어두운 부분으로 보았습니다. 자연의 반복적인 질서는 결국 자연법칙의 필연성입니다. 운명이란 바로 이런 필연적인 자연법칙에 따라 생깁니다. 그렇다면 인간은 아무리 비극적인 운명이지만 피할 수 없다는 것이죠. 고대 그리스 사람들은 이런 비극적이고 어두운 운명관에 사로잡히지 않고, 밝고 조화로운 세계 질서로 그 운명을 승화시켰답니다.

"자연법칙은 결코 비극적이고 어두운 운명이 아니고 조화로운 세계 질서라고, 고대 그리스 사람들을 이해시킨 사람들이 곧 철학자란 말씀이시죠?"

'오!'

나의 이런 질문에 나도 놀라고 다른 아이들도 모두 놀란 눈치였다.

"맞아요. 필로스, 이제 철학에 깊이 빠진 것 같군요. 하하!"

'이런!'

키톤 아저씨의 말에 나도 모르게 내가 정말 철학에 빠져들고 있는 건가 하는 생각이 들었다.

"고대 그리스 철학자의 위대한 힘과 정신은 비극의 저 깊은 곳에서 자연법칙이라는 현실적이며 이상적인 모습을 끌어 올린 것에 있습니다. 이것이 비극의 힘이며, 고대 그리스의 힘입니다. 이제 왜 비극이 필요한지 알겠죠?"

키톤 아저씨의 말이 끝나자 여기저기서 웅성웅성하는 소리와 함께 연극의 대사 같은 말들이 마구 쏟아져 나왔다.

"오이디푸스여, 슬퍼 마시오! 당신이 있었기에 당신네 나라에 훌륭한 철학자들이 존재했나이다."

"오, 오이디푸스여, 그대가 있었기에 우리도 이렇게 모여 철학에 깊이 심취할 수 있나이다!"

"아, 다음 강의실에서는 또 얼마나 즐거운 일이 우리를 기다리고 있을까? 오이디푸스여, 굽어 살피소서."

"……."

서양문화사 고대 그리스의 역사학자 에우디피데스Eudipides 태어남(BC 485)
아테네의 지도자 페리클레스Perikles 태어남(BC 490경)
동양문화사 공자의 《논어》 완성

황금 신발을 신은 마법사

Empedok 엠페도클레스 BC 495-BC 435

6

> 끓는 쇳물에 사람이 뛰어들면 어떻게 되는지
> 그 답을 찾기 바랍니다.

'으, 뭐야! 왜 사람이 끓는 쇳물에 뛰어들어야 하지? 그렇게 큰 죄를 지었나?'

"여러분 중에서 중국에서 날아오는 황사를 막을 좋은 아이디어가 있는 사람은 얘기해 보세요."

'늘 늦어. 항상 늦어. 난 왜 이렇게 만날 늦는 걸까?'

학교에 일찍 가는 것은 나 자신에 대한 모욕이라고 생각했었다. 그래서 일부러 늦장을 부렸다. 그런데 이상하게도 이곳에서는 꼴찌로 강의실에 들어가는 게 싫다.

"아, 마침 저기 필로스가 들어오는군요. 필로스! 좋은 아이디어 없습니까?"

자리도 잡기 전에 키톤 아저씨의 질문이 나에게로 날아왔다.

"글쎄요…… 늘 방송에서나 학교에서 들은 이야기밖에 특별한 아이디어가 없습니다."

"중국에 나무를 심자, 녹지를 개발하자, 뭐 그런 것들이죠? 다른 사람들의 생각은 어떻습니까?"

"우리나라를 거대한 비닐하우스로 덮으면 어떨까요?"

"비닐하우스로 덮지 말고, 우리나라와 중국 사이에 큰 장벽을 설치하면 어떨까요?"

몇몇 아이들의 대답에 우리는 모두 크게 웃었지만 키톤 아저씨는 진지한 표정이 되었다.

"아, 그게 더 좋겠습니다. 비닐하우스는 너무 답답하니까요."

"……."

엠페도클레스라는 철학자가 있었습니다. 그는 시칠리아의 아그리젠토에서 태어났습니다. 그리고 아주 많은 직업을 갖고 있었습니다. 그는 철학자, 의사, 시인, 물리학자, 민주주의 신봉자, 마법사, 종교지도자였으며 스스로를 신이라고 말하였습니다.

어렸을 때, 엠페도클레스는 엘레아학파의 크세노파네스의 연설을 우연히 듣게 되었습니다. 거기에 큰 감명을 받은 엠페도클레스는 엘레아로 갔습니다. 하지만 그곳에서 그는 엘레아와 가까운 곳에 있던 크로톤의 피타고라스학파의 영향을 더 많이 받게 되었습니다. 피타고라스를 직접 보지는 못했지만 엠페도클레스는 피타고라스의 윤회술과 마법술을 배웠답니다. 그것만으로 만족하지 못한 엠페도클레스는 더 많은 것을 배우기 위해서 이집트와 페르시아를 여행하며, 그곳에서 염력술, 최면술, 그리고 독심술과 같은 여러 가지 기술을 배우고 시칠리아로 돌아왔습니다.

"아그리젠토라면 그 유명한 팔라리스가 다스리던 도시 국가를 말씀하시는 건가요?"

키톤 아저씨가 잠시 이야기를 멈추자 소피아가 기다렸다는 듯 질문을 던졌다.

"그래요. 소피아의 말이 맞아요. 그 유명한 팔라리스가 다스리던 땅이죠. 그 사람이 무엇으로 유명한지도 알고 있나요?"

"팔라리스는 마음에 들지 않는 사람을 놋쇠로 만든 황소 인형 속에 넣어 구워 죽인 정치가라고 알고 있어요."

'으, 사람을 구워 죽였다고?'

많은 직업을 갖고 있었지만, 아그리젠토에서 엠페도클레스는 훌륭한 의사로 알려졌습니다. 심지어 죽은 사람도 살렸다는 기록이 남아있으니까요. 철학적인 지혜보다는 다른 것에 대해 더 많은 지식을 갖고 있던 엠페도클레스의 철학은 다른 철학자와도 많이 다릅니다.

파르메니데스는 변하는 것이 아무것도 없다고 하였고, 헤라클레이토스는 모든 것은 변한다고 했습니다. 이 두 철학자의 생각은 왜 이렇게 다를까요? 엠페도클레스는 그들이 원질을 하나로만 보았기 때문이라고 생각했습니다. 그는 만약 원질이 여러 가지라면 이런 문제가 해결될 수 있다고 믿었습니다. 그래서 그는 불, 물, 공기, 그리고 흙, 이렇게 네 가지의 원질에 대해서 설명하고 있습니다. 바로 이 네 가지 원질이 서로 섞이고 흩어지면서 생기는 것이 자연의 변화입니다. 그렇다면 최초의 생명체는 무엇일까요? 엠페도클레스는 최초의 생명체는 우연히 생겼다고 주장합니다.

"여러분은 엠페도클레스가 얘기하는 최초의 생명체가 어떤 모습인지 상상할 수도 없을 것입니다. 그것은 몸이 없는 머리만 여기저기 굴러다니는 모습으로, 팔도 혼자 떨어져 있고, 얼굴에 붙어 있는 눈, 코, 귀, 입도 제멋대로입니다. 뿐만 아니라 한 몸에 손과 발도 여러 개가 붙어 있습니다. 물론 몸통이 셋인 사람도 있고, 사람의 얼굴을 한 소도 있고, 소의 얼굴을 하고 있는 사람도 있다고 엠페도클레스는 말합니다."

"엠페도클레스의 생각에 따르면 최초의 생명체는 괴물이나 마찬가지네요?"

"그렇게 볼 수 있겠죠."

"그럼 그런 모습의 생명체들이 어떻게 오늘날과 같은 모습으로 분리되었나요?"

"사랑과 미움입니다."

70

"?"

"여러분도 서로 좋아하면 같이 있고 싶죠? 싫어하면 어떤가요?"

"좋아하면 같이 있고 싶겠지만, 싫어하면 당연히 헤어져야죠."

소피아와 키톤 아저씨가 주고받는 이야기를 모두들 넋을 놓은 듯 물끄러미 바라보고만 있었다.

엠페도클레스는 이 세상의 처음 모습을 이렇게 무질서하게 보았습니다. 하지만 이러한 무질서는 네 가지 원소가 서로 섞이고 나누어지면서 조화를 이룬다고 보았습니다. 그 결과 오늘날과 같은 모습이 된 것입니다. 이렇게 조화를 이루게 하는 것이 바로 사랑과 미움이라고 엠페도클레스는 말합니다. 네 가지 원소는 서로 좋아하는 것끼리 사랑으로 결합합니다. 하지만 서로 싫어하는 것은 미움으로 분리합니다. 이렇게 결합과 분리가 이루어질 때마다 새로운 생명체가 태어나는 것이랍니다. 사랑으로 모든 것을 결합시키기 때문에 사랑으로 가득 찬 세상은 행복과 기쁨만 있습니다. 반면 미움은 모든 것을 분리시키기 때문에 세상은 증오로 가득 차고 기쁨은 사라집니다. 엠페도클레스에 따르면 사랑과 미움은 이렇게 끊임없이 계속됩니다. 그때마다 세상은 항상 새로운 모습으로 나타나는 것이랍니다.

"사랑이나 미움에 의해서 새롭게 생명체가 생겨나는 것은 자연의 목적이나 자연법칙과 같은 건가요?"

다시 소피아와 키톤 아저씨만의 선문답.

"엠페도클레스는 자연법칙이나 자연의 목적보다는 오히려 우연으로 봤습니다. 즉, 불, 물, 공기, 그리고 흙이 우연적으로 결합하고, 그렇게 결합된 우연적인 사건에 사랑과 미움이 작용하여 새로운 것이 생겨나거나 있던 것이 없어지는 것이라고 말이죠."

"우연이라! 사랑도 미움도 다 우연이란 말씀이죠? 아쉽다."

모든 것이 우연이라는 키톤 아저씨의 말에 누군가가 큰 한숨과 함께 한 말이다. 쳇, 운명적인 사랑을 기다리기라도 하는 모양이지?

"아쉽다고 생각하면, 사랑과 우연을 필연으로 바꾸면 되겠죠. 한번 노력해 보시기 바랍니다. 자, 엠페도클레스는 여러 가지 직업을 갖고 있었다고 했죠? 여러 가지 직업을 갖고 있던 그는 당시 시칠리아 사람들에게 많은 인기가 있었답니다."

"그럼요. 황사만 막으면 우리나라에서도 인기 있는 사람이 되겠죠."

누군가가 조금 전에 한 얘기를 잊지 않고 다시 꺼냈다. 뭐야, 생뚱맞게.

"맞아요. 여러분, 이것이 무엇으로 보입니까?"

키톤 아저씨 뒤에 있던 스크린에 범선의 돛과 같은 넓은 천이 보였다.

"알았다. 비닐하우스가 아니라 역시 천으로 중국과 우리나라 사이에 칸막이를 하면 되겠군요!"

처음 비닐하우스 얘기를 꺼냈던 아이의 대답이었다.

엠페도클레스가 살았던 시칠리아는 지리적으로 아프리카와 유럽을 잇는 중요한 위치였습니다. 그래서 시칠리아를 차지하기 위해서 이탈리아 반도에 살던 사람들과 아프리카 사람들 사이에 전쟁이 있었습니다. 시칠리아는 이렇게 늘 이탈리아 반도에 살던 사람과 아프리카 사람들의 전쟁으로 어려움을 겪었답니다. 그런데 이 어려움보다 더 어려웠던 것이 바로 아프리카에서 불어오는 더운 바람이었습니다. 매년 시칠리아 사람들은 아프리카에서 불어오는 더운 바람과 싸워야 했습니다. 엠페도클레스는 바로 이 더운 바람을 막아보고자 하였습니다. 죽은 사람도 살린 의사로서 엠페도클레스는 더 많은 사람들을 더위로부터 구하기 위해 수없이 많은 소가죽을 엮었습니다. 그리고 이것을 시칠리아 골짜기에 설치하여 아프리카에서 불어오는 더운 바람을 막았다고 합니다. 물론 얼마나 도움이 되었는지는 모르겠습니다만, 그 아이디어 하나만은 훌륭했다고 평가되고 있습니다.

"정말, 대단하다! 오늘날은 그때보다 과학이 더 발달했으니 더 좋은 천으로 중국에서 불어오는 황사를 막으면 되겠네요."

여전히 비닐하우스에 관심을 두고 있던 아이가 신이 나서 말했다.

"죽은 사람도 살리고, 아프리카에서 불어오는 더운 바람도 막을 정도의 엠페도클레스였다면 스스로 신이라 자처해도 상관없을 것 같은데요?"

처음부터 엠페도클레스가 스스로를 신이라고 얘기한 것에 대해서 약간의 거부감을 갖고 있던 소피아가 기어이 한마디를 했다.

"여러분들도 그렇게 생각하십니까? 엠페도클레스는 스스로를 신이라고 생각한 것뿐 아니라 신처럼 죽기를 원했던 것 같습니다."

"어떻게요? 혹시 우리가 처음 이 강의실에 들어올 때 풀어야 했던 문제와 관계가 있나요? 끓는 쇳물 속으로 들어가기라도 했나요?"

이번에는 나의 궁금증이 발동했다.

"그래요. 그는 쇳물 속으로 뛰어들었답니다."

고대 그리스의 다른 철학자들과 마찬가지로 엠페도클레스의 죽음에 대해서도 많은 이야기들이 있습니다. 자살했다는 사람도 있고, 오래오래 살다가 죽었다는 사람도 있습니다. 자살한 방법에 대해서도 여러 가지 이야기가 있습니다. 그 중에서도 가장 신빙성이 있는 이야기는 엠페도클레스가 시칠리아 에트나 화산 분화구에 뛰어들었다는 것입니다.

엠페도클레스는 스스로를 신이라고 하였고, 그래서 다른 사람들과는 다르게 특이한 모양의 황금 옷에 황금 신발을 신고 다녔다고 합니다. 뿐만 아니라 자신은 신이기 때문에 어느 날 갑자기 연기처럼 펑하고 사라질 것이라고 많은 사람들에게 이야기했다고 합니다. 하지만 엠페도클레스는 연기처럼 사라지려던 자신의 뜻을 이루지 못했습니다. 그가 에트나 화산의 분화구로 뛰어들자 그가 늘 신고 다니던 특이한 황금 신발이 화산 분화구에서 다시 튀어나온 것입니다. 그래서 사람들은 엠페도클레스가 화산 분화구에 뛰어든 것을 알게 되었다고 합니다.

서양문화사 고대 그리스의 희극 작가 아리스토파네스[Aristophanes] 태어남(BC 450경), 《바빌로니아 여인들》 발표(BC 426)
동양문화사 원시불교 시대

달변과 궤변 사이,
말장난은 이제 그만!

7

Protago 소피스트의 대부 프로타고라스 BC 485-BC 415

한 노예가 있었습니다. 그 노예는 공주를 사랑했습니다. 그런데 공주를 사랑한 사람은 독살형이나 교살형으로 죽인다는 것이 그 나라의 법이었습니다. 하지만 왕은 사형을 집행하기 전에 죄인에게 말을 시켜, 죄인의 말이 맞으면 독살형을 시키고 틀리면 교살형을 시킵니다. 이 죄인이 살기 위해서는 어떤 말을 해야 할까요?

"정말 불쌍한 노예다. 하지만 저 문제로 봐서는 살 수 있는 방법이 있긴 있다는 거지?"

"문제가 그렇다는 거지, 방법이 있을 것 같지 않은데?"

"불쌍한 노예…… 어떤 대답을 해야 살 수 있을까?"

소피아와 나는 노예를 살릴 수 있는 답을 찾기 위해 고민을 하면서 다음 강의실로 향했다. 어느새 강의실 앞까지 왔지만 도저히 답을 알 길이 없었다.

"어, 강의실 문이 열려 있어!"

소피아가 반갑게 말했다. 정말로 이번 강의실은 다른 강의실들과는 다르게 문이 닫혀 있지 않았다.

"이번 강의실은 문제는 있지만 답은 없어도 된다는 말인가?"

나는 조금 의아하기도 하고 불안한 마음으로 소피아를 쳐다봤다.

"글쎄, 확실한 것은 나도 모르겠어. 하지만 왠지 불안한걸."

"어서들 오세요!"

키톤 아저씨는 여전히 천진하고 평온한 표정으로 반갑게 우리를 맞았다.

"이번 시간에는 문제에 답을 하지 않고도 강의실로 들어올 수 있었죠? 궤변론자로 불린 소피스트에 대해서 이야기하며 함께 답을 찾아볼까요?"

지혜로운 사람 혹은 현인이라는 의미로 사용된 소피스트가 왜 궤변론자가 되었을까요?

아테네는 훌륭한 정치가 페리클레스를 중심으로 고대 그리스 최고의 도시 국가가 되었습니다. 당시 고대 그리스의 많은 젊은이들은 정치가가 되기 위해서 아테네로 몰려들었습니다. 이렇게 모인 젊은이들을 가르친 사람들을 '소피스트sophist'라고 불렀습니다. 소피스트들은 아테네의 젊은이들에게 사람이 가져야 할 훌륭한 태도, 사회에서 성공하는 방법, 논술, 웅변술, 그리고 정치를 잘하는 방법 등을 가르쳤습니다. 출세를 위해 아테네에 모인 많은 젊은이들은 좀 더 훌륭한 소피스트로부터 교육 받기를 원했습니다. 하지만 아테네에는 소피스트가 턱없이 부족했습니다. 따라서 자연스럽게 능력 있는 소피스트는 오만한 태도로 많은 돈을 요구하였습니다. 반면 능력 없는 소피스트는 부족한 능력을 말장난으로 감추었습니다. 이런 소피스트를 본 사람들은 소피스트란 좋지 않은 이론을 좋게 만드는 사람이라고 생각하기 시작했습니다. 뿐만 아니라 돈 많고 공부 잘하는 젊은이들의 돈을 낚아채는 사냥꾼으로 평하기도 하였습니다. 결국 소피스트는 얄팍한 지식을 우롱하여 돈을 버는 사람이라는 의미인 궤변론자로 낙인찍히고 만 것입니다.

"노예가 공주를 사랑한 얘기도 결국 그들이 만든 얘기인가요?"

"꼭 그렇지는 않습니다. 하지만 비슷한 얘기는 많았습니다."

"그렇다면 공주를 사랑한 노예가 죽지는 않았다는 뜻이군요."

"또 다른 비슷한 얘기들은 어떤 것이 있죠?"

"공주를 사랑한 노예는 어떤 말을 해야 살 수 있나요?"

여기저기서 갑자기 질문이 마구 쏟아져 나왔다.

"자, 자, 하나씩 하나씩 차근차근 풀어보도록 합시다."

키톤 아저씨는 아이들에게 손을 뻗어 잠시 조용히 해 줄 것을 부탁하며 다시 이야기를 계속했다.

프로타고라스라는 유명한 소피스트가 있었습니다. 그는 아테네에서 가장 유명한 소피스트였으며 그에게 배우고자 하는 학생들은 늘 많은 돈을 들고 그를 찾아왔습니다. 하루는 에우툴루스라는 젊은이가 프로타고라스를 찾아와 그에게 가르침을 얻어 법정에서 변론을 하고 싶다고 말했습니다. 하지만 프로타고라스는 교육비가 비싼 소피스트였습니다. 에우툴루스는 많은 돈을 한 번에 지불할 능력이 없으니 분할하여 지불하겠다고 약속하였습니다. 그리고 두 사람은 하나의 계약서를 작성하였습니다.

그 계약서의 내용은 다음과 같습니다.

계약서

학생 에우툴루스는 스승 프로타고라스에게 교육비의 반을 지급한다.

나머지 반은 학생 에우툴루스가 법정에서 첫 변론을 하고, 이겼을 때 지불한다.

"만약 에우툴루스가 법정에서 이기지 못하면 프로타고라스는 교육비의 반을 절대로 받을 수 없다는 거잖아요. 프로타고라스는 왜 그런 계약서를 작성했나요?"

"필로스 생각에는 어떻게 되었을 것 같나요?"

"에우툴루스가 돈을 지불하지 않았을 것 같아요."

"왜 그런 생각을 했죠?"

"돈을 지불할 생각이 있었다면 처음부터 분할할 필요가 없죠. 교육
비를 반만 지급하려고 처음부터 작정한 것 아닐까요?"

"그 이유에 대해서 정확하게 설명해 줄 수 있을까요?"

나는 잠시 생각해보았지만 마땅하게 떠오르는 답이 없었다. 분명히
계약서에 답이 있을 것 같긴 한데.

"계약서에 답이 있을 것 같아요. 하지만 그 이유는 모르겠습니다."

"맞아요. 그 답은 계약서에 있습니다. 우리 함께 자세히 계약서를 살펴봅시다."

프로타고라스는 에우틀루스에게 많은 가르침을 주었습니다. 그리고 에우틀루스는 프로타고라스에게 배운 변론술로 법정에서 상대방을 이길 수 있는 실력도 갖추게 되었습니다. 하지만 에우틀루스는 법정에서 변론을 하려고 생각도 하지 않았습니다. 결국 프로타고라스는 나머지 반의 교육비를 받기 위해 에우틀루스를 고발하였습니다. 고발에 앞서 프로타고라스는 에우틀루스가 나머지 교육비의 반을 줄 수밖에 없는 이유에 대해서 설명했습니다.

> 프로타고라스 : 우리의 계약서에 따라, 만약 네가 법정에서 너 자신을 변론하여 이긴다면, 나머지 교육비를 나에게 지불하여야 한다.
> 만약 네가 법정에서 너 자신을 변론하여 진다면, 너는 법정의 명령에 따라 나에게 나머지 반의 교육비를 지불하여야 한다.
>
> 이 얘기를 듣고 있던 에우틀루스는 자신이 나머지 반의 교육비를 지불하지 않아도 될 이유에 대해서 다음과 같이 말했습니다.

에우툴루스 : 만약 제가 법정에서 저 자신을 변론하여 진다면, 우리의 계약에 따라서 나머지 교육비를 선생님에게 지불할 필요가 없습니다.
만약 제가 법정에서 저 자신을 변론하여 이긴다면, 저는 법정의 명령에 따라 선생님에게 나머지 반의 교육비를 지불할 필요가 없습니다.

"선생님, 잠시만요. 지금 하신 말씀 잠시만 생각할 시간을 주세요."

"생각은 무슨 생각이니. 아주 간단해. 프로타고라스는 무조건 나머지 반의 교육비를 받을 수 있다는 이야기이고, 에우툴루스는 무조건 나머지 반의 교육비를 줄 필요가 없다는 얘기를 하는 거잖아."

"소피아, 바로 그거야. 법정에서 재판을 하게 되면 누군가는 이기고 지는 사람이 있어야 되는 거잖아. 그런데 이건 그게 아니잖아. 물론 이기고 지는 사람이야 있겠지만, 이렇게 되면 둘이 재판을 하는 이유가 없어지잖아."

"음, 우리 철학이들의 말이 맞아요. 참 묘한 얘기죠. 이런 예가 당시 소피스트들이 얼마나 많은 말장난으로 법정을 혼란하게 했는지 보여주는 아주 간단한 이야기랍니다."

키톤 아저씨가 소리가 높아진 우리를 중재하고 나섰다.

"그러면 우리가 들어올 때 주어진 문제의 답은 무엇입니까?"

누군가 뒤에서 노예에 대한 궁금증을 더 이상 참지 못하고 물었다.

"자, 지금부터 우리 함께 불쌍한 노예의 문제를 생각해 봅시다."

공주를 사랑한 것이 죄가 되는지 아닌지는 모르겠습니다만, 공주를 사랑한 죄로 노예는 죽게 되었습니다. 하지만 법은 참 좋은 것이랍니다. 법에 따라 노예가 무슨 말을 하여 그 말이 맞으면 노예는 독약을 마시고 죽어야 합니다. 그리고 그 말이 틀리면 목이 졸려 죽습니다. 노예는 어떻게든 죽을 수밖에 없는 상황인 듯 보이지만 말을 잘하면 살 수도 있다는 것이죠. 과연 노예는 무슨 말을 했을까요?

> 가정 1
> **왕** : 노예가 한 말이 맞으면 독살형을 시킬 것이고, 틀리면 교살형을
>   시킬 것이다.
> **노예** : 나는 독살형을 받을 것입니다.

독약을 마시고 죽는다는 노예의 말이 맞는다고 가정을 하면, 노예는 독약을 마시고 죽을 수밖에 없겠죠. 하지만 다음의 가정은 어떨까요?

> 가정 2
> **왕** : 노예가 한 말이 맞으면 독살형을 시킬 것이고, 틀리면 교살형을
>   시킬 것이다.

노예는 자신은 교살될 것이라고 했습니다. 왕은 노예의 말이 틀릴 경우 교살시킨다고 했습니다. 그렇다면 노예의 말이 틀려야 교살됩니다. 왕이 노예를 교살시키면 노예의 말이 맞는 것이 됩니다. 노예가 한 말이 맞으면 왕은 노예를 독살시키겠다고 했습니다. 따라서 노예가 한 말이 맞으면 노예는 교살될 수가 없습니다. 그리고 노예를 교살시키면 왕은 자신이 한 약속을 어기는 꼴이 되고 맙니다.

법에 따라 노예를 사형시킬 것인지 아니면 자신의 약속을 지킬 것인지 왕은 이러지도 저러지도 못하고 고민하였답니다. 아무리 고민을 하여도 답은 나오지 않았습니다. 결국 왕은 스스로 한 말이 모순이라는 것을 알게 된 것이죠.

"결국 노예는 살았군요!"

공주를 사랑한 것이 무슨 죄냐며 처음부터 노예가 불쌍하다던 아이가 자기도 모르게 탄성을 질렀다.

"여러분이 왕이라면 어떻게 하시겠습니까? 법을 지키겠습니까? 아니면 약속을 지키겠습니까?"

"당연히 약속을 지켜야죠. 남아일언중천금이라는 말도 있잖아요. 그리고 보통 사람도 아닌 왕의 약속 아닙니까?"

"결과는 나도 잘 모르겠습니다. 이 정도라면 말장난이 당시 얼마나 심했는지 알만하죠. 그래서 정말로 지혜로운 소피스트까지도 궤변론자로 몰리는 일이 있었답니다. 고대 그리스에서는 더 이상 소피스트들의 만행을 참지 못하고 그들을 사형시키기도 했습니다. 그때 많은 소피스트들이 죽었습니다."

"독살시켰나요? 아니면 교살시켰나요? 혹 사형을 집행하기 전에 말만 잘하면 살려준다는 약속 같은 것은 하지 않았나요?"

서양문화사 페이디아스, 아테네 파르테논 신전의 아테네 상 조각(BC 444경), 페리클레스 사망(BC 429)
동양문화사 노자 탄생(BC 424경), 《묵자》 15권 완성(BC 420경)

어느 급진주의자의 대화법

Socrates 소크라테스 BC 470-BC 399

8

**소크라테스의 궤변적인 사고에 대해서 쓴
아리스토파네스의 작품은 무엇입니까?**

이제 강의실로 들어가기 위해 간단한 퀴즈를 치르는 것이 정당한 것처럼 느껴지기 시작했다. 문제는 난 여전히 철학에 대해 아는 것이 별로 없다는 것.

"어서들 오세요! 아무 곳이나 마음에 드는 곳에 앉으시기 바랍니다. 이곳은 시장, 그리스 어로 아고라입니다. 아고라에 오신 것을 환영합니다!"

문을 열고 들어선 강의실은, 강의실이 아니었다. 그곳은 말 그대로 넓은 장터였다. 아이들도 모두 키톤 아저씨를 중심으로 아무렇게나 앉거나 서있었다.

　"아, 소크라테스는 늘 아고라에서 젊은 사람들과 함께 이야기를 나누었다고 학교에서 배웠어. 그래서 이번 시간은 아고라를 무대로 했구나."

　소피아가 신기한 듯 이곳저곳을 둘러보며 말했다.

　소크라테스는 당시로서는 정말 별난 사람이었습니다. 당시 그리스 철학자들은 밤하늘의 별을 관찰하고 예언 아닌 예언을 하거나, 우주에 관한 자신들의 생각을 이야기했습니다. 뿐만 아니라 어떤 철학자는 고대 그리스 사람들이 믿었던 신의 창조에 대해 부정적인 생각도 하였습니다. 당시 철학자들은 이렇게 자연과 우주에 관심을 갖고 있었습니다.

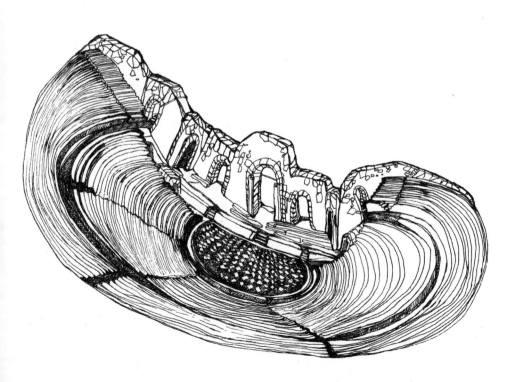

하지만 소크라테스는 다른 생각을 갖고 있었습니다. 인간의 문제가 자연이나 우주의 문제보다 더 중요하다고 생각한 것입니다. 인간의 문제를 도외시한 자연은 진정한 철학이 아니라고 소크라테스는 생각했답니다. 그래서 그는 늘 '자기 자신을 알라!'고 외쳤습니다. 자신을 아는 것이야 말로 학문을 위한 기초가 된다고 그는 믿었습니다.

"아빠, 어제는 저 헤라클레스가 서 있던 자리에 큰 돌이 있었잖아요? 그 돌은 어디가고 헤라클레스가 서 있어요?"
"소크라테스, 어제 그 돌에서 아빠가 헤라클레스를 끄집어냈단다."
"에이, 거짓말. 돌 안에 무엇이 있는지 어떻게 알아요. 아빠, 그럼 저 돌 안에는 무엇이 있어요?"
"어디 좀 보자. 응, 저 돌 안에는 아름다운 미네르바가 들어 있구나."
"정말요? 그럼 아빠가 그 미네르바를 꺼내서 제게 보여 주세요."
"그러자꾸나. 어디 보자, 미네르바야 나와라."
말을 마친 아버지는 징과 망치로 큰 대리석 덩어리를 다듬기 시작했습니다.

어린 소크라테스는 조각가인 아버지를 따라다니면서 아버지가 조각한 조각상이 정말로 돌 속에 들어 있다고 믿었습니다. 뿐만 아니라 산파였던 소크라테스의 어머니를 통해 세상에 없던 어떤 것이 생겨나는 방법에 대해 생각하게 되었습니다. 소크라테스는 어린시절 아버지와 어머니의 직업을 통해 가진 이런 믿음을 철학자 소크라테스가 되어서도 여전히 갖고 있었습니다.

소크라테스는 모든 사람이 마음속에 지혜에 대한 생각을 갖고 있으나 바르게 끌어내지 못하는 것뿐이라고 믿었습니다. 그래서 소크라테스는 스스로 사람의 마음속에 있는 지혜를 끌어내는 조각가 혹은 산파가 되겠다고 다짐했습니다. 소크라테스는 조각가가 돌을 쪼아 그 속에 있는 형상을 꺼내듯이 대화를 통해서 지혜를 이끌어 낼 수 있다고 믿은 것이죠. 오늘날 우리는 소크라테스의 이런 철학적인 방법을 '대화법'이라고 합니다. 혹은 소크라테스 아버지의 직업처럼 조각법, 그리고 어머니의 직업처럼 산파법이라고도 합니다.

"카이레폰, 정말이니?"

"그럼, 정말이지. 소크라테스, 네가 이 세상에서 가장 현명한 사람이라고 델피에 있는 여사제 피티아가 내게 분명히 말했어. 내 두 귀로 똑똑히 들었는걸."

"어린 시절부터 아빠는 신은 모든 것을 가르쳐 주고 모르는 것이 없다고 했어. 델피의 신탁이 그렇게 이야기했다면, 내가 가장 현명한 사람이 분명하군. 하지만 내가 그것을 확인하지 않은 이상 내가 가장 현명하다고 할 수 없어."

"어떤 방법으로 네가 가장 현명하다는 것을 확인할 거야?"

"아테네에서 현명하다는 사람들을 찾아다니면서 누가 더 지혜롭고 현명한 사람인지 알아보아야지."

"소크라테스, 그것은 너무 위험하지 않을까? 만약 그들이 너보다 현명하지 못하다는 사실이 밝혀지면 가만있지 않을 거야."

"카이레폰, 정말 신탁의 여사제가 말한 것이 분명해? 내가 가장 현명하다고?"

"그렇다니까. 분명히 그렇게 말했어."

"그렇다면 이것은 신의 명령이나 마찬가지야. 난 가만히 앉아 있을 수 없어. 신의 명령을 어길 수는 없잖아."

우리는 아고라에 아무렇게나 앉아서 소크라테스의 어린 시절 모습과 친구 카이레폰과 이야기를 나누는 장면을 유심히 보았다. 이후 소크라테스는 자기 자신에 대해서 더 많은 것을 물었다.

아테네에는 소크라테스보다 훌륭한 철학자, 정치가, 시인, 예술가 등이 아주 많았습니다. 이런 훌륭한 사람들이 많이 있음에도 불구하고, 왜 신은 소크라테스를 가장 현명한 사람이라고 했을까요?

소크라테스는 그 이유를 정말 몰랐습니다. 그래서 그는 그때부터 덕망 있고 지혜로운 사람들을 찾아다니면서 묻고 또 물었습니다. 수없이 많은 사람을 만난 후 소크라테스는 신의 말이 옳았다는 것을 알았습니다.

"아테네의 많은 지혜로운 사람들은 모두 지혜로운 척할 뿐, 결코 지혜롭지 못해. 그리고 신이 내가 가장 지혜롭다고 말한 이유를 알겠어. 난 최소한 내가 나 자신을 모르고 있다는 것은 알고 있어. 하지만 저들은 그런 사실조차도 모르고 있어. 그렇다면 나 자신도 모르는 나를 신은 왜 가장 현명한 사람이라고 했을까? 신은 나에게 하나의 임무를 주신 거야. 그 임무란 지혜로운 척 하는 아테네 사람들을 깨우치라는 것이야. 이것이야말로 아무것도 모르는 나에게 신이 준 임무야. 이 임무를 위해서 나는 모든 것을 바칠 거야."

세 번째 장면은 소크라테스의 독백이었다. 소크라테스의 말을 듣고 있던 우리 모두는 숙연한 기분이 들었다.

"저렇게 지혜로운 척하는 사람들의 권위와 체면에 소크라테스가 도전하고도 살아남았으면 오히려 그것이 이상하지."

"역시 카이레폰이 제대로 본 거야."

모두들 소크라테스가 귀족들의 모함으로 사형 선고를 받은 것을 떠올리는 듯 했다.

"소크라테스의 죄명이 고대 그리스가 믿는 신을 믿지 않고, 젊은이들을 타락시켰다는 거잖아요. 소크라테스가 다이몬이란 신을 믿었다고 하니 그것은 이해가 되지만, 젊은이들을 어떻게 타락시켰다는 거죠?"

"나는 다이몬도 이해가 안 되는데…… 좀 자세히 설명해 주세요."

소피아의 질문에 나도 모르는 건 알고 넘어가야겠다는 생각이 들었다. 내가 모르는 걸 모른다는 게 더 부끄러운 거라잖아?

"자, 우리 함께 아고라로 갑시다."

"아니, 소크라테스, 왜 갑자기 가던 길을 멈추고 하늘을 쳐다보는 거야?"

"응, 다이몬의 소리를 들었어. 난 먼 길을 돌아갈 거야. 나와 함께 갈 사람은 나를 따라오기 바라네."

"무슨 소리야? 가까운 길을 두고 왜 먼 길을 돌아가. 난 그냥 가던 길로 갈 거야."

(아고라에 도착한 소크라테스 일행)

"아니, 먼 길을 돌아온 우리는 이미 도착했는데, 왜 가까운 길을 택한 사람들은 아직도 나타나지 않은 거지?"

"저기 오는 군. 아니 저들의 모습이 왜 저래? 무슨 일이 있었나?"

"아고라로 오는 도중에 좁은 길에서 돼지 떼를 만났어. 그 돼지 떼를 피하지 못해서 이렇게 옷과 신발에 오물과 진흙이 잔뜩 묻었네."

"소크라테스가 말한 다이몬의 소리란 정말 좋은 것이로군!"

소크라테스는 어려서부터 어떤 일을 할 때, 종종 양심의 소리인 다이몬을 들었다고 합니다. 소크라테스가 말하는 이 다이몬은 대부분 '하지 마라!'라고 말했다고 합니다. 그때마다 소크라테스는 다이몬의 지시에 따라 어떤 일을 할 것인지 말 것인지를 결정했다고 합니다. 바로 이런 다이몬에 따라 행동하는 소크라테스를 보고 당시 사람들은 소크라테스가 고대 그리스가 믿는 신을 믿지 않고 자신만의 신을 믿는다고 얘기했습니다. 그래서 귀족들이 그를 무신론자로 고발하였던 것입니다.

"네가 나를 때리는 것이 옳다고 생각하느냐?"

"아버지는 제가 어릴 때, 저를 때린 적이 있으시죠?"

"그럼, 있지. 너를 사랑하는 마음으로 네가 잘못된 길을 갈까봐 때렸지."

"어릴 때, 아버지가 제게 보여 준 애정을 왜 오늘 제가 아버지에게 보여주면 안 된다고 생각하십니까?"

"똑같은 애정을 보여 주기 위해서 나에게 매질을 하겠다는 것이냐?"

"저는 아버지에게 애정을 보여 주기 위해서 매질을 할 뿐 아니라, 필요하면 아들도 아버지에게 매질을 할 수 있다는 법을 만들기를 원합니다."

"아니, 저게 도대체 무슨 말이에요?"

어느 아버지와 아들의 대화를 지켜보던 우리 모두는 경악하지 않을 수 없었다. 아들이 아버지를 때린다니. 그것도 필요하면 법으로 정해서 매질을 하겠다니.

"지금 여러분이 보신 장면은 아리스토파네스의 작품입니다. 아마 이곳에 들어올 때 받았던 질문이 이 작품이죠."

"네, 기억나요. 그런데 그 작품의 이름은 뭐죠?"

아리스토파네스는 《구름》이라는 희극을 통해서 소크라테스에 대한 많은 이야기를 하였습니다. 물론 부정적인 면도 있고, 긍정적인 면도 없지 않아 있습니다. 《구름》의 일부에서 보았듯이 당시 소크라테스의 제자들은 대화를 통해서 아버지나 다른 어른들에게 대들고 심지어 구타까지도 정당화했다는 것을 알 수 있습니다. 소크라테스에게 대화법을 배운 그의 제자들의 이런 행동 때문에 당시 어른들과 지도층 인사들은 정신적으로나 육체적으로 많은 괴로움을 겪었으며, 권위와 체면도 잃었습니다.

"《구름》이라는 희극이 소크라테스를 풍자한 것이라지만, 저 정도면 충분히 젊은이들을 타락시켰다는 표현이 어울리겠네요."

소피아가 다 큰 어른처럼 고개를 절레절레 저으며 이야기했다.

"이렇게 소크라테스는 다이몬이란 신을 믿고 젊은이들을 타락시켰다는 죄목으로 사형 선고를 받았습니다. 하지만 그의 정신과 지혜에 대한 갈망은 오늘날까지도 이어지고 있습니다. 여러분들은 자신이 아무것도 아는 것이 없음을 아십시오!"

키톤 아저씨의 마지막 말이 소크라테스가 마치 우리에게 하듯이 가슴에 와 닿았다.

- -

서양문화사 원자론자 레우키포스 활동(BC 420경), 퀴니코스학파(견유학파)의 아티스테네스 활동 디오게네스 탄생(BC 404경)

동양문화사 중국 춘추 전국 시대 개막

동굴 속에서 만난 이상형

플라톤 BC 427-BC 347 *Platon*

"다음 강의실로 가기 위해 모노레일을 타시기 바랍니다."

우리 앞에 공상과학영화에서나 볼 수 있는 모노레일이 정차하고 있었다. 소피아와 나는 다른 아이들처럼 일단 모노레일을 타고 출발을 기다렸다.

"이 기차는 동굴만을 통과하면서 지나갈 것입니다. 벽에 비친 여러분의 그림자를 잘 관찰하시기 바랍니다. 오늘 이야기의 열쇠는 바로 이 그림자에 있습니다."

"그림자라고?"
"모노레일에 타신 것을 진심으로 환영합니다!"

언제 탔는지 키톤 아저씨도 모노레일의 가장 앞자리에서 우리를 바라보며 앉아 있었다.

"이번 시간은 이곳 모노레일에서 이루어질 것입니다. 동굴은 모두 흰 벽이기 때문에 무섭지는 않을 것입니다. 하지만 많은 그림자가 여러분을 초대할 것입니다. 놀라지 마시기 바랍니다."

아테네에서 귀족의 아들로 태어난 플라톤은 20살에 소크라테스의 제자가 되었습니다. 그리고 그의 나이 28살에 소크라테스가 사형을 당하게 되었습니다. 이때 플라톤은 아테네의 민주주의가 소크라테스를 죽였다고 믿었습니다. 그래서 그는 정치, 특히 민주주의를 싫어하였고, 이후 정치에는 관심을 갖지 않고 철학 공부만 하였습니다. 그리고 훗날 유명한 철학자가 되었습니다.

아테네에서 유명한 철학자가 된 플라톤은 이 세상에는 두 종류의 물질이 있다고 말합니다. 하나는 사람이 경험이나 감각으로 알 수 있는 것이고, 또 하나는 생각은 할 수 있지만 감각이나 경험으로 알 수는 없는 것입니다. 첫 번째 종류의 물질을 우리는 현상 혹은 물질이라고 합니다. 우리가 매일 접하는 모든 물건들, 책상, 연필, 책, 노트, 시계 등이죠. 반면 두 번째 종류의 물질은 형상 혹은 실재라고 합니다. 이런 형상 혹은 실재를 플라톤은 '이데아^{Idea}'라고 했습니다. 그럼 이데아는 무엇일까요?

우리가 매일 보는 물건은 변할까요? 변하지 않을까요? 알아 볼 수는 없지만 분명히 조금씩은 변할 것입니다. 그래서 헤라클레이토스는 모든 물질은 변하고 흐른다고 했지요. 그렇다면 인간은 자신의 경험이나 감각을 믿을 수 있을까요? 없을까요?

"믿을 수 있습니다."

"아니오. 믿을 수 없습니다."

의견이 분분했다. 사실 나도 잘 모르겠다. 눈이 나쁜 나는 눈이 좋은 동생보다 먼 곳에 있는 것을 잘 보지 못한다. 그래서 난 동생과 버스를 기다릴 때 내 눈보다는 동생의 눈을 믿는다. 하지만 난 동생보다 청력이 발달했다. 그래서 엄마가 심부름을 시키기 위해 내 이름을 부를 때면 귀신같이 알고 옆에 있는 동생을 보내곤 한다. 그래서 결론은,

"저는 믿을 수 없다는 데에 한 표 던집니다!"

"저도요."

소피아도 나와 뜻을 같이 했다.

플라톤도 같은 생각을 갖고 있었답니다. 플라톤은 사람의 경험이나 감각을 믿을 수 없다고 이야기했습니다. 왜냐하면 우리가 경험이나 감각으로 알 수 있는 것들은 우리가 알게 모르게 조금씩은 변하기 때문입니다. 그렇기 때문에 사람들은 정확하게 어떤 물질이나 현상을 파악할 수 없다고 생각했습니다. 우리는 어떻게 하면 믿을 수 없는 경험이나 감각을 갖고 늘 변하는 물질을 파악할 수 있을까요?

"그래서 플라톤은 이데아를 이야기했군요. 플라톤은 이데아를 통해

항상 변하는 경험이나 감각으로도 변하지 않는 물질을 파악할 수 있다고 생각한 것이죠?"

"그런데 이데아를 어떻게 이용하죠?"

성급한 아이들이 키톤 아저씨의 이야기를 막고 질문을 하기 시작했다.

"여러분 이상형이 무엇인지 아십니까?"

"이상형이요? 그거야 마음에 드는 이성을 말하는 거 아닌가요?"

"소피아, 그런 이상형이 현실에 존재할까요? 아니면 소피아의 마음이나 생각 속에만 있을까요?"

"있기야 하겠지만, 생각한 만큼은 아니겠죠."

"그럼 생각한 만큼의 이상형이란 어떤 것일까요?"

"가장 완벽한 것이겠죠. 하지만 실제로 그렇게 가장 완벽한 이상형은 없을 거예요. 조금은, 어딘가 모르게 부족한 것이 있겠죠."

소피아와 키톤 아저씨의 이야기를 들으면서 동굴에 비친 나의 그림자를 보았다. 그림자를 보는 순간, 남들이 말하는 이상형은 아닐지 모르지만 그래도 나 정도면 괜찮은 축에 든다고 생각해 왔는데, 흰 벽에 비친 그림자는 영……

"필로스, 여자 친구에게 꽃을 선물해 본 적이 있나요?"

생각에 잠겨 있던 나에게 키톤 아저씨가 갑자기 질문을 던졌다.

"아, 네."

"어떤 꽃을 선물했죠?"

"장미꽃과…… 물망초요."

그 말을 들은 아이들이 모두 '장미꽃과 물망초라고?' 하는 표정으로 나를 쳐다보았다. 물론 소피아도.

'이런!'

여자 친구에게 꽃 선물 한 번 못 해본 게 창피한 거지…… 라고 생각했지만, 얼굴은 이미 화끈거렸다.

우리는 꽃을 정의할 때 꽃의 속성이나 성질을 설명합니다. 그리고 장미꽃, 물망초, 해바라기 등 다양한 종류의 꽃을 이야기합니다. 장미꽃은 다시 빨간 장미, 하얀 장미 등으로 나뉩니다. 다시 한 번 더 나누어 볼까요? 빨간 장미꽃도 다시 다양한 종류로 나뉘겠죠. 그 많은 빨간 장미꽃들은 또 다시 한 송이 한 송이의 장미로 나누어지겠죠.

"바로 이 빨간 장미처럼 말입니다."

키톤 아저씨는 언제 준비했는지 마술사처럼 빨간 장미 한 송이를 허공에서 만들어 보였다.

"꽃과 이 장미꽃의 차이는 무엇일까요?"

"꽃이란 일반적인 것을 얘기하고, 선생님이 갖고 있는 빨간 장미꽃은 특정한 꽃을 얘기하는 것이죠."

"소피아의 말처럼 플라톤의 이데아가 갖고 있는 첫 번째 의미는 바로 이런 것이랍니다. 즉, 일반적인 꽃과 같이 절대로 변하지 않는 것이죠."

"그럼 다른 의미도 있나요?"

"우리가 앞에서 얘기한 이상형과 같은 것이죠. 우리가 경험이나 감각으로 파악할 수 없는 지식이나 물질은 그냥 있을 수 있는 것, 혹은 원

하는 어떤 것이랍니다. 저 남자는 내 이상형이라고 말한다면, 그 의미
는 무엇일까요?”

　꽃의 예에서와 같이 꽃의 이데아란 이 세상에 있는 꽃 중에서 가장
완벽하고 완전하며, 절대로 변하지 않는 영원한 꽃입니다. 우리가 선물
하고, 보는 꽃은 단지 이 꽃의 이데아에서 생긴 개개의 꽃에 불과한 것
입니다. 여러분은 누군가에게 꽃을 선물하기 위해서 정성껏 꽃을 고릅
니다. 그 이유가 무엇입니까? 아무리 싱싱한 꽃이라고 해도 어딘가 모
르게 흠집이 있거나 불완전하기 때문입니다. 반면 꽃의 이데아는 여러
분의 마음이나 생각 속에 있는 가장 이상적인 모습입니다.

"그럼 그런 이데아가 있다는 것을 어떻게 알 수 있나요? 플라톤은 그 것을 증명했나요?"

"그래서 우리가 모노레일을 타고 동굴을 지나가고 있는 거죠. 플라톤 은 바로 이 동굴을 이용하여 이데아가 있다는 것을 증명하고 있습니다."

나의 질문에 키톤 아저씨는 모든 것을 예상하고 있었다는 듯이 말했 다. 아저씨의 말이 끝나자 모노레일도 서서히 멈췄다. 모노레일이 완 전히 멎자, 동굴의 모든 불이 꺼졌다. 동굴 안은 갑자기 달도 없는 그믐 밤처럼 깜깜해졌다. 이때 우리 뒤에서 전등 하나가 켜졌다. 그 전등은 우리를 비추었고, 영화관의 스크린과 같은 흰 벽에 우리의 모습이 비쳤 다. 모두가 자신의 그림자를 보고 있을 때, 키톤 아저씨의 질문이 이어 졌다.

"여러분은 벽에 비친 자신의 모습을 보면서 그 모습이 여러분의 본래 모습이라고 생각합니까? 아니면 본래 모습이 아니라고 생각합니까?"
"당연히 아니죠. 이것은 단지 그림자에 불과하죠. 저희들의 모습은 분 명히 따로 있습니다."

"만약 여러분들이 어릴 때부터 앞만 보게 묶여 있어서 여러분의 그림 자만 보고 자랐다면, 여러분은 여러분의 그림자가 곧 여러분의 모습이 라고 생각할까요?"

"......"

자신 있게 대답했던 아이도 키톤 아저씨의 두 번째 질문에는 답을 하 지 못했다.

"이제 플라톤의 생각을 알겠네요. 그리고 이데아가 무엇인지도요."

대신 소피아가 자신 있게 말했다.

어릴 때부터 동굴에 묶여 그림자만 보고 자란 사람이 있다고 가정해 봅시다. 그리고 그 사람이 어느 날 동굴에서 풀려나 동굴 밖 세상을 보았습니다. 처음 그 사람은 눈이 부셔 잘 보지 못할 것입니다. 하지만 시간이 지나면서 여러 가지 것들을 보게 될 것입니다. 그리고 자신이 동굴에서 본 그림자들과 지금 보고 있는 것들을 하나하나 비교할 것입니다. 이 사람은 어떤 것이 실제이고 어떤 것이 가짜인지 구별하지 못할 것입니다.

"플라톤은 이데아를 실제 모습으로, 우리가 경험이나 감각으로 파악하는 지식을 그림자로 비유하여 설명한 것이군요."

"맞아요. 소피아의 말처럼 플라톤은 이데아가 있다는 것을 이렇게 동굴의 비유를 통해서 증명하려고 했습니다."

"하지만 그것으로 증명되었다고 할 수는 없잖아요."

"오늘날의 생각으로는 그렇죠. 하지만 당시 사람들은 그것으로 충분히 이데아가 있다는 것을 알았던 것이죠. 소피아도 이상형이 있다고 믿지만, 실제 이상형은 존재하지 않는다는 것을 알잖아요?"

"안전벨트를 착용해 주시기 바랍니다. 지금부터 이 모노레일은 빠른 속도로 동굴을 빠져나갈 것입니다."

우리가 동굴의 비유를 통해서 알게 된 이데아를 정리할 시간도 주지 않고 모노레일은 전속력으로 어두운 동굴을 빠져나갔다. 잠시 비치는 불빛이 우리의 그림자를 동굴 벽에 던져 주었다.

　　'그림자가 나인가? 아님 내가 그림자인가?'

　　모노레일이 주는 속도의 즐거움도 잊은 나는 이런저런 생각에 잠겼다. 이제 내가 철학을 하기 시작했다는 증거라고 생각되니 스르르 미소가 지어졌다. 소피아가 내 마음을 읽기라도 했다는 듯 살짝 윙크를 보냈다.

서양문화사　펠로폰네소스 전쟁(BC 431-BC 404), 페리클레스 사망(BC 429) 아리스토파네스 사망(BC 380)
동양문화사　공자의 손자 자사子思 사망(BC 400경), 중국 전국칠웅 시대 개막

어슬렁거리는
모든 학문의 아버지

10

Aristoteles 아리스토텔레스 BC 384~BC 322

동방 원정 사령관으로 선출된 나 알렉산드로스가
진정으로 원한 것은 무엇인지 누가 좀 가르쳐 주십시오.

"앞에 놓인 갑옷을 입고 말을 타시기 바랍니다."

모노레일을 탔을 때 흘러나왔던 익숙한 목소리였다.
"소피아, 우리도 동방 원정단의 한 사람인가 봐."
"정말 다양한 방법으로 우리를 즐겁게 해주는걸."
　말을 타고 달리는 우리들 앞에 나타난 홀로그램의 글귀는 동방 원정
단과는 전혀 다른 내용이었다.

모든 사람이 추구하는 진정한 선은 행복입니다.
참다운 행복은 진정한 선이 될 수 있습니다.

마치 우리를 세뇌시키기라도 할 듯이 강의실에 도착할 때까지 위와 같은 홀로그램이 끊임없이 나타났다. 강의실 앞에 도착하자 고대 그리스의 궁중예복과 같은 것이 준비되어 있었다. 소피아와 나는 서로를 쳐다보며 어깨를 으쓱하고는 옷을 입었다.

"쉿, 이제 곧 극이 시작됩니다. 어서 빈자리에 앉으세요."

강의실로 들어간 우리는 넓은 연극 무대를 바라보며 조용히 자리에 앉았다. 무대 중앙에는 귀족으로 보이는 청년과 중년의 한 남자가 마주보고 앉아 있었다. 한눈에 보아도 두 사람은 귀티가 나는 모습이었다.

"아리스토텔레스 선생님! 선생님의 아버지는 의사였고, 또 우리 아버지 필립포스 2세의 주치의였지 않습니까? 그런데 선생님은 어떻게 의사가 되지 않고 철학자가 되었습니까?"
"알렉산드로스야, 행복이 무엇인지 아느냐?"
"행복이요? 글쎄요……."

"아, 저 두 사람이 그 유명한 아리스토텔레스와 제자 알렉산드로스 대왕이구나!"

"쉿!"

내가 나도 모르게 소리를 높이자 소피아가 살짝 눈을 흘겼다.

고대 아테네에는 네 개의 학교가 있었습니다. 그것을 우리는 아테네의 네 학파라고 합니다. 플라톤은 아테네에서 가장 먼저 철학 학교를 세웠습니다. 사람들은 아카데모스 신전 옆에 있는 플라톤의 철학 학교를 '아카데미아'라고 불렀습니다. 아카데모스는 트로이 전쟁의 영웅이며, 테세우스 시절 카스토르와 폴리데우케스로부터 아테네를 지킨 영웅입니다. 이를 기념하여 아테네 사람들이 아테네의 북서쪽에 아카데모스 신전을 세운 것입니다.

그리고 두 번째 철학 학교가 바로 아리스토텔레스가 세운 '리케이온'입니다. 아카데미아가 그러하듯이 리케이온도 신전에서 따온 이름입니다. 고대 그리스 사람들이 가장 좋아한 신인 아폴론은 태양의 신으로 알려져 있습니다만, 매우 다양한 일들을 담당한 신이었습니다. 그래서 아폴론은 다양한 이름으로 불렸습니다. 그중에서도 늑대로부터 양 떼를 보호해 준다는 의미의 아폴론 리케이오스라는 이름이 있었습니다. 아리스토텔레스는 바로 이 아폴론 리케이오스 신전 근방에다 자신의 철학 학교를 세웠고, 그래서 아테네 사람들은 그의 학교를 리케이온이라고 부른 것입니다.

아리스토텔레스는 자신의 학생들과 함께 아테네 전역을 견학하면서 공부를 하였습니다. 아리스토텔레스는 자연 속에서 공부를 하며 철학뿐 아니라 다른 여러 가지 학문도 연구하였습니다. 식물을 보면 식물에 관한 연구를 하였고, 동물을 보면 동물에 관한 연구를 하였으며, 밤하늘의 별을 관찰하기도 하였습니다. 이렇게 마치 산보하듯이 아리스토텔레스는 학생들과 함께 자연에 관한 연구를 하였습니다. 그래서 오늘날 우리는 아리스토텔레스학파를 '소요학파'라고도 합니다.

"아리스토텔레스 선생님, 행복이란 무엇입니까?"

"알렉산드로스, 넌 장차 마케도니아를 이끌어갈 왕이 되겠지?"

"제가 왕세자이니 아바마마가 돌아가시면 제가 왕위를 물려받겠죠."

"왕이 되면 전쟁터로도 가겠지?"

"필요에 따라서는 영토를 확장하기 위해 전쟁을 할 수밖에 없겠죠."

"만약 네가 전쟁을 한다면, 작전을 짤 것이다. 작전을 짤 때 어떤 목적을 갖고 짤까?"

"그거야, 당연히 승리를 위해서죠."

"나의 아버지는 의사셨다. 아버지가 환자를 돌볼 때의 가장 큰 목적은 무엇에 있을까?"

"당연히 환자의 건강이겠지요."

"그렇다면 경제 활동을 하는 사람의 가장 큰 목적은 무엇일까?"

"경제적인 부의 추구겠죠."

이렇게 전쟁터로 나가는 사람의 가장 큰 목적은 전쟁의 승리이며, 아리스토텔레스의 아버지처럼 의사에게 있어서 가장 큰 목적은 환자의 건강일 것입니다. 그리고 경제 활동을 하는 사람의 가장 큰 목적은 당연히 경제적인 부의 축적일 것입니다. 이렇게 우리가 추구하는 모든 것은 어떤 좋은 것, 즉 선한 것을 목적으로 합니다.

"바로 이 선한 것이 플라톤과 마찬가지로 아리스토텔레스의 윤리학에서 가장 기본이 되는 중요 개념입니다. 여러분은 좋은 것 중에서도 가장 좋은 것, 즉 선 중의 선은 무엇이라고 생각하십니까? 의사는 모든 사람의 건강을, 전략가는 승리를, 경제인은 부를 추구하는 것처럼, 모든 사람이 원하는 것은 과연 무엇일까요?"

연극에 심취해 있던 우리에게 키톤 아저씨가 질문을 던졌다.

"아리스토텔레스 선생님, 선 중의 선은 무엇이라고 생각하십니까?"

"알렉산드로스, 나는 참다운 행복이야말로 진정한 선이 될 수 있다고 생각한다."

"우리가 전쟁을 하는 이유는 이기는 것이고, 전쟁에서 이기면 명예와 부를 함께 얻을 수 있지 않습니까?"

"물론 너의 말이 옳다. 하지만 쾌락이니 명예, 혹은 부귀영화와 같은 것은 외적 조건일 뿐 참다운 행복은 아니며, 진정한 선이라고도 할 수 없는 것이란다."

"아리스토텔레스 선생님, 그렇다면 참다운 행복, 진정한 선을 얻기 위해서는 무엇을 해야 합니까?"

"아하, 이것이 바로 아리스토텔레스의 중용의 덕이구나!"

'이런!'

아는 대목이 나오자 나도 모르게 다시 목소리가 커졌다. 나는 반사적
으로 소피아를 힐끗 보았다.

"그래요. 바로 이것이 아리스토텔레스가 얘기하는 중용의 덕에 관한
얘기랍니다."

다행히 키톤 아저씨가 먼저 빙그레 웃으며 나를 두둔했다.

참다운 행복과 진정한 선으로 가는 길을 아리스토텔레스는 '덕德'이
라고 생각했습니다. 이성적인 영혼의 활동이나 덕을 쌓는 인간의 활동
이 결코 불행한 것이 아니라고, 아리스토텔레스는 믿었습니다. 물론 이
런 덕이 너무 추상적이거나 관념적으로 치우쳐서는 안 됩니다. 쾌락이
나 명예, 부귀, 건강, 아름다운 외모와 같은 외적인 것들은 단지 덕의
조건에 불과합니다.

"우리가 이렇게 만나 서로가 알게 된 것도 행복을 위한 하나의 조건
이라는 얘기구나."

키톤 아저씨의 얘기를 듣던 내가 소피아에게 조용히 속삭였다.

"물론이죠. 필로스와 소피아가 이렇게 만나 좋은 친구가 된 것도 아주 중요한 행복의 조건이 될 수 있지요."

어떻게 들었는지 소피아가 아닌 키톤 아저씨가 나에게 윙크를 하며 대답을 했다.

"아리스토텔레스는 시대와 사회에 따라 수없이 많은 덕이 요구된다고 했습니다."

"어떻게요?"

내 말에는 듣는 둥 마는 둥 답도 없던 소피아가 키톤 아저씨의 말에 다시 눈을 반짝였다.

"한 국가가 유지되고 사회의 질서가 잡히려면 정의가 필요합니다. 필로스와 소피아도 우연히 만난 사이지만, 친구가 되기 위해서는 두 사람 사이에 우정이 필요합니다. 이렇게 사회 속에는 여러 가지 모습의 덕이 있답니다."

하지만 이 덕이 실질적인 행복과 선으로 나타나려면 사람들의 실천이 있어야만 가능합니다. 국가나 사회 질서가 유지되기 위해서는 무엇보다 정의가 실현되어야 합니다. 그리고 가족 간의 사랑이나 친구 사이의 우정과 믿음은 말로만 생기는 것이 아닙니다. 아무리 가족과 친구 사이라도 사랑과 우정을 실천하지 않는다면, 아리스토텔레스가 말하는 덕과 행복은 결코 있을 수 없는 것입니다.

"자, 마지막으로 아리스토텔레스가 말한 중용의 종류에 대해 강의실 벽에 적힌 내용들을 읽으면서 마치도록 할까요?"

1. 용감함은 비겁과 만용의 중용이다.

2. 정숙함은 수줍음과 뻔뻔스러움의 중용이다.

3. 절제의 덕은 우둔과 무절제 사이에서 나온다.

4. 정의는 손해와 이익의 중용이다.

5. 관대함은 인색과 낭비, 상냥함은 아첨과 적의, 진실은 교만과 공손,

　아량은 비굴과 허영, 의젓함은 천박함과 사치스러움의 중용이다.

"동방 원정 사령관으로 선출된 알렉산드로스가 동방 원정을 통해 얻은 것도 행복이었을까?"

"그럼! 아리스토텔레스에 따르면 행복이라고 할 수 있지. 자신이 개발한 전술에 따라 전쟁을 했고, 승리를 거두었잖아. 그리고 그가 원했던 알렉산드로스 제국을 이루었고."

언제나처럼 똑 부러지는 소피아.

서양문화사 코린트 동맹 결성(BC 338), 알렉산드로스 즉위, 동방 원정(BC 334)
　　　　　아리스토파네스 사망(BC 380)
동양문화사 《손자》 13편 발간(BC 325경), 《맹자》 발간(BC 322경)

'아파테이아^{apatheia}'
흔들리지 않는 최고의 경지

스토아학파의 제논 BC 333/332-BC 262

11

아고라의 비밀을 풀어 주십시오.

강의실로 가는 길은 또 다른 풍경이었다. 길 양쪽에는 고대 이집트나 고대 그리스 유적에서나 볼 수 있던 큰 돌기둥들이 길게 늘어서 있었다.

"고대 그리스에는 산들이 많았으니까 이렇게 큰 돌기둥들을 조각할 수 있었겠지만, 고대 이집트는 어디에서 이렇게 큰 돌들을 구해왔을까?"

"……."

소피아는 나의 질문에는 관심 없다는 듯 무언가 골똘히 생각에 잠긴 표정이었다. 아마도 이 기둥과 다음 강의실로 들어갈 질문의 연관성을 찾고 있는 것 같았다.

"여러분은 고대 그리스 건축에서 볼 수 있는 큰 돌기둥을 구경하면서 여기까지 왔습니다. 아름답게 장식된 큰 기둥을 고대 그리스에서는 무엇이라고 불렀는지 아십니까?"

"스토아입니다."

"아, 그래서 스토아학파구나!"

소피아의 대답을 듣고 나는 고대 아테네의 세 번째 학교 이름이 왜 스토아였는지를 알게 되었다.

스토아란 원래 고대 그리스 건축의 큰 기둥을 일컫는 말입니다. 스토아학파를 세운 제논은 대리석으로 아름답고 화려하게 장식된 큰 기둥이 있는 아고라에서 학생들을 모으고 가르쳤습니다. 그래서 우리는 제논의 학파를 스토아학파라고 합니다.

제논의 아버지는 시리아와 그리스 지방을 오가며 무역을 하였습니다. 덕분에 제논은 아버지가 구해준 많은 철학책들을 읽을 수 있었습니다. 나이가 들어 아버지와 함께 무역을 하던 제논은 폭풍을 만나 죽을 고비를 여러 번 넘겼고, 자신의 직업에 불만을 가지게 되었습니다.

제논은 아테네에 살며 소크라테스와 같은 스승 아래에서 공부하기를 원했습니다. 소크라테스의 가난하지만 검소한 모습과 죽음을 두려워하지 않는 모습을 보고 그의 사상에 푹 빠진 것입니다. 그리고 소크라테스와 같이 욕심 없고, 겸손하게 살기를 원했던 제논은 자신이 소크라테스처럼 살고 싶어 하였을 뿐 아니라, 제자들도 그렇게 살기를 원했습니다.

"일반적으로 고대 그리스에서 아고라는 시장의 의미였습니다."

'음, 아고라의 정체가 서서히 밝혀지는군.'

고대 그리스 사람들은 아고라에 모여 얘기도 나누고 물물교환도 하였습니다. 하지만 처음에 아고라는 시민 광장으로 사용할 목적으로 지어졌습니다. 이곳에서 사람들은 공개 재판과 시민 총회 등을 열기도 하였습니다. 은 광산에서 많은 돈을 번 그리스는 대리석 등을 이용하여 아고라를 화려하게 지었습니다. 그중에서도 특히 아테네의 아고라가 유명합니다. 기원전 479년 페르시아 전쟁이 끝난 다음, 아테네 사람들은 아고라를 가장 먼저 재건할 정도로 아고라에 대한 강한 애착을 갖고 있었습니다. 화려한 대리석으로 꾸며진 큰 기둥이 많이 서 있는 열주랑은 고대 그리스 문화의 상징이며 유명한 관광 명소입니다.

"스토아학파 사람들은 금욕주의자 아닌가요? 그들이 금욕을 한 이유는 뭐죠?"

키톤 아저씨의 아고라에 대한 설명이 끝나기를 기다린 나는 그동안 궁금했던 것에 대한 질문을 하였다.

"좋은 질문입니다. 필로스의 질문에 대한 답이 우리가 이제부터 할 이야기의 모두라고 해도 과언이 아닐 겁니다. 필로스는 로고스가 무엇인지 아십니까?"

"로고스는 조화입니다."

'오호!'

"무엇에 대한 조화일까요?"

"……."

'이런! 또 막혔다. 왜 나는 소피아처럼 안 될까?'

"고대 그리스 사람들은 어떤 신을 믿었죠?"

"제우스를 비롯한 여러 신들입니다."

역시 소피아.

"그렇습니다. 고대 그리스 사람들은 오늘날 그리스도 신자들이 믿는 유일신을 믿지 않았습니다. 그렇기 때문에 그들은 자연을 세계관의 근거로 보았답니다. 그리고 자연은 절대적이고 일반적인 질서를 갖고 있다고 믿었습니다."

"자연의 질서와 금욕이 무슨 관계가 있나요?"

"사람들은 자연의 질서를 통하여 인간의 질서를 배웠답니다. 이것이 인간 질서의 특수성이죠. 스토아학파에서는 인간 질서의 특수성을 인간의 이성으로 보았습니다."

"그럼 인간은 이성을 통해서 자연의 질서를 배운다는 건가요?"

"자연의 질서를 배우는 것이라기보다는 인간의 이성을 통해서 자연의 질서와 일치하려고 노력하는 것이죠."

"하지만 인간에게는 이성만 있는 것이 아니잖아요."

일단 소피아는 생각을 시작하면 생각의 꼬리가 꼬리를 물고 끝이 없이 이어지는 것 같았다. 저 아이와 나의 차이가 뭘까?

"그렇습니다. 소피아의 말처럼 인간에게는 이성에 반대하는 또 다른 어떤 것이 있습니다. 그것은 바로 인간의 본능적인 부분인 욕망, 쾌락

등과 같은 것입니다. 우리가 이성으로 이러한 본능적인 요소들을 누르지 못한다면, 자유도 행복도 보장받지 못하게 되는 것입니다."

"그래서 스토아학파는 금욕을 주장하게 되었군요. 하지만 욕망과 같은 쾌락을 참는다는 것이 결코 쉽지는 않잖아요?"

"그렇습니다. 욕망이나 쾌락과 같은 인간의 본능을 참는다는 것은 꽤나 어려운 일이랍니다. 그래서 스토아학파의 제논은 금욕적인 삶을 통하여 쾌락의 유혹과 욕망에서 벗어나는 것이 바로 도덕적인 삶이며, 그것이야말로 사람들에게 참된 자유와 행복을 준다고 주장하였습니다."

"음, 그건 어디까지나 인간이 올바른 지혜와 생각을 가지고 이성을 따를 때 얘기잖아요. 하지만 현실은, 이성이 만병통치약은 아니잖아요?"

'오, 쟤를 누가 이겨.'

"이성주의자들은 이성으로 인간의 본능을 조절할 수 있다고 믿습니다. 하지만 인간의 이성은 소피아의 말처럼 만병통치약이 아닙니다. 즉 인간의 이성에는 어쩔 수 없는 한계가 있습니다. 따라서 인간은 어떻게 본능을 억제하고 진정한 자유와 행복을 얻을 수 있는가하는 것이 문제로 남습니다. 스토아학파도 그 문제에 대해서 아주 많은 고민을 하였습니다. 그래서 그들은 자연의 이치에 관심을 갖게 되었습니다."

"아, 스토아학파의 기초는 자연의 로고스라는 말이 그렇게 해서 생겼군요."

키톤 아저씨의 설명에 소피아는 드디어 어려운 숙제를 푼 아이처럼 좋아했다.

"스토아학파는 자연의 생성과 소멸 가운데서 자연의 조화와 질서를 생각했습니다. 그리고 그 질서와 조화를 인간의 이성과 이성에 반하는 욕망에 비교하였던 것입니다. 결국 스토아 철학에서는 인간의 진정한 행복과 자유란 자연의 조화와 마찬가지로 이성의 조화에서만 가능한 것으로 보았습니다. 여러분은 '아파테이아'라는 말을 들어보셨나요?"

"……."

'아파테이아^{apatheia}'란 사람들이 도달해야 할 최고의 경지라고 스토아 학파는 주장합니다. 그것은 마음이 움직이지 않는 경지인 '부동심^{不動心}'의 단계를 말합니다. 인간의 외적인 본능에도 움직이지 않는 마음, 인간의 마음속에서 생기는 어떤 욕심과 욕망으로부터 결코 흔들리지 않는 마음, 이것이 바로 부동심입니다. 이런 부동심이야말로 인간이 쾌락을 버리고 금욕의 길로 들어서는 방법입니다. 그래서 스토아학파는 금욕주의라는 명칭을 얻게 되었습니다.

"결국 본능에 따라 쾌락을 택할 경우, 모든 쾌락은 순간적이기 때문에 자유나 행복도 순간적인 것이다, 이 말이군요."

"그렇습니다. 쾌락은 순간적으로 왔다가 금방 사라지기 때문에 그에 따른 행복도 순간적으로 사라지고 마는 것이지요."

"반면 순간적인 쾌락을 억누르고 얻은 이성의 가치나 자유는 영원한 행복을 가져다줄 것이고요."

"그렇지요. 인간의 진정한 자유와 행복의 원천은 이성적으로 생각하고 이성적인 질서와 조화에 따를 때 가능하며, 이때 인간의 진정한 행복이 온다고 스토아학파는 보았습니다."

"그리고 그것을 자연의 조화에서 찾았고요."

키톤 아저씨와 소피아의 대화는 끝없이 이어졌다. 마치 작은 우주에 두 사람만이 있는 것처럼.

"자연이 질서를 이루고 있는 것이 로고스인 것처럼 인간은 이성을 통하여 쾌락이나 본능을 억제할 수 있다고 스토아학파는 생각했습니다. 그렇기 때문에 제논은 이성적인 생각과 자연의 질서에 따르는 인간의 지혜야말로 덕 중에서도 가장 좋은 덕이라고 생각한 것입니다."

"반대로 무지, 불의^{不義}, 혹은 질서를 지키지 않는 것은 인간의 행복을 해치는 아주 좋지 않은 것이고요. 그래서 제논은 금욕을 통해서 이런 것들을 억제하도록 가르쳤군요."

"소피아의 지혜로움이라면 제논도 분명 최고의 덕으로 꼽았을 겁니다. 하하!"

키톤 아저씨의 기분 좋은 웃음에 괜한 심술이 나는 건 나뿐인 건가?

제논의 금욕주의는 스토아학파를 통해서 많은 사람들에게 전해졌습니다. 그리고 그들은 제논의 생각을 이어받아 고대 그리스뿐 아니라 로마와 아시아에까지 그 생각을 전해 주었습니다. 하지만 스토아학파를 세운 제논의 생각이 책으로 전해지고 있지 않아 더 많은 스토아학파의 사상에 대해서 알 수 없는 것이 안타깝습니다.

"너 뭐하니?"

소피아가 이제야 나를 쳐다보았다.

"갑자기 왜 그래? 어디 아파?"

"보면 모르니? 가만히 두세요. 나는 지금 부동심의 경지에 이르기 위해서 노력 중이랍니다."

"……."

부처님처럼 가부좌를 틀고 두 눈을 감고 앉아 있는 나를 본 소피아는 못 말리겠다는 표정을 지으며 빠르게 자리를 떠났다.

'쳇, 그러니까 왜 둘이서만 일대일 과외를 하냐고!'

서양문화사 로마, 호르텐시우스법 제정(BC 286), 이탈리아반도 통일(BC 270)
동양문화사 인도 아소카 왕 불교 전파(BC 275경), 순자의 《순자》 32편 발간(BC 275경)

담을 쌓고 즐기는 은밀한 쾌락의 '아타락시아^{ataraxia}'

12

에피쿠로스 학파 BC 341-BC 271 *Epikuros*

"노예들은 서로 이야기를 못하게 여러 민족을 함께 두어야 한다. 노예에게는 가끔씩 매질도 하고 밥을 굶겨 스스로 노예임을 잊지 않도록 해야 한다."

이 말을 한 사람은 누구일까요?

"신발을 벗고 바지를 무릎까지 걷어 올려 옷이 더러워지지 않게 하시기 바랍니다."

"옷이 더럽혀지지 않게 바지를 걷어 올리라고? 이번에는 또 뭔데 그러는 걸까?…… 우아!"

말을 마치고 복도의 끝에서 몸을 틀자마자 스토아가 웅장하던 지난

120

번의 복도와는 전혀 다른 광경이 눈앞에 펼쳐졌다. 가볍게 날리는 흙먼지, 멀리서 들려오는 소 울음소리. 완전한 시골 풍경 그 자체였다.

"플라톤입니다."

강의실 앞에는 "이상 국가를 이야기한 사람입니다"라는 힌트가 적혀 있었다. 어쨌거나 이번 답도 소피아가 맞췄지만.

강의실로 들어서는 순간, 우리는 또 한 번 작은 탄성을 올렸다. 그곳에는 복도에서부터 계속 이어진 시골길이 끝이 보이지 않게 펼쳐져 있었고, 그 끝에 작은 초가집이 한 채 있었다. 곧 쓰러질 것 같은 초가집, 장독대, 그리고 삐걱거리는 사립문. 초가집 옆에는 조그마한 텃밭이 있었고, 텃밭 가운데는 개울이 흐르고, 여기저기 배추, 상추, 시금치 등 여러 농작물이 심어져 있었다. 어느새 먼저 도착한 아이들은 괭이와 삽을 들고 밭을 일구고 있었다. 키톤 아저씨와 또 다른 몇몇 아이들은 웃옷을 벗고 바지를 걷어 올린 다음 개울로 들어가 투망질을 하고 있었다. 소피아와 나는 개울물에 조용히 발을 담갔다.

"이번 시간에는 에피쿠로스의 쾌락주의에 대해 이야기를 해보려 합니다."

투망질을 마치고 그물을 손질하던 키톤 아저씨가 모두가 모인 것을 확인하고는 말했다.

'저런 모습을 하고 있으니 정말 그냥 옆집 아저씨 같네.'

"쾌락주의요? 그런데 쾌락주의와 이런 시골의 텃밭이 도대체 무슨 관계가 있는 거죠?"

"쾌락주의와 시골, 아주 중요한 관계가 있지요."

소피아가 질문을 시작하자 키톤 아저씨가 본격적으로 자리를 잡고 앉았다.

"에피쿠로스는 다른 학파와는 다르게 정원이 딸린 큰 시골집을 얻어 그곳에서 학생들을 가르쳤습니다. 이것이 아테네의 네 번째 학파인 에피쿠로스학파랍니다."

"아하, 그래서 이번 강의는 농가가 있는 텃밭이군요."

"그렇습니다. 에피쿠로스는 이렇게 시골 텃밭과 같은 곳에 집을 짓고 강의를 하였기 때문에 에피쿠로스학파를 '정원학파'라고도 합니다."

제논의 금욕주의는 자연과 인간의 질서와 조화라는 의미에서 발전하였습니다. 그렇기 때문에 제논의 금욕주의는 한 개인의 사회 활동과 깊은 관계가 있다고 생각할 수 있습니다. 하지만 에피쿠로스의 쾌락주의는 조금 다르게 발전합니다.

"쾌락은 사회적인 면이 강할까요? 아니면 개인적인 면이 강할까요?"

"당연히 개인적인 면이 강하겠죠."

누군가가 꽤나 자신 있게 말했다.

쾌락이나 즐거움은 사람 개인의 것입니다. 사람들은 자신의 쾌락이나 즐거움을 남에게 빼앗기려고 하지 않습니다. 그렇기 때문에 쾌락주의는 무엇보다 개인에서부터 시작합니다.

쾌락을 추구하는 사람은 두 가지의 문제를 갖게 됩니다. 첫 번째 문제는 쾌락의 질과 양입니다. 여러분은 질적인 쾌락이 좋습니까? 아니면 양적인 쾌락이 좋습니까? 물론 질적으로 좋고 양적으로도 많은 쾌락이 가장 좋겠죠? 하지만 쾌락은 그렇게 오랫동안 사람들에게 머물지 않습니다. 그렇기 때문에 사람들은 양적인 쾌락보다는 질적인 쾌락을 원하게 됩니다. 두 번째 문제는 질 좋은 쾌락을 어떻게 오랫동안 사람들에게 머물게 할 수 있느냐 하는 것입니다. 비록 쾌락이 오랫동안 사람들에게 머물지 않는다고 하지만, 쾌락을 즐기려는 사람들은 오래 머물지 않는 쾌락을 가능한 오랫동안 머물게 하고 싶어 합니다. 어떻게 하면 그것이 가능할까요?

"질 좋은 쾌락이라면, 육체적인 쾌락이 아니라 정신적인 쾌락이잖아요. 그리고 정신적인 쾌락이라야 오랫동안 머물고요. 그렇다면 쾌락주의자들이 주장한 쾌락이란 육체적인 쾌락이 아니라 정신적인 쾌락이어야 가능하지 않을까요?"

"맞습니다. 에피쿠로스학파의 쾌락이란 소피아가 말한 것처럼 정신적인 쾌락입니다. 질 좋은 쾌락을 오랫동안 머물게 하기 위한 방법, 그것이 바로 에피쿠로스가 자신의 학파 사람들에게 가르친 '아타락시아 ataraxia' 입니다. 아타락시아는 '평정심平靜心'이란 뜻입니다. 어떤 것을 대하더라도 마음이 평안하고 고요하다는 뜻이지요."

스토아학파 사람들도 질 좋은 정신적 쾌락을 행복이라고 했습니다. 스토아학파에서 주장한 것과 같은 정신적인 쾌락을 에피쿠로스학파에서도 주장하고 있습니다. 하지만 차이가 있습니다. 스토아학파에서는 이러한 정신적 쾌락을 인간의 정신이나 이성이라고 했습니다. 그리고 에피쿠로스학파에서는 이러한 정신적 쾌락을 행복이라고 했습니다. 결국 에피쿠로스학파의 행복은 스토아학파에서 주장하는 정신 혹은 이성과도 같은 것입니다. 하지만 에피쿠로스학파는 그 방법에 있어서 스토아학파와는 다른 방법을 택하였습니다.

에피쿠로스는 평정심을 얻기 위해서는 육체적인 쾌락과의 접촉을 끊어야 한다고 말했습니다. 그래서 에피쿠로스는 자신의 학파를 도심과 떨어진 교외에서 가르쳤던 것입니다. 에피쿠로스는 도심의 유혹에서 벗어나 은둔 생활을 하면 쾌락을 끊을 수 있다고 생각한 것입니다. 또한 에피쿠로스학파 사람들은 다른 사람들의 생활을 보지 않기 위해서 높은 담을 쌓고 그 안에서 그들만의 생활을 하였습니다. 그리고 에피쿠로스는 물과 빵만으로도 다른 사람들, 심지어 제우스보다도 더 행복한 삶을 살 수 있다고 자신의 학생들을 교육시켰습니다.

"정말 그런 것도 같아요. 이렇게 아무도 없는 곳에서 우리끼리 모여 철학을 공부하니 다른 공부에 대한 욕심이 사라지는 것 같은데요, 헤헤."

"다른 공부에 대한 욕심이 있기는 했고?"

'이런 얘기에는 잘도 대꾸하네.'

여러분은 행복이 무엇이라고 생각합니까? 에피쿠로스는 행복을 수학의 분수로 나타냈답니다. 욕망을 분모로, 내가 성취한 것을 분자로 말이죠. 그렇게 얻은 값이 곧 행복입니다. 만약 행복이란 값을 높이려면 어떻게 하면 될까요?

가장 좋은 방법은 성취를 높이는 것입니다. 그러나 에피쿠로스는 모든 사람이 이룰 수 있는 성취는 정해져 있다고 보았습니다. 그렇다면 결국 사람들은 행복의 값을 높이기 위해 욕망이라는 분모를 줄일 수밖에 없습니다.

"지금까지의 얘기를 종합해보면, 에피쿠로스학파는 쾌락주의자들이 아니라 금욕주의자에 가까운 것 같은데 왜 쾌락주의자라고 불렀죠? 영어감이 안 좋잖아요."

"필로스가 정확히 지적했습니다. 그 당시 에피쿠로스학파에서는 스토아학파와는 다르게 노예들과 여자들에게도 교육의 기회를 주었답니다."

"아하, 이제 알겠다. 플라톤과 같은 사람도 노예는 노예답게 적당한 체벌이 필요하다고 했는데, 에피쿠로스는 그들에게 교육을 시켰으니 당시의 귀족들이 화가 났군요. 그래서 그들을 나쁘게 부른 것이군요."

"그것도 하나의 이유라고 할 수 있습니다."

"그럼, 또 다른 이유가 있나요?"

"높은 담을 쌓고 외부와의 접촉을 끊은 에피쿠로스학파지만 밤늦게까지 불을 밝히고 노는 것을 좋아했다고 합니다. 그런 외적인 모습만

본다면, 귀족들이 에피쿠로스학파를 쾌락주의자라고 하여도 별로 할 말은 없었을 것 같죠?"

"배야, 고프지 마라! 배야 고프지 마라!"
"너, 또 뭐하니?"
"욕망이라는 분모를 줄이라고 키톤 아저씨가 말씀하셨잖아. 그래서 나의 배고픈 욕망을 줄이고 있는 거야."
"너는 정말 못 말리겠구나."
소피아의 핀잔도 이제 서서히 익숙해지고 있다. 이 정도면 나도 아타락시아에 도달한 것일까?

서양문화사 유클리드 《기하학 원리》 발간(BC 291), 아르키메데스 출생(BC 287)
동양문화사 양주楊朱의 자애설自愛說 주장(BC 304경), 장주莊周의 《장자》 33편 발간(BC 300경)

왕보다 철학자가 좋다

13

마르쿠스 아우렐리우스 121-180

내 죽음의 비밀을 밝혀다오.

처음 이곳에 들어왔을 때, 탈레스가 자신의 죽음의 비밀을 밝혀달라고 했던 문구가 또 다시 나타났다.

"길이 어째 으스스하지 않니? 다른 때와는 전혀 다른 길 같아. 조각상들도 모두 무시무시해 보이고."

"응, 그런데 저기 조각된 검투사는 근사한 귀족처럼 보이는데."

"그럴 수도 있겠지. 로마 시절 검투사는 모두 노예만은 아니었으니까. 검투사 중에는 귀족들도 있었다고 들은 것 같아."

강의실로 가는 길 양쪽에는 마치 금방이라도 살아 움직일 것 같은 로마 시대 검투사들이 섬세하게 조각되어 있었다. 조심조심 석상들을 살피며 강의실 앞에 도착한 우리는 잠시 어리둥절했다. 다른 시간과는 다르게 강의실 문은 열려있었다. 그러나 강의실 안쪽에서 새어나오는 불빛이 없었다. 안으로 들어서자 강의실은 마치 공연장처럼 어두웠다. 겨우 사물을 구별할 수 있을 정도의 불빛과, 책상도 의자도 없는 썰렁한 방이 전부였다. 우리들은 대충 바닥에 자리를 잡고 앉았다.

"이번 강의실은 또 무얼 말하려는 걸까?"

"글쎄, 잘은 모르겠지만 분명 새마을운동이나 근검절약, 뭐 이런 거 아닐까?"

'그거…… 농담이니?'

"어서들 오세요!"

"깜짝이야!"

키톤 아저씨의 목소리가 아니었으면, 우리는 강단에 아저씨가 있다는 것조차 모를 뻔 했다.

"두 가지 소식이 여러분을 기다리고 있습니다. 하나는 좋은 소식이고 다른 하나는 나쁜 소식입니다. 어떤 소식부터 듣고 싶습니까?"

키톤 아저씨는 우리가 모두 자리에 앉은 것을 확인하고 차분한 목소리로 물었다.

"좋은 소식이요!"

"나쁜 소식이요!"

잠시 침묵하던 키톤 아저씨는 더 차분한 목소리로 천천히 말했다.

"자, 여러분의 의견이 통일되지 않았기 때문에 제가 정하도록 하죠. 먼저 좋은 소식부터 알려드리겠습니다. 오늘 여러분에게 내가 전해줄 좋은 소식은 이번 시간을 끝으로 여러분과 저는 다시는 못 본다는 것입니다."

"네? 그게 무슨 좋은 소식이에요! 나쁜 소식이죠."

나도 모르게 큰소리를 내고 말았다.

"아닙니다. 좋은 소식입니다."

"그럼 나쁜 소식은 뭐예요?"

소피아도 지지 않고 큰소리로 물었다.

"여러분 모두 오늘밤 여기서 자야 한다는 것입니다."

우리는 다시 한 번 우리가 자야 하는 곳을 둘러보고 얼굴을 찡그렸다. 우리가 자야 할 곳의 바닥은 화려한 대리석으로 장식되어 있을 뿐 침대는 물론 이불도 하나 없었다. 이런 곳에서 어떻게 자란 말이야!

"이번 시간에 여러분과 이야기할 철학자는 마르쿠스 아우렐리우스입니다."

"아우렐리우스는 로마제국의 황제 아닌가요?"

"필로스가 역사를 아주 좋아하는가 보군요. 맞습니다. 아우렐리우스는 유명한 로마의 황제였습니다. 하지만 그는 왕보다 철학자가 되기를 원했던 것 같습니다."

고대 그리스의 철학을 비롯한 많은 문화가 로마제국으로 흘러들어가 만들어진 문화를 '헬레니즘'이라고 합니다. 로마 사람들은 그리스의 문화를 받아들일 때 생활에 필요한 철학과 교양을 중심으로 받아들였습니다. 고대 그리스 말기에 발전한 스토아 철학은 이런 점에서 로마 사람들이 아주 좋아했습니다. 로마는 신흥 국가였기 때문에 가능한 긍정적이고 건설적인 철학을 원했고, 금욕을 바탕으로 제논이 발전시킨 스토아 철학이야말로 그 이상에 부합하는 것이었겠죠.

"스토아학파의 영향을 받은 로마의 철학자 중 가장 유명한 사람은 바로 세네카Lucius Annaeus Seneca(BC 4년~BC 65년)입니다. 그는 네로 황제의 스승이자 로마에서 가장 유명한 스토아학파의 철학자였습니다. 그럼 스토아학파에 가장 큰 영향을 준 철학자는 누구일까요?"

"……."

"바로 소크라테스입니다."

"소크라테스요? 그럼 결국 로마에 영향을 준 사람도 소크라테스라는 건가요?"

"완전히 그렇다고는 할 수 없지만, 부분적으로는 그렇다고 할 수 있습니다."

소피아가 다시 눈을 반짝이기 시작했다.

소크라테스의 가난한 삶과 죽음을 초월한 정신을 좋아한 몇몇의 철학자가 소크라테스의 정신을 이어받아 몇몇 학파를 만들었습니다. 그 학파에서 가장 유명한 철학자가 안티스테네스와 디오게네스였습니다.

소크라테스의 정신을 계승하는 것을 가장 큰 목적으로 하는 스토아학파의 영향으로 세네카 역시 소크라테스처럼 죽음을 초월한 삶을 살았습니다. 세네카는 네로 황제의 선생님이 되면서 아주 유명해졌습니다. 하지만 세네카는 네로 황제를 중심으로 한 로마 귀족들의 사치스러운 생활과 방탕한 삶을 좋아하지 않았습니다. 세네카는 스토아학파의 철학 사상을 앞세워 네로 황제와 귀족들에게 금욕적인 삶을 살 것을 가르치기 시작했습니다. 그런데 이런 세네카의 사상을 받아들인 것은 네로나 로마의 귀족이 아니라 오히려 로마의 젊은이들이었습니다. 이런 현상은 소크라테스의 사상을 아테네 젊은이들이 좋아하였던 것과 같았

습니다.

　로마의 젊은이들이 세네카의 영향을 받기 시작하자, 귀족들은 세네카에 대해 좋지 않은 감정을 갖기 시작했습니다. 하지만 세네카는 네로의 선생님이었기 때문에 귀족들도 그를 함부로 대하지 못했습니다. 마침내 귀족들은 세네카가 역모를 꾸민다고 네로에게 거짓으로 알렸고 이 말을 들은 네로는 세네카에게 자살하라는 명령을 내렸습니다. 그러나 세네카는 소크라테스가 그랬던 것처럼 죽음을 두려워하지 않았습니다. 네로

가 세네카에게 자살을 명령하자 세네카는 두려움 없이 목숨을 끊었습니다. 소크라테스의 당당한 죽음에 대해서 그리스 젊은이들이 감동했듯이 세네카의 죽음을 본 로마의 청년들과 시민들도 죽음을 초월한 세네카의 스토아 철학에 큰 영향을 받게 된 것입니다. 그리고 마르쿠스 아우렐리우스 황제도 예외는 아니었습니다.

로마 원로원의 아들로 태어난 아우렐리우스는 그의 삼촌 안토니우스 피우스 황제의 양자가 되었습니다. 아우렐리우스는 스토아학파의 검소한 생활을 실천한다며, 12살 때부터 화려한 침대를 버려두고 대리석 바닥 위에서 잠을 잤습니다.

"대리석 바닥 위에서 잠을 잤다고요?"

우리 모두는 오늘 왜 우리가 대리석 바닥에서 이불도 없이 잠을 자야 하는지 그 이유를 알게 되자 동시에 소리를 높였다.

"여러분은 콤모두스와 막시무스에 대해서 들어 본 적이 있습니까?"

우리의 외침에 조금도 놀라지 않고 키톤 아저씨는 이야기를 계속했다.

"아, 이제 알겠다."

소피아가 내 귀에 조용히 속삭였다.

"뭘 알았다는 거야?"

"죽음의 비밀!"

어릴 때부터 많은 가정교사들로부터 교육을 받은 아우렐리우스는 마흔 살에 로마 황제로 즉위하였습니다. 그는 아들 콤모두스와 부인 문제로 늘 고통스러워하였지만 어릴 때부터 교육 받은 스토아학파의 금욕적인 생활은 아우렐리우스로 하여금 온후하고 선량하며 소박하고 근면한 생활을 하게 하였습니다. 뿐만 아니라 자신에게는 누구보다 엄격했으며, 다른 사람의 과오에 대해서는 아주 관대했습니다. 이런 그의 삶에 가장 많은 영향을 준 사람이 바로 그의 부하였으며 친구였던 막시무스입니다. 아우렐리우스의 친구이며 귀족이었던 막시무스는 다른 사람의 모함으로 결국 검투사로도 활동하게 됩니다. 강의실로 들어올 때 보았던 귀족 차림의 검투사가 바로 막시무스와 같은 사람이랍니다.

아우렐리우스는 막시무스에게서 자제력과 확고부동한 목적의식, 어떤 어려움 속에서도 항상 웃을 수 있는 방법을 배웠다고 합니다. 특히 막시무스는 옳다고 판단한 것은 꼭 행동으로 실천했다고 합니다. 가족으로부터 사랑을 받지 못한 마르쿠스 아우렐리우스는 아주 외로운 황제였습니다. 아마 그래서 더더욱 그는 도덕적으로 엄격한 스토아 철학에 몰두했는지도 모르겠습니다.

"이제 여러분들이 마지막으로 해결해야 할 문제가 있습니다."

"아우렐리우스의 죽음에 관한 것이죠?"

자신 있게 말하는 나의 모습을 보고 키톤 아저씨는 빙그레 웃었다.

"그렇습니다. 아우렐리우스는 오스트리아 지방에서 전쟁을 하다가 다뉴브 강 하구 쪽에서 갑자기 죽었다는 이야기가 있습니다. 또 다른 사람들의 말에 의하면 오스트리아의 수도 빈에서 페스트로 죽었다고도 합니다. 마지막으로 그의 아들 콤모두스가 아버지를 살해했다는 설도 있습니다. 이 세 가지 이야기 중에서 어떤 것이 맞는지 생각하면서 오늘 밤을 편안하게 보내시기 바랍니다."

"키톤 아저씨! 아니, 선생님, 선생님을 마지막으로 본다는데 편안한 밤이 되겠습니까?"

"대리석 바닥에서 그렇게 어려운 문제를 고민하면서 어떻게 쉴 수가 있어요?"

"너무하세요!"

우리의 애원과 호소에도 불구하고 키톤 아저씨는 마치 바람처럼 강의실에서 사라졌고, 슬립 오버가 아닌 '아우렐리우스 따라 하기' 혹은 '아우렐리우스 체험'의 시작을 알리는 어둠이 우리를 반겨주었다.

서양문화사 플루타르크 사망(125), 프톨레마이오스 활동(150년 경)
동양문화사 백제 북한산성 축성(132), 마르쿠스 아우렐리우스 사절단 중국 파견(166)

Day 2. 철학의 모색

- 중세 철학

(……)

이렇듯 동물들은

저마다 다른 모습을 보이나

그 둔한 얼굴들은

땅으로만 향하여

그들의 감각은 우둔하도다.

오직 홀로 사람만이 머리를 들어

저 높은 곳을 바라보고

몸도 꼿꼿이 바로 서서

지상의 것들을, 하늘을 우러러 보는구나.

이 인간의 모습이야말로,

네가 만일 어리석게도

지상의 것에 눈 멀지 않는다면

너를 교훈할 것이니,

얼굴을 들어 하늘을 향하고

눈으로 드높은 곳을 우러르는 너,

육신은 높은 곳을 향해 바로 섰으나

정신은 아래로 가라앉지 않게

네 정신을 천상으로 들어 올리라.

_ 보에티우스《철학의 위안》중에서

1

중세, 철학을 시녀로 부리다

교부 철학 *Patristic Philosophy*

"괜찮아?"

언제 일어났는지, 내가 눈을 뜨자 소피아가 나를 보고 물었다. '아우렐리우스 따라 하기'가 결코 쉽지 않다는 것을 우리는 충분히 공감하였다. 우리는 어젯밤 포근한 침대와 따뜻한 이불을 그리워하면서 투덜거렸지만, 하루 종일 피곤했던지라 언제 잠이 들었는지도 모르게 모두 깊은 잠에 빠져들었던 것이다.

"벌써 일어났어? 괜찮을 리가 있겠어. 하지만 생각보다는 편하게 잤어. 너는 어때?"

"나도 마찬가지야."

우리는 한참을 기지개를 켜고 몸을 풀었다. 그리고 간단한 아침식사를 마친 후 두 번째 날을 위한 새로운 성을 찾아 나섰다. 나는 비몽사몽 중에 소피아의 꽁무니를 따라 간 기억 밖에 없다. 첫날의 교훈을 살려 모두들 조심스럽게 성문을 열고 들어가 첫번째 나타난 방문의 색깔을 확인하는 모습이 역력했다.

'나만 당한 것이 아니구나.'

우리는 빛바랜 주황색 문고리를 조심스럽게 돌려 문을 열었다.

1905년 노벨문학상을 받은 폴란드 태생의 작가 셍키에비치의 작품은 무엇입니까? 이 작품에는 로마의 종말을 상징하는 네로 황제, 예수의 제자 베드로와 바울이 주인공으로 등장합니다.

"이번 문제는 생각보다 쉬운데? 신이여, 어디로 가시나이까!"

"쿠오바디스입니다."

내가 아는 체를 하자 소피아가 고대 로마 사람들이 사용했다는 라틴어로 책의 제목을 말했다. 드디어 첫 번째 강의실로 들어서는 순간, 깜깜한 밤과 같은 강의실의 어둠에 우리는 모두 자리를 찾지 못하고 웅성거리기 시작했다.

"여러분, 안녕하십니까? 나는 베네딕트 수사입니다."

한줄기 밝은 빛이 무대의 가운데를 비추자 누군가 우리를 기다렸다는 듯이 인사를 건넸다. 언젠가 나는 부모님과 함께 가톨릭 수도원에 간 적이 있다. 그곳에서 나는 수사에 대해서 처음 알게 되었다. 남자 수녀라고 표현할 수 있는 수사는 남자 수도원에서 생활하며 우리에게는 아주 어려웠던 '아우렐리우스 따라 하기'를 생활로 실천하며 사는 사람들이다. 스토아학파가 주장하는 금욕 그 자체의 삶을 말이다.

"나는 여러분과 함께 오늘 하룻동안 중세 철학에 대해 이야기를 나누려 합니다. 바로 이 강의실에서 그 첫 번째 시간을 가질 것입니다. 불을 켜 주십시오."

"헉!"

불이 켜지자 어둠보다 더 무서운 장면들이 우리 앞에 펼쳐졌다. 우리가 서 있는 곳은 바로 지하 감옥이었다. 누더기가 된 낡은 옷을 입은 사람들이 여기 저기 모여 있었고, 유리로 된 강의실 바닥을 통해 보이는 로마 시대 원형경기장에서는 사람들이 사자에게 온 몸을 뜯어 먹히는 끔찍한 장면, 그것을 보고 좋아하는 왕과 귀족들의 모습이 보였다.

"예수의 제자 바울과 베드로, 그리고 많은 사람들이 로마로 가서 그리스도교를 전파하였습니다. 하지만 그들 중 많은 수가 로마 사람들로부터 박해를 받고 처형당했습니다. 이렇게 그리스도교를 전하다가 죽은 사람들을 뭐라고 부르는지 잘 아시죠?"

"네, 순교자라고 합니다."

누군가가 나직한 목소리로 대답했다.

"그렇습니다. 그들은 로마 사람들에게 잡혀 추방을 당했습니다. 또 몇몇 사람들은 다락방이나 심지어 지하 묘지와 같은 곳에서 숨어서 예배를 드렸습니다. 그러다 로마 군인들에게 잡히면 지금 여러분이 보는 것처럼 공개 처형을 당하기도 했답니다. 이런 어려움 속에서도 그들은 그리스도교를 전파했고, 이렇게 로마의 조그마한 식민지 도시에서 일어난 그리스도교 사상은 로마 전역으로 퍼져나갔습니다."

초기 로마제국의 문화는 헬레니즘입니다. 헬레니즘이란 다른 도시나 나라에 유행한 고대 그리스의 문화를 뜻합니다. 로마제국은 교육, 종교, 철학, 사회 제도 등 모든 고대 그리스의 문화를 이어받았습니다. 뿐만 아니라 사람이 살아가는 데 필요한 것, 즉 좋은 것, 선한 것, 아름다운 것, 행복, 인생관, 자연관, 그리고 종교관에 이르기까지 고대 그리스로부터 로마제국이 받아들이지 않은 헬레니즘적인 생각은 없었습니다.

이렇게 헬레니즘 사상에 젖어 있던 로마제국에 그리스도교가 들어온 것입니다. 그리스도교는 인간의 사랑과 행복을 구원을 통해서 얻을 수 있다고 주장했습니다. 이는 지금까지 고대 그리스 사상이 갖고 있던 행복관과는 다른 것이었습니다. 로마제국 사람들은 이 두 가지의 새로운 사상에 매료되기 시작했습니다. 헬레니즘과 그리스도교 사상은 새로운 행복을 로마제국 사람들에게 심어 주었습니다.

"바로 교부 철학이 그 역할을 담당했지요. 그래서 우리는 중세 초기의 철학을 교부 철학이라고 하는 것입니다."

"교부가 뭐죠?"

"로마제국으로 들어온 그리스도교는 로마 사람들로 봤을 때는 이교도였겠죠? 로마는 그리스도교를 국교로 정하고 받아들였지만, 로마 사람들 중에는 그리스도교를 배척하는 사람들도 있었습니다. 나라에서는 이런 사람들이 그리스도교를 믿게 할 방법을 고민했습니다."

나의 질문에 베네딕트 수사님은 차분한 목소리로 이야기를 이어갔다.

로마제국에서는 그리스도교를 국교로 정한 다음, 교회를 짓고, 사람들에게 그리스도의 교리를 가르쳤습니다. 하지만 교리를 가르칠 사람들이 충분하지 않았기 때문에, 교회에서는 모두에게 존경받을 만한 철학적 교양이 풍부한 사람들을 교육하기 시작했습니다. 그리스도교를 여전히 이교도로 보는 로마 사람들의 압제 속에서도 그리스도교를 변호하고 교회를 세우기 위해 노력한 철학적 교양을 가진 사람들을 우리는 '교부敎父'라고 부릅니다. 많은 시간이 지나고 로마제국에는 그리스도교 사상이 널리 퍼졌고, 그리스도교와 철학적인 교양을 함께 가진 사람들이 나타나기 시작했습니다. 물론 이들은 대부분 높은 지위의 성직자들이었습니다.

"교부 철학자는 주로 성직자들이었기 때문에, 중세의 교부 철학은 그리스도교를 바탕으로 그리스도교를 변호하는 학문으로 발전하였습니다."

"그래서 철학은 신학의 시녀라는 말이 나왔군요."

이번 시간에도 역시 소피아의 지식이 빛을 발하기 시작한다. 그러면 나를 포함한 아이들은 모두 방청객이 되어버린다.

"그렇습니다. 소피아의 말처럼 교부 철학자들이 그리스도교를 변호하고 박해 받는 그리스도교를 위해 노력하는 것을 보고, 다마스케누스라는 철학사는 철학과 다른 학문은 신학의 도구이며, 신학의 시녀라고 말했습니다."

"그런데 교부 철학자들이 그리스도교를 위해서 어떤 철학을 하였기에 신학의 시녀라는 말까지 나온 거죠?"

"교부 철학자들은 철학적인 교양이 풍부한 사람들이라고 했죠. 뿐만 아니라 그들은 고대 그리스 철학에 대해서도 아주 잘 알고 있었습니다. 바로 이 고대 그리스 철학을 그들은 그리스도 교리를 체계화하기 위한 하나의 도구로 사용하였던 것입니다."

방청객 동시에,

"아아!"

뿐만 아니라 오늘날 우리가 사용하는 논리학도 고대 그리스 철학에서 시작하였습니다. 교부 철학자들은 고대 그리스 철학에서 논리학도 배웠습니다. 하지만 일반 시민들은 고대 그리스 철학뿐 아니라 논리학에 대해서도 많은 지식을 갖고 있지 못했답니다. 논리에 밝은 교부 철학자들은 그리스도교를 반대하는 로마제국 사람들의 오류를 지적하고 잘못된 부분을 고쳐 주었으며, 그것을 바탕으로 그리스도교의 정당성을 증명하였답니다. 특히 교부 철학자들은 플라톤의 사상을 그리스도교 교리를 설명하는 데 많이 이용하였습니다. 그런 관점에서 그리스도교 사상과 고대 그리스 철학의 관계성을 설명할 수 있는 것입니다.

"철학이 종교의 시녀였다면, 결국 중세 동안에는 철학이 약할 수밖에 없었겠네요?"

"그렇습니다. 그래서 고대 그리스가 철학과 자연의 시대였다면, 중세는 인간과 신의 역사라고 하여도 과언이 아닙니다."

"고대 그리스가 인간의 이성과 자연의 로고스에 지배를 받은 시대라면, 중세는 무엇이 지배한 시대였나요?"

"고대 그리스가 이성과 로고스의 시대였다면, 중세는 하나님의 섭리와 신앙의 역사라고 해야겠죠?"

"결국 그런 역사를 만드는 데 도움을 준 사람들이 교부 철학자고요."

"하지만 모든 교부 철학자가 교회를 옹호하고 변호한 것은 아닙니다. 다음 시간에 좀 더 구체적으로 교부 철학자들에 대해 살펴보도록 하죠."

"소피아, 넌 언제 그렇게 철학을 공부했니? 다른 거 할 시간도 부족한데."

"철학에 관심이 많은 것뿐이야."

"결국 관심이 오늘날의 너를 만들었다는 거구나. 그럼 나도 지금부터 철학에 관심을 좀 가져볼까?"

"당연히 관심을 가져야지. 너의 이름과 나의 이름을 합치면 철학인데, 당연히 관심을 가져야 하는 것 아니니?"

"웅? 으웅."

나는 멋쩍게 머리를 긁적거리며 강의실을 빠져나왔다.

불완전한 인간의 행복 찾기

아우구스티누스 BC 354-BC 430

2

서리가 왜 나쁜 짓인지 나를 이해시켜 주십시오.

다음 강의실로 가는 길은 외갓집으로 가는 길처럼 개울물도 흐르고 여기저기 예쁜 꽃들도 피어 있다. 물론 홀로그램은 또 다른 질문을 던지고 있고.

"소피아, 배고프지 않니? 아침을 먹는 둥 마는 둥해서 그런지 난 벌써 배가 고파."

"나도 마찬가지야."

간밤에 '아우렐리우스 따라 하기'가 끝나고 허겁지겁 아침을 먹은 다음 바로 수업을 들어서인지 벌써부터 배가 고파오기 시작했다. 소피아

145

와 나는 뭐 좀 먹을 것 없을까 하는 궁리를 하며 걸음을 옮겼다.

313년 로마제국에서 신앙의 자유를 선포한 황제는 누구이며, 392년 테오도시우스 황제가 로마의 국교로 정한 종교는 무엇입니까?

"콘스탄티누스 황제, 그리고 그리스도교입니다."

나도 역사에는 어느 정도 자신이 있었다.

"빨리 들어와. 모두들 너희들을 기다리고 있었어."

"무슨 일이야?"

강의실 안으로 들어서자 배나무들이 가득한 과수원이 펼쳐졌고, 이미 도착한 아이들이 우리를 반겼다.

"얘들아, 저거 보이지?"

한 아이가 가리키는 곳을 쳐다보니 커다란 배가 주렁주렁 달린 배나무였다. 한눈에 보기에도 먹음직스러운 모양이었다.

"우린 지금 막 저 배나무를 서리하려고 했어. 배가 너무 고파서 말이야. 그래서 너희들을 기다리고 있었지. 너희도 배고프지?"

"왜 우리를 기다렸어? 우리가 있어야 서리를 할 수 있니?"

되묻는 소피아의 목소리가 차갑게 느껴졌다.

"꼭 그런 것은 아니지만…… 같이 하면 재미있잖아."

그 아이는 멋쩍게 웃으며 말했다.

"소피아, 그냥 재미로 하자는 건데 너무 심각한 것 아냐?"

나는 배가 고팠다. 소피아가 뭐라고 하든지 나는 배고픈 소크라테스보다는 배부른…… 음. 아무튼 과수원에는 많은 배나무가 있고, 배는 모두 탐스럽게 익었다. 그리고 우리는 배가 고프다.

"어떤 나무의 배부터 따 먹을까?"

"저 배나무가 가장 맛있게 생겼는데!"

"아니야, 저 배 좀 봐. 저렇게 크고 튼실하잖아!"

모두들 마치 자신의 배인 것처럼 무엇을 먹을까 고민하고 있었다.

"여러분들 무엇 하십니까?"

각자 원하는 배나무를 정하고 막 배나무에 올라가려는 순간, 언제부터 그 자리에 있었는지 베네딕트 수사님이 떡하니 우리 앞에 버티고 서 있었다.

"이번 시간에는 교부 철학자인 아우구스티누스에 대해서 이야기하려고 합니다. 아우구스티누스는 지금의 알제리 히포에서 태어났습니다. 가족 중에는 아우구스티누스의 어머니만이 독실한 그리스도교 신자였습니다. 젊은 시절 아우구스티누스는 페르시아의 여러 종교 중 하나인 마니교를 믿었습니다. 하지만 아우구스티누스는 어머니의 권유도 있었고, 스스로도 그리스도교에 심취하여 결국 그리스도교 신자가 되었고 주교까지 지냈습니다."

"선생님, 이 배나무는 뭐죠? 분명 아우구스티누스와 관계가 있죠?

아이들이 배나무 서리를 하려고 할 때 막은 것도요."

'이런! 소피아, 너…… 친구 없지?'

"소피아의 말이 맞습니다. 배나무 서리와 아우구스티누스와는 깊은 관계가 있습니다."

여러분은 '서리'가 무엇이라고 생각하십니까? 친구와 잠시 즐기는 '놀이'일까요? 아니면 남의 물건을 훔치는 '도둑질'일까요?

아우구스티누스는 어릴 때, 친구와 함께 남의 정원에 있던 배나무에 올라가 배를 따 먹었습니다. 어린 시절 아우구스티누스는 이러한 서리를 하나의 놀이라고 생각했습니다. 그러나 어른이 되고, 신부가 되면서 아우구스티누스의 생각은 달라졌습니다. 어린 시절 재미있게 놀았던 서리는 더 이상 놀이가 아니라 도둑질이라고 생각하게 된 것입니다. 이런 생각을 한 그는 신부가 된 다음 참 많이 괴로워했다고 합니다.

'얘개, 좀 심하게 소심한 사람 아니야?'

마니교를 믿던 아우구스티누스는 어머니의 권유로 그리스도교를 믿으면서 성경에 대한 공부를 많이 하였습니다. 성경에 따르면 하나님은 아담과 이브를 만들고, 에덴동산에 선악과를 심어 두었습니다. 그리고 아담과 이브에게 다른 것은 다 먹어도 되지만, 선악과만은 먹으면 안된다고 하였습니다. 하지만 아담과 이브는 하나님의 명령을 어기고 선악과를 먹고 말았습니다. 하나님은 크게 노여워했습니다. 선악과를 먹은 아담과 이브는 자신들의 잘못을 뉘우치지 않고, 오히려 서로에게 책임을 떠넘깁니다. 선악과를 먹은 두 사람 중 과연 누구에게 잘못이 있을까요? 아담일까요? 아니면 이브일까요?

어떤 사람은 아담과 이브에게 잘못을 묻지 않고 오히려 하나님께 잘못을 묻는 사람도 있습니다. 먹어서는 안 되는 선악과를 왜 만들었느냐는 것입니다. 결국 선악과를 만든 하나님의 잘못이지, 아담이나 이브의 잘못이 아니라며 그 책임을 하나님께 묻는 것이죠. 즉, 사람이 먹으면 안 되는 것을 왜 하나님은 에덴동산에 심어서 사람들을 유혹했느냐는 것입니다.

"여러분의 생각은 어떻습니까? 하나님이 선악과를 만든 다음 못 먹게 한 것과 처음부터 선악과를 만들지 않은 것에는 어떤 차이가 있을까요?"

"아우구스티누스가 그 차이를 알게 된 후 서리를 더 이상 놀이라 생각하지 않고 도둑질이라고 생각했군요. 그 차이가 뭐죠?"

언제나 우리보다 한 발 앞서는 소피아.

"사람의 자유로운 행동입니다."

"자유로운 행동이라고요?"

"그렇습니다. 선악과를 만들고 먹지 말라고 한 것은 사람에게 행동의 자유를 준 것입니다. 모든 사람은 자유롭게 생각하고, 자유로운 행동을 할 권리가 있습니다. 그렇다면 하나님이 선악과를 만든 것은 죄를 지은 것입니까? 아니면 그것을 먹은 사람이 죄를 지은 것입니까?"

"그것을 먹은 사람이 죄를 지은 것입니다."

"왜죠?"

"하나님과의 약속을 어겼으니까요."

"결국 사람이 죄를 짓는 이유는 개인의 결점이나 잘못 때문이라고 아우구스티누스는 생각했습니다. 놀이와 도둑질의 구별, 자유로운 생각에 따른 행동과 스스로를 억제하는 법, 그것을 통해 아우구스티누스가 얻은 것은 무엇일까요?"

"……."

"바로 행복입니다."

그리스도교가 국교로 정해지기 전, 로마 사람들은 고대 그리스의 신들을 믿었습니다. 고대 그리스 신화가 재미있는 것은 신화 속 신들이 마치 우리 인간들처럼 살기 때문입니다. 그들은 인간 세상에서 모든 것을 다 합니다. 전쟁을 비롯하여 신이 아닌 사람들과 사랑도 나누면서 말이죠. 하지만 성경에서의 하나님은 다른 모습을 보여 주고 있습니다. 아우구스티누스는 고대 그리스의 신을 택한 것이 아니라, 바로 성경에서 말하는 절대자인 신을 택했습니다. 성경에서는 하나님이 자신의 모습대로 사람을 만들었다고 합니다. 그렇기 때문에 사람들은 하나님의 뜻에 따르도록 노력해야 한다는 것입니다.

"사람이 어떤 일을 할 때 그 일을 하는 가장 큰 목적은 무엇일까요?"

"스스로 행복하기 위해서……?"

나는 자신 없게 말끝을 흐렸다. 분위기상 맞을 것 같긴 한데, 철학에 관해서 만큼은 소피아처럼 당당한 목소리를 내기가 쉽지 않다.

"그렇습니다. 사람들은 행복하기 위해서 열심히 공부도 하고 돈도 법니다. 하지만 아우구스티누스는 이런 것을 행복이라고 생각하지 않습니다. 아우구스티누스는 자신이 원하는 것을 사랑하고 행동으로 옮기는 것이 행복이라고 말합니다."

"그렇다면 우리가 어제 배운 고대 그리스 철학자의 행복과 아우구스티누스의 행복은 같은 건가요?"

"아닙니다. 고대 그리스 철학에서 말하는 윤리와 다른 것이 있다면, 아우구스티누스의 행복은 하나님 안에서만 발견되고 가능하다는 것입니다."

성경에 의하면 사람은 하나님에 의해서 창조되었기 때문에 혼자서는 결코 행복할 수 없다고 아우구스티누스는 생각했습니다. 그리고 사람은 하나님처럼 전지전능하지 못하고 불완전하며 생각과 행동도 항상 변하므로, 변하지 않고 완전한 어떤 것을 가져야만 행복해질 수 있다고 생각했습니다. 그렇기 때문에 아우구스티누스는 사람의 행복을 고대 그리스 철학자의 생각에서 찾는 것이 아니라 하나님에서 찾고자 했던 것입니다. 로마제국에서는 교회가 학교의 역할도 담당했습니다. 당시 사람들은 교회를 통하여 살아가는 방법을 배웠습니다. 당시 주교였던 아우구스티누스는 이렇게 하나님 안에서만 사람들은 행복할 수 있다고 가르쳤습니다.

"이제 아우구스티누스가 왜 서리와 도둑질을 구별했는지 알겠죠? 충분히 이해했으리라 생각합니다. 배가 많이 고프죠? 저기 있는 배나무에 배가 참 탐스럽게 익었습니다. 원하는 사람이 있으면 따 먹어도 좋습니다."

"저 배나무는 수사님 것인가요?"

"저 배나무가 내 것이냐고요? 글쎄요."

우리들의 질문에 베네딕트 수사님은 묘한 여운을 남기고 강의실을 빠져나갔다. 남은 우리는 배를 따 먹어도 되는지 안 되는지 몰라 서로 얼굴만 쳐다보았고, 강의실로 들어올 때 보았던 홀로그램도 함께 우리의 머리를 스쳐 지나갔다.

서양문화사 테오도시우스 황제, 그리스도교를 로마의 국교로 공인(392), 로마 제국 동·서로 분열(395)
동양문화사 서진, 하 멸망(431), 훈족의 침입으로 게르만 민족 대이동(375)
한국문화사 광개토왕 즉위(391), 고구려 동부여 64성 함락(408)

초라하게 늙어버린
철학의 위안

보에티우스 480-524

3

나를 왜 로마의 마지막 철학자라 하는지
그 이유를 밝혀 주시오.

"소피아, 이 길 어디서 본 것 같지 않아?"

다음 강의실로 가기 위해 걷는 길이 왠지 낯설지 않았다. 물론 주변
의 경관은 완전히 다른 모습이지만, 길의 구조가 어제 걸었던 길과 분
명 닮아 있는 것 같았다.

"보긴 어디서 봐. 여긴 항상 새로운 길이잖아. 저기 봐! 로마의 황제
카이사르야."

길 양쪽에는 로마 민족과 여러 다른 민족들이 전쟁을 치르고 있는 모
습이 보였다.

"로마 민족은 카이사르 이후 영토를 확장하면서 다른 민족들과 잦은 충돌을 빚었지. 로마 민족이 가장 많은 충돌을 한 민족은 바로 게르만족이야."

"너는 역사에 대해서 만큼은 참 많이 알고 있는 것 같아. 말이 나온 김에 게르만족에 대해서 설명해 줄 수 있어?"

"게르만족? 웅, 설명해 줄 수 있어!"

내가 소피아에게 설명해 줄 수 있는 게 있다니!

서양 역사에서는 게르만족에 대한 분명한 정의를 내리고 있지 않습니다. 서양 역사에서는 현재의 덴마크인, 노르웨이인, 아이슬란드인, 앵글로색슨인, 네덜란드인, 그리고 독일인을 총칭해서 게르만족이라고 불렀습니다.

게르만족들은 주로 유럽 북쪽의 추운 지방에 살았습니다. 추운 곳에 살던 북쪽의 여러 민족들은 따뜻한 곳을 찾아 남쪽으로 이동하였습니다. 하지만 유럽의 남쪽에서는 로마 민족이 북쪽으로 그 영토를 확장하여 올라오고 있었습니다. 이때 남하하던 유럽 북쪽의 여러 민족들과 로마제국은 중부 유럽 여기저기서 충돌할 수밖에 없었습니다. 로마 민족은 자신들보다 키가 크고, 금발에 파란 눈과 높은 코를 갖고 있는 이민족들을 총칭하여 게르만족이라고 불렀습니다.

"결국 로마제국은 한 민족에 의해서 멸망한 것이 아니구나."

"맞아. 하지만 로마제국은 그들 모두를 게르만족이라고 했기 때문에 역사에서는 게르만족에 의해서 로마제국이 멸망했다고 하지."

"로마제국에서는 게르만족을 야만족이라고도 했잖아."

"로마제국 사람들은 그리스 민족과 로마 민족을 제외하고는 모두 야만족이라고 생각했어. 자신들보다 문명이 뒤떨어진 민족이라고 생각했거든."

"그럼 게르만족을 야만족이라고 한 건 고대 그리스와 로마의 문명을 이어받지 못한 민족이란 뜻으로 로마 사람들이 사용한 말이겠구나."

"고대 그리스나 로마 민족의 입장에서 볼 때, 자신들보다 뒤떨어진 문명을 가진 사람들 때문에 멸망했다고 생각하면 얼마나 자존심이 상했겠니. 그래서 로마 사람들은 역사에서 이 시기를 암흑시대라고 표현하고 있는 거야."

로마를 멸망시킨 동고트족의 왕은 누구입니까?

"오도아케르입니다."

'오늘은 나의 날이구나.'

강의실로 들어가기 위한 질문도 로마제국의 멸망에 관한 얘기였다.

'그래, 이런 날도 있어야지.'

문을 열고 들어간 강의실 한가운데에는 여러 사람들이 모여 있었다. 그 가운데 두 사람의 황제가 서 있고, 로마 황제로 보이는 사람이 왕관을 다른 사람에게 넘겨주고 있었다.

"저것은 분명히 아우구스툴루스가 오도아케르에게 항복하는 모습일 거야."

"로마제국을 멸망시킨 그 오도아케르 말이야?"

로마제국을 멸망시킨 대표적인 게르만족은 서고트족, 동고트족, 그리고 반달족입니다. 이들 게르만족들은 끈질기게 로마제국을 공격하였습니다. 5세기경 훈족이 멸망하자 훈족의 지배를 받고 있던 동고트족은 독립하였습니다. 동고트족의 지도자는 오도아케르^{Odoacer(433~493)}였답니다.

오도아케르는 476년 8월 23일 서로마제국을 공격하였습니다. 당시 로마제국의 황제 로물루스 아우구스툴루스는 오도아케르에게 항복하였고, 오도아케르는 스스로 로마제국의 황제가 되었습니다. 이날이 서양 역사에서는 로마제국이 멸망한 날로 기록됩니다.

"역사에서 고대는 로마제국의 멸망과 함께 끝이 납니다. 그러나 철학의 고대는 조금 더 연장됩니다."

"언제까지요?"

어느새 단상 앞에 선 베네딕트 수사님도 로마제국의 멸망에 대해 이야기하셨다.

"철학사에서는 고대의 종말을 보에티우스와 함께 하고 있습니다."

"왜 보에티우스가 로마 최후의 철학자인가요?"

"새로운 종교인 그리스도교는 지금까지 로마제국이 갖고 있던 정신적인 부분을 대신하기에 충분했습니다. 스토아학파, 에피쿠로스학파 등 로마제국의 정신적인 부분을 담당하고 있던 철학은 로마제국의 멸망과 함께 그 생명력도 상실하고 맙니다."

"보에티우스를 끝으로 고대 그리스 철학도 끝이 났다는 의미군요."

누군가가 죽었다는 이야기도 아닌데 기분이 이상했다. 철학이 끝이 났다는 말, 마음속에서 무언가가 낮게 진동하는 느낌이 들었다.

보에티우스는 로마의 명문가 집에서 태어나 아테네에서 고대 그리스 철학을 공부하였습니다. 로마로 돌아온 보에티우스는 테오도리쿠스 황제의 신임을 얻어 서른 살에 집정관이 되었습니다. 뿐만 아니라 그의 두 아들도 집정관이 되었으며, 자신은 원로원 의원까지 역임하였습니다.

고위 관직에 오른 보에티우스는 소크라테스, 플라톤, 그리고 아리스토텔레스의 사상을 로마제국의 정치에 실현하려고 노력하였습니다. 특히 보에티우스는 정의를 존중하고 로마제국을 정의로운 국가로 세우기 위해서 노력하였습니다. 하지만 반대파의 모함으로 반역죄로 몰려 보에티우스뿐 아니라 두 아들도 사형 선고를 받게 됩니다. 그러나 두 아들이 먼저 사형을 당하게 되고 보에티우스는 귀양살이를 하게 되는데, 그곳에서 보에티우스는 《철학의 위안》이라는 유명한 작품을 남기고 죽었습니다.

"《철학의 위안》이라고요? 철학이 끝이 났는데, 철학이 무엇을 위안한다는 거죠?"

"철학이 무엇을 위안한다기보다는, 철학이 스스로를 위안하는 것이라고 생각하면 됩니다. 보에티우스는 《철학의 위안》에서 철학을 한 노파에 비유해 설명하고 있습니다."

"노파요?"

우리 모두는 베네딕트 수사님의 이야기에 누가 먼저랄 것 없이 소리를 높였다.

"네, 보에티우스는 《철학의 위안》에서 고대 그리스의 철학은 아름다운 옷을 입은 처녀로, 로마제국의 철학은 혼자 쓸쓸하게 늙어가는 초라한 옷을 입을 노파로 각각 비유하고 있습니다. 《철학의 위안》첫 머리에서 보에티우스는 다음과 같이 말하고 있습니다."

> '지난날 내 학문의 빛나던 시절엔 기쁨에 찬 노래를 지었지만, 슬프다! 지금은 비탄에 잠겨 우수의 시를 읊어야 하는구나.'

"이렇게 쓸쓸한 노파는 젊었을 때, 아주 가는 실로 섬세하게 공을 들여 짠 질긴 천으로 만든 옷을 입었습니다. 물론 이 옷감은 노파 스스로가 젊었을 때 짠 것입니다. 하지만 지금은 아무도 그 옷을 손질하지 않아 그을음이 앉고 퇴색되었습니다. 바로 이 노파가 귀양지에 있는 보에티우스를 위로하기 위해 찾아왔습니다."

"보에티우스가 철학을 알아보지 못했겠네요?"

질문하는 소피아의 표정이 왠지 슬퍼보였다.

보에티우스는 그때까지도 철학이 사회나 국가에 큰 힘이 되는 학문이라고 생각하고 있었습니다. 그래서 원로원 의원으로서 보에티우스는 철학의 힘으로 로마제국의 많은 제도를 바꾸어 보려고 했답니다. 하지만 철학은 이미 힘을 잃고 초라한 노파가 되고 말았던 것입니다. 그것을 보에티우스는 알지 못했던 것이죠. 하지만 보에티우스를 찾은 노파는 보에티우스가 젊었을 때 자신의 젖으로 자라고 자신의 음식으로 길러져 씩씩하고 튼튼한 정신을 갖고 있기 때문에 별로 걱정할 필요가 없다며 자신의 낡은 옷자락으로 보에티우스의 눈물을 닦아 주었습니다. 그리고 보에티우스는 비록 노파지만 자신을 찾아 위로해 준 노파에게 힘을 얻어 정신을 차리고 다음과 같이 노래합니다.

'이제 나에게 밤은 물러가고 어둠이 사라지니 내 옛 시력은 다시 생기를 얻었노라.'

"보에티우스가 생기를 얻었다는 말은 그가 고대 그리스 철학을 이어 받은 마지막 로마 철학자란 뜻이군요. 그리고 그가 사형을 당함으로써 더 이상 로마 철학은 있을 수 없게 되었고요."

"그렇습니다. 필로스의 말이 맞습니다. 그래서 우리는 보에티우스를 로마 최후의 철학자라고 합니다."

　뭐라고 설명할 수는 없지만, 나는 철학을 노파로 표현한 보에티우스의 생각은 옳지 않다는 생각이 들었다. 하지만, 으……! 뭐라고 설명할 수가 없으니.

서양문화사 테오도리쿠스 대왕 동고트 왕국 건설(493), 프랑크 왕국, 파리를 수도로 결정(508)
동양문화사 송 멸망(479), 인도 굽타 왕조 멸망(511경)
한국문화사 장수왕 백제 공격 및 백제 웅진 천도(475)

신에게로 되돌아온 신

Eriugena 에리우게나 800/810-BC 877

4

9세기경 '스코티'는 어느 나라였는지 밝혀 주시오.

"간단하네."

나는 자신 있게 소피아에게 말했다.

"?"

"스코티, 스코티······ 당연히 스코틀랜드의 준말이지 않을까?"

"그렇게 간단한 문제일까?"

'쳇, 내가 맞추면 다 간단한 거냐?'

"어쨌거나, 이 길 왠지 익숙하지 않아? 분명 어제도 이런 길을 간 적이 있어."

나는 사실 미션보다 우리가 지금 걷고 있는 이 길의 정체가 더 궁금

했다. 분명 익숙한 길이다.

"물론, 지금 이 길은 양 떼가 뛰어놀고 양치기가 있는 초원이지만, 이 길 모양 말이야. 분명 어제 본 길이란 말이지. 어때, 뭔가 기억나는 것 없어?"

양 떼가 뛰어노는 초원. 다른 때였다면 분명 신이 나서 뛰어다녔겠지만 지금 내 머릿속은 온통 이 길의 비밀에 관한 생각이 가득 차 있다.

"내 기억에 의하면…… 9세기경 아일랜드를 스코티아 마요르라고 했고, 아일랜드 사람들을 스코티라고 불렀어."

'이런!'

강의실 입구에서 우리 모두는 수사복으로 갈아입었다. 양 떼 가득한 초원을 지나 수사복을 입고 들어간 강의실은 수도원이었다. 아주 예전에 아빠와 함께 본 영화 《장미의 이름》 속에 나왔던 바로 그 베네딕트 수도원의 모습 그대로.

"수사복은 마음에 듭니까? 이번 시간에는 에리우게나라는 철학자에
대해 이야기를 해볼까 합니다. 에리우게나는 수도원에서 철학을 배워
유명한 철학자가 되었습니다."

"수도원에서 철학을요?"

수도원과 철학? 왠지 안 어울리잖아.

"중세 철학을 철학의 역사에서는 스콜라 철학이라고 하죠. 스콜라는 학교라는 의미의 라틴어입니다. 그런데 당시 중세에는 수도원, 궁중, 그리고 각 주교가 있는 교회, 이렇게 모두 세 가지 종류의 스콜라가 있었습니다."

"아, 그럼 에리우게나는 그중 수도원 소속 학교에서 철학을 배운 거겠군요."

"그렇습니다. 에리우게나는 아일랜드의 수도원에서 철학을 배웠답니다."

당시 아일랜드는 유럽의 다른 나라에 비해서 독특한 문화를 갖고 있었습니다. 그중에서도 수도원이 좋은 예입니다.

9세기경 우리가 바이킹이라고 부르는 노르만 민족이 아일랜드를 침입하였습니다. 하지만 아일랜드에는 게르만족 중 하나인 켈트족들이 살고 있었습니다. 이들은 노르만족의 공격을 잘 막아냈습니다. 켈트족들이 외적을 막아낼 수 있었던 건 바로 수도원을 중심으로 아일랜드 사람들이 단결하였기 때문입니다. 노르만족의 공격이 있기 전, 아일랜드에서는 수도원을 중심으로 한 철학 교육이 활발하게 이루어졌는데, 수도원에서 교육을 받은 수사나 학자들이 아일랜드 사람들에게 언제나 단결을 강조하였던 것입니다.

그리스도교를 믿는 수도원에서 철학 교육을 받은 아일랜드 사람들의 그리스도교는 특별하였습니다. 이러한 아일랜드의 특별한 그리스도교

문화를 역사에서는 켈트적 그리스도교라고 합니다. 켈트적 그리스도교 문화로 단결한 아일랜드 사람들은 외적이 쳐들어와도 두려워하지 않고 단결하여 싸웠습니다. 뿐만 아니라 아일랜드 수도원에서 철학 교육을 받은 신부나 수사들은 선교사가 되어 유럽 전역으로 퍼져나갔습니다. 에리우게나도 그중 한 사람이었습니다. 에리우게나가 활동할 때, '스코티'는 아일랜드 사람을 뜻했고, '에린'은 아일랜드를 뜻했습니다. 그리고 '에리우게나'는 에린의 사람이란 뜻입니다. 에리우게나의 이름은 이렇게 생긴 것이지요.

"왜 그런 이름을 갖게 된 거죠? 너무 재미없는 이름이잖아요."

내가 서울에 살고 있다고 이름이 '서울이'가 된다면, 그건 너무하잖아?

"당시 프랑스에는 학생들을 가르칠 교수가 부족했습니다. 그래서 프랑크 왕국의 황제 샤를마뉴는 유럽의 여러 나라로부터 유명한 사람들을 교수로 모셔왔습니다. 이때 에리우게나도 파리로 초대되었고, 아마 이때 아일랜드에서 온 사람이란 뜻으로 에리우게나라는 이름이 생긴 것 같습니다."

"프랑스로 초대될 만큼 에리우게나는 유럽에서 유명한 철학자가 되어 있었다는 말씀이군요."

"물론입니다. 아일랜드 수도원에서 고대 그리스 철학과 라틴어를 배운 에리우게나는 이미 유럽에서 유명한 철학자가 되어 있었습니다. 바로 그의 책《자연의 구분에 대하여》때문이었죠."

에리우게나는 《자연의 구분에 대하여》라는 유명한 철학책을 남겼습니다. 이 책은 마치 지금의 여러분과 저처럼 선생님과 제자 사이에 나눈 대화를 엮은 책입니다. 물론 이 책의 주요 내용은 자연에 관한 것입니다. 우리가 얘기하는 자연은 인간의 다섯 가지 감각으로 알 수 있는 것입니다. 하지만 존재하지 않는 자연도 있을까요? 즉, 우리의 다섯 가지 감각으로 알 수 없는 것을 자연이라고 할 수 있을까요?

에리우게나는 물질처럼 사라지거나 죽어 없어지는 것은 "없는 것", 즉 "존재하지 않는 것" 이라고 말합니다. 그는 존재하는 것이건 존재하지 않는 것이건 모두 자연이라고 생각했습니다. 에리우게나의 이러한 생각은 우리가 살고 있는 세계에 한정되어 있지 않습니다. 에리우게나가 말하는 자연은 하나님과 초자연적인 영역까지도 포함하고 있습니다. 그리고 그는 이 자연을 네 가지로 구분합니다.

"에리우게나가 말하는 네 가지 자연 중 첫째는, '창조하면서 창조되지 않는 자연'입니다."

"그런 자연도 있나요?"

"그렇습니다. 에리우게나의 첫 번째 자연은 다른 모든 것은 창조하면서 스스로는 창조하지 않는 자연입니다."

"그럼 신이란 얘기 아닌가요? 신은 스스로는 창조되지 않았지만, 다른 모든 것들을 창조했다고 하잖아요."

"소피아의 말이 맞습니다. 이런 자연을 에리우게나는 신神이라고 했습니다."

"그럼 두 번째 자연은 뭐죠?"

"두 번째 자연은, 창조되면서 창조하는 자연입니다."

에리우게나가 말하는 두 번째 자연은 '무엇인가에 의해서 자신이 창조된 후, 다른 것들을 창조하는 자연'입니다. 무엇에 의해서 창조되었다는 의미에서 에리우게나의 두 번째 자연은 신이 아닙니다. 하지만 다른 것을 창조한다는 의미에서는 신과 같습니다. 에리우게나는 이런 자연을 고대 그리스 철학자 플라톤이 말한 이데아와 같은 것이라고 했습니다. 첫날 배운 것처럼 플라톤의 이데아는 좀 더 높은 이데아에 의해서 창조된 것이면서 다른 개개의 물질을 창조하고 있습니다. 바로 이렇게 무엇인가에 의해서 창조되고, 스스로도 창조할 수 있는 이데아와 같은 것도 에리우게나는 자연이라고 생각했답니다.

"에리우게나가 말하는 세 번째 자연은 '창조되면서 창조하지 않는 자연'입니다."

"창조되면서 창조하지 않는 자연이란…… 뭐죠?"

강의실의 모양이 수도원의 모양과 같았기 때문에 아이들은 서로를 마주보고 앉아 있었고, 베네딕트 수사님은 마치 수도원장처럼 높은 의자 위에 앉아 우리를 내려 보고 있었다. 우리 모두는 소피아를 바라보고 있었지만, 언제나처럼 소피아는 다른 사람은 보이지 않는다는 듯이 진지하게 질문했다. 아무리 생각해도 세 번째 자연이 무엇인지는 감이 오지 않는 모양이다.

"에리우게나의 세 번째 자연은 우리가 보는 모든 사물들입니다."

"사물이요? 그럼 사람도 세 번째 자연에 속하나요?"

"그렇습니다. 사람뿐 아니라 식물이나 동물, 그리고 우리가 다섯 가지 감각으로 알 수 있는 모든 물질을 에리우게나는 세 번째 자연으로 보았습니다. 그리스도교에서 피조물이라고 말하는 모든 것이죠. 피조물은 여러분들이 알다시피 창조되었지만, 스스로는 아무것도 창조할 수 없습니다."

"그럼 마지막 자연은 뭐죠?"

에리우게나의 네 번째 자연은 '창조하지도 않고, 창조되지도 않는 자연'입니다. 이 자연을 설명하기란 결코 쉽지 않습니다. 왜냐하면 이 자연은 에리우게나만의 자연이기 때문입니다. 첫 번째 자연과 네 번째 자연은 둘 다 무엇인가에 의해 창조되지 않았다는 점이 같습니다. 그러나 무언가를 창조한다는 점에서는 다릅니다. 첫 번째 자연은 창조하는 자연이고, 네 번째 자연은 창조하지 않은 자연입니다. 그러나 에리우게나는 이런 자연도 신이라고 했습니다. 즉, 이 네 번째 신은 이미 창조를 마친 신입니다. 창조를 마쳤기 때문에 더 이상 창조할 필요가 없는 것이죠. 이런 의미에서 첫 번째 자연과 네 번째 자연은 모두 신이라고 에리우게나는 말하고 있습니다.

자연 속의 모든 생명체는 나타나고 사라지는 것을 반복합니다. 이것은 생명체의 주기적인 운동이라고 할 수 있습니다. 에리우게나는 사라지는 모든 것은 처음으로 다시 돌아간다고 믿었습니다. 즉, 처음 만든 신에게로 다시 돌아간다는 것입니다. 이렇게 신에게로 돌아가는 것이 바로 창조하지도 않고, 창조되지도 않는 자연, 즉 신에게로 되돌아 온 자연물인 신이란 뜻입니다.

"아, 뭔가 복잡한데. 신에게로 되돌아간 자연은 다음 강의실로 가야 하는 것인가? 아니면 지난 시간의 강의실로 돌아가야 하는 것인가?"

"…… 재미있구나."

"……."

--- --- --- --- --- --- --- --- --- --- --- ---
서양문화사 콘스탄티노플 종교회의(869), 프랑크 왕국의 분열로 독일, 프랑스, 이탈리아로 나뉨(870)
동양문화사 시인 한유 사망(824), 시인 백낙천 사망(846)
한국문화사 신라 혜초 사망(850), 신라 최치원의 당나라 과거 합격(874)

169

최고로 좋게 있는 것,
가장 완전한 것

안셀무스 1033-1109 *Anselmu*

신이 있음을 증명하시오!

오른쪽으로 굽은 길, 그리고 또 직선. 분명 이 길은 어제 보았던 길과 닮아 있다.

"신이 있다는 것을 증명하라니. 이건 도대체 풀 수 있는 미션이 아니 잖아!"

소피아는 잔뜩 얼굴을 찡그리고 홀로그램을 노려보고 있었다.

"그러게. 신은 있다고 믿는 것이지, 어떻게 증명을 하라는 거야?"

'그러니까 우리, 처음으로 같은 생각을 하고 있는 거지?'

"이 길은 마치 로마 교황청 광장에 있는 성인들의 조각상 같다."

"필로스, 교황청에 가 봤니?"

"아니. 가 보진 않았지만 텔레비전을 통해서 많이 봤어."

"나도 못 가봤어. 언제 같이 가면 좋겠다. 와, 저 조각상 좀 봐."

"응? 아, 응, 그래……."

아무렇지 않게 저런 말을 하다니. 우리 교실에서 이런 얘길 주고받았으면, 난 얼굴 들고 학교 다 다녔다.

이번 강의실도 우리를 놀라게 하기에 충분했다. 강의실로 오는 길이 로마 교황청이 있는 광장이었다면, 강의실 안은 로마의 교황이 있는 베드로 성당과 똑같았다. 강의실 천장에는 수많은 성화가 가득했고, 강의실 기둥에는 수없이 많은 천사들이 조각되어 있었다.

"여러분은 신이 있다고 생각하십니까? 아니면 없다고 생각하십니까?"

베네딕트 수사님의 첫 번째 질문이었다.

"종교를 갖고 있는 사람은 신이 있다고 믿는 거 아닌가요? 있는지 없는지를 생각하지는 않겠죠."

나는 소피아와 나누던 이야기를 바탕으로 자신 있게 대답했다.

"필로스, 그럼 '믿는 것'하고 '있는 것'하고의 차이는 무엇일까요?"

"믿는다는 것은 있는 것뿐 아니라 없는 것도 있다고 할 수 있지만, 없는 것을 있다고는 할 수 없기 때문에, 있는 것만 있다고 할 수 있으니까……."

그럼 그렇지, 에휴.

종교를 믿는 사람, 예를 들어서 그리스도교를 믿는 사람은 신이 있다는 것을 믿습니다. 그들이 신의 존재를 믿는 것은 신이 실제로 있다고 생각하는 것과 같습니다. 즉, 그리스도교 신자들은 신이 있다고 믿는 것이 아니라, 신이 실제로 있다고 생각합니다. 그렇다면 신이 실제로 있다는 것은 어떻게 증명할 수 있을까요?

이탈리아 북부 알프스 산맥 남쪽에 자리한 조그마한 마을인 아오스타에서 안셀무스라는 이름을 가진 아이가 태어났습니다. 부유한 가정에서 태어난 안셀무스는 베네딕트 수도원에서 신학과 철학을 공부하였습니다. 더 많은 공부를 하기 위해 프랑스 파리로 떠난 안셀무스는 훗날 영국 동남쪽 캔터베리에 있는 대성당의 대주교가 되었답니다.

"안셀무스 같은 가톨릭 주교라면 당연히 신이 있다는 것을 믿을 뿐 아니라 정말로 존재한다고 생각했겠죠."

"필로스의 말처럼 안셀무스는 주교였기 때문에 신은 당연히 있다고 생각했습니다. 하지만 당시 사람들은 그리스도교를 막 믿기 시작했기 때문에 안셀무스에게 신의 존재를 증명해 줄 것을 요구했답니다."

"그래서 안셀무스는 신이 있다는 것을 증명했나요?"

"그럼요. 증명했죠."

"증명했다고요?"

베네딕트 수사님의 대답에 여러 아이들이 동시에 놀라 소리쳤다. 물론 나와 소피아도.

"안셀무스는 4가지 방법으로 신이 있음을 증명하고 있습니다. 그 첫 번째 방법은 '최고로 좋은 것' 혹은 '행복'으로 신이 있음을 증명한 것입니다. 필로스가 지금 가장 원하는 것은 뭐죠?"

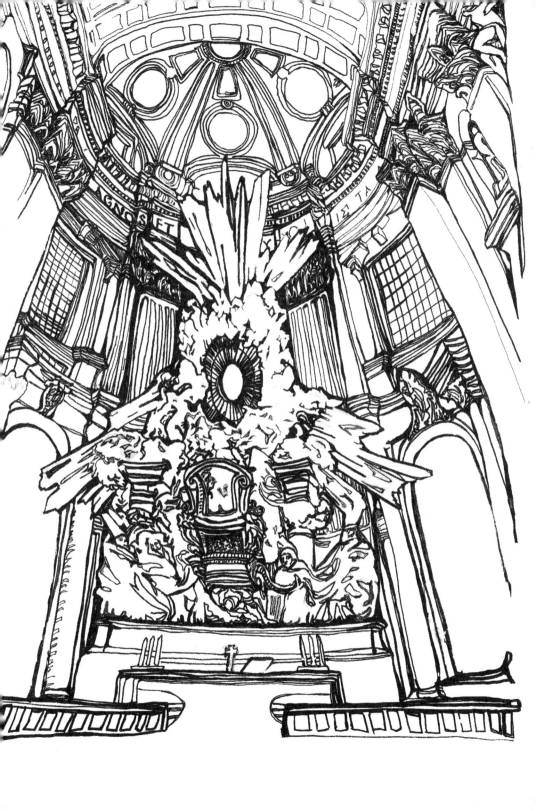

"음, 집에 돌아가 제 방에서 자는 거요."

"소피아가 원하는 것은 뭐죠?"

"더 많이 철학을 배우고 싶어요."

'이런!'

"이렇게 두 사람이 바라는 것은 다릅니다. 하지만 두 사람이 원하는 것이 이루어졌을 때, 두 사람은 행복해할 것입니다. 그러나 두 사람이 느끼는 행복은 다른 것이겠죠. 이때 이 행복은 어디에서 나올까요? 같은 곳에서 나올까요? 아니면 각각 다른 곳에서 나올까요?"

안셀무스는 이렇게 행복의 원인이 하나인가 아니면 여럿인가를 먼저 묻습니다. 그리고 사람마다 느끼는 행복의 종류는 다르지만, 행복의 원인은 유일하게 하나밖에 없다고 말한답니다. 이 유일한 하나의 행복에서 사람마다 다른 각각의 행복이 나옵니다. 안셀무스는 모든 행복의 원인이 되는 행복을 "커다란 행복"이라고 말하고, 이것을 "최고로 좋은 것"이라고 하였답니다. 만약 이렇게 "최고로 좋은 것"이 있다면, 그것은 "최고로 좋게 있는 것"이겠죠. 그리고 "최고로 좋게 있는 것"을 안셀무스는 신이라고 했답니다.

"여러분은 어떤 일을 하다가 잘 안 되면 '누구 때문이다'라고 말하는 경우가 있습니까? 아침에 일어나서 학교를 가는데 친구를 만났습니다. 둘이서 이런저런 이야기를 하다가 조금 늦게 학교에 도착했습니다. 이런 경우 우리는 뭐라고 합니까?"

"친구 때문에 지각했다고 하죠."

당연한 거 아닌가.

"그렇죠. 지각한 것은 친구를 만난 것 때문입니다. 이런 사소한 일 외에도 우리가 사는 이 세상은 모든 것이 원인과 결과로 엉켜있답니다. 필로스, 이 세상은 어떻게 생겼을까요? 이 세상이 생기게 된 원인은 무엇일까요? 그리고 이 원인은 다른 것의 결과일까요? 아니면 어떤 원인 없는 결과만 있을 수 있을까요?"

"…… 잘 모르겠습니다."

"안셀무스는 최초의 원인은 아무런 것과 관계를 맺지 않고 독립해 있다고 합니다. 이렇게 독립해 있는 최초의 원인을 신이라고 하죠. 즉, 신이란 최초의 원인이며, 이 원인에 의해서 생긴 첫 번째 결과가 곧 이 세상이라는 것입니다. 신이 세상을 창조했다는 이야기하고는 조금 다르죠? 이것이 안셀무스가 이야기하는 신의 증명 방법 두 번째, 원인과 결과로 본 증명 방법입니다."

안셀무스의 세 번째 증명 방법은 모든 물건이 갖고 있는 완전성에 관한 것입니다. 이 세상에는 많은 물건이 있습니다. 그 중에는 완전한 것도 있지만, 좀 덜 완전한 것도 있습니다. 하지만 이 세상의 많은 물건 중에서 정말로 완전한 것이 있을까요? 안셀무스는 이 세상의 어떤 물건도 완전한 것은 없다고 생각했습니다. 조금은 흠이 있거나 부족한 것이 있다는 것이죠. 그럼 정말로 완전한 것이 있다면 그것은 무엇일까요? 그렇습니다. 안셀무스는 그것을 신이라고 생각했습니다.

"이제 마지막 네 번째…… 필로스, 지금 무엇을 그리고 있습니까?"

'아차…….'

수업을 들으며 그림을 그리는 것은 어려서부터 고칠 수 없는 버릇이다.

"이건……."

"쉿, 말하지 마세요."

나는 지금 한 마리의 말을 그리고 있습니다. 내가 말을 그리기 전에 나는 어떤 말을 그릴 것인지 생각할 것입니다. 그 다음 종이 위에 말을 그립니다. 내가 지금 그리고 있는 그림이 완성되기 전에는 내가 무엇을 그리는지 다른 사람은 모를 것입니다. 내가 그리고자 하는 그림이 완성되었을 때, 말은 내 공책에 실제로 있을 뿐 아니라 내 그림을 보는 사람들의 머릿속에도 있습니다. 안셀무스는 이렇게 우리가 무엇을 있다고 이야기할 때는 머릿속에 있거나 그림과 같은 것을 통해서 실제로 있는 것을 뜻한다고 했습니다.

"그럼 신은 어떻습니까? 안셀무스는 우리가 그림을 그릴 때와 같은 방법으로 신을 증명하였습니다. '신이 있다'고 말할 때, 신은 사람의 머릿속에서만 있는 것이 아니라 실제로 있다고 안셀무스는 주장합니다. 필로스의 그림이 무엇인지 알아보겠습니까?"

'이런!'

베네딕트 수사님은 내가 그린 그림을 들어 아이들에게 보여 주었다. 난 차마 고개를 들지 못했다. 내 그림 솜씨가 엉망인 건 분명 엄마가 나

를 가졌을 때 피카소 그림을 보러 다니는
걸 좋아했기 때문이다.

"필로스는…… 아마도 말을 그린
것 같군요. 하지만 우리는 그것이
말이라는 것을 알지 못할 수도 있습
니다. 이와 마찬가지로 안셀무스는 신
이 실제로 있지만, 우리는 신이 있다는 것
을 알지 못할 수도 있다고 말하고 있습니다. 필로스
가 그린 그림처럼 말입니다. 안셀무스가 어떻게 신이 있다는 것을 증명
했는지 이해가 됩니까?"

"네!"

얼마나 잘들 이해했기에 모두들 큰소리로 합창을 했다. 하지만 베네
딕트 수사님이 내 그림을 가지고 네 번째 증명 방법을 설명할 때부터
나는 이미 이곳을 빨리 빠져나가야겠다는 생각뿐이었다.

"너 뭘 그렇게 두리번거리니?"

소피아가 고개를 푹 숙이고 여기저기 두리번거리는 나를 쿡 찔렀다.

"응. 나, 쥐구멍……."

"뭐라고? 하하, 아무쪼록 큼직한 것으로 찾길 바란다!"

서양문화사 그리스 정교, 로마 가톨릭으로부터 독립(1054),
　　　　　　　제1차 십자군, 성지 회복과 예루살렘 왕국 건설(1099)
동양문화사 《태극도설》, 《통서》의 저자 주돈이 사망(1073), 왕안석 사망(1086)
한국문화사 최충 사망(1068), 대각국사 의천 사망(1101)

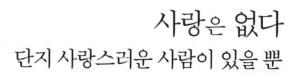

사랑은 없다
단지 사랑스러운 사람이 있을 뿐

6

보편논쟁

나는 나무입니다. 그런데 어떤 사람들은 실제로 나무는 없고 이름만 있다고 합니다. 나는 정말로 없을까요?

소피아 앞에서 만큼은 완벽하진 않아도 조금은 괜찮은 사람으로 보이고 싶은데, 시대가 알아주지 않는 그림 솜씨를 들켜버리다니. 왠지 힘이 쪽 빠져 소피아가 저만치 앞서 가는 걸 그냥 두고 혼자 걸었다.

다음 수업을 듣기 위해 가는 길은 마치 산림욕장 같았다. 많은 종류의 나무들이 빼곡히 심어져 있었고, 새소리도 한결 정겨웠다. 물 소리, 바람 소리도 느끼면서 오랜만에 혼자만의 정취에 빠져들었다.

"나무면 나무지. 나무가 이름만 있고 실제로는 없다는 건 또 뭐야. 이것도 신의 존재 증명 같은 뭐 그런 거야?"

Day 2. 철학의 모색

178

나는 괜한 심술이 나서 홀로그램에 대고 낮게 투덜거리고는 소피아를 지나쳐 다음 강의실로 뛰었다.

강의실에 들어선 순간, 입이 떡 벌어지는 광경이 펼쳐졌다. 이번 강의실에는, 아니 동굴에는 벽 전체가 온통 벽화였다. 베네딕트 수사님은 벽화에 그려진 그림을 하나하나 가리키며 어떤 그림인지, 혹은 무슨 모양인지를 아이들에게 묻고 있었다.

"원시인들은 동굴이나 큰 바위에 이렇게 그림을 그렸습니다. 자, 이것은 무엇입니까?"

"나무입니다."

"무슨 나무입니까?"

"?"

"그럼 이것은 무엇입니까?"

"호랑이입니다."

"어떤 호랑이입니까?"

"……."

"여러분은 일반명사와 고유명사에 대해서 알고 있습니까?"

우리가 모두 입을 다물자 베네딕트 수사님이 웃으며 말했다.

"이 그림을 나무라고 할 때, 그것은 일반명사로서 나무입니다. 저 나무가 무슨 나무인지는 알 수 없어요. 즉, 고유명사로서 저 나무가 무슨 나무인지는 모른다는 거죠. 저뿐 아니라 여기 있는 모든 사람이 모를 거예요. 이 나무를 그린 사람만 알 수 있겠죠. 만약 어떤 나무를 보고 직접 그렸다면 말이에요."

소피아가 똑 부러지게 대답했다.

"그렇습니다. 이 그림을 우리는 나무라고만 하지, 어떤 나무라고는 하지 않습니다. 즉, 이 그림과 같은 것은 일반명사로 나타낼 뿐이지 고유명사로 나타내기는 쉽지 않습니다."

소피아의 확실한 대답에 베네딕트 수사님은 빙긋이 웃으며 설명을 덧붙였다. 쳇.

"바로 이런 문제들로 중세에는 많은 철학적 논쟁을 벌였습니다."

"이러한 것이 논쟁거리가 됩니까?"

나도 모르게 약간은 삐딱하게 질문이 튀어나왔다.

정말로 있는 것, 즉 실재하는 것은 이름일까요? 아니면 개별적인 물건일까요? 이름에 해당하는 물건이 있을 경우와 이름에 해당하는 물건이 없을 경우가 있습니다. 우리가 앞에서 본 나무 혹은 호랑이는 분명 이름에 해당하는 물건이 있습니다. 하지만 이 이름에 해당하는 물건이 너무 많다면, 그것은 단지 이름만 있고, 개별적인 물건은 없는 것과 같지 않을까요?

이런 생각을 철학에서는 '유명론唯名論'이라고 합니다. 이름만 있고, 실제로 개별적인 물건은 없다는 뜻이죠. 이 유명론에 관한 문제는 바로 우리가 앞 시간에 배운 안셀무스에서부터 나타나기 시작했습니다. 안셀무스는 신이 있다고 할 때, 그것에 해당하는 어떤 것이 사람의 머릿속에만 있는 것이 아니라 실제로 있다고 했습니다. 즉, 신은 마치 개개의 물건처럼 존재한다는 것입니다. 바로 이런 생각이 중세 스콜라 철학의 보편논쟁으로 발전하였습니다.

우리는 물건을 분류할 때 종개념과 유개념으로 분류합니다. 중세에서는 바로 이 두 개념이 어떤 존재를 갖느냐 하는 문제가 생긴 것입니다. 종개념과 유개념은 사물의 속성을 설명하기 위한 것으로, 논리학에서는 개념의 종류로 사용하고 있습니다. 예를 들어 '소피아는 사람이다'라는 문장에서 '사람'은 '소피아'보다 상위 개념입니다. 이렇게 상위 개념을 우리는 유개념이라고 합니다. 그리고 '소피아'와 같은 하위 개념을 종개념이라고 합니다.

물론 우리가 사물을 상위 개념과 하위 개념으로 나누어 종개념과 유개념이라고 했을 때, 이렇게 나누어진 종개념과 유개념은 절대적인 개념이 아니라 상대적인 개념입니다. 왜냐하면 상위 개념과 하위 개념은 기준을 이루는 개념에 따라 항상 바뀔 수 있기 때문입니다. 소피아와 사람을 비교했을 때는 소피아가 종개념이었지만, '사람은 동물이다'라고 하면 사람이 종개념이 되는 것처럼 말입니다. 이렇게 상위 개념과 하위 개념으로서의 유개념과 종개념이 상대적이라면, 몇 가지 의문이 생깁니다. 유개념과 종개념은 단지 말에 불과한 것일까요? 아니면 사람의 정신 밖에는 없고, 사람의 머릿속에서 개념으로만 존재하는 것일까요?

이렇게 사람의 머릿속에 있는 것을 우리는 '생각의 질서'라고 표현합니다. 그리고 자연물이 질서를 이루고 있는 것을 우리는 '개별적인 물건의 질서'라고 합니다. 생각의 질서에 따라 모든 개별적인 물건들이 질서를 이루고 있을까요? 아니면 생각의 질서와 관계없이 개별적인 물건은 질서를 갖고 있을까요? 인간이 생각을 한다고 할 때는 일반적인 사물을 생각하는 것입니다. 하지만 자연 속의 사물은 하나하나 그 이름을 갖고 있습니다. 즉, 자연 속의 사물들은 우리가 이름을 짓지 않아도 모두 고유명사로 존재하고 있는 것입니다.

"이제 고유명사와 일반명사에 따라 일반 사물과 개개의 사물을 구별할 수 있겠죠? 여기 이 벽화를 보시기 바랍니다. 이 벽화의 그림들을 그린 사람은 분명 어떤 물건을 보고 그렸을 것입니다. 하지만 우리는 그 대상의 이름을 모릅니다."

"그 나무는 저기 앞에 있는 소나무 같은데…….."

"소나무? 왜 그렇게 생각하죠?"

한 아이의 혼잣말에 베네딕트 수사님이 다시 물었다.

"상상으로 그릴 수도 있었겠지만 앞에 있는 나무를 보고 그리는 게 더 쉽지 않았을까요?"

"그렇겠죠. 하지만 아닐 수도 있습니다. 이번에는 다른 예를 한 번 들어 볼까요? 필로스, 사랑이 있을까요? 아니면 사랑스러운 사람이 있을까요?"

"……."

"소피아, 지혜가 있을까요? 아니면 지혜로운 사람이 있을까요?"

"……."

"자, 유명론자들이라면 어떻게 이야기할까요? 유명론자들에게는 사랑도 없고, 지혜도 없습니다. 단지 사랑스러운 사람이 있고, 지혜로운 사람이 있을 뿐이지요."

"벽화 속에는 분명히 나무가 있습니다. 그런데 그 나무가 없다니 참 이상합니다. 그런데 그것이 어떤 나무냐고 물으신다면 답을 할 수가 없습니다. 그럼 그 나무는 있는 것입니까? 없는 것입니까? 눈앞에 있으니 있는 것인데, 어떤 나무인지 모르니 없다고 해야 하나요?"

한 아이가 정말 모르겠다는 듯이 고개를 갸우뚱거리며 질문을 하는 통에 모두들 배꼽을 잡고 웃었다.

"모두 옳은 얘기입니다. 이렇게 유명론자들처럼 있는 것은 개별적인 물건 밖에 없다는 주장과, 그렇지 않고 모든 개념에 해당되는 물건이 실제로 있다고 주장하는 실재론자들의 서로 다른 생각을 중세의 '보편논쟁'이라고 합니다. 보편 혹은 일반적인 것이 있느냐 없느냐의 논쟁이 바로 보편논쟁인 것입니다. 여러분도 자신 앞에 있는 존재들에 대해 다시 한 번 생각해보는 시간을 가져보면 어떨까요?"

베네딕트 수사님은 조용히 웃으며 벽화가 이어진 길을 따라 천천히 걸음을 옮겼다.

"지혜는 없고, 지혜로운 사람은 있다. 그렇다면 내 앞에 있는 이 사람은 지혜인가? 지혜로운 사람인가? 아님 이것도 저것도 아닌 그냥 이름인가?"

"사랑은 없고, 사랑스런 사람은 있다. 그렇다면 내 앞에 있는 이 사람은 사랑인가? 사랑스러운 사람인가? 아니면 이것도 저것도 아닌 그냥 있는 개별적인 물건인가?"

"물건이라고? 너, 말 다 했어?"

우리도 서로의 이름으로 장난을 치며 수사님의 뒤를 조용히 따랐다.

'일반명사는 없고 고유명사만 있다면, 일반명사 없는 고유명사가 가능할까? 그렇다면 그 반대로 고유명사는 없고 일반명사만 있다면, 고유명사 없는 일반명사가 가능할까?…… 에라, 모르겠다.'

양탄자 위의 그리스 철학

Islamic Philosophy

아랍 철학

7

이번 시간에는 여러분이 원하는 소원 세 가지를
들어 드립니다.

강의실로 가는 길 곳곳에는 이슬람교 신자들이 예배를 드리는 양파
모양의 모스크가 아름답게 장식되어 있었다.

"세 가지 소원을 들어준다고? 이야, 이번 시간이 지금까지 중에 가장
맘에 든다. 소피아, 넌 어떤 소원을 들어 달라고 할 거야?"

"소원? 글쎄, 특별한 소원은 없지만 그래도 비밀이야. 그런 넌?"

"글쎄, 원하는 것이 너무 많아서 고민 좀 해봐야겠는데."

《아라비안나이트》는 며칠 동안의 이야기를 책으로 만든 것입니까?

"《아라비안나이트》는 천일야화니까, 천 일 동안의 이야기입니다."

"천 일이 아니라 천 일일이야."

"그래, 1001이라고. 헤헤."

소피아는 어이없다는 표정을 짓고는 강의실로 들어갔다. 강의실은 온통 붉은 카펫과 반달 모양의 칼, 그리고 아라비아 문자와 아라베스크 장식이 가득했다. 우리는 마치 모스크 안으로 들어온 듯한 착각에 빠졌다. 그리고 강당에는 베네딕트 수사님이 아닌 낯선 사람 둘이 서 있었다.

"알라딘이다!"

누군가가 외쳤다.

"어, 지니다!"

또 누군가가 알라딘과 함께 서 있는 거인을 보고 외쳤다.

"우리를 알아 봐 주다니 정말 고맙습니다. 우리는 여러분이 잘 알고 있는 《알라딘과 요술램프》의 주인공인 알라딘과 지니입니다."

"이번 시간에는 베네딕트 수사님 대신 알라딘이 여러분께 이야기를 들려줄 것입니다. 그리고 여러분의 소원은 바로 이 지니가 해결해 줄 것입니다. 하하하!"

천장까지 머리가 닿을 듯한 큰 키의 지니가 온 강의실이 떠나갈 듯 큰소리로 웃었다.

여러분들에게 이슬람 문화는 잘 알려지지 않은 신비로운 것일 겁니다. 《아라비안나이트》라는 아랍어로 기록된 이집트 설화집이 18세기 초 프랑스 사람 갈랑에 의해서 프랑스어로 번역되었을 때, 많은 사람들은 이슬람은 신비하고, 요술을 부리는 사람들이 사는 곳 정도로 생각했습니다. 뿐만 아니라 목욕은 하지 않고 향수만 바른다거나, 부인을 여럿 둘 수 있는 일부다처제 등의 좋지 않은 문화만 알려졌습니다. 그리고 돼지고기를 먹지 않고 여자는 히잡을 꼭 착용해야만 외출할 수 있다는 규율도 우리는 이해하기 어렵습니다. 하지만 이슬람 국가는 음주와 도박이 없는 나라로 알려져 있습니다. 또한 모카커피가 최초로 생산되었고, 설탕을 뜻하는 슈거, 음악의 뮤직, 레몬, 알코올, 알칼리와 같은 단어는 모두 아랍어에서 생겨난 말들입니다. 그리고 세계에서 가장 고급스럽고 질 좋은 양탄자가 바로 이 아라비아 지방에서 생산된다는 것쯤은 모두 알고 있을 것입니다.

"바로 내가 타고 있는 이 양탄자처럼 말입니다."

"《알라딘과 요술램프》에서는 양탄자를 타고 하늘을 날기도 하던데, 우리도 그걸 타면 하늘을 날 수 있나요?"

"물론입니다. 약간 어지럽기는 하겠지만 말이죠. 멀미가 심한 사람은 조심하기 바랍니다. 음, 다 탈 수 있으려나?"

우리 모두는 앞 다투어 양탄자에 올랐다. 알라딘의 신호와 함께 양탄자가 날기 시작했다.

"이곳이 바로 터키의 수도 이스탄불입니다."

"이스탄불이라고? 그럼 우리는 어디에 있었던 거야?"

이스탄불이라는 말에 다들 어리둥절해 하며 양탄자 아래로 펼쳐진 세상에 눈을 떼지 못했다. 양탄자를 타고 잠시 날아온 곳이 이스탄불이라면, 우리가 있던 곳은 이스탄불 근방이란 뜻일까?

"로마제국의 콘스탄티누스 대제는 로마제국의 수도를 비잔티움, 즉 우리가 지금 날고 있는 이스탄불로 옮겼습니다. 그리고 도시 이름도 자신의 도시라는 뜻으로 콘스탄티노플이라고 하였답니다."

우리의 궁금증은 아랑곳 하지 않고 알라딘은 이스탄불에 대해 신이 나서 설명하고 있었다.

신의 아들로 알려진 비자스 장군은 기원전 7세기경 고대 그리스 메가라에서 태어났습니다. 용맹스럽고 모험심이 강한 비자스는 새로운 땅을 찾아 나섰습니다. 많은 고생 끝에 비자스는 말마라 해*를 지나 흑해로 들어가는 좁은 길목에 새로운 도시를 건설하였습니다. 비자스는 이 도시를 자신의 땅이란 뜻으로 비잔티움이라고 했답니다. 비자스가 발견한 이 비잔티움이 바로 오늘날의 이스탄불입니다. 이 이스탄불이 로마제국의 역사뿐 아니라 서양 문화사와 동양 문화사를 나누는 아주 중요한 도시가 되리라고 비자스는 결코 생각하지 못했을 것입니다.

"이슬람 문화는 언제부터 생겼나요?"

"언제라고는 할 수 없지만, 7세기경 중동 지역을 중심으로 이슬람 문화가 크게 발전하였습니다. 이렇게 발전한 이슬람 문화는 지금의 터키 지방으로 확산되어 갔습니다. 이 무렵 로마제국의 문화도 터키 지방으로 퍼져가고 있었습니다. 이렇게 북진하는 이슬람 문화와 서쪽 지방으로 팽창하던 로마제국의 문화가 바로 이스탄불을 중심으로 충돌하였습니다."

"그래서 이스탄불은 동서양 모두에게 중요한 도시가 되었군요."

"그렇습니다."

"그럼 이슬람 철학은 언제 어디를 중심으로 생겨난 거죠?"

소피아는 알라딘과 다정하게 이야기를 나누고 있었지만, 나는 양탄자 위에서 떨어지지나 않을까 조바심이 났다. 아무리 최고급 양탄자면 뭐하냐고, 안전벨트 하나 없는데.

"그럼 우리 이슬람 철학이 발생한 바그다드로 가 볼까요?"

"바그다드라고요? 지금 그곳은 전쟁이 한창인데?"

"음, 어쩌면 좋죠. 우리는 이미 바그다드 상공에 도착했습니다."

나는 혼란에 빠지기 시작했다.

'이건 너무 하잖아? 너무 비현실적이라고!'

고대 그리스 철학은 로마제국에게만 영향을 준 것이 아니라 이슬람 철학에도 많은 영향을 주었습니다. 처음 고대 그리스 철학을 받아들인 이슬람 사람은 공교롭게도 시리아에 살던 그리스도교 신자였습니다. 이들은 오늘날 우르파로 불리는 에데사라는 도시에서 아리스토텔레스 철학을 비롯하여 고대 그리스 철학을 시리아어로 번역하였습니다. 이렇게 시리아어로 번역된 고대 그리스 철학은 다시 아라비아어로 번역

되었습니다. 특히 750년경 바그다드의 압바스 왕조는 시리아 학자를 초대하여 고대 그리스의 의학 서적과 철학책을 번역하게 했습니다. 이들을 중심으로 바그다드에는 번역 학교가 생겼고, 이 번역 학교를 중심으로 바그다드 철학파가 생긴 것입니다.

바그다드 철학파 중에서 가장 유명한 철학자는 알파라비입니다. 그는 아리스토텔레스의 논리학을 이슬람 민족에게 알린 철학자입니다. 그 다음으로 유명한 철학자는 아비첸나입니다. 16살에 의사가 되었고, 10세기경에 이미 백과사전을 만든 그는 천재적인 이슬람 철학자로 알려져 있습니다. 그는 백과사전에서 오늘날 우리가 사용하는 학문을 철학, 물리학, 수학, 생물학, 의학 등으로 이미 구분하여 사용하였습니다.

"이슬람 철학은 바그다드에서만 머물렀나요? 아니면 유럽으로 전해졌나요?"

"지금부터 바그다드 철학이 유럽으로 전파되는 과정을 양탄자를 타고 따라가 볼까요?"

"네? 계속 양탄자를 타고 간다고요?"

"필로스, 혹 멀미라도 합니까? 아니면 양탄자를 타고 있는 것이 무서운가요? 처음부터 꼼짝하지 않고 양탄자를 꼭 잡고 있는 것이……."

"아뇨! 무섭긴요. 아닙니다!"

'이런!'

말은 그렇게 했지만 사실 무서웠다. 안 무섭다면 거짓말 아닌가? 나의 우려에도 우리를 태운 양탄자는 이미 지중해를 지나 지브롤터 해협을 건너 스페인으로 들어가고 있었다.

이슬람 민족이 가장 많이 모여 산 곳은 카이로였습니다. 7세기부터 동로마제국의 공격을 받은 이슬람 민족은 북아프리카를 따라 서쪽으로 계속 이동하였습니다. 더 이상 도망갈 곳이 없었던 그들은 지브롤터 해협을 건너 스페인으로 들어가서 살았습니다. 이때 많은 이슬람 철학자들도 스페인으로 들어가서 활동하게 되었으며, 그중 가장 활발한 활동으로 유명해진 철학자가 바로 아베로에스입니다.

스페인 코르도바에서 법관의 아들로 태어난 아베로에스는 여러 학문을 연구하고 의사와 법관으로 활동하였습니다. 그는 주로 코르도바와 세빌리아에서 활동하였다고 합니다. 하지만 왕의 미움을 받고 아프리카의 모로코로 건너가 살다가 죽었습니다. 특히 아베로에스는 아리스토텔레스의 사상에 심취하여 아리스토텔레스의 책에 많은 주석을 달았다고 합니다. 그래서 훗날 그의 책을 본 사람은 어떤 것이 아리스토텔레스의 생각이고, 또 어떤 것이 아베로에스의 생각인지 구별 못할 정도였다고 합니다.

"아베로에스는 왜 왕의 미움을 받고 모로코로 갔나요?"
"철학과 신학의 위치를 바꾼 것이 가장 큰 이유랍니다."
"철학과 신학의 위치를 바꾸었다고요?"
'제발! 소피아, 질문도 좋지만 양탄자 좀 꼭 잡으라고. 쟨 뭘 믿고 저렇게 겁이 없을까?'

중세는 종교가 철학보다 높은 위치에 있었기 때문에, 우리는 중세를 암흑의 시대라고 합니다. 이때 모든 진리는 신학에서 정하고, 철학은 단지 논리적인 방법을 제시하였습니다. 그렇기 때문에 같은 진리가 신학에서는 참이지만, 철학에서는 거짓일 수 있습니다. 반대로 신학에서는 거짓이지만, 철학에서는 참일 수도 있었습니다. 하지만 아베로에스의 생각은 달랐습니다. 즉, 한 가지 진리가 철학에서는 진리이지만, 신학에서는 비유적으로 표현된다는 것입니다. 이런 아베로에스의 생각을 정통 이슬람 신학자들은 신학을 철학에 종속시킨다고 생각한 것입니다. 그래서 정통 이슬람 신학자들이 왕을 움직여 아베로에스를 모로코로 보내고 만 것입니다. 그렇게 해서 아베로에스는 귀양 아닌 귀양살이를 하게 되었습니다. 하지만 이들 이슬람 철학자들이 아니었다면 아리스토텔레스와 고대 그리스 철학은 전달되지 못했을 것입니다. 물론 중세에는 아리스토텔레스의 철학보다는 플라톤의 철학이 유행하였기 때문에, 이슬람 철학의 내용들이 많이 전해지지 않고 있다는 점이 매우 아쉽습니다.

"세빌리아에서 이발을 하는 것이 저의 첫 번째 소원입니다!"

"필로스, 안타깝게도 이미 3가지 소원을 모두 들어 주었습니다."

"네? 세 가지 소원을 다 들어 주었다고요? 아무도 소원을 말한 사람이 없잖아요."

"우리가 어디를 돌아 여기까지 왔는지 잘 생각해 보시기 바랍니다. 우리 지니는 이미 여러분의 세 가지 소원을 들어 주었습니다."

"이스탄불, 바그다드, 그리고 카이로에서 북아프리카를 따라 지브롤터 해협을 건너 세빌리아까지…… 이건 수업이었지 소원이 아니잖아요! 뭐 이래, 세 가지 소원 때문에 무서운 것도 참아가며 있었는데, 소원 들어줘요! 들어달라고!"

"들어줘, 들어줘……."
"필로스, 일어나! 베네딕트 수사님 오셨어. 얼른!"
"어? 알라딘과 지니, 어디 갔어?"

철학자와 신학자, 그들이
이성을 사용하는 방법에 관하여

토마스 아퀴나스 1224/1225-1274

누가 나 좀 구해주십시오.
나는 수도원에 가서 신부가 되는 것이 꿈입니다.

우리에게 주어진 급박한 미션의 분위기와는 사뭇 다르게 강의실로
가는 동안 길에는 '산타루치아'와 '오솔레미오' 등의 나폴리 민요가 잔
잔히 흐르고 있었다. 뿐만 아니라 베수비오 화산, 세계 3대 미항 중 하
나인 나폴리, 그리고 카프리 섬과 소렌토 등, 책에서만 보던 아름다운
도시들과 산들이 우리 앞에 펼쳐져 있었다. 너무나 생생한 꿈을 꾼 뒤
라 아직 좀 얼떨떨했지만, 아름다운 풍광에 점차 정신이 맑아지는 것
같았다.

"분명한 것은 나폴리 민요가 흐르는 것으로 보아 누군가가 나폴리에 감금된 것이 분명해. 추측 좀 해봐. 너라면 알 거 아냐."

"나도 철학에 대해서 그렇게 많이 아는 건 아니야. 특히나 나폴리와 관계된 것은 도무지 생각나는 것도 없고."

새침한 표정을 지으며 소피아가 저만치 앞서 걸었다. 모를 수도 있는 거지 저렇게 예민하게 군담. 꼭 공부 잘하는 애들이 시험에서 한 문제 틀리면 저렇게 반응하더라, 쳇.

세계 3대 미항은 무엇입니까?

"나폴리, 홍콩, 리우데자네이루입니다."

"거 봐, 역시 나폴리와 관계된 것이 틀림없어."

소피아가 듣든 말든 난 신이 나서 혼자 큰소리로 떠들며 강의실의 문을 열었다.

'이런!'

강의실은 13세기 파리대학의 수업 광경을 그대로 재현하고 있었다. 넓고 조용한 강의실 가득 내 목소리가 울려 퍼졌고, 아이들은 일제히 우리를 쳐다보았다. 소피아가 나를 쩨려보며 가장 가까운 곳에 있는 책상으로 가서 앉았고, 나는 고개를 푹 숙이고 조용히 소피아의 앞자리에 앉았다. 베네딕트 수사님은 높은 의자에 앉아 있었고, 서로를 마주 보며 앉게 되어 있는 책상에서 멀뚱하게 서로를 바라보고 있는 아이들을 찬찬히 둘러보았다.

"이탈리아의 유명한 아퀴노 가문의 백작에게 아들이 태어났습니다. 백작은 아들을 토마스라고 이름 지었습니다."

"그 사람이 우리가 구해야 할 사람인가요? 유명한 백작의 아들로 태어난 사람을 왜 구해야 하죠?"

"토마스의 아버지는 5살 때부터 토마스를 집 가까이에 있던 베네딕트 수도원으로 보내 교육시켰습니다. 14살이 되자 수도원장은 토마스

의 능력에 놀라 토마스를 나폴리대학교에 입학시켰습니다."

"토마스는 수도원에 있고 싶었는데, 대학교로 보내져서 구해달라고
한 건가요?"

"꼭 그런 것만은 아닙니다."

도대체 좋은 집안에서 좋은 교육을 받을 수 있는 사람이 뭐가 부족해
구해달라고 한 것인지 이해가 되지 않았다. 아무튼 철학자들은 특이해.

수도원에서 교육을 받던 토마스는 나폴리대학의 교육에 쉽게 적응하
지 못했습니다. 그래서 토마스는 대학을 그만두고 나폴리에 있는 도미
니크 수도원으로 들어가 교육을 받기 시
작했습니다.

토마스를 가르치던 도미니크 수도원장은 너무나 뛰어난 그의 능력에 놀라 토마스를 더 좋은 교육을 받을 수 있게 파리대학으로 유학시키기로 결정하였습니다. 하지만 토마스를 파리대학으로 유학시키겠다는 수도원장의 연락을 받은 아퀴노 백작은 토마스의 두 형을 보내 토마스를 강제로 집으로 데려옵니다. 그리고 토마스를 자신의 성에 가두고 말았습니다. 아퀴노 백작은 토마스가 파리대학 유학을 포기하고, 나폴리 대학에서 계속 공부하기를 바랐던 것입니다. 하지만 토마스의 고집은 아무도 꺾지 못했답니다.

"그래서 어떻게 되었나요?"

"아, 우리는 감금된 토마스를 구출해야 하는군요."

흥미진진한 모험이라도 하게 된 듯 아이들이 여기저기서 소리를 높였다.

"필로스는 누나가 있나요?"

"네? 네, 있어요. 그러고보니 누나가 보고 싶네요."

"토마스에게도 누나가 있었습니다."

"아, 누나가 토마스를 구했군요. 그렇죠?"

토마스의 누나들은 2년 동안 성에 갇혀 있으면서 자신의 뜻을 굽히지 않는 토마스의 굳은 의지에 감동했습니다. 결국 토마스는 누나들의 도움으로 탈출에 성공할 수 있었습니다.

탈출에 성공한 토마스는 부모와 멀리 떨어진 독일의 쾰른으로 갑니다. 쾰른에 있는 도미니크 수도회에 들어간 토마스는 그곳에서 철학과 신학을 공부하였습니다. 토마스의 스승은 독일의 유명한 철학자 알베르투스 마그누스였습니다. 알베르투스는 토마스가 더 많은 지식을 쌓을 수 있도록 그를 파리대학으로 보냈습니다. 알베르투스의 도움으로 토마스는 그렇게도 그리던 파리대학에서 공부할 수 있게 된 것입니다. 더 많은 철학과 신학을 공부한 토마스는 다시 쾰른으로 돌아와 수도원에서 신부가 되었고, 동시에 신학 교수로 임명되었습니다. 이후 유명한 교수가 된 토마스는 유럽 여러 나라를 다니면서 철학과 신학을 강의하였습니다. 토마스가 유명한 것은 철학이 신학의 시녀라 불리던 중세에 철학과 신학을 명확하게 구분했기 때문입니다.

철학은 어떤 학문일까요? 철학자는 이성에 의해 얻어진 것들을 바탕으로 논리적으로 추리하여 결론을 얻습니다. 토마스의 생각에 따르면, 신학자들도 철학자와 같이 이성을 이용하는 것은 같습니다. 하지만 신학자들은 이성 외에 성경의 권위도 인정합니다. 즉, 신학자들은 자신이 이해한 원리를 이성이 아닌 신이 일깨워 주었다고 생각한다는 것이지요.

"만약에 같은 물건을 두고도 철학자는 자신의 이성으로 이해한 원리에 따라 파악하고, 신학자는 자신이 알고 있는 물건도 신이 일깨워 준 것이라고 생각한다면, 굳이 철학과 신학을 나누어서 설명할 필요가 있나요?"

내가 질문을 하고도 머릿속이 복잡했다. 도대체 철학자와 신학자들은 왜 그렇게 복잡한 생각들을 하며 사는 걸까?

"신학과 철학은 같은 것을 찾고 있습니다. 하지만 그 방법이 다를 뿐입니다. 예를 들어서 신을 창조자라고 했을 때, 신학자와 철학자는 어떻게 신이 창조자라는 것을 알까요?"

"신학자라면 신이 일깨워 주었다고 하겠죠."

"그렇습니다. 반면 철학자는 모든 것을 완전히 이성에 의존하여 파악한다고 했습니다. 따라서 신이 창조자라는 것도 순수하게 자신의 이성으로 생각하고 이해한 다음 결론을 내리겠죠."

"그럼 토마스가 주장하는 신학과 철학의 차이는 뭐죠?"

"결론이냐 아니면 전제냐의 차이입니다."

"네?"

"신학자는 신이 창조자라는 것을 신이 일깨워 주었다고 합니다. 그리고 철학자는 창조자로서의 신을 자신의 이성을 통해 논리적으로 추론한 다음 내린 결론이라고 했습니다. 그렇다면 신학자가 알고 있는 창조자로서의 신은 결론이 아니라 전제입니다. 신이 없으면 신학자에게 그러한 것을 일깨워 줄 수 없기 때문입니다. 이제 토마스 아퀴나스가 주장한 철학과 신학의 구분이 어떻게 다른지 알겠죠?"

"소피아, 진짜 누나와 가짜 누나의 차이가 뭔지 아니?"

"아니."

"진짜 누나는 성에 갇힌 동생을 풀어 주는 사람이야."

"그럼 가짜 누나는?"

"성에 갇히게 만드는 누나겠지."

"?"

"내가 이곳에 있다는 걸 누나가 알면 날 찾으러 와줄까?"

"넌 네가 여기에 갇혀 있다고 생각하니?"

"응?"

소피아가 알듯 모를 듯한 미소를 짓고는 강의실을 빠져나갔다.

서양문화사 라인 동맹 결성(1253), 동로마 제국 부흥(1261)
동양문화사 몽고의 인도 침입(1241), 몽고의 국호 원으로 변경(1271)
한국문화사 대장경 조판 완성(1251), 삼별초의 난(1270)

철학자와 종교인, 실천의 무게를 달다

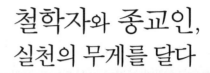

둔스 스코투스 1265/1266-1308

나는 둔스 스코투스입니다. 내 출생의 비밀을 찾아 주세요.

토마스는 신학과 철학을 구별하려고 했다. 지금 나는 계속해서 나를 괴롭히고 있는 이 길과 어제의 길의 차이를 알아내려고 하고 있다. 그래서 딱히 알아낸 건 없지만.

강의실 앞에서 우리를 기다리고 있는 것은 스코틀랜드의 민속 의상인 치마 모양의 킬트와 태머섄터 모자였다. 소피아와 나는 킬트와 모자를 걸치고 강의실로 들어갔다.

"이번 시간에는 스코투스라는 철학자에 대해 이야기해 보려고 합니다."

"스코투스는 아일랜드 사람인가요? 스코틀랜드 사람인가요?"

Day 2. 철학의 모험

앞선 시간에 에리우게나를 설명할 때, 베네딕트 수사님은 9세기경 스코티는 아일랜드를 뜻한다고 이야기했다. 하지만 지금 강의실은 마치 스코틀랜드에 온 것처럼 백파이프를 연주하는 사람, 우리들처럼 스코틀랜드의 민속 의상인 체크무늬의 킬트를 입고 태머샌터 모자를 쓴 사람들이 춤을 추고 있다.

"필로스, 아주 잘 기억하고 있군요. 맞습니다. 9세기만 해도 아일랜드 사람을 스코티라고 불렀습니다. 하지만 스코투스가 태어나 활동한 13세기에는 더 이상 아일랜드 사람을 스코티라고 부르지 않았습니다. 스코투스가 어디에서 태어났고, 언제 태어났는지는 불분명하지만, 아마도 그의 이름으로 보아 스코틀랜드에서 태어난 것 같습니다."

베네딕트 수사님의 차분한 설명으로 간단하게 미션은 해결된 것 같았지만, 분명한 것은 아니라고 수사님은 거듭 이야기했다. 그렇다면 우리는 결코 스코투스가 태어난 곳을 확실하게 알 수는 없는 모양이다.

"당시 모든 철학자들과 마찬가지로 스코투스도 파리대학에서 철학과 신학을 공부하였습니다. 이후 그는 옥스퍼드대학에서 철학과 신학을 가르쳤습니다."

"당시의 모든 철학자들이 파리대학에서 신학과 철학을 공부하고 싶어 했다면, 철학자들은 모두 파리대학의 교수가 되기를 원했을 텐데 왜 스코투스는 영국으로 간 거죠?"

"프랑스의 국왕 필리프 4세 때문이었습니다."

"단정왕 필리프 4세말인가요?"

역사에는 어느 정도 자신이 있는 나는 알고 있는 얘기가 나오자 신이 났다. 프랑스의 필리프 4세는 잘생긴 얼굴로 유명했던 왕이다. 그래서 사람들은 그를 단정왕 혹은 단려왕이라고 불렀다. 스코투스가 파리대학에서 철학과 신학을 연구하고 학생을 가르치던 시기의 프랑스 왕이 바로 이 필리프 4세였다니, 역사와 함께 철학을 배우니 또 다른 재미가 있는 걸.

"찰스대제 이후 프랑스 왕들은 귀족 및 교회의 권력과 좋은 관계를 유지하기 위해서 노력하였습니다. 하지만 필리프 4세는 독재를 통하여 찰스대제 이후 긴밀한 관계를 유지해 오던 귀족과 교회의 권력을 무자비하게 빼앗았습니다."

"교회에서는 자신들의 권력을 지키기 위해서 필리프와 대립했겠네요?"

"그렇습니다. 스코투스가 파리대학에서 교수로 있을 때, 파리는 필리프를 중심으로 한 단정왕파와 교황을 중심으로 한 교황파로 나뉘어 이권 다툼을 하고 있었습니다."

"스코투스는 가톨릭 사제였나요?"

"왜 그런 생각을 했죠?"

"파리대학에서 영국으로 갈 수밖에 없었다면, 스코투스는 교황파에 속했을 것 같아서요."

"필로스의 추론이 매우 정확하군요. 사제였던 스코투스는 당연히 교황파의 일원으로 단정왕파와 싸웠답니다."

"그래서 필리프 4세가 화가 나서 스코투스를 추방하였군요."

"네, 스코투스는 결국 단정왕의 노여움을 사고 파리대학에서 떠나야

만했습니다. 그래서 옥스퍼드대학에서 강의를 하였습니다. 하지만 이곳에서도 오래 있지 않고 쾰른의 도미니크 수도원 소속 학교로 가서 강의를 하였습니다."

"쾰른의 도미니크 수도원 소속 학교는 그 유명한 토마스 아퀴나스가 있었던 곳이잖아요?"

"그렇죠. 그곳은 토마스 아퀴나스가 있었던 곳입니다. 사실 스코투스는 토마스의 사상을 배우기 위해서 독일로 간 것이죠."

파리대학은 1200년, 옥스퍼드대학은 1249년, 그리고 독일의 하이델베르크대학은 1382년에 개교하였습니다. 스코투스가 살았던 시절 독일에는 아직 대학이 없었습니다. 하지만 수도원에 소속된 학교가 있었습니다. 물론 이 수도원 소속 학교에서는 신부를 비롯한 수도자들만 철학과 신학을 배울 수 있었습니다.

토마스 아퀴나스는 대학에서도 강의를 하였지만, 수도원 소속 학교에서 강의하는 것을 더 좋아하였습니다. 스코투스도 마찬가지였던 것 같습니다. 특히 쾰른의 수도원 소속 학교는 토마스 아퀴나스가 있었던 곳입니다. 물론 스코투스는 토마스의 사상을 이어받기는 했습니다만, 두 사람의 사상에는 분명히 차이가 있었습니다.

토마스 아퀴나스는 신학과 철학을 구별하였습니다. 토마스는 신앙과 이성이 상호 보완할 때, 신학도 철학도 구별이 있다고 생각했습니다. 하지만 스코투스의 생각은 토마스와는 조금 다릅니다. 다른 철학자보다 수학을 좋아하였던 스코투스는 철학과 신학에도 논증이 필요하다고 주장하였습니다. 물론 토마스도 논리적인 추리의 중요성을 강조하였습니다만, 스코투스는 더 강하게 주장하고 있습니다.

철학은 이성을 통한 논리적인 추리로 얻어진 지식을 중심으로 이루어진 학문입니다. 그리고 신학은 신앙을 통해 교리로 완성된 학문입니다. 이 두 학문이 서로 자주적인 위치를 차지하려면 엄격하게 구별되어야 한다는 것이 스코투스의 생각이었습니다. 하지만 신학의 내용을 논리적으로 논증할 수 있을까요? 신학은 신앙을 바탕으로 한 교리로 이루어진 학문입니다. 그리고 이 교리는 신이 준 것입니다. 이렇게 신이 준 교리를 철학적인 이성을 통하여 논증한다면 큰 문제가 있겠죠. 그래서 스코투스는 신학의 내용은 논증이 필요 없다고 주장합니다. 스코투스는 철학자들이 이성을 통해서 얻은 진리가 철학에서는 참이지만, 신학에서는 거짓이 될 수 있다고 생각했습니다. 예를 들자면, 신이 베푸는 은총이나 내적 체험과 같은 것은 아무리 이성적인 철학자라도 논증을 통해서 얻을 수 없는 것이기 때문입니다.

인간성의 근본은 무엇일까요? 스코투스는 인간의 의지라고 보았습니다. 의지가 강한 사람은 그렇지 못한 사람보다 더 많은 지식을 얻을 수 있을까요? 스코투스는 인간의 의지는 집중력을 높인다고 생각했기 때문에, 의지가 강하면 더 많은 지식을 얻을 수 있다고 믿었습니다.

사람의 영혼은 새로운 지식을 얻으려 합니다. 그렇다면 무엇이 지식을 얻게 할까요? 스코투스는 새로운 지식을 얻으려는 욕구를 결정하고, 지식을 얻으라고 명령을 내리는 것이 바로 의지라고 생각했습니다. 그렇기 때문에 지식을 얻는 데 꼭 필요한 의지는 소중한 것입니다. 그리고 이 의지는 신의 가호를 받은 것이라고 스코투스는 주장합니다.

"스코투스는 의지를 실천의 전제로 생각했습니다. 의지를 실천으로 옮기지 않는다면 지식을 얻지 못할 뿐 아니라, 신앙도 얻을 수 없다고 생각했죠."

"그렇다면 스코투스는 철학적 논증보다 신학적 신앙을 더 중요하게 생각했겠네요."

"소피아의 말이 정확합니다. 이성을 통한 철학적인 논증을 실천으로 옮기지 않았다고 철학자에게 문제되는 것은 별로 없을 것입니다. 하지만 신학자는 어떨까요?"

"신학자가 신앙을 통해 교리를 실천하지 않는다면 신을 부정하는 것이나 마찬가지겠죠."

"네, 그렇습니다. 신학은 철학과 다르게 사람들에게 지식을 주는 것이 아니라 신앙을 주는 것이기 때문입니다. 그래서 신앙을 실천하기 위해서는 무엇보다 의지가 중요하다고 생각한 것이죠. 따라서 토마스 아퀴나스가 철학과 신학을 이론적으로 구별했다면, 스코투스는 실천하려는 의지로 구별했다고 보아야 할 것입니다."

"결국 스코투스는 신앙에 대한 실천적인 의지를 주장함으로써 토마스 아퀴나스의 이론을 바꾼 것이라고 할 수 있군요."

"네, 그렇습니다. 여러분들도 이제 스코투스의 생각과 토마스 아퀴나스의 생각이 조금은 다르다는 것을 이해했을 것입니다. 남은 시간이 많지는 않습니다만, 잠시나마 스코틀랜드의 민속 음악과 춤을 즐기시기 바랍니다."

'실천이 없으면 구별도 없다.'

활기차게 울리는 음악 소리와 화려한 춤을 추는 사람들을 바라보며 머릿속에서 떠나지 않는 울림이 된 말이다. 내가 지금까지 지나온 길을 돌아보게 하는 한마디였다.

'실천이 없으면 구별도 없다!'

서양문화사 단테 출생(1265), 프랑스 몽펠리에대학 개교(1289)
동양문화사 남송, 원에 의해 멸망(1279), 인도 할지^{Khalji}왕조의 델리 지배(1290)
한국문화사 《삼국유사》의 저자 보각국존 일연 사망(1289), 고구려의 개경 환도(1292)

과학의 칼로 중세를 가르다

오컴 1285-1349

Wilhelm von Ockham

> 오컴 : 왕이시여, 당신은 힘을 상징하는 칼을 갖고 있습니다. 그 칼로
> 나를 보호해 주십시오.
>
> 루드비히 : 내가 당신을 보호해 주면, 당신은 무엇으로 나를 지키겠소?
>
> 오컴 : 나에게는 펜이 있습니다. 이 펜으로 당신을 지키겠습니다.

    오늘의 마지막 시간이다. 미션도 퀴즈도 없이 우리는 강의실로 들어섰다. 강의실 한쪽 단상 위에서는 연극이 한창이었다. 하지만 무엇보다 우리를 황홀하게 한 건, 강의실 가득 커다란 테이블 위에 차려진 음식들이었다.

    언젠가 텔레비전에서 독일의 뮌헨에서 매년 개최되는 축제인 옥토버

페스트를 본 적이 있다. 많은 독일 사람들이 가죽 반바지와 흰색 블라우스를 입고 춤을 추면서 큰 맥주잔을 기울이는 모습, 거기에 먹음직스럽게 구워진 소시지까지. 우리 눈앞에 바로 그 광경이 펼쳐져 있었다. 물론 맥주는 없었지만, 여러 종류의 음료수와 갓 구운 소시지, 치즈가 테이블 가득 차려져 있었다. 우리 모두는 연극보다는 가득 차려진 음식을 보며 군침을 삼켰다.

"루드비히 황제는 독일 바이에른 지방 출신으로 신성 로마제국의 황제였습니다. 황제는 오컴이 자신의 나라로 피신 오자 그를 보호해 주겠다고 약속했습니다."

우리가 군침을 삼키고 있다는 걸 모르시는 걸까? 야속하게도 베네딕트 수사님은 음식에는 관심이 없는 듯 보였다.

"저, 수사님, 저건 언제 먹을 수 있죠?"

참을 수 없다는 듯이 한 아이가 손을 들고 물었다.

"오컴은 왜 신성 로마제국으로 피신을 했죠?"

"오컴이 누군데요?"

'이런!'

소피아와 내가 동시에 질문을 했다. 하지만 질문의 수준이 전혀 달랐다. 소시지가 식어 가는데, 도대체 오컴은 누구란 말인가?

"이번 시간은 중세 철학의 마지막 시간으로 오컴이라는 철학자에 대해 이야기를 하려고 합니다. 오컴은 중세의 마지막 철학자라고 할 수 있습니다. 필로스처럼 오컴에 대해서 모르는 사람들을 위해 처음부터 천천히 설명을 드리죠. 그러려면 시간이 좀 걸릴 테고, 음식은 식으면

맛이 없으니 먹으면서 할까요?"

"우와!"

베네딕트 수사님이 장난스럽게 윙크를 했다. 지금까지 본 중에 가장 멋진 모습 같았다.

"오컴의 출생년도는 정확하지 않습니다."

"그렇다면 출생 장소도 분명하지 않겠네요."

"음, 소피아, 왜 그렇게 생각했죠?"

"오컴이란 이름은 영국의 지명이잖아요."

정말 못 말린다. 쟤 도대체 모르는 게 뭘까?

오컴은 런던 남쪽 오컴에서 태어난 것으로 추정됩니다. 프란시스코 수도원에 들어간 오컴은 옥스퍼드대학에서 철학과 신학을 공부하였습니다. 이후 옥스퍼드대학의 교수로 많은 제자들을 가르쳤지만 그의 사상은 수도원의 사제답지 않게 종교에 대해서 부정적이었습니다.

오컴보다 조금 앞선 철학자 중에 로저 베이컨$^{Roger\ Bacon(1214-1294)}$이라는 영국의 철학자가 있습니다. 베이컨은 누구보다 과학을 중요하게 생각한 철학자였습니다. 그는 물리학과 천문학을 연구했고, 모든 지식은 과학적인 방법으로 추구해야 한다고 주장하였습니다. 뿐만 아니라 베이컨은 진정한 학문을 위해서는 모든 권위와 관습에서 벗어나야 한다고도 주장하였습니다.

"베이컨의 그런 생각은 그리스도교 중심의 중세 시대에는 맞지 않는 것 아닌가요?"

"필로스가 바로 보았습니다. 베이컨이 주장한 내용은 결국 교회의 비난과 반박에 부딪쳤습니다. 베이컨이 주장한 권위와 관습에서 벗어나야 한다는 말은 결국 종교적인 권위와 관습을 의미했기 때문입니다."

"그렇다면 오컴도 베이컨과 같은 생각을 한 거군요."

"소피아는 왜 그렇게 생각합니까?"

"오컴은 영국의 철학자잖아요. 연극에서 보듯이 독일의 신성 로마 제국으로 가서 자신을 의탁할 정도였다면, 영국에서 추방된 것 아닌가요?"

"맞습니다. 오컴도 베이컨과 같은 과학적인 생각을 갖고 있었을 뿐만 아니라 베이컨보다 한 발 더 나아가 교황권과 왕권을 분리해야 한다고 주장했습니다."

"그 당시로는 정말 위험한 생각이네요. 그런 생각을 생각으로 그치지 않고 말로 했단 말인가요?"

"그렇습니다. 당시 다른 많은 사상가들도 교황의 권위에 도전하여 왕권과 교황권의 분리가 이루어져야 한다고 생각은 하였습니다. 하지만 오컴처럼 강하게 주장한 사람은 없었습니다."

독일의 오토 1세는 봉건 제후를 중심으로 독일이 분리되는 것을 막기 위해서 교회와 왕권을 결합하는 등 왕권을 강화하는 데 힘썼습니다. 당시는 비록 왕이라 하여도 교회를 마음대로 지배할 수는 없었습니다. 오토 1세는 로마 교황의 도움이 필요했습니다. 그래서 두 번이나 이탈리아로 원정을 떠나 로마 교황의 지위를 지켜 주었고, 그 공을 인정받아 결국 962년 로마 황제의 대관을 받았습니다. 이것이 바로 신성 로마제국의 시작입니다.

신성 로마제국이라는 말은 고대 로마제국의 부활과 연장이라는 의미와, 그리스도 교회와 왕권이 일치한다는 의미의 신성(神聖)이란 말에서 나온 것입니다. 이런 관계 속에서는 종교와 정치가 분리되지 못했습니다. 그래서 황제들은 정치적인 분리가 필요하다고 생각하고 있었습니다. 하지만 당시는 종교가 우위를 차지하고 있었기 때문에 아무도 그런 말을 하지 못했습니다.

"하지만 오컴은 과감하게 자신의 생각을 주장하였던 것입니다."

"그리스도 교회가 오컴을 추방할 정도라면, 오컴이 그리스도 교회의 비리를 알고 있었다는 뜻이군요."

"그렇습니다. 당시 그리스도 교회, 특히 수도원은 가난한 삶과 평등을 주장하였습니다. 하지만 수도원은 결코 가난하지 않았고, 성직자들과 일반 신자들은 결코 평등하지 않았습니다. 하지만 그것을 말하는 사람은 아무도 없었습니다."

"결국 오컴이 십자가를 지고 말았군요."

"오컴은 종교와 정치의 단순한 분리를 주장한 것이 아닙니다. 그는 교회와 국가는 완전히 분리되어야 한다고 주장했습니다. 뿐만 아니라 오컴은 교회란 종교적인 신앙에 따라 가난한 사람을 돕고, 성직자는 결코 신자 위에 군림하는 사람이 아니라 신자와 평등하다는 생각을 가져

야 된다고도 주장했습니다. 하지만 이런 오컴의 생각을 교황청에서는
이단이라고 판정하였습니다."

"그래서 독일로 망명한 거군요."

"하지만 오컴의 망명은 그것으로 끝나지 않았습니다. 안타깝게도 칼
로 오컴을 지키겠다던 루드비히 황제가 오컴보다 먼저 죽고 말았기 때
문입니다."

"그럼 오컴은 어떻게 되는 거죠? 다시 교황청으로 끌려갔나요?"

시대를 막론하고 왜 꼭 정직한 사람들은 피해를 보는 건지, 나는 진
심으로 오컴의 이야기만은 해피엔딩이길 바랐다.

"오컴은 자신의 주장을 철회하고 교황청과 좋은 관계를 유지하기 위
해서 노력했습니다."

"결국 오컴이 손을 들고 말았군요."

이런 걸 해피엔딩이라고 할 수 있나?

"그렇다고도 볼 수 있고, 아니라고도 볼 수 있습니다."

"자신의 주장을 철회했다면, 오컴이 진 거잖아요."

"음, 하지만 교황청과 완전히 화해가 이루어지기 전에 오컴은 죽고
말았습니다."

오컴은 자신을 보호해 주기로 한 루드비히 황제가 죽자 자신의 주장
을 철회할 것을 조건으로 교황청에 화해를 신청하였습니다. 교황청에
서도 오컴의 사상과 능력을 인정하여 그를 다시 받아들이기로 하였습
니다. 이런 얘기들이 오컴과 교황청 사이에 오고 가고 있을 때인 1349

년 독일에서는 페스트가 창궐하였습니다. 오컴은 페스트에 감염되어 죽고 말았습니다. 결국 교황청에서 내린 이단에 대한 사면을 받지 못하고 죽은 것입니다.

중세와 근대를 나누는 가장 큰 기준이 과학이라면, 그 과학의 시작은 로저 베이컨이었으며, 그것을 이어받은 것이 바로 오컴입니다. 오컴의 생각은 로저 베이컨의 과학적인 사고를 중세 철학에 접목하면서 생긴 것이라고 할 수 있습니다. 그리고 오컴의 그러한 생각이 바로 중세 철학의 종말을 가져온 것입니다.

"오늘 하루, 여러분과 함께 한 시간 즐거웠습니다. 나머지 시간도 맛있는 음식과 함께 즐거운 축제를 즐기시기 바랍니다."

모두들 섭섭한 표정이었지만 베네딕트 수사님은 아무렇지도 않다는 듯이 우리와 함께 식탁에 앉았다. 우리는 많은 이야기와 함께 맛있는 음식을 먹으며 축제를 즐겼다.

내일은 또 어떤 이야기가 우리를 기다리고 있을까?

서양문화사 이탈리아에서 안경 발명(1280년경), 보카치오 출생(1313)
동양문화사 몽고 오고타이, 차가타이 병합(1303)
　　　　　　인도 데칸 고원에 이슬람교도의 바흐만 왕국 독립(1347)
한국문화사 민지^{閔漬} 《본국편년강목》 42권 편찬(1319), 《귀감》, 《농은집》의 저자 최해 사망(1340)

Day 3. 새로이 하라!

- 르네상스 철학

군주가 신의를 지키고 정직하여 얕은 수를 쓰지 않는다는 것이
얼마나 가상한 일인가는 누구나 잘 아는 사실이다.
그럼에도 불구하고 오늘날 우리가 경험한 바에 의하면,
위대한 과업을 이룩한 군주들은 그들이 약속한 바에 대해서는
거의 관심을 가지지 않고, 어떻게 하면 간사한 지혜로
인간의 머리를 혼란케 하는가를 잘 알고 있으며,
끝내는 착실히 신의를 지키며 살아온 사람들을 능가하고 있다.

_ 마키아벨리《군주론》18장 '군주에 대한 신뢰감을 지속시키는 방법' 중에서

사람 좀 삽시다!
_끝없는 혁명의 시대

십자군 전쟁과 종교개혁의 시대

"다음 성을 찾을 수가 없어!"

부지런한 아이들이 벌써부터 다음 성을 찾아 나선 모양이었다.

"찾을 수가 없다니? 다음은 노란색 문고리가 있는 성을 찾으면 되는 거 아니야? 첫날 분명히 무지개 방향이라고 했잖아."

"없어. 노란색이고 파란색이고 보이질 않아."

"다 함께 찾아보자."

소피아의 제안으로 우리는 모두 함께 다음 성을 찾아 나섰다. 하지만 어디에서도 노란색 문고리가 있는 성을 찾을 수가 없었다.

여러분이 이곳에 머무는 기간은 7일입니다. 이곳의 세 번째 성은, 두 번째 성에서 두 개의 성을 지나 있습니다.

"알았어! 나를 따라와!"

모두들 눈앞으로 지나가는 홀로그램을 보고 어리둥절해 하고 있는데 소피아가 소리쳤다. 앞서 달리는 소피아를 따라 한 성 앞에 도착한 우리는 소피아가 아무런 의심도 없이 성의 문고리를 잡고 돌리는 것을 쳐다보았다. 모두들 첫날 당한 일이 있었기 때문에 소피아가 문고리를 잡는 순간 긴장을 하는 것 같았다. 하지만 문고리는 스르르 쉽게 돌아갔고, 문이 열렸다.

"어떻게 안 거야?"

"너희들도 잘 생각해 보면 알 거야."

"?"

이 용어가 적절한지에 대해서는 여전히 의문이 제기되고 있습니다. 생활과 사고방식이 중세에서 근대로 변화하는 모습을 한마디로 묶어 표현한 이 용어는 무엇입니까?

"르네상스!"

어렵게 건물을 찾고 첫 강의실로 들어간 기쁨에 우리 모두는 큰소리로 답을 이야기했다.

"어서 오십시오! 여러분을 기다린 Mr. 르네상스입니다. 나는 오늘 여러분과 함께 르네상스에 대해서 이야기할 것입니다. 모두들 자리에 앉으세요."

　Mr.르네상스의 말이 끝나자 강의실에 불이 켜지고 우리가 앉을 책상
이 보였다.

　"앗, 이게 뭐지?"

　자리에 앉다 말고 모두가 놀라 소리쳤다.

　"십자군들이잖아!"

강의실 바닥은 투명 유리로 되어 있었고, 아래에는 수없이 많은 십자군복을 입은 어두운 표정의 사람들이 있었다.

"그렇습니다. 이번 시간의 얘기는 십자군과 종교개혁입니다."

395년 테오도시우스 1세가 죽으면서 로마제국의 영토는 동과 서로 나누어졌습니다. 하지만 476년 서로마제국이 멸망한 뒤부터 15세기까지 그리스도교, 고대 그리스 문화, 그리고 로마의 정치체제가 지속되었습니다.

지금의 이스탄불인 콘스탄티노플을 수도로 하는 중세의 로마제국을 동로마제국이라고 합니다. 이후 동로마제국은 비잔틴 제국으로 계승, 발전하게 됩니다. 그리스도교를 믿던 로마제국 사람들은 성지순례를 위해서 예수의 고향인 이스라엘을 찾는 것을 좋아하였습니다. 하지만 11세기 중엽 카스피해와 아랄해 지역에서 생활하던 셀주크 왕조가 예루살렘을 비롯한 시리아 지역을 점령한 다음 비잔틴 군을 격파하였습니다. 위기를 느낀 비잔틴 제국은 성지 순례를 빌미로 서유럽의 여러 나라에 군대 파견을 요청하였으며, 교황청에도 접근을 시도하였습니다. 특히 황제 알렉시우스 1세는 교황 우르반 2세에게 셀주크 왕조의 학정을 지나치게 부풀려 보고한 다음 도움을 요청하였습니다. 서로마제국의 여러 나라에서는 알렉시우스의 요청을 받아들여, 동서 그리스도교의 재결합, 비잔틴 제국의 그리스도화, 그리고 서로마제국의 백성들을 비잔틴 제국으로 대량 이주시킨다는 목적으로 대규모 원정군을 파견하기로 결정하였습니다.

"그래서 십자군이 결성되었고요."

내가 좋아하는 역사 이야기다. 십자군 이야기라면 책으로도, 만화로도 이미 여러 차례 읽었던 터였다.

"1095년 클레르몽공의회에서 십자군 선언을 한 후, 1096년 제1차 십자군 원정이 시작되었죠. 그리고 1270년 제8차 십자군은 루이 9세의 지휘 아래 이루어졌어요. 하지만 루이가 튀니스에서 병사하면서 십자군 전쟁은 끝이 났죠."

"오, 필로스가 역사 지식이 뛰어나군요."

'봤지?'

나는 이번에도 무의식적으로 소피아를 쳐다보았다. 철학은 몰라도 역사는 내가 좀 안다고.

"그렇다면 십자군 전쟁은 유럽 역사에 새로운 변화를 가져왔겠군요."

소피아가 아무렇지도 않은 듯 Mr.르네상스에게 질문을 던졌다.

'쳇.'

고대 그리스와 그리스의 식민지들이 아테네의 철학과 문화를 중심으로 발전하였다면, 중세의 여러 나라들은 그리스도교 문화를 중심으로 발전하였습니다. 중세는 교회의 권위와 힘이 너무나 강했기 때문에, 어떤 누구도 교황이나 교회의 뜻을 어길 수 없었고, 따라서 여러 나라들은 교회가 정해준 딱딱하고 엄숙한 문화 안에서 발전을 하게 된 것입니다. 그러나 교회의 권위와 힘에 대한 사람들의 생각도 1095년부터 8차에 걸친 십자군 전쟁이 끝난 후에는 달라지기 시작했습니다.

십자군 전쟁의 가장 큰 목적은 로마 민족이 그들의 성지 순례를 위해 예수가 태어난 예루살렘을 이슬람 민족으로부터 찾겠다는 것이었습니다. 이것은 신을 위한 일임에 틀림없지만, 십자군 전쟁은 실패로 끝나고 말았습니다. 전쟁의 실패는 '과연 신의 뜻이 무엇인가?'라는 의심으로 이어졌고, 결국 사람들은 교회에 대하여 의심을 품기 시작했습니다. 교회의 권위와 힘이 약해지면서 그리스도교의 많은 법칙과 규율이 깨졌고, 로마제국 사람들은 고대 그리스 문화와 로마가 멸망한 476년 이전 로마제국의 문화를 추구하게 되었습니다.

"아, 그러한 문화가 바로 르네상스군요. 그래서 르네상스가 다시 태어난다는 의미를 갖고 있고요. 즉, 고대 그리스 문화로 다시 태어난다는 뜻이군요."

"그렇습니다. 필로스의 말대로 르네상스란 고대 그리스와 로마 시대의 잃어버린 문화와 문명을 다시 찾자는 운동이랍니다. 여러분들이 이 강의실로 들어 올 때, 풀었던 문제를 기억하죠? 중세의 그리스도교적인 생활과 사고방식을 버리고 고대 그리스와 로마제국의 생활과 사고방식으로 돌아가자는 운동이 곧 르네상스라고 할 수 있습니다."

"르네상스는 이탈리아를 중심으로 일어났잖아요. 특별한 이유라도 있나요?"

소피아가 지기 싫다는 듯 나와 Mr.르네상스의 이야기를 막고 질문했다.

8차에 걸친 십자군 원정 시기 동안 대부분의 서로마제국의 군대와 군수 물자는 이탈리아의 항구를 이용하였기 때문에, 동로마제국을 비롯한 동쪽의 새로운 문화와 문명들이 쉽게 이탈리아로 들어왔습니다.

특히 이탈리아의 베니스, 피렌체, 그리고 제노바 등의 항구 도시는 동양과 서양을 이어주는 지중해 무역 도시로 성장하였으며, 이탈리아는 경제적으로 아주 풍요로운 나라가 되었습니다. 그래서 이탈리아에서 유럽의 다른 나라보다 먼저 르네상스가 일어났고, 이때는 주로 문학, 건축, 미술 등 예술 분야가 중심이 되었습니다. 이렇게 이탈리아를 중심으로 일어난 르네상스는 그리스도교에 의해서 박탈당한 인간성 회복이 가장 큰 과제였습니다.

"르네상스의 가장 큰 과제가 인간성 회복이라면, 종교개혁과 르네상스는 어떤 관계가 있죠?"

소피아의 질문은 역시 날카롭다. Mr.르네상스는 오늘 십자군 전쟁과 종교개혁에 대해 이야기를 한다고 했다. 그 두 주제를 잇는 것이 르네상스라면 결국 르네상스와 종교개혁은 인간성 회복이라는 단어로 연결되어 있다는 것 아닌가.

고대 그리스의 문화나 로마제국의 문화는 인간미 넘치는 문화였습니다. 즉, 신이 존재하지 않는 인간의 생생한 모습으로 우리는 고대 그리스 문화를 보아왔습니다. 하지만 중세는 철학과 모든 다른 학문을 신학의 시녀로 표현하였습니다. 뿐만 아니라 철학적 사상이나 인간의 이성은 신앙을 위한 수단에 불과했으며, 교회 제도는 사회 제도를 대신했습니다. 르네상스를 고대 그리스와 로마제국 시대로 돌아가자는 뜻에서 본다면 신앙이 아닌 인간의 이성으로 철학을 하자는 의미와도 같을 것입니다. 즉, 르네상스는 인간의 이성이 새롭게 나타난 것이 아니라 이미 있던 인간의 이성이 재발견되었다는 의미인 것입니다.

"바로 이런 관점에서 종교개혁을 보아야 할 것입니다."

"그렇다면 루터의 종교개혁도 인간 이성의 회복이란 뜻인가요?"

"루터는 가톨릭 신부였습니다. 루터가 가톨릭교회의 부정적인 면을 고발하고, 종교개혁을 일으킨 것은 신부로서일까요? 아니면 신학자로서일까요?"

"신부는 신앙이 먼저이기 때문에, 결코 부정적인 면을 고발할 수 없었겠죠."

"소피아의 생각에 따르면, 루터는 결국 신부로서가 아니라 신학자인 인간으로 종교를 고발한 것이군요."

"그렇다고 할 수 있습니다."

"그렇다면 신앙과 성경은 어떻게 봐야 할까요?"

"……."

루터가 생각하기에 그리스도교인에게 신앙이란 그리스도의 생각을 나의 삶에 받아들여 양심에 가책을 받지 않는 생활을 하기 위한 것입니다. 그리고 그리스도의 교리를 서술한 것이 성경입니다. 그렇다면 그리스도교인은 이 성경을 어떻게 받아들여야 할까요?

그리스도교인은 성경을 그리스도 교리를 위해 필요한 것으로 받아들여야 할까요? 아니면 신앙과 마찬가지로 그리스도교인이 살아야 할 방법을 적은 교리로 받아들여야 할까요?

루터는 신앙과 성경은 그리스도교인이 자신의 삶을 부끄럽지 않게 살기 위해 필요한 지침으로 생각해야 한다고 보았습니다. 즉, 신앙과 성경은 인간의 삶과 생활을 위해 존재해야 한다는 것입니다. 하지만 중세에서는 여러분도 잘 알겠지만, 신과 신학을 위해서 신앙과 성경이 필요했던 것입니다.

"그래서 인간의 이성이 신학과 신앙으로부터 회복되었다는 뜻으로 르네상스와 종교개혁의 관계성을 말할 수 있는 것입니다. 자, 오늘 나머지 시간은 나와 함께 이런 르네상스의 유명한 철학자들에 대해서 살펴보도록 하겠습니다. 그 자리에 그대로 계십시오."

Mr.르네상스의 말이 끝나자 갑자기 바닥이 움직이기 시작했다.

"어, 어떻게 된 거지? 자리가 움직이는 거야? 아니면 건물이 움직이는 거야?"

중세의 저승 체험
판타지 대서사시

Alighieri Dante 단테 1265-1321

"이제 이 성을 어떻게 찾았는지 얘기 좀 해 봐."

"간단하잖아. 우리가 들은 것을 잘 생각해 봐."

나는 바닥이 움직이건 말건, 내일 찾아야 할 성이 궁금해서 참을 수가 없었다. 하지만 소피아는 아무것도 아니라는 듯이 말했다.

"여러분이 지금 있는 이곳은 지옥입니다."

"네?"

그때 갑자기 들려온 Mr.르네상스의 말에 우리 모두는 어리둥절했다. 어제까지만 해도 우리는 강의실을 옮겨가며 새로운 철학 이야기를 들었는데 오늘은 그렇지가 않았다. 우리가 앉은 자리가 움직였는지 건물이 움직였는지, 강의실 아래에 보이던 십자군의 모습도 사라지고 강의실 앞의 모습도 바뀌었다.

"이번 시간 여러분과 함께 이야기할 철학자는 이탈리아의 단테입니다."

"아!"

단테의 《신곡》이라면 나도 잘 알고 있다. 단테의 《신곡》은 지옥, 연옥, 그리고 천당으로 나누어져 있다.

"말만 지옥이고, 지금 우리가 있는 이곳은 지옥과는 거리가 먼 것 같은데요."

"과연 그럴까요?"

Mr.르네상스가 잠시 장난스런 표정을 짓더니 시선을 우리의 머리 위로 향했다.

"으악!"

우리의 비명 소리가 강의실을 가득 채웠다. 어느 틈엔가 강의실 천장에서 무엇인가 천천히 내려와 우리 머리 위에 떠 있었다. 하지만 우리 중 어느 누구도 알아차리지 못했다. 정말 끔찍하게 생긴 사람들이 우리의 머리 위에서 우리를 노려보고 있었던 것이다.

"여러분의 머리 위에 있는 사람들이 누군지 알겠죠?"

"우리 머리 위에서 우리를 노려보고 있는 사람들은 《신곡》 지옥 편에 나오는 사람들이군요."

소피아가 아무렇지 않은 듯 머리 위의 사람들을 쳐다보며 이야기했다.

'쟨 도대체…….'

이탈리아의 유명한 시인 단테는 피렌체의 귀족 가문 출신입니다. 단테의 할아버지는 유일하게 단테의 《신곡》 천국 편에서 묘사되고 있습니다. 그의 할아버지는 신성 로마제국 황제의 기사로 제2차 십자군에 참가하여 전사했습니다.

　단테는 그의 저서 《새로운 삶Vita Nuova(1292/1293)》에서 9세 때 천사처럼 청순한 소녀 베아트리체를 만났다고 서술하고 있습니다. 그리고 9년 후에 그녀를 다시 만났다고 합니다. 평생 두 번밖에 보지 못한 소녀에게 단테는 정신적인 사랑을 느꼈습니다. 하지만 단테는 당시의 풍습에 따라 12세에 약혼하였으며, 30살이 넘어 결혼하였고, 세 아들을 두었습니다. 단테는 예언자로도 알려져 있었는데, 그가 1307년부터 쓰기 시작하여 1321년에 완성한 책 《신곡Divina Commedia, 神曲》 때문이었습니다. 당시 귀족들과 종교 지도자들은 단테의 《신곡》을 아주 싫어하였습니다. 그래서 단테는 여러 나라로 도망 다니면서 이 책을 완성했기 때문에 15년이나 걸렸던 것입니다. 하지만 단테의 《신곡》은 그의 조국 이탈리아뿐만 아니라 전 인류에게 영원불멸의 명작으로 남아 있습니다. 이 책으로 단테는 르네상스의 선구자가 되어 인류 문화가 나아갈 방향을 제시하였습니다.

　르네상스의 불을 밝힌 유명한 책으로 알려진 《신곡》에서 단테는 스스로가 주인공이 되었습니다. 이 책은 지옥, 연옥, 그리고 천당 이렇게 세 권으로 나누어져 있습니다. 《신곡》은 단테가 평생 두 번밖에 보지 못한 영원한 여인 베아트리체의 도움으로 1주일 동안 지옥, 연옥, 그리고 천당을 여행하면서 쓴 여행기와 같은 책입니다.

　단테는 수도원 소속 학교에서 라틴어를 비롯하여, 논리학, 철학, 법률, 그리고 천문학을 배웠습니다. 그리고 단테는 로마의 황제 네로

Nero(37-68)의 스승이었던 세네카Lucius Annaeus Seneca(BC4-65)의 윤리학을 배웠으며, 중세의 가장 유명한 철학자 토마스 아퀴나스St. Thomas Aquinas(1224-1274)의 철학 및 신학 사상을 배웠습니다.

"필로스, 너의 머리 위에는 거짓말을 많이 한 사람이 있단다."
"소피아, 너의 머리 위에는 가짜 돈을 만든 사람이 있는 것 같은데."

어느 날 밤, 단테는 길을 잃고 어두운 숲 속을 헤매고 있었습니다. 멀리 불빛이 보이는 곳으로 다가가려 했으나 세 마리의 무서운 짐승이 길을 막아 다가갈 수가 없었습니다. 그때, 고대 로마의 유명한 시인 베르길리우스Publius Maro Vergilius(BC70-19)가 나타나 단테를 구하고 길을 인도하였습니다. 베르길리우스는 먼저 단테를 지옥으로 안내합니다.

"그 지옥에 무엇이 있었는지 여러분들은 잘 알고 있죠? 지옥은 어두움과 증오로 가득 차 있습니다. 단테는 지옥을 영원한 저주의 세계로 표현하고 있습니다. 그렇다면 지옥에는 어떤 사람들이 있었나요?"
"거짓말을 많이 한 사람, 아첨꾼, 도둑."
"남을 모략한 사람, 불화를 일으키는 사람."
"가짜 돈을 만든 사람, 마술사."
"가족이나 친척 혹은 친구를 배반한 사람……."
모두가 한 목소리로 외쳤다.
"하하, 이제 지옥에서는 벗어나도 될 것 같군요. 단테가 지옥 다음으로 간 곳은 어디입니까?"

"연옥이요!"

"아악!"

연옥이라는 외침이 끝나기 무섭게 누군가가 외마디 비명을 질렀다. 어느새 천장에 있던 무시무시한 사람들이 사라지고, 이번에는 우리 의자 밑에 음침한 표정의 사람들이 웅크리고 앉아 있었다.

단테는 베르길리우스의 도움으로 연옥의 산으로 안내됩니다. 《신곡》에서 연옥이란 지옥도 천당도 아닌 벌을 받지 않고 머물 수 있는 곳입니다. 연옥에는 남을 시기하는 사람, 오만한 사람, 너무 인색한 사람, 낭비가 심한 사람, 욕심이 많은 사람 등이 머뭅니다. 이들은 자신의 잘못을 인정하고 천당으로 갈 날을 기다리고 있습니다. 그래서 연옥은 사람들이 스스로 저지른 죄를 용서 받고 천당으로 갈 수 있다는 희망을 안고 머무는 곳입니다.

"베아트리체는 언제 나오나요?"

"베아트리체는 단테를 찾아오지 않나요?"

"모두들 베아트리체가 궁금했군요. 걱정하지 마세요. 베아트리체가 곧 등장합니다. 연옥을 구경한 다음 베르길리우스는 연옥 꼭대기에서 단테와 작별하고 베아트리체에게 그의 앞길을 맡깁니다. 베아트리체에게 인도된 단테는 천당에까지 올라갑니다. 그리고 그곳에서 잠시 신의 모습을 우러러보게 됩니다."

"아, 너무나 아름답다."

"저런 것이 천사인가 봐."

Mr.르네상스의 이야기가 끝나자 아름다운 음악과 함께 강의실 천장에서 빛에 둘러싸인 천사들이 내려왔다. 우리 모두는 황홀하게 그것을 바라보고 있었다.

"여러분들도 잘 알겠지만, 베아트리체가 마지막으로 단테를 안내한 곳은 천당입니다. 천당은 빛과 즐거움, 춤과 노래, 그리고 완전한 기쁨과 덕이 있는 곳입니다. 천당에는 자신을 잘 다스릴 줄 아는 사람, 지혜로운 사람, 그리고 정의로운 사람들이 모여 천사들과 즐겁게 살고 있습니다. 가끔 예수그리스도도 천당에 나타난다고 단테는 서술하고 있습니다."

《신곡》은 단테가 만들어낸 판타지 대서사시이지만, 결코 허황하지도 허무맹랑하지도 않습니다. 오히려 긴장감과 박진감이 넘칩니다. 《신곡》에서 하나님은 사람들이 살아 있을 때 한 일에 대해서 심판을 합니다. 하나님은 사람들이 지은 죄에 따라 지옥에 보내서 고통을 주거나, 연옥에서 죄의 사함을 받도록 하거나, 천당에서 행복하게 살도록 합니다. 이러한 모습들을 단테는 구체적이고 사실적으로 표현하고 있습니다.

서사시답게 《신곡》은 표현이 간결하지만 힘이 있으며, 우리에게 많은 여운을 남기고 있습니다. 오늘날 우리는 단테의 《신곡》을 여러 가지로 설명하고 있습니다. 특히 지옥은 처참하지만 정교한 조각품 같다고 이야기합니다. 연옥은 엄숙한 그림 같으며, 천당은 장엄한 음악 같다고

표현하기도 합니다. 단테는 이렇게 《신곡》을 통해 사람들이 현재의 삶과 죽은 다음의 삶을 비교하게 함으로써, 사람들이 자유로운 자신의 행동에 스스로 책임을 져야한다는 것을 알려주고 있습니다. 우리는 지금의 행복을 얻기 위해서 스스로 도덕적이고 윤리적인 삶을 살아야 합니다. 그래야만 하나님으로부터 영원한 행복을 얻을 수 있다고 단테는 말합니다.

"사람이 지은 죄에 따라 하나님이 벌을 내린다면, 귀족들이나 종교 지도자들이 이 책을 싫어할 이유가 없잖아요?"

나는 이렇게 아름다운 책을 쓴 단테가 여러 나라를 도망다녔다는 것이 자꾸 마음에 걸렸다.

"단테의 《신곡》이 쓰인 당시 황제와 교황을 생각해 보십시오. 모든 사람을 현재의 행복으로 안내하는 것은 황제의 의무입니다. 그리고 천국의 행복으로 인도하는 것은 교황의 의무입니다."

"아, 이제 알겠다. 하지만 당시 황제나 교황은 단테의 생각처럼 행동하지 않았군요. 그렇죠?"

"그렇습니다. 당시 사람들에게 단테는 이런 사실을 알리고, 교황이나 황제의 생각이 옳지 않다는 것과 새로운 세계가 닥쳐오고 있다는 것을 보여 주려고 했던 것입니다. 즉, 단테는 《신곡》을 통하여 교황과 황제의 잘못을 사람들에게 알리고자 한 것이지요."

"그래서 귀족들과 종교 지도자들이 단테를 미워했군요."

"결국 단테는 도망을 다니면서 《신곡》을 썼습니다. 《신곡》을 완성하는 데 무려 15년이나 걸린 것도 그런 이유 때문입니다. 하지만 오늘날 단테의 《신곡》은 중세의 철학, 신학, 과학, 그리고 예술 등 서양 문화의 백과사전과도 같은 책으로 평가 받고 있습니다."

단테는 이렇게 귀족과 종교 지도자들로부터 미움을 받고 도망을 다니면서 《신곡》을 썼지만, 현실 도피자는 아니었습니다. 단테는 정치와 깊은 관계를 맺고 있었으며, 당시 작은 도시를 지배하고 있던 소전제군주의 보호를 받고 있었습니다. 무엇보다 르네상스적인 사고를 갖고 있었던 단테가 봉건 군주와 교황을 피해 다니면서 완성한 《신곡》은 단테 개인으로는 이탈리아 문학의 아버지라는 영광과, 이탈리아와 당시 유럽에게는 르네상스 문화의 형성이라는 아주 큰 공을 세웠습니다.

"결국 평생 두 번밖에 보지 못한 베아트리체라는 여인 덕분에 단테는 유명한 사람이 된 것이구나."
"그래서 베아트리체를 영원한 여인이라고 하는 것 아니겠니?"
"나도 빨리 영원한 여인을 만나야 할 텐데."
"잘 해보렴."
영원한 여인을 위해 단테가 이미 《신곡》을 남겼으니, 나는 뭘 남겨야 하나?

- - - - - - - - - - - - - - - - - - - -
서양문화사 리옹 종교회의(1274), 마르코 폴로 피렌체로 돌아옴(1295)
동양문화사 몽고, 국호를 원으로 정함(1271), 남송, 원에 의해 멸망(1279)
한국문화사 삼별초의 난(1270), 《삼국유사》의 저자 일연 사망(1289)

위험천만한 강자의 철학

마키아벨리 1469~1527 *Machiavelli*

안정된 사회를 위해 도덕적 가치와 정치적 가치 중 어떤 것이 선행되어야 할까요?

첫 시간과 둘째 시간, 우리가 있었던 곳이 같은 곳인지 아니면 다른 곳이었는지는 영영 모른 채 우리는 다음 강의실로 이동하고 있었다. 그리고 셋째 날 처음으로 홀로그램이 우리에게 제시한 미션은 도덕적 가치와 정치 가치에 관한 것이었다.

"글쎄, 도덕적 가치가 우선되어야 하는 것 아닐까?"

무슨 생각을 하는지 소피아는 나의 질문에 아무런 대답도 하지 않고 강의실로 가는 길에 있는 여러 가지 물건들과 사람들을 뚫어지게 쳐다보고 있었다. 길에는 좋은 옷을 입은 귀족과 남루한 옷차림의 서민들이 마주 보고 앉아 있었다. 그 모습은 노사 간 갈등과 관련된 뉴스가 나올 때면 텔레비전에서 종종 보던 모습과 비슷했다.

"마키아벨리즘 반대!"

"마키아벨리는 우리가 원하지 않는 사회 철학자다!"

그들 뒤로 많은 사람들이 여러 가지 피켓을 들고 서 있는 모습도 보였다.

"《군주론》을 쓴 마키아벨리를 말하는 거야?"

"아마도 이번 시간은 마키아벨리에 관한 내용인가 봐."

근대 정치학의 아버지라고 불리는 사람은 누구이며, 유명한 그의 책은 무엇입니까?

"마키아벨리, 그리고 《군주론》입니다."

강의실 안은 매우 소란했다. 이탈리아와 프랑스를 상징하는 깃발을 든 사람들이 소리를 질러대며 누군가를 화형에 처하기 위한 횃불을 손에 들고 있었다. 그리고 그 모습을 유난히 안타깝다는 듯이 바라보는 사람이 있었다.

"그렇습니다. 여러분들이 지금 보고 있는 것처럼 당시 사람들은 자신들의 생각에 맞지 않는 사람은 어떤 방법으로든 죽이거나 없애려 했답니다. 오늘날도 마찬가지지만, 당시의 귀족들과 서민들은 서로 원하는 것이 달랐습니다. 그들은 항상 자신들의 이익을 우선으로 생각했습니다. 그런 사람들의 생각을 더 부채질한 사람은 바로 지금 우리가 얘기할 마키아벨리입니다."

Mr.르네상스가 복잡한 사람들 틈을 유유히 걸어 나오며 이야기를 시작했다.

르네상스를 대표하는 유명한 문학가는 단테와 보카치오입니다. 그리고 유명한 정치 철학자는 바로 마키아벨리입니다. 마키아벨리의 생각은 당시로서는 매우 충격적이었지만, 그의 정치 철학은 너무나 과학적이고 경험적이었습니다.

마키아벨리는 이탈리아 피렌체에서 변호사의 아들로 태어났습니다. 당시 피렌체가 있던 플로렌스 왕국은 사보나롤라^{Girolamo Savonarola(1452~1498)}가 통치하고 있었습니다. 마키아벨리는 플로렌스 왕국의 관리로 일하면서 사보나롤라를 아주 좋아하였습니다. 피렌체의 성 마르코 수도원장이었던 사보나롤라는 교회를 개혁하고, 예언자 같은 말로 플로렌스의 정신적 지도자가 되었습니다. 1494년 프랑스 국왕 샤를 8세가 이탈리아를 공격하자 사보나롤라의 반대편에 서 있던 사람들은 프랑스 사람들과 손을 잡고 새로운 헌법을 만들어 피렌체를 통치하려고 하였습니다. 결국 사보나롤라는 그들의 손에 잡혀 화형에 처해지고 말았습니다.

"아, 그럼 저기 저 사람이 사보나롤라군요."
"그리고 저 사람은 마키아벨리?"

"사보나롤라를 좋아하던 마키아벨리의 실망이 너무나 컸겠네요."

Mr.르네상스의 이야기에 아이들은 저마다 다시 한 번 화형장의 모습을 진지하게 쳐다보았다.

"사보나롤라가 화형 당하고 난 다음 피렌체는 메디치^{Medici} 가문에 의해서 통치되고 다스려졌습니다. 메디치 집안은 14세기부터 금융업으로 많은 돈을 벌었습니다. 그것을 바탕으로 플로렌스 왕국과 토스카나 왕국을 지배함으로써 르네상스 시대의 이탈리아를 대표하는 집안으로 성장하였습니다."

"결국 마키아벨리는 메디치의 통치 아래에서 관리 일을 계속했나요?"

소피아가 마키아벨리의 모습에서 눈을 떼지 못한 채 질문했다.

마키아벨리는 플로렌스의 희망이었던 사보나롤라의 비참한 최후에 큰 충격을 받았습니다. 마키아벨리는 이 사건을 보고 예언자에는 두 종류가 있다고 믿었답니다. 하나는 무장을 한 예언자이며, 다른 하나는 무장을 하지 못한 예언자입니다. 힘이 없고 무력을 사용하지 않은 예언자는 결국 사보나롤라처럼 실패한다고 마키아벨리는 굳게 믿었습니다. 그러나 모세, 테세우스, 그리고 로물루스와 같은 예언자들은 힘이 있었기 때문에 성공했다고 마키아벨리는 생각했습니다. 그리고 1512년부터 메디치 가문이 피렌체를 통치하게 되자, 다음 해 관직에서 물러나 책을 쓰면서 조용히 지내게 됩니다. 이때 남긴 마키아벨리의 저서가 그 유명한 《군주론^{Principe}》입니다. 마키아벨리는 그의 조국 이탈리아가 주변의 강대국으로부터 안전하려면, 무엇보다 강력한 힘을 가진 군주가 나타나 새로운 정치를 해야 한다고 믿었습니다.

　마키아벨리는《군주론》에서 정권을 잡는 방법과 유지하는 방법에 대해서 자세하게 설명하고 있습니다. 마키아벨리는 무엇보다 군주의 권력을 중요시하였습니다. 그는 군주가 권력을 얻고 유지하기 위해서는 수단과 방법을 가리지 말아야 한다고 주장합니다. 군주가 강한 권력을 유지하기 위해서는 비도덕적인 행동도 필요하다는 것이 마키아벨리의 생각이었습니다. 그래서 나온 말이 바로 마키아벨리즘이라는 말입니다. 옛날이나 지금이나 정치에는 권모술수가 있지만, 아무도 그것을 인정해야 한다거나 그렇게 해야 한다고 입 밖으로 말을 하지는 않았습니다. 그런데 마키아벨리는《군주론》에서 대담하게 이것을 주장한 것입니다. 우리가 살고 있는 사회에서 도덕적인 사람은 비도덕적인 사람 때문에 고통을 받는 경우가 있습니다. 그렇기 때문에 군주는 비도덕적인 방법도 배워야 한다는 것입니다.

　어떤 군주도 도덕적으로 착하게만 살면 반드시 망하게 되어 있다고 마키아벨리는 주장합니다. 그래서 군주는 여우처럼 교활하고 사자와 같이 위협적인 사람이어야 합니다. 그리고 부자 나라를 만들고 강한 나라가 되기 위해서 군주는 어떠한 방법과 수단도 가리지 않고 행동해야 하기 때문에, 도덕이나 종교를 생각할 필요도 없다는 것입니다. 군주는 자신에게 이로우면 종교를 갖고, 이롭지 않으면 종교를 가질 필요가 없다고 마키아벨리는 주장합니다. 그러나 이 모든 것들을 군주는 교묘하게 감출 수 있어야 하기 때문에, 일반 백성들은 자신의 군주가 이런 사람임을 알지 못한다는 것입니다.

"그래서 이번 시간의 미션이 도덕적 가치와 정치 가치군요."

"여러분의 생각은 어떻습니까?"

"사회가 안정되느냐 그렇지 않느냐 하는 것은 결국 정치적인 문제잖아요? 사람들이 안정된 사회에서 생활하려면 정치 가치가 선행되어야 하는 것 아닌가요?"

"소피아의 말처럼 정치가들은 자신의 목적을 위해서 도덕적 가치를 수단이나 방법으로 사용합니다. 사회 구성원은 결과만 좋다면 문제를 제기하지 않는 경우가 많죠."

"그렇다면 무엇이 문제죠?"

사회에는 힘을 가진 강자와 힘 없는 약자들이 함께 살아갑니다. 이 두 계층 중에서 사회의 정의를 집행하는 사람은 결국 강자입니다. 강자와 약자 모두에게 도덕적 가치가 있다면, 강자가 사회 정의를 지배하기 때문에 약자의 도덕적 가치나 도덕관은 그 사회에서 찾아 볼 수 없게 됩니다.

여러분은 당시 사회를 너무나 잘 알고 있을 것입니다. 정치는 귀족이나 왕족에 의해서 이루어졌습니다. 뿐만 아니라 왕족들은 신의 뜻이라며 절대적인 권력을 휘둘렀습니다. 즉, 당시 사회는 왕이나 정치가들에게 절대적인 힘이 주어져 있었고, 그것이 정당하다고 믿었습니다. 그런 사회적인 분위기 속에서도 왕족과 귀족들은 교황이나 종교로부터 정권을 돌려받기 위해서 노력하고 있었습니다. 이런 상황에서 마키아벨리의 주장은 종교로부터 왕권과 정치를 독립하기 위한 정당성을 제공해 주었습니다. 그러나 일반 시민들의 입장은 달랐습니다. 민주주의를 꿈꾸며 근대 사회를 지향하던 일반 서민들에게 마키아벨리는 아주 위험한 생각을 가진 사람으로 보였던 것입니다.

"아, 이제야 알겠어요. 결국 마키아벨리의 생각은 종교로부터 독립하여 자신들만의 정권을 세우려던 왕들과 귀족들에게만 도움이 되었군요. 그렇게 하여 왕들과 귀족, 혹은 강자들이 힘을 얻게 되면 서민들의 삶은 더 힘들어지는 것이고요."

"그렇습니다. 마키아벨리의 생각은 이렇게 강자에게는 큰 힘이 되는 것이었지만, 약자에게는 아주 위험천만한 사상이었습니다."

"마키아벨리즘을 찬성하는 사람과 반대하는 사람도 그렇게 해서 생기게 되었군요."

"정치 가치만을 중요하게 생각한다면 마키아벨리즘은 꼭 필요한 것입니다. 하지만 도덕적 가치를 생각한다면 마키아벨리즘은 있어서는 안 되는 사상이겠죠."

화형장에 서 있는 마키아벨리를 바라보는 소피아의 얼굴이 여러 가지 생각으로 복잡해 보였다.

당시 이탈리아는 여러 왕국으로 나누어져 있었고, 프랑스와 스페인 등 강대국의 침입이 계속되었습니다. 마키아벨리는 이들 강대국과의 전쟁에서 이기는 방법은 이탈리아의 통일뿐이라고 생각했습니다.

어떤 군주가 마키아벨리와 이탈리아 사람들의 소원인 통일을 이룰 수 있을까요? 마키아벨리는 힘과 권력을 가진 군주만이 그것을 가능하게 할 것이라고 생각했습니다. 그래서 마키아벨리는 스파르타의 리쿠르고스나 그리스의 솔론과 같은 정치가들을 위대한 사람으로 보았습니다. 그러나 마키아벨리의 이러한 희망은 그가 살아 있는 동안에는 이루어지지 않았습니다.

"소피아, 넌 마키아벨리즘을 찬성하는 입장인 것 같더라."

"글쎄, 나는 사회적인 안정을 위해서라면 도덕적인 가치는 조금쯤 무시되어도 좋다고 생각해."

"그럼 너, 이거 들고 고래고래 소리 지르며 다음 강의실까지 가라."

나는 이야기를 들으며 만든 "마키아벨리즘 절대 필요!"라는 피켓을 소피아에게 건네고는 재빨리 강의실을 빠져나왔다.

"야, 너 거기 안 서!"

서양문화사 영국 장미전쟁 종전(1485), 바스코 다가마의 인도 콜카타^{캘커타} 상륙(1498)
동양문화사 명明, 조선과 함께 건주여진(여진족) 공격(1479), 인도의 무갈 제국 건국(1527)
한국문화사 최항의 《경국대전》 찬서(1469), 을묘사화(1519)

바보 왕을 칭찬하자

에라스무스 1469-1536

"에라스무스가 단지 머리를 끄덕인 것을 루터는 돌진으로 이어 갔고, 에라스무스가 낳은 달걀의 병아리를 루터가 깠으며, 에라스무스는 그저 의문만 던졌는데, 루터는 법을 만들었다."
이 말의 의미를 밝혀 주시오.

강의실을 나오는 순간 우리에게는 아주 무거운 미션이 주어졌다. 하지만 다음 강의실로 가는 길은 미션을 잊게 할 만큼 아주 아름다웠다. 알프스를 상징하는 눈과 호수, 그리고 신나는 요들과 알펜호른 소리가 우리를 반겨 주었기 때문이다.
"이 길은 왠지 눈에 익는데."
"드디어 너도 그렇게 생각하는구나."

알펜호른의 부드러운 선율도, 요들의 정겨움도 좋지만, 지금 걷는 이 길이 어제 걸었던 어떤 길과 그 형태가 비슷하다는 생각을 하고 있던 차였다. 어제까지는 무관심하던 소피아도 드디어 무언가 이상한 점을 발견한 것 같았다.

"확실한 것은 모르겠지만, 어제도 분명히 이렇게 생긴 길을 걸은 것 같아. 물론 길 위에 펼쳐진 세상은 완전히 다르지만 말이야."

"그건 그렇고, 지금 여긴 알프스야? 아니면 스위스야?"

"저기 표지판이 나오네."

나의 질문에 소피아는 조용히 표지판 하나를 가리켰다.

바젤까지 북으로 100km

"우린 지금 스위스에 있고, 그것도 알프스 산맥 한가운데에 있다는 얘기구나."

이 길이 스위스면 어떻고, 어제 그 길이면 또 어때. 나는 지금 알프스 한가운데 있고, 요들과 알펜호른에 취해 있다. 그리고 곧 강의실이 나타날 것이다.

《우신예찬》을 지은 네덜란드의
유명한 르네상스 사상가는 누구입니까?

"에라스무스입니다."

내가 얼른 답을 말하고 의기양양하게 소피아를 쳐다보았지만, 소피아는 답에는 관심이 없는 듯 깊은 상념에 빠져있는 것 같았다.

"어서 오십시오! 로테르담에 오신 것을 환영합니다. 모두들 배에 오르시기 바랍니다."

강의실로 들어서자 Mr. 르네상스가 환하게 웃으며 우리를 맞았다.

"로테르담이요?"

"배에 타라고요?"

"에라스무스가 네덜란드 로테르담에서 태어났어."

지금까지 침묵하던 소피아가 아이들의 동요에 입을 열었다.

"로테르담은 항구 도시, 조선업이 발달한 도시, 상공업이 발달한 도시 등 여러 가지 수식어를 갖고 있는 네덜란드 제2의 도시야. 반 고흐의 작품이 소장되어 있는 보이만스 반 뵈닝겐 미술관이 있는 도시로도 유명해."

강의실은 이 모든 것을 가득 담고 있었다. 우리는 서둘러 승선하였다.

이탈리아에서 문예부흥운동인 르네상스가 한창일 때, 이탈리아는 주변의 강대국, 특히 프랑스, 스페인, 그리고 독일 등과의 전쟁으로 시달리고 있었습니다. 이 때문에 이탈리아에서는 르네상스가 그 빛을 잃기 시작했습니다. 그래서 르네상스의 중심은 서서히 이탈리아 북쪽으로 옮겨 갈 수밖에 없었습니다. 에라스무스 시대에 와서 네덜란드가 르네상스를 맞이한 것이지요.

에라스무스는 로테르담에서 태어났습니다. 그러나 그는 아버지가 누군지 모르고 수도원에서 자랐습니다. 어릴 때부터 수도원에서 생활하던 에라스무스는 성직자 교육을 받고 신부가 되었습니다. 그는 수도원의 도움으로 1494년 더 많은 신학 공부를 하기 위해서 파리대학으로 유학을 갔습니다. 그러나 에라스무스는 파리에서 처음으로 그리스도교에 대한 비판 의식을 갖게 됩니다.

1499년 처음으로 영국을 여행하게 된 에라스무스는 그곳에서 영국의 르네상스를 주도하고 있던 토머스 모어를 만났습니다. 두 사람은 그 때부터 아주 친한 친구가 되었습니다. 아마도 서로 뜻을 같이하고 있었기 때문인 것 같습니다. 에라스무스만큼 모어도 그리스도교에 대한 부정적인 시각을 갖고 있었습니다. 모어로부터 많은 자극을 받은 에라스무스는 그리스도교에 대한 비판 의식이 더 깊어졌습니다.

"교회에 대한 부정적인 시각 때문에 《우신예찬》이란 유명한 저서를 남겼군요. 모어를 만나지 않았다면, 이 책도 쓰지 않았겠네요?"

"그렇게도 볼 수 있겠죠. 에라스무스는 1506년 이탈리아에서 영국으로 여행할 기회가 있었습니다. 여행길에 에라스무스는 좋은 착상이 떠올랐습니다. 이것을 바탕으로 1511년 에라스무스는 어리석은 신을 예찬하는 글인 《우신예찬》을 써서 모어를 위해 발표하였습니다."

"책 내용이 궁금해요. 소피아하고는 그만 얘기하시고 책 얘기 좀 해 주세요."

"하하, 나는 필로스가 바다만 열심히 보고 있는 줄 알았는데 아니었 군요. 얼마든지 얘기해 드리죠."

에라스무스의 《우신예찬》은 어리석은 신이 혼잣말을 하는 형식으로 쓰여 있습니다. 물론 이 어리석은 신은 자기 자신을 아주 높은 사람으로 찬양하고 예찬하고 있습니다. 어리석은 신은 이 세상에 있는 모든 좋은 것, 좋은 직업을 가진 사람, 행복한 사람 등이 모두 자신 때문이라고 믿고 있습니다. 그리고 자신이 없었다면 이 세상의 모든 사람은 죽고 없을 것이며, 즐거움과 두려움도 모두 자신 때문에 존재한다고 말합니다. 이 우신의 아버지는 '부자 신'이며, 어머니는 '젊음의 신'입니다. 이렇게 태어난 어리석은 신은 '바보' 유모와 '자신의 매력에 취해 자아도취에 빠진' 유모의 젖을 먹고 자랍니다. 자라면서 이 어리석은 신은 여러 명의 친구를 두었습니다. 친구들도 하나같이 모두 어리석기는 마찬가지입니다. 아무 생각 없이 남만 따르는 신, 게으른 신, 무분별한 신, 사치를 즐기는 신, 방탕한 생활을 하는 신, 맛있는 음식만 찾는 신, 늘 잠만 자는 신 등이 모두 우신의 친구들입니다.

"에라스무스의 《우신예찬》에서 특히 주목할 만한 것은 행복에 관한 것입니다."
"행복이요?"
잠시 우리가 타고 있던 배가 뒤뚱이며 움직이는 것 같았다.
"여러분은 행복이란 무엇이라고 생각합니까? 에라스무스는 행복이란 어리석은 것이라고 하였습니다."

"어리석은 것이 행복이라고요?"

우리가 타고 있던 배가 다시 한 번 뒤뚱거렸다. 행복이 어리석은 것
이라니?

"행복이란 이성적인 것이 아니라 감정적인 것입니다. 그래서 가장
행복한 사람은 짐승에 가깝고, 이성에서 가장 멀리 떨어져 있습니다."

바다 구경도, 항구 구경도 잊고 모두들 Mr.르네상스의 입만 쳐다보
고 있었다. 또 무슨 이상한 말이 나오려나.

"이 세상에서 가장 좋은 행복이란 스스로에게 거짓말을 할 때입니
다. 예를 들어서 진짜로 왕이 되는 것보다는 왕이 되었다고 스스로를
속여 상상할 때가 더 행복하다고 에라스무스는 말했습니다."

에라스무스는 고개만 끄덕였는데 루터는 돌진했다는 의미를 이제야
알 것 같다.

에라스무스는 우신이 즐겨 사용하는 말이 있다고 했습니다. 그것은
"하지만, 그러나⋯⋯"라는 말입니다. 이 말의 의미가 무엇일까요? '하
지만'이란 남의 말을 듣고 난 다음 하는 말입니다. '그러나'는 그 말을
인정하지 않는다는 뜻이겠죠? 에라스무스는 이렇게 우신은 우선 남의
말을 듣고 인정한다고 합니다. 지성인으로서 우신은 남의 말을 잘 듣는
다는 것입니다. 그러나 고집스러운 자기주장이 그 속에 들어 있습니다.
달리 표현하면, "당신 말이 맞습니다. 그러나 나의 생각은 그렇지 않습
니다"라는 뜻이겠죠.

당시 그리스도교는 아주 많이 타락해 있었습니다. 그래서 진정한 기독교 정신이 무엇인지 아무도 몰랐습니다. 그리스도교 신자들은 성직자만 섬기고 그들의 말만 믿었습니다. 그렇기 때문에 그리스도교 신자들은 예수그리스도에 대해서는 심한 모독의 말을 스스럼없이 하면서도, 성직자에 대해서는 가벼운 농담도 하지 못했습니다. 에라스무스는 성직자 생활을 하면서 이런 상황을 많이 보았습니다. 그리고 예수그리스도보다 성직자를 더 사랑하는 신자들을 보면서 매우 가슴 아파하였습니다. 에라스무스는 자신이 할 일이 무엇인가 곰곰이 생각했습니다. 성직자가 할 수 있는 일은 아주 작은 일이지만, 신자들이 신앙심을 갖게 하는 것이라고 에라스무스는 생각했습니다. 그래서 에라스무스는 그리스도교 신자들의 신앙심이 성직자에 대한 것이 아니라 하나님이나 예수그리스도에 대한 것이 되기를 바라는 마음에서 《우신예찬》을 발표하였던 것입니다.

"르네상스 사상가들은 당시 철학자와 신학자는 쓸데없는 논쟁만 한다고 생각했습니다. 그리고 성직자들은 위선으로 가득 차 있다고 믿었습니다."

"그래서 에라스무스는 《우신예찬》을 통해 성직자들에게 경종을 울려준 것이군요."

"그렇습니다. 필로스, 에라스무스의 화법으로 표현하면 어떻게 될까요?"

"성직자 여러분, 여러분의 말씀도 맞지만, 그러나 예수그리스도의 말씀이 더 중요합니다."

"하하, 아주 좋아요. 바로 그겁니다."

내가 한 이야기에 Mr.르네상스와 아이들은 모두 큰소리로 웃었다. 배가 다시 한 번 뒤뚱이는 것 같았다.

이러한 에라스무스의 생각에 영향을 받은 그의 제자들 중에서 많은 종교개혁자가 나왔으며, 그의 사상은 전 유럽으로 퍼져나갔습니다. 훗날 모든 인문주의자들의 노력을 성취한 사람은 이탈리아 사람이 아니라 네덜란드 사람이라고 할 정도로 에라스무스는 다른 어떤 사람도 흉내 내지 못할 정도로 유럽의 지적 세계를 지배하였습니다.

"에라스무스는 계란을 낳았지만 루터는 병아리를 깠다는 의미를 조금은 알겠어."

"에라스무스의 의문을 루터가 법으로 만든 이유도 알겠어."

"소피아의 말도 옳다. 하지만 내 말이 더 옳도다."

"그래, 너의 말이 옳다. 그러나 나의 말이 더 옳다."

"하지만, 그러나"로 이어지는 우리의 말장난은 끝없이 계속되었다.

서양문화사 다빈치, 온도계 발명(1490), 콜럼버스, 산살바도르섬 상륙(1492)

동양문화사 서산의 대동군 반란(1524), 왕양명 사망(1528)

한국문화사 김안국 《언해여씨향약》 한글로 언해·간행(1518), 이항 사망(1533)

유토피아는 있다

토머스 모어 1477~1535 *Thomas More*

유토피아의 정체를 밝혀 주시오.

"이탈리아에서 르네상스가 시작되었기 때문에, 르네상스를 대표하는 사상가들은 이탈리아에 많습니다. 하지만 이탈리아를 제외하고는 지난 시간에 배운 에라스무스와 영국의 모어가 르네상스의 대표자라고 할 수 있습니다."

"이 배는 어디로 가는 거죠?"

"런던으로 갑니다."

"런던이요?"

르네상스의 사상가들을 찾아 떠나는 여행 같았다. 단테의 고장 이탈리아에서 요들과 알펜호른이 흐르는 알프스를 넘어, 에라스무스가 말년을 보냈다는 바젤을 지나 모어가 있는 런던까지. 로테르담에서 우리를 태우고 출발한 배는 북해를 지나 런던으로 가기 위해서 도버해협으로 들어서고 있었다. 운하를 이용하여 곧장 다음 강의실로 가는 것이었다. 가는 중에도 배의 키를 잡고 있던 Mr.르네상스는 우리에게 들려주고 싶은 이야기가 많은지 쉬지 않고 이런 저런 이야기를 하고 있었다.

"와, 런던타워가 있는 런던 브릿지다!"

"어디, 어, 어? 이건 또 뭐야?"

아메리카는 어떤 사람의 이름을 따 명명되었습니까?

"아메리고 베스푸치입니다!"

우리의 합창으로 런던 브릿지가 올라갔다. 우리의 대답은 '열려라 참깨!'와 같았고, 우리를 태운 배는 조금도 지체 없이 힘 있게 앞으로 나아갔다.

"이번 시간은 너무나 유명한, 여러분도 잘 알고 있는 토머스 모어의 《유토피아》에 관해서 이야기를 하려고 합니다. 여러분 주변을 한 번 둘러보시기 바랍니다. 무엇이 보입니까?"

"섬이요!"

"이 섬이 바로 라파엘 히슬로데이와 아메리고 베스푸치가 남반구에서 보고 왔다는 유토피아입니다."

에라스무스는 런던을 방문하였을 때 모어를 만났습니다. 이후 두 사람은 아주 친한 친구가 되었습니다. 두 사람이 갖고 있는 공통점도 아주 많습니다. 무엇보다 두 사람은 매우 똑똑했으며, 스콜라 철학을 아주 싫어했고, 유머가 풍부했습니다.

토머스 모어는 변호사의 아들로 런던에서 태어나 옥스퍼드대학교에 입학하여 고대 그리스어를 배우고, 아버지의 권유로 변호사가 되기 위해서 법학을 공부하였습니다. 그러나 이탈리아 르네상스와 에라스무스에게 큰 영향을 받은 모어는 법학 공부를 그만 두고 말았습니다.

1726년 전 세계 사람들은 조나단 스위프트^{Jonathan Swift(1667~1745)}가 쓴 《걸리버 여행기》에 매료되었습니다. 이 책은 당시 사회, 정치, 문화, 경제 등을 풍자한 재미있는 소설입니다. 그러나 이 책은 1516년에 모어가 쓴 《유토피아》의 영향을 아주 많이 받았다는 것, 여러분도 잘 알고 있죠?

유토피아에 나오는 주인공은 라파엘 히슬로데이와 아메리고 베스푸치입니다. 히슬로데이는 베스푸치라는 친구와 함께 배를 타고 먼 나라를 찾아 항해를 하였습니다. 그러다가 두 사람은 중간에서 헤어지게 됩니다. 베스푸치는 다른 곳으로 가고, 히슬로데이는 상상의 섬 유토피아를 발견하였습니다. 아메리고 베스푸치가 도착한 곳은 어디일까요?

이탈리아의 제노바에서 태어난 콜럼버스는 1492년에 지구가 둥글다고 믿고 인도의 동쪽으로 간다며 항해를 시작하였습니다. 콜럼버스는 죽을 때까지 자신이 도착한 곳을 동인도라고 믿었습니다. 아메리고 베스푸치도 1501년부터 1504년까지 두 차례 콜럼버스가 간 항로를 따라 여행하였습니다. 그러나 그는 그곳이 동인도가 아니라고 주장하였고,

신세계라고 명명했습니다. 이후 유럽 사람들은 그들이 발견했다고 믿는 새로운 땅의 이름을 아메리고 베스푸치의 이름을 따서 아메리카라고 명명하였던 것입니다.

모어는 히슬로데이의 입을 통해 유토피아를 설명하고 있습니다. 히슬로데이가 5년 동안 살았던 유토피아는 남반구에 있는 섬입니다. 히슬로데이는 자신이 본 유토피아의 사회 제도, 교육, 정치 등을 유럽에 알리기 위해 영국으로 돌아옵니다. 《유토피아》는 모어가 늙은 선장 히슬로데이의 입을 통하여 당시 사람들이 바라는 이상 국가의 제도, 풍속, 교육, 정치 등을 소개한 풍자소설이었던 것입니다. 아니, 어쩌면 당시 사람들이 아닌 모어가 바란 이상 국가인지도 모르죠.

유토피아에는 사유 재산이 없습니다. 유토피아는 모두 42개의 도시로 이루어져 있는데, 모든 도시가 똑같은 모양으로 설계되었기 때문에 도시의 모든 구조는 같습니다. 그러나 그 나라의 수도만은 다르게 설계되었습니다. 유토피아에 살고 있는 사람들은 모두 똑같은 집에 살고 있었기 때문에 모든 집에는 문고리가 없습니다. 모든 사람들이 어느 집이나 마음대로 들어가도 좋다는 뜻이겠죠. 더 흥미로운 것은 유토피아에 살고 있는 사람들은 10년마다 의무적으로 집을 바꾸어 삽니다. 사유 재산 없는 유토피아에서는 집도 사유 재산이 아니라는 것을 분명히 보여줍니다. 뿐만 아니라 그들은 모두 똑같은 옷을 입고 삽니다. 단지 다른 것이 있다면, 남자와 여자의 옷이 다르고, 기혼자와 미혼자의 옷이 다를 뿐입니다.

"유토피아에서는 공부를 하지 않아도 됩니까?"

"그런 질문이 나올 줄 알았습니다."

질문을 한 아이가 부끄러웠는지 딴청을 피웠다.

"안타깝지만 유토피아에서는 공부도 하루 일과라고 할 수 있습니다. 유토피아에 사는 모든 사람들의 하루 일과는 모두 똑같습니다. 아침 4시에 일어나면 공부를 합니다. 그러나 다행히 유토피아에서 공부는 강제 내지 의무교육은 아닙니다. 원하는 사람만 공부를 했습니다."

"휴, 다행이다. 그 다음에는 뭘 하죠?"

"공부가 의무는 아니지만 일은 의무입니다. 유토피아에서는 남녀 구별하지 않고 점심을 전후로 3시간씩, 하루에 6시간 일을 해야만 합니다."

"휴식 시간은 없나요?"

"저녁 식사가 끝나면 1시간 정도 즐거운 유희 시간을 갖고, 8시에 모두 잠을 잡니다."

"잠자는 시간은 정해져 있나요?"

"유토피아에 사는 사람들은 무조건 하루에 8시간씩 의무적으로 잠을 자야 합니다."

"와, 정말 좋겠다. 우리 다 같이 유토피아로 가자."

아이들은 저마다 유토피아에 대해 자신만의 꿈을 꾸는 듯 보였다.

유토피아에서는 사람들이 일은 하지만, 사치품과 같이 쓸데없는 물건은 만들지 않습니다. 통치자를 키우기 위해서 능력 있는 몇 사람만

선발하여 더 많은 공부를 시킵니다. 물론 이렇게 선발된 사람은 노동은 하지 않고 공부만 해야 합니다.

유토피아의 가족 제도는 대가족 제도가 기본입니다. 그러나 집의 크기는 모두 같기 때문에, 한 가족이 살기에 집이 좁다고 생각되면 가족의 일부를 분가시켰습니다. 물론 도시에 사람이 너무 많아져서 집이 부족하면 다른 도시로 이주시키기도 하였습니다.

"르네상스의 특징이 중세의 종교로부터 독립하여 고대 그리스의 자유로운 이성의 시대로 돌아가자는 것이었다면, 모어가 이야기한 유토피아와 종교는 어떤 관계가 있는 거죠?"

역시 소피아다운 질문이다.

"《유토피아》는 모어가 갖고 있던 이상향을 실현하고자 했던 가상 소설입니다. 모어의 이런 생각은 바로 유토피아의 종교에 잘 나타나 있습니다. 유토피아에는 한 가지 종교만 있는 것이 아니라 여러 가지의 종교가 있습니다."

"여러 가지 종교가 있다는 것은 모든 사람들에게 종교의 자유를 허락했다는 말이군요. 그럼 신을 믿지 않거나 종교를 갖지 않아도 된다는 거네요?"

"필로스는 종교가 싫은가 보죠?"

"꼭 그렇지는 않지만, 종교의 자유가 보장되었다면 믿지 않는 것도 보장되어야 하잖아요."

"물론입니다. 유토피아에서는 신을 믿지 않거나 종교를 갖지 않아도 아무 상관이 없었습니다. 하지만 재미있는 것은 신을 믿지 않는 사람은 유토피아의 국민으로 인정하지 않았다는 점입니다. 그러나 신을 믿지 않는다고 해서 결코 불이익을 당하지는 않았습니다."

"모어는 헨리 8세의 총애를 받은 국회의원이었잖아요. 그런데 왜 왕과 종교를 비판했죠?"

역시, 역시, 이건 소피아다운 질문.

왕과 종교의 힘이 강하던 당시 상황에서 모어가 《유토피아》와 같은 풍자 소설을 쓴 것은 매우 획기적인 일이었습니다. 모어는 종교의 잘못을 지적하고 신앙의 진실을 당시 사람들에게 알려주기 위해서 어떠한 위험도 무릅쓰고 《유토피아》를 남겼습니다. 모어의 삶을 보면 그가 얼마나 의협심이 강했는지 알 수 있습니다. 젊은 시절 국회의원을 지낸 모어는 헨리 8세의 총애를 받아 1529년에 대법관이 되었습니다. 그러나 모어는 왕의 이혼을 반대하여 대법관에서 쫓겨나고 말았습니다. 1534년 헨리 8세는 교황이 영국 교회의 최고 지도자가 아니라, 왕이 교회의 최고 지도자라는 법을 통과시키고 성공회를 영국의 국교로 정했습니다. 모어는 이 법을 아주 강하게 반대하였습니다. 결국 헨리 8세는 모어를 반역죄로 몰아 1535년 사형시키고 말았습니다. "왕이 교회의 우두머리다"라는 이 법에 반대한 모어의 공을 인정한 로마 교황청은 1935년 모어에게 성인聖人의 칭호를 주었습니다.

"우리는 이 배를 타고 히슬로데이가 살았다는 남반구의 유토피아를 찾아가는 건가요?"

"그렇게 하면 좋겠습니까?"

"물론이죠. 공부를 하지 않아도 되는 곳이라면서요."

"잠도 8시간씩이나 잘 수 있고요."

"하지만 노는 시간이 너무 적어요."

모두들 현실에서의 불만을 유토피아를 핑계로 신나게 떠들어대기 시작했다.

"넌 정말 유토피아가 좋을 거라고 생각하니?"

소피아의 의미심장한 말을 나는 이해할 수 없었다. 하지만 바로 그렇다고 답할 수도 없었다. 왜냐면, 소피아가 이렇게 묻는 데에는 분명, 분명, 깊은 뜻이 있을 거란 걸 이제 아니까.

- -
서양문화사 구텐베르크 사망(1468), 화가 보티첼리 사망(1510)
동양문화사 인도 바부르왕 사망(1530)
한국문화사 《동국여지승람》 편찬(1481), 김굉필, 정여창 사망(1505)

우상을 제거하라!
_개미가 벌이 될 때까지

프란시스 베이컨 1561-1626

냉동 기술의 비밀을 밝혀 주시오.

"냉동 기술의 비밀?"

"갈수록 태산이군."

멋진 크루즈 여행을 마친 우리는 어느덧 다시 새로운 강의실로 가는 길 위에 서 있었다.

"소피아, 저 귀부인은 누구지?"

"여왕 같지 않아?"

강의실로 가는 길에는 조금은 으스스한 장면이 연출되고 있었다. 귀부인이 장군을 재판하고 있는 듯한 모습이었다.

"역사를 잘 아는 필로스, 네가 해결해야 할 문제 같다. 저 장군의 이름은 에식스야."

소피아가 치켜세우니 기분이 나쁘지 않았다.

에식스^{Earl of Essex(1566~1601)}장군은 영국의 엘리자베스 1세가 가장 아끼고 사랑한 정치가였습니다. 여러 전투에서 공을 세운 에식스를 엘리자베스는 1599년 아일랜드의 총독으로 임명하였습니다. 아일랜드 사람들이 잉글랜드로부터 독립하기 위해 반란을 일으키자 엘리자베스는 에식스에게 반란을 진압하라고 명령했습니다. 그러나 에식스는 휴전을 하고 총독 직을 포기한 채 잉글랜드로 돌아왔습니다. 화가 난 엘리자베스는 에식스를 금고형에 처했고, 에식스 또한 런던 사람들을 선동하여 엘리자베스에 대한 반란을 기도하였습니다. 하지만 이 반란은 실패로 끝났고, 에식스는 1601년 참수형을 당했습니다.

"아는 것이 힘이다"라고 말한 영국의 철학자는 누구입니까?

"프란시스 베이컨입니다."

언제나처럼 소피아의 대답에는 주저함이 없었다.

"이게 강의실이야, 실험실이야?"

강의실로 들어서는 순간, 우리는 눈을 어디에 둘지 몰랐다. 강의실은 온통 실험 도구로 가득 차 있었다. 그리고 한쪽 구석에 Mr.르네상스가 지친 사람처럼 앉아 있었다. 손에는 얼음이 동동 떠 있는 시원한 차가 들려 있었다.

"어서 오십시오. 이번 시간 우리가 이야기 나눌 철학자는 영국의 경험론자 프란시스 베이컨입니다."

"프란시스 베이컨과 에식스는 무슨 관계지?"

"당시 많은 철학자가 유명한 왕이나 귀족들을 가르치는 가정교사나 고문을 지냈어. 런던에서 태어난 베이컨도 젊은 시절에는 엘리자베스 1세의 총애를 한 몸에 받았던 유명한 장군 에식스의 고문으로 그를 도와주고 있었어."

오, 소피아가 나에게 질문을 하다니!

"베이컨은 1605년《학문의 진보》라는 책을 발표합니다."

"그 책에서 '아는 것이 힘이다'라는 유명한 말을 남겼죠?"

"그렇습니다. 하지만 베이컨이 이 책에서 이야기하고자 했던 것은 인간과 자연의 관계입니다."

"인간과 자연의 관계요?"

철학으로 들어가면 약해지는 내 모습…….

베이컨은《학문의 진보》에서 신의 문제는 제외하고 자연과 인간의 문제만을 다루고 있습니다. 베이컨은 인간이 지식을 소유하고 있기 때문에 이 지식을 잘 이용하면 자연을 지배할 수 있다고 주장합니다.

무엇을 지배하기 위해서는 먼저 그것에 대해 알아야 합니다. 마찬가지로 인간이 자연을 지배하기 위해서는 무엇보다 먼저 자연에 대해서 알아야 합니다. 자연을 안다는 것은 곧 자연법칙을 파악하는 것입니다. 자연법칙을 파악하는 것은 자연을 무자비하게 훼손하거나 파괴하는 것이 아닌, 자연에 복종하고 순응하면서 자연을 지배하는 방법을 터득하는 것을 말합니다. 하지만 인간은 자연의 법칙을 파악하려 하지 않고, 많은 시간을 생각과 이성을 통해서 자연을 지배하려고 합니다. 이러한 방법으로 인간은 자신의 지식을 체계화시킬 수 있을지는 모르지만, 새로운 자연법칙을 발견할 수는 없다고 베이컨은 생각했습니다.

"결국 베이컨은 중세 사람들이 비판 없이 받아들인 학문과 철학에 대한 불만을 얘기한 거군요."

"그렇습니다. 베이컨은 중세 사람들이 철저한 비판 없이 받아들인 철학을 우상이라고 했습니다."

"우상이요?"

"아, 이제 생각났다. 베이컨의 네 가지 우상."

"맞아, 베이컨은 사람이 새로운 지식을 얻기 위해서는 우리가 갖고 있는 네 가지 우상을 버려야 가능하다고 했어."

아이들은 저마다 자신이 알고 있는 베이컨의 우상에 대해서 한마디씩 거들었다.

베이컨은 인간이 자연을 이해하기 위해 사용하는 방법들을 개미, 거미, 그리고 벌의 예를 들어 설명하고 있습니다.

먼저 개미는 실험가입니다. 그러나 개미는 단지 수집하고 사용만 할 뿐입니다. 반면 거미는 실험가는 아닙니다. 그러나 거미는 거미줄을 자신의 내적 실체로부터 뽑아내어 만듭니다. 벌은 개미와 거미의 중간자입니다. 벌은 꽃으로부터 재료를 얻어, 이것을 자신의 힘으로 변화시킵니다. 베이컨은 자연 철학을 바로 이 벌에 비유합니다. 즉, 자연 철학은 자연의 역사나 과학적 실험을 통해서 재료를 수집하고, 그것을 인간 기억 속에 저장하는 것으로 만족하지 못하고, 이렇게 수집한 재료를 자신의 것으로 변화시킨 다음 기억 속에 정리하여 두는 것입니다.

베이컨은 인간이 자연의 체계를 완전히 변화시켜 자신의 기억 속에 정리하기 위해서는 자연법칙을 알아야 한다고 주장합니다. 그리고 자연법칙을 알기 위해서 인간이 해야 할 일은 자연에 대한 편견과 선입견을 제거하는 것이라고 말합니다.

베이컨에 의하면 인간의 이성 속에 깊이 자리하며 자연에 대한 연구를 방해하는 여러 가지 편견을 제거하는 것이 가장 중요한 일입니다. 하지만 이런 편견은 인간 스스로 만드는 것입니다. 이것을 베이컨은 '마음의 우상'이라고 했습니다. 우상이란 인간을 거짓으로 몰고 가는 인간의 모든 경향을 의미합니다.

"베이컨이 이야기한 첫 번째 우상은 '종족의 우상The idols of the tribe'입니다. 종족의 우상은 선천적으로 인간의 성질 안에 깃들여 있는 것으로 인간을 오류로 이끄는 모든 위험한 충동을 일컫습니다. 인간의 오성은 항상 감정과 의지에 이끌려 잘못된 판단을 하기가 쉽습니다. 인간의 신념은 이성보다 감정에 의해 동요됩니다. 이때 감정은 인간을 기만하여 감각 기관을 둔화시키고, 실제성보다 추상화를 더 좋아하는 인간의 성질을 드러내게 되는 것입니다."

"헉, 너무 어려워요."

Mr.르네상스답지 않다고 생각될 정도로 오늘 이야기는 어려운 것 같다. 나만 그런가?

"여러분은 왜 기도를 합니까? 신이 그 기도를 들어주기 때문에 기도를 합니까? 아니면 기도를 함으로써 여러분의 마음이 편안해지기 때문에 기도를 합니까? 베이컨은 인간이 기도를 하는 것은 이성적으로 신이 자신의 기도를 들어줄 것이라는 판단 때문이 아닌 공포심을 이기기 위해 자신의 감정을 속이는 행위라고 하였습니다. 바로 이런 것이 종족의 우상입니다."

두 번째 우상은 '동굴의 우상The idols of the cave' 입니다. 이 우상은 개인의 정신적·육체적인 특수성이나, 개인적인 편견에서 생기는 오류입니다. 인간은 모두 자신의 동굴을 갖고 있고, 그 속에 있기를 좋아합니다. 사람들은 자신이 소속된 부류의 특성에 따라 취미 생활을 합니다. 그 결과 각자는 자기 자신의 주관성이 생기고, 이 주관성에 따라 다른 부류를 인정하지 않으려 합니다. 인간들은 각자 극단에 위치하고는 중간에서 발견될 수 있는 진리를 인정하지 않으려 합니다. 이는 곧 현실을 잘못 받아들이는 것이며, 자기 자신의 주관의 삭제 없이는 진리의 발견은 불가능합니다. 예를 들어, 인간은 지연, 학연 등을 바탕으로 한 자신

이 속해 있는 단체에서 하는 일은 항상 옳다고 생각하는 오류를 범합니다. 이런 오류가 바로 동굴의 우상입니다.

세 번째는 '시장의 우상The idols of marketplace'입니다. 사람들은 왜 시장에 갑니까?

베이컨에 따르면 시장의 우상은 인간을 기만하는 언어의 횡포입니다. 사람들은 시장에서 물건을 사고팔며 이야기도 나눕니다. 시장에서 물건을 사고파는 사람들은 언어에 해당되는 모든 물건이 있다고 생각합니다. 예를 들면, 사람들은 행운, 부동의 동자, 운명의 여신 등과 같이 존재하지 않는 사물에 이름을 붙여 사용하기도 하고, 공기, 먼지와 같이 존재하기는 하지만 그 뜻이 막연하고 혼란스러운 사물에 이름을 붙여서 사용하기도 합니다. 사람들은 이렇게 공론의 체계를 세우고, 그것을 바탕으로 공허한 논쟁을 일삼기도 합니다. 이 모든 것을 베이컨은 언어의 횡포로 보았습니다.

마지막은 '극장의 우상The idols of the theatre' 입니다.

극장의 우상은 기성 사상체계에 의해서 인간의 판단을 잘못하게 하고, 인간을 보편적 인물로 만들기가 일쑤인 역사적 전통에 대한 충성을

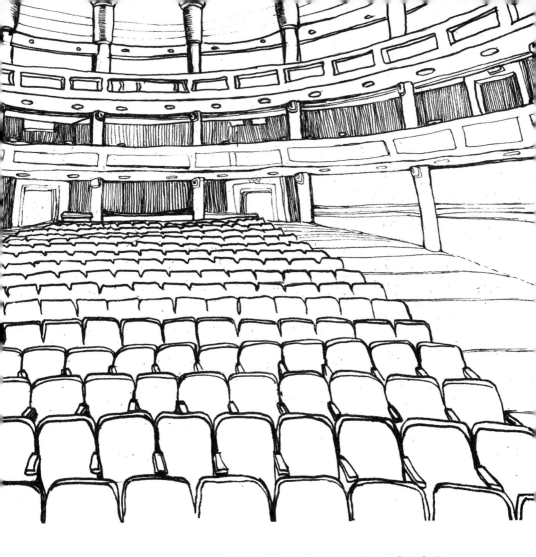

가르치는 우상입니다. 특히 베이컨은 셰익스피어의 연극을 염두에 두
고 극장의 우상을 주장한 것으로 보입니다.

　일반인은 사실과 관계없이 작가의 창작에 의해서 꾸며진 연극을 통
해서 지식을 체계화시킵니다. 영화나 드라마에서 본 역사극을 마치 사
실과 같은 것으로 믿는 경우가 종종 있는 것처럼 말입니다. 하지만 영

화나 드라마는 감독이나 연출가에 의해 사실보다는 흥미 위주로 꾸며진 것입니다. 이런 것을 베이컨은 극장의 우상이라고 했습니다.

"고대 그리스 이후 과학은 발전했습니다. 하지만 베이컨이 주장하는 과학은 자연의 법칙을 알고 지배하는 것을 뜻합니다. 그렇기 때문에 사람의 마음속 우상을 깨고 과학의 힘으로 자연을 지배한다는 것은 당시로서는 마술이나 요술과도 같았습니다."

"그런데, 이 실험도구는 다 뭐죠?"

나는 더 이상 이번 강의실이 왜 실험실로 꾸며진 것인지 궁금해서 참을 수가 없었다.

"아, 이것 말입니까? 여긴 베이컨의 연구실입니다."

"베이컨의 연구실이요? 그는 철학자이지 과학자가 아니잖아요?"

베이컨은 자연을 잘 이용하여 새로운 기계를 만들어내는 것이 꿈이었습니다. 그가 남긴 책에서는 비행기, 잠수함, 인공 비, 그리고 합성 금속과 같은 이야기도 나옵니다. 자연을 이용한다는 것이 결코 마술이나 꿈이 아니라는 것을 오늘날 우리는 너무나 잘 알고 있습니다. 그러나 당시 영국 사람들에게는 이 모든 베이컨의 생각이 마술이나 요술로 보였습니다. 베이컨은 이렇게 당시로서는 꿈만 같았던 과학의 발달과 자연 개척이라는 거대한 꿈을 갖고 있었습니다. 하지만 그 방법을 실제로 이루지는 못했습니다. 특히 실험 정신이 강했던 베이컨은 병아리를 대상으로 냉동 기술에 대한 연구를 하였습니다. 그러나 안타깝게도 병

아리에게 눈*을 먹여서 냉동시키는 방법을 실험하다 감기에 걸려 죽고
말았습니다.

"아직도 너는 조금 전에 보았던 길이 어디서 본 길이라는 우상을 갖
고 있니?"

"역시 여자는 방향 감각이 없어. 분명히 보았던 길이야. 내가 언젠가
그것을 과학적으로 증명하고 말 거야!"

이렇게 답답할 데가!

서양문화사 스페인의 베네치아 법왕, 터키와 신성동맹 체결(1571), 폴란드 공화국 성립(1579)
동양문화사 도요토미 히데요시 한국 정복 명령(1590), 누루하치 후금 개국 후 황제로 즉위(1616)
한국문화사 이황 사망(1570), 서산대사 사망(1604)

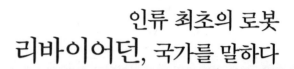

인류 최초의 로봇
리바이어던, 국가를 말하다

토마스 홉스 1588-1679

**인간의 노동을 대신할 로봇을 만들 방법의
비밀을 알려 주시오.**

다음 강의실로 가기 위해 우리에게 주어진 미션을 보는 순간, 다시 우상의 악몽이 떠올랐다. 우상의 생각에서 벗어나려는 순간, 다시 우상에 빠진 기분이랄까?

"어, 저기 로봇이다."

"여긴 사이보그가 있는데."

과학의 중요성을 듣고 나오자마자 우리를 반긴 것은 최첨단 과학 기술을 자랑하는 로봇들의 행렬이었다. 어디서 그렇게 많은 로봇을 구했는지 길 양쪽이 로봇들로 가득 차 있었다.

"이번 시간에는 로봇에 대한 이야기인가 봐."

"그럴 리가. 철학과 로봇, 너무 부조화 아니니?"

리바이어던은 성경에 등장하는 괴물입니다. 성경 어디에서 나오는 괴물입니까?

"홉스의 리바이어던을 말하는 거야? 리바이어던이 성경에 나오는 괴물이라고?"

"욥기에 나옵니다."

리바이어던과 홉스를 연관시킨 것만 해도 어디야? 처음 듣는 얘기라 어리둥절해 하고 있는 나와는 다르게 소피아는 문제를 미리 알고 있기라도 했다는 듯 막힘없이 대답을 하고 강의실 문을 열었다.

"네스 호의 괴물이다!"

강의실로 들어서는 순간 들린 비명소리였다. 이번 강의실은 바다같이 넓은 호수였다. 그리고 그 호수 한가운데에는 스코틀랜드 네스 호에 종종 출몰한다는 괴물이 욕조 안의 오리 인형처럼 유유히 노닐고 있었다. 그리고 그 옆에는 Mr.르네상스가 보트에 앉아 우리를 기다리고 있었다. Mr.르네상스와 보트가 마치 작은 인형처럼 느껴졌다.

"어서 오십시오. 이번 시간이 오늘의 마지막 시간입니다. 다들 눈치 챘겠지만, 이번 시간에는 홉스의 《리바이어던Leviathan》에 대해 이야기를 하려고 합니다."

"《리바이어던》이 로봇이나 사이보그에 관한 내용인가요?"

'음, 나와 비슷한 수준의 아이로군. 홉스가 살던 시대가 언젠데 설마.'

"로봇이나 사이보그에 관한 내용이라고는 할 수 없습니다. 하지만 홉스는 그의 저서 《리바이어던》에서 로봇을 연상하게 하는 이야기를 하였습니다. 아마 오늘날의 로봇에 아이디어를 제공한 사람을 홉스라고 해도 좋을 것 같습니다."

'?'

잉글랜드에서 목사의 아들로 태어난 홉스는 15살에 옥스퍼드대학교에 입학하였습니다. 홉스는 대학교에서 무엇보다 아리스토텔레스의 논리학과 철학을 좋아하였습니다. 당시 영국은 경험을 중시하는 철학 풍조가 강했습니다. 그런데 경험을 중시하는 철학자들은 과학의 중요성만을 강조하였습니다. 하지만 홉스는 다른 철학자와 다르게 수학의 중요성을 느꼈고, 철학 외에도 수학과 자연과학 연구에 많은 시간을 투자하였습니다. 다른 대학생들과 마찬가지로 홉스도 대학교를 다니면서 가정교사 일을 하였고, 부잣집 아들을 가르친 덕분에 학생의 부모로부터 도움을 받아 유럽 여러 나라를 여행하기도 했습니다. 홉스는 이탈리아를 여행하며 갈릴레이의 과학을 배웠고, 독일을 여행하며 케플러의 천문학을 배웠습니다. 그리고 파리에서는 유클리드의 기하학을 배웠습니다.

"홉스가 수학과 자연과학에 관심을 가졌던 이유도 바로 이런 여행 덕분이었습니다."

"우리도 빨리 끝내고 유럽 여행이나 가죠!"

"여행만 한다고 모두가 수학과 자연과학에 관심을 갖게 되겠니?"

쳇, 아무리 사실이 그렇다지만 저렇게 말하는 건 너무 심술 맞아 보이잖아.

"당시 영국의 왕은 찰스 1세였습니다. 홉스는 찰스 1세로부터 능력을 인정받고, 그의 아들 찰스 2세의 가정교사로 임명되었습니다."

"찰스 1세는 청교도 혁명의 빌미를 제공한 왕이잖아요? 그 왕의 왕자를 가르쳤다고요?"

"역시 역사는 필로스군요."

나는 '들었지?'라는 표정으로 소피아를 쳐다보았다. 수학과 자연과학은 몰라도 역사는 좀 한다고.

"그렇다면 청교도 혁명 때 홉스에게는 아무런 피해가 없었나요?"

"왜 없었겠습니까?"

평생 독신이었던 엘리자베스 여왕은 "나는 영국과 결혼했다"라는 말을 한 것으로 유명합니다. 여왕이 죽은 다음 잉글랜드는 후계자 문제로 고민하였습니다. 결국 잉글랜드에서는 스코틀랜드의 제임스 6세가 잉글랜드 왕을 겸하게 되었습니다. 이렇게 해서 잉글랜드는 튜더왕조가 끝나고 스튜어트왕조가 시작됩니다.

제임스 6세는 "왕의 권리는 신에서부터 온 것이다"라는 유명한 말로 왕권신수설을 강조하며 절대왕정을 주도하였습니다. 제임스의 뒤를 이어 찰스 1세가 왕으로 즉위하였지만, 찰스는 절대왕권을 더 강화시켰습니다. 참다 못한 영국 사람들은 청교도를 중심으로 혁명을 일으켰습니다. 이것이 그 유명한 청교도 혁명입니다.

"홉스는 왕자의 가정교사라는 이유로 청교도들로부터 미움을 받았고, 어쩔 수 없이 프랑스로 망명하였습니다."

"역시 그렇게 되고 말았군요."

"하지만 이것이 홉스에게는 더 좋은 기회가 되었습니다. 홉스는 아주 부지런한 사람이었습니다. 무슨 일을 하여도 게으름을 피우지 않고 성실하였던 홉스는 프랑스에서 오히려 더 많은 철학을 연구할 수 있었습니다."

"그럼 언제 영국으로 다시 돌아왔나요?"

"찰스 1세는 결국 청교도 혁명군에 잡혀 1649년 처형되고 맙니다. 이때 영국의 왕정은 무너지고 공화정이 생기죠. 그리고 찰스 1세의 뒤를 이어 아들 찰스 2세가 왕이 되었습니다."

"아, 그래서 옛날 가정교사였던 홉스가 다시 영국으로 돌아 갈 수 있었군요."

역시 역사에서는 내가 한 수 위인 것 같다. 소피아, 잘 보고 있지?

영국으로 다시 돌아온 홉스는 프랑스에서 보고 배운 철학들을 바탕으로 많은 업적을 남겼습니다. 그중에서도 가장 유명한 것이 바로 청교도 혁명이 한창이었던 1651년에 쓴 《리바이어던》입니다. 이 책은 베이컨과 다른 영국의 경험론자들 사이를 이어주는 아주 중요한 책입니다.

리바이어던은 원래 구약성서 욥기에 나오는 영원히 죽지 않고 산다는 아주 큰 악어와 같은 동물의 이름입니다. 홉스는 자신의 저서 《리바이어던》을 통해 교회의 힘과 권력에서 해방된 나라를 설명하려 했으며, 새로운 국가가 어떻게 성립되어야 하는지에 대해서 이야기하고 있습니다.

"홉스는 《리바이어던》에서 국가를 로봇과 같은 사람에 비유하고 있습니다."

"국가를 로봇에 비유한다고요? 어떻게요?"

"왕은 사람의 영혼입니다. 그럼 신하는 무엇일까요? 신하는 바로 사람의 관절입니다."

Mr.르네상스는 계속해서 인조인간 로봇 리바이어던에 대해 설명했다.

국가에서 백성들에게 내리는 상이나 벌은 사람의 신경에 해당됩니다. 국가가 잘 사는 것은 사람의 강인한 힘을 의미합니다. 그리고 국가를 다스리는 정치가는 사람의 기억력이며, 국가의 평등은 사람의 이성에 해당합니다. 국가의 법은 사람의 의지이며, 국가의 평화는 곧 사람의 건강입니다. 국가를 전복하기 위해 사람들을 선동하는 것은 사람의 병든 상태와 같습니다. 그리고 국가에서 일어나는 내란은 곧 인간의 죽음을 의미합니다.

"우리 사람에게 있어서 가장 중요한 부분은 무엇이라고 생각하십니까?"

"뇌입니다."

"머리요."

"심장 아닐까요?"

"홉스는 영혼이라고 했습니다."

"영혼이요? 그렇다면 영혼은 국가의 어떤 것에 해당되죠?"

"홉스는《리바이어던》에서 영혼에 해당하는 것은 왕의 의무라고 말합니다. 그래서 홉스는 왕의 의무에 대해서 많은 이야기를 하고 있습니다."

리바이어던이란 성경에 나오는 동물이라고 했죠? 욥기에서는 이 동물을 어떤 방법으로도 잡을 수 없다고 말하고 있습니다. 사람의 지능이 아무리 뛰어나도 말입니다. 홉스는 욥기에 나오는 리바이어던을 사람이 마음대로 할 수 없듯이 영국의 왕도 백성이 마음대로 할 수 없음을 빗대어 주장하고 있는 것입니다.

왕의 의무 중에 하나는 도덕적 원리인 자연의 법칙을 지키는 것입니다. 그러나 왕에게 약간의 결함이 있어 좋은 정치를 하지 못한다고 하여도 정치를 하는 사람이 없는 것보다는 낫다고 홉스는 주장하고 있습니다. 왕이 정치를 못한다고 왕을 쫓아내는 것은 백성이 할 일이 아니라는 것입니다. 이는 마치 인간의 영혼이 판단을 잘못하였다고 해서 영혼을 우리 몸에서 쫓아낼 수는 없는 것처럼 말입니다. 그렇기 때문에

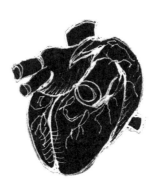

백성은 왕이나 귀족들의 정치에 대해서 무조건 복종하여야 한다는 것입니다.

"찰스 1세가 정치를 못해서 처형당한 것에 대한 홉스의 불만이 드러난 것 같기도 하죠? 자, 그렇다면 누가 왕의 잘잘못을 가릴 수 있을까요? 홉스는 신만이 왕의 잘잘못을 심판할 수 있다고 했습니다. 최후의 심판 때 왕의 잘잘못이 판가름 난다는 것입니다."

"역시 홉스는 영국 사람들, 특히 청교도 혁명에 가담한 사람들에 대한 섭섭한 마음을 이런 식으로 표현했군요."

"물론 그럴 수도 있습니다. 하지만 꼭 그렇게만 볼 것은 아닙니다."

홉스가 국가에 비유한 리바이어던의 영혼은 군주입니다. 여기서 홉스는 군주의 이익을 곧 백성들의 이익으로 보았습니다. 군주에게 좋은 것은 당연히 백성들에게 좋은 것입니다. 국민들이 부자면 군주도 부자고, 국민이 안전하면 군주도 안전하기 때문입니다. 그런데 군주가 총애하는 사람은 언제나 어떤 집단이 아니라 단지 몇 명의 측근에 불과합니다. 모든 백성들이나 측근들은 비밀스럽게 군주에게 충고를 할 수도 있지만, 어떤 집단이나 단체에서는 공식적인 방법으로만 군주에게 충고를 할 수 있습니다. 군주는 충고를 다 받아들일 필요가 없습니다. 어떤 충고에도 불구하고 군주는 자신의 입장에서 모든 것을 결정하고 판단합니다. 이렇게 내려진 결정은 군주의 확고한 신념이기 때문에 내란이나 파벌주의로 빠질 염려가 없다고 홉스는 보았습니다.

"영국 사람들은 청교도 혁명을 일으키고, 왕을 처형했습니다. 하지만 영국의 학자들은 정치와 사회 발전에 참여하지 않고 수수방관만 하고 있었습니다. 홉스는《리바이어던》을 통하여 이런 영국 학자들에게 충고를 하고자 하였던 것입니다. 이후 홉스에 의해서 좀 더 활발해진 영국의 자유주의는 학자들의 사회 참여를 유도했고, 홉스의 철학적 자유주의의 영향을 받은 영국 사람들은 이후 남과 타협하는 방법을 배웠으며, 온건한 성품을 사랑하게 되었다는 것을 우리는 너무나 잘 알고 있습니다."

마지막 말을 마친 Mr.르네상스는 우리와 헤어지는 것이 아쉬운지 아무 말 없이 노를 젓기 시작했다. 네스 호수가 바람에 일렁였다. 우리 모두는 아름다운 석양을 바라보고 있었지만, 어느 누구도 입을 열지 않았다. 다들 무슨 생각을 하고 있는 것일까? 홉스 생각? 아니면 오늘 밤은 어디서 자야 하나 하는 고민?

셋째 날 저녁은 그렇게 저물고 있었다.

서양문화사 스페인의 무적함대 영국에 의해 점멸(1588), 30년전쟁 종료(1648)
동양문화사 청(후금)의 심양 천도(1625), 남인도 아흐마드나갈 왕국의 무갈 제국 복속(1631)
한국문화사 허준《동의보감》완성(1615),《어천귀고》,《어천야담》을 쓴 유몽인 사망(1623)

Day 4. 균열, 이성이 숨 쉬다

- 근대 철학

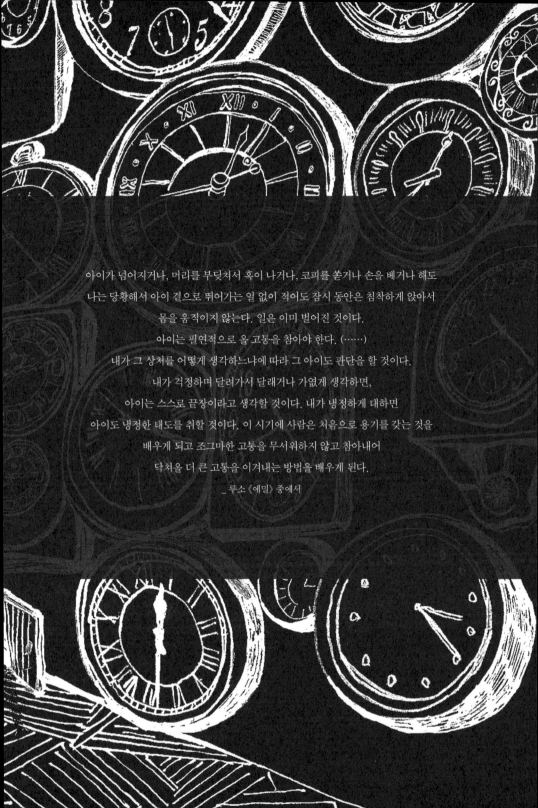

아이가 넘어지거나, 머리를 부딪쳐서 혹이 나거나, 코피를 쏟거나 손을 베거나 해도
나는 당황해서 아이 곁으로 뛰어가는 일 없이 적어도 잠시 동안은 침착하게 앉아서
몸을 움직이지 않는다. 일은 이미 벌어진 것이다.
아이는 필연적으로 올 고통을 참아야 한다. (……)
내가 그 상처를 어떻게 생각하느냐에 따라 그 아이도 판단을 할 것이다.
내가 걱정하며 달려가서 달래거나 가엾게 생각하면,
아이는 스스로 끝장이라고 생각할 것이다. 내가 냉정하게 대하면
아이도 냉정한 태도를 취할 것이다. 이 시기에 사람은 처음으로 용기를 갖는 것을
배우게 되고 조그마한 고통을 무서워하지 않고 참아내어
닥쳐올 더 큰 고통을 이겨내는 방법을 배우게 된다.

_루소 《에밀》 중에서

낭만의 시대, 암울한 유령을 찾아서
_ '프랑켄슈타인'과의 사랑

1

낭만주의 Romanticism

나의 정체를 밝혀 주시오. 내 키는 8피트(약 244cm)입니다. 내 몸은 죽은 사람의 뼈와 살로 만들어졌습니다. 나는 전기의 힘으로 움직입니다. 사람들은 나를 괴물이라고 합니다. 나는 누구입니까?

다음 성으로 이동하기 위해 우리는 아침부터 부지런히 움직였다. 하지만 어제의 경험으로 보아 다음 성으로 이동하는 비밀을 알고 있는 사람은 소피아뿐이었다.

"소피아, 다음 건물은 어디니?"

"어제 우리에게 준 힌트를 생각해 봐."

"두 번째 성은 첫 번째 성에서 두 개의 성을 지나서 있다고 했어. 그리고…… 아, 이제 알았다! 어제 있던 성에서 두 개의 성을 지나면, 네 번째 성이겠구나."

"여기야! 초록색 문고리를 찾았어!"

"어, 이번 성의 문고리에는 초록색이 칠해져 있어."

어제는 분명히 없었다. 아무리 찾아도 어떤 색도 찾을 수 없었다. 간밤에 무슨 조화라도 일어나지 않은 이상, 초록색의 문고리는 있을 수 없다. 하지만 아이들 모두 확인했으니…….

그렇지 않아도 귀신에 홀린 기분으로 성 안으로 들어선 우리에게 주어진 미션은 괴물의 정체를 밝히라는 것이었다. 괴물이라고 스스로 말해 놓고 정체를 밝혀달라니, 이 한심한 사람은, 아니 괴물은 과연 누구일까?

"넷째 날을 함께 하게 되어 반갑습니다. 나는 프랑켄슈타인 박사입니다. 오늘 하루 동안 나는 여러분과 함께 낭만주의에 대해 이야기할 것입니다."

프랑켄슈타인 박사는 동그란 안경에 흰머리를 늘어뜨리고, 흰 가운을 입고 있었다. 왼쪽 윗주머니에는 여러 색깔의 볼펜과 연필이 꽂혀 있었다. 청진기만 목에 걸고 있으면 의사라고 해도 속을 그런 옷차림이었다. 하지만 한눈에 보아도 무엇인가를 열심히 연구하는 과학자라는 것을 알 수 있었다. 그게 무엇인지는 모르겠지만.

"낭만주의요? 그럼 강의실 분위기도 좀 낭만적이어야 하는 것 아닌가요?"

"박사님, 강의실의 분위기는 전혀 낭만적이지 않은데요?"

"정말 으스스하구나."

낭만이라는 프랑켄슈타인 박사의 말에 조금 긴장이 풀린 우리는 강의실을 살피며 눈살을 찌푸렸다. 강의실은 한마디로 폐가를 연상시켰다. 온통 거미줄에 흰 천으로 덮인 의자와 책상, 그 위에 놓인 여러 장의 가족사진들과 마귀할멈이라도 튀어나올 것 같은 음산한 분위기. 이 모든 것이 귀신영화에서 본 바로 그런 장면이었다.

"박사님, 이게 무슨 낭만입니까? 흉가 그 자체인데요."

누군가 겁에 잔뜩 질린 목소리로 말했다.

"낭만이란 말에는 여러 가지 의미가 있습니다. 아름다운 경치, 멋진 프러포즈, 젊은이의 꿈과 사랑. 여러분이 생각하고 있는 낭만은 바로 이런 것들이죠?"

"네, 그렇습니다!"

우리는 프랑켄슈타인 박사의 말에 한 목소리로 크게 대답했다.

"아, 이제 생각났다. 프랑켄슈타인 박사님이 혹시 우리가 괴물이라고 말하는 그 프랑켄슈타인을 만드신 분이세요?"

"역시 소피아의 명성이 자자하더니, 바로 맞히는군요."

"괴물 프랑켄슈타인!"

"이 강의실이 왜 이렇게 음산한지 이제야 알겠구나."

괴물 프랑켄슈타인이라는 말에 아이들은 다시 조용해지기 시작했다.

강의실로 들어올 때, 여러분에게 주어진 미션이 바로 괴물 프랑켄슈타인의 정체를 밝히는 것이었습니다. 그런데 우리는 이 사람을 프랑켄슈타인이 아닌 그냥 괴물^{Monster}이라고 부릅니다. 바로 이 괴물을 만든 내가 스위스의 물리학자 프랑켄슈타인이기 때문입니다. 《프랑켄슈타인》은 원래 영국의 여류작가 셸리^{Mary Wollstonecraft Shelley(1797~1851)}가 1818년 발표한 책입니다. 이 작품은 오늘날 과학소설의 선구자라 할 수 있는 괴기소설을 대표하는 작품입니다.

나는 오랜 연구 끝에 무생물에 생명을 불어넣을 수 있는 방법을 알아냈습니다. 나는 죽은 사람의 뼈와 살로 인간과 똑같은 능력을 갖춘 기괴한 형상의 거대한 인조인간을 만들었습니다. 그러나 이 괴물은 인간 이상의 힘을 발휘하였죠.

"이번 시간에는 낭만주의에 대해서 이야기한다고 하지 않으셨나요? 그런데 왜 괴기스러운 프랑켄슈타인에 대해서만 이야기를 하시는 거죠? 프랑켄슈타인과 낭만주의가 무슨 연관이라도 있나요?"

"필로스의 질문은 우리의 이야기를 시작하기에 충분하군요. 여러분은 《프랑켄슈타인》과 같은 소설이 아름다움을 상징하는 낭만주의의 대표적인 소설이라면 믿을 수 있겠습니까?"

"네? 《프랑켄슈타인》이 낭만주의의 대표 작품이라고요?"

"그렇습니다. 낭만주의를 대표하는 작품들은 《프랑켄슈타인》처럼 기이한 것들이 많습니다. 그리고 낭만주의 소설에 자주 등장하는 장소는 폐허가 된 옛 성터나 공동묘지입니다."

"그래서 강의실의 모습이 폐가로군요."

"그럼 낭만주의 소설에 등장하는 주인공은 옛 성터를 지키는 유명한 가문의 쓸쓸한 후손이겠네요."

"그렇습니다. 뿐만 아니라 점을 잘 치는 점술가, 최면술사, 권력을 잃은 폭군 등이 주요 등장인물입니다. 그리고 이런 영화나 작품에는 꼭 등장하는 것이 있죠? 필로스, 무엇인지 알겠습니까?"

"글쎄요. 영화를 보면 점술가나 유명 가문의 후예들과 한판 승부를 펼치는 것은 귀신이나 유령이잖아요."

"맞습니다. 바로 유령이죠. 나, 프랑켄슈타인도 공동묘지에서 시체의 일부를 잘라 와서 괴물을 만들었습니다."

낭만주의^{Romanticism}는 18세기 말부터 19세기 중엽까지 유럽 전역과 유럽의 문화권에 속해 있던 남북 아메리카에 전파된 문예 사조이며, 예술 운동입니다. 그런데 낭만주의는 왜 이렇게 괴기스러운 모습으로 나타났을까요?

17세기 유럽은 고전주의 문화가 지배

하고 있었습니다. 고전주의는 왕권의 절대적인 힘과 같이 절대적인 아름다움을 중요하게 생각했습니다. 그래서 고전주의는 순수한 귀족 문화라고 할 수 있습니다. 그렇기 때문에 고전주의자들은 복잡한 것보다는 간단명료한 것을 좋아하였으며, 동적인 것보다는 정적인 것을 더 선

호했습니다. 또한 노골적인 표현보다는 우아한 표현을 사용하였으며, 시골과 같은 토속적인 장소보다는 도시를 더 좋아하였습니다.

"아, 이제 생각났다. 하얀 가발을 쓰고 화려한 블라우스를 입은 사람들이 궁중에서 조용히 음악을 듣고 있는 것을 영화에서 본 것 같아요. 그것이 고전주의 음악이죠?"

"그렇습니다. 그들은 우아하고 절제된 낮은 목소리로 얘기 나누고, 조용히 음악을 감상합니다. 가장 대표적인 음악은 하이든이나 모차르트의 작품들입니다. 문학도 같은 맥락이었습니다."

누군가가 자신 있게 고전주의 음악에 대해 이야기를 하자, 프랑켄슈타인 박사가 친절히 덧붙여 설명을 하였다.

고전주의를 대표하는 작가는 영국의 시인 포프를 중심으로, 시인 존슨과 드라이든이 있습니다. 그리고 프랑스에서는 라퐁텐의《우화》, 보쉬에의《조사집弔辭集》, 라파예트부인*^의《클레브 공작 부인》 등이 고전주의 작품으로 유명합니다.

절대왕권의 통치 아래 귀족들은 편안하게 철학, 문학, 음악 등을 즐겼습니다. 반면 시민들은 그렇지 못했습니다. 그러나 영국 혁명(영국의 청교도 혁명과 명예혁명) 이후 절대왕정이 약해지기 시작했고, 산업의 발달로 돈 많은 자본주의 계급이 나타나기 시작했습니다. 즉, 부르주아지가 생겨난 것입니다. 부르주아지 시민들은 절대왕권 아래에서는 누리지 못했던 귀족들의 생활을 누려보고 싶은 욕구를 갖게 되었습니다.

혁명은 숨어 있던 사람들의 취약성을 드러냈습니다. 당시 귀족들은 인간의 이성을 감각보다 더 중요하게 생각했습니다. 하지만 돈을 많이 번 시민들은 지금까지 귀족들이 천시하였던 인간의 감각을 중요하게 생각하기 시작했습니다. 이 두 입장이 팽팽하게 맞서면서 당시 사람들은 절망하기 시작했습니다.

"왜 사람들이 절망하였죠?"

"영국 혁명 이후, 귀족들은 돈 많고 감각을 중시하는 신흥 부자들과 타협하기 시작했습니다. 뿐만 아니라 귀족들이 세운 원리와 규칙이 서민들에 의해서 붕괴되는 것을 보고, 서민들은 모든 것에 불신을 갖게 되었습니다. 그들은 사회가 너무나 빨리 변하는 것에 당혹스러웠습니다. 이런 빠른 변화가 사람의 정신을 빠른 속도로 황폐화시켰습니다."

"그렇다면 낭만주의는 이런 정신적인 폐허에서 시작되었다는 얘긴가요?"

"그렇습니다. 빠르게 변하는 사회에 적응하기 위해 사람들은 자신의 정체성을 확립해야 했습니다. 이것이 바로 낭만주의의 근본적인 정신입니다. 서민들은 자신이 누구인지 알고 싶었고, 확인하고 싶었습니다. 낭만주의를 통해 사람들은 빠른 속도로 황폐해진 사회 속에서 활기차고 정열적인 개인의 삶을 찾기를 원했던 것이지, 결코 국가의 평화나 사회의 안정을 바라지 않았습니다."

프랑켄슈타인 박사의 이야기를 들으며 소피아는 생각이 많아지면 짓는 특유의 표정을 지었다.

활기차고 정열적인 삶을 원한 그들은 복잡한 도시를 떠나 푸른 초원에서 소들이 한가로이 풀을 뜯는 평화로운 시골의 전원생활을 원했습니다. 그런데 문제는 그들의 삶의 방식과 마음속에 품은 생각이 달랐다는 것입니다. 겉으로는 평화로운 전원생활을 즐기며, 마음속으로는 프랑켄슈타인과 같은 괴물을 그리고 있었다는 것은 엄청난 모순이 아닐 수 없습니다. 돈이 생기자 그들은 절대왕권에 억눌렸던 설움을 전원생활로 달랬습니다. 그리고 마음속으로는 귀족들의 몰락을 꿈꾸었습니다. 바로 이런 이중적인 그들의 삶과 생각이 바로 낭만주의의 특징입니다. 낭만주의 작품의 제목만으로도 우리는 낭만주의의 이중적인 모습을 쉽게 알 수 있을 것입니다.

그레이의 《시골 사원 무덤가의 슬픈 노래》, 번스의 《변경 농민의 노래》, 블레이크의 《무심의 노래》, 그리고 스콧의 중세풍 역사소설 《아이반호》와 발라드풍의 《호수 위의 미인》 등이 영국의 대표적 낭만주의 작품입니다.

독일의 경우, 괴테의 《젊은 베르테르의 슬픔》, 실러의 《군도》, 노발리스의 《푸른 꽃》, 장 파울의 괴기소설과 쇼펜하우어의 염세 철학이 대표적이며, 프랑스의 경우 루소를 비롯하여, 샤토브리앙의 《르네》에 담긴 정서와 우울, 빅토르 위고의 《에르나니》, 그리고 뒤마 등이 낭만주의 운동을 한층 더 발전시켰습니다.

"제목만으로도 정말 우울하다. 소피아, 넌 낭만주의가 그런 작품 세계인줄 알고 있었어?"

"약간 우울하거나 괴기스럽다는 것은 알고 있었지만, 이렇게까지 부
정적인 줄은 몰랐어."

"옛날 사람들은 정말 이상해."

"요즘은 그렇지 않은가?"

"음……."

낭만주의에 대한 새로운 사실을 알고 전혀 낭만적이지 않은 마음으
로 우리는 강의실을 빠져 나왔다.

확률상 신은 있다고
믿는 것이 유리하다

파스칼 1623-1662

왜 17세기를 '천재의 세기' 라 부르는지 그 이유를 밝혀 주시오.

이곳에 오고 처음으로 시간이 멈춰 있다는 느낌을 받았다. 지금 내 앞에는 끝없이 펼쳐진 갈대밭과 그 위로 떠오르는 둥근 해, 햇살에 비쳐 일렁이는 금빛 물결뿐이다. 이 모든 것이 시간만 멈추게 한 것이 아니라 복잡하던 가슴 속까지 시원하게 만드는 기분이다.

"17세기가 왜 천재의 세기야?"

갈대밭에 취해 한참을 멍하니 있던 나에게 누군가가 물었다.

"20세기 영국의 최고 철학자라 할 수 있는 화이트헤드가 한 말이야. 17세기는 천재의 세기라고."

13세기 이탈리아에서 시작된 르네상스는 과학의 발달과 함께 유럽 전역으로 확대되었습니다. 과학의 발달은 종교의 몰락이라는 근대사에 있어서 가장 큰 역사적 사건을 낳게 됩니다. 그리고 화이트헤드는 이러한 역사적인 사건의 원인을 17세기에 태어나 활동한 철학자와 과학자들에서 찾고 있습니다. 이렇게 베이컨, 갈릴레이, 뉴턴, 데카르트, 그리고 파스칼과 같은 철학자와 과학자가 활동하였던 17세기를 가리켜 화이트헤드는 천재의 세기라고 했던 것입니다.

확률과 가감승제를 할 수 있는 간단한 계산기를 발견한 프랑스의 철학자는 누구입니까?

"이 문제의 답도 필로스가 말해야겠다. 역사적인 문제잖아."

"이게 어떻게 역사 문제니? 수학 문제지. 하지만 답은 말할 수 있어. 블레즈 파스칼입니다."

이 시간은 왠지 시작부터 기분이 좋은걸.

> "그래도 지구가 돈다고 주장하고 싶습니까?"
> 근엄한 사제복을 입은 많은 사람들이 백발이 성성한 늙은 학자에게 준엄한 목소리로 물었다.

"네, 지구는 태양을 돌고 있습니다."

"그렇다면 우리는 당신을 화형이라는 극형으로 다스릴 수밖에 없습니다. 다시 한 번 잘 생각해 보고 대답하시오."

몸은 늙었지만 눈에는 아직 총명함이 살아 있는 늙은 학자는 숨을 깊이 고른 다음 비장할 정도의 굳은 표정으로 대답하였다.

"아닙니다. 내가 잘못 알았나 봅니다. 지구는 돌지 않습니다. 태양이 돌고 있습니다."

"다른 분들 이의가 없으시다면 이번 갈릴레오 갈릴레이에 대한 재판은 무죄로 판결하도록 하겠습니다. 여러분의 의견은 어떻습니까?"

1633년 4월부터 6월까지 있었던 그 유명한 갈릴레오 갈릴레이에 대한 재판이 강의실 한쪽에서 이루어지고 있었다. 무죄라는 말을 듣고 자리에서 일어난 갈릴레이는 재판장을 나왔다. 그러고는 그 유명한 말을 남겼다.

"그래도 지구는 돈다!"

프랑켄슈타인 박사와 우리는 다 함께 합창하듯 외쳤다.

"우와, 이게 뭐야? 보드게임이다!"

우리의 합창이 끝나자 강의실에 불이 들어왔고 강의실은 익숙한 보드 게임방으로 꾸며져 있었다. 둥근 책상 위에 다양한 보드 게임들이 놓여 있었고, 우리는 각자 짝을 지어 원탁의 책상에 앉았다.

"확률을 발견한 사람이 누구라고요?"

"파스칼이요!"

"지금부터 여러분들이 즐길 이 보드게임은 확률의 게임이라는 것, 여러분들도 잘 아실 겁니다. 우리가 즐겨하는 보드게임에는 주로 주사위가 많이 사용됩니다. 바로 이 주사위를 사용하여 나타나는 수를 확률로 정리한 사람이 오늘 우리가 이야기 나눌 철학자 블레즈 파스칼입니다."

프랑스의 철학자 파스칼은 클레르몽페랑에서 태어났습니다. 세 살 때 어머니를 잃은 파스칼은 아버지의 사랑 속에서 아무 탈 없이 잘 자랐습니다. 파스칼이 일곱 살 때, 아버지는 파스칼의 교육을 위해서 파리로 이사하였습니다.

총명했던 파스칼은 정규 학교를 다니지 않고 아버지로부터 교육을 받았습니다. 파스칼은 수학, 기하학, 자연과학, 기계공학 등 철학과 과학의 모든 영역을 공부하였습니다. 세무사 일을 하던 아버지를 돕기 위해 파스칼은 계산기를 만들겠다고 결심하고, 1642년 성공하였습니다. 1646년에는 진공의 존재와 토리첼리의 실험에서 대기압이 수은주를 떠받치고 있다는 사실을 증명한 일련의 실험을 통해서 파스칼의 원리를 발견하기도 하였습니다.

파스칼은 틈틈이 자신의 생각을 메모로 남겼습니다. 그가 요절한 다음 사람들은 그의 메모를 모아 책으로 출판하였습니다. 이 책이 그의 유일한 저서인 《팡세》입니다. 하지만 《팡세》가 출판되었을 때, 사람들은 그 책에 특별한 관심을 두지 않았습니다. 그러나 시간이 지나면서 《팡세》의 진가는 나타났으며, 파스칼의 불멸의 저서로 남아 전해지고 있습니다.

　"파스칼의 확률 이론을 우리는 '파스칼의 내기'에서 찾아 볼 수 있습니다. 파스칼은 같은 시대의 수학자 페르마와 함께 게임에 관한 내용으로 서로 의견을 교환하였습니다. 이것이 발전하여 오늘날 확률론으로 완성되었습니다. 파스칼은《팡세》에서 훗날 사람들이 파스칼의 내기라고 표현한 신의 존재에 관한 문제를 다루고 있습니다."

　"신의 존재를 가지고 내기를 했다는 건가요?"

　"그렇죠. 신이 존재한다는 쪽과 존재하지 않는다는 쪽에 내기를 건다는 것이죠. 그리고 사실도 내기와 마찬가지로 신이 존재하거나 존재하지 않거나 두 가지 중에 하나일 것입니다. 파스칼은 이렇게 두 가지 내기와 두 가지 사실이 있다고 생각했습니다. 그리고 내기와 사실에 따라 그 결과가 달라진다고 보았습니다."

　"어떻게요?"

　아이들이 모두 입을 모아 소리치자 프랑켄슈타인 박사는 칠판 위에 다음과 같은 표를 만들었다.

내기 ＼ 사실	신의 존재	신의 비존재	결과
신의 존재	이익	손해 볼 것 없음	이익
신의 비존재	손해	손해 볼 것 없음	손해

　"여러분이라면 어느 쪽에 내기를 거시겠습니까? 신은 존재한다는 쪽? 아니면 신은 존재하지 않는다는 쪽? 자, 소피아와 필로스가 이야

기해 볼까요?"

"저는 신이 있는 쪽이요."

"저는 없는 쪽이요."

"좋습니다. 소피아는 신이 있는 쪽에 내기를 걸었고, 필로스는 신이 없는 쪽에 내기를 걸었습니다."

자, 실제로 신이 존재한다면, 신의 존재를 믿은 소피아에게는 이익이 돌아갈 것입니다. 그 이익은 천국일 수도 있고, 또 다른 무엇일 수도 있지요. 하지만 신이 존재하지 않는다고 해서 소피아가 손해 볼 것은 없죠? 그렇다면 소피아의 내기는 결과적으로 이익일까요? 아니면 손해일까요? 당연히 이익입니다.

반대로 필로스는 신이 없는 쪽에 내기를 걸었습니다. 만약 정말로 신이 있다면 신을 믿지 않는 필로스는 어떤 식으로든 손해를 볼 겁니다. 하지만 실제로 신이 없다고 해도 손해 볼 것이 없을 뿐이지 이익이 될 것도 없습니다. 그렇다면 결과적으로 필로스는 손해라는 결과가 나옵니다.

"당시 사람들은 신은 있으며, 신이 인간을 도와준다고 믿고 있었습니다. 하지만 만약 신이 없어서 인간을 돕지 못한다고 해도 손해 볼 일은 없다는 것이죠."

"그런데 왜 파스칼은 신의 문제로 내기를 했나요?"

무슨 철학자가 이런 걸로 내기를 하다니. 어쨌거나 손해라는 말은 기분이 좋지 않다. 조금만 더 생각했더라면 나도 신이 존재한다는 쪽에 내기를 걸었을 텐데.

"파스칼은 인간을 약한 존재라고 생각했기 때문입니다."

"아, 그래서 갈대라는 말을 했군요."

"그렇습니다. 바로 생각하는 갈대라고 했습니다."

파스칼은 인간은 하나의 갈대에 지나지 않는다고 했습니다. 하지만 인간은 우주를 생각할 수 있습니다. 그러나 우주는 인간을 생각할 수 없습니다. 그렇기 때문에 파스칼은 인간이 우주보다 더 위대하다고 말합니다. 바로 생각할 수 있다는 것이 약한 인간을 위대한 인간으로 만들 수 있는 것이죠. 하지만 물론 이런 위대한 인간의 생각도 한 마리의 벌레가 중단시킬 수 있습니다. 이렇게 인간의 사유는 한계와 모순을 갖고 있는 것입니다.

어쨌거나 파스칼은 인간은 나약하지만, 사유할 수 있기 때문에 위대하다는 것을 설명하고자 한 것 같습니다. 그리고 나약하기 때문에 신과 같은 절대자에게 의지하려는 마음도 감출 수 없는 것입니다. 그런 파스칼의 생각이 오늘날 수학에서 빼놓을 수 없는 확률을 만드는 기초가 되었던 것입니다.

"소피아, 너 보드게임 좋아해?"

"응, 정말 좋아 해. 우리 오늘 밤새워 보드게임하고 놀까?"

"좋지! 그럼 뭐 내기할까?"

내기와 실제, 우리가 항상 부딪히는 상황이다. 내기를 하는 이유는 무언가가 분명하지 않기 때문이다. 그렇다면 실제는 분명한 것일까?

서양문화사 영국 〈권리청원〉 의회 통과(1626), 미국 하버드대학교 개교(1636)
동양문화사 러시아, 흑룡강 지방 탐험(1643), 청, 북평으로 도읍(1644)
한국문화사 《지봉유설》, 《채신잡록》의 저자 이수광 사망(1628)
　　　　　　《태극변해》, 《태극문답》의 저자 선우협 사망(1653)

나는 의심한다.
그러므로 나는 있다

데카르트 1596-1650

5+7=12가 정말로 맞습니까?
13이나 14인데 우리가 착각하고 있는 것은 아닙니까?

5에 7을 더한 것이 정말 12가 맞느냐고 묻다니, 이번엔 또 무슨 이야기를 하려는 건지.

"소피아, 우리가 잘못 들은 것은 아니지?"

"다시 한 번 더 나오잖아. 그나저나 저것은 또 뭐니?"

다음 강의실로 가는 길 양 옆에는 루터, 칼뱅, 앙리 4세, 프랑수아 2세 등의 조각상과, 그 유명한 성바르톨로메오의 학살을 묘사한 조각과 그림이 가득했다.

"이게 다 뭘 말하는 거니?"

소피아도 이제 나의 역사 실력을 인정하는 모양이다.

"응, 프랑스의 위그노 전쟁에 관한 조각과 그림들인 것 같은데."

프랑스 종교개혁에 불을 붙인 칼뱅이 스위스로 쫓겨납니다. 칼뱅은
루터와 손잡고 스위스 종교개혁을 완성하였지만, 과로로 인해 1564년
죽고 말았습니다. '위그노^{Huguenot}'란 가톨릭 신자들이 칼뱅파 신교 교도
를 경멸하여 부른 말입니다. 1562년부터 1598년까지 모두 8차에 걸쳐
프랑스의 종교 전쟁인 위그노 전쟁이 일어났습니다. 하지만 신교 교도
였던 앙리$^{Henri(1553~1610)}$ 4세가 가톨릭으로 개종한 다음, 1598년 낭트에서
신앙의 자유를 선언함으로써 위그노 전쟁도 끝이 나고, 프랑스에서의
종교 문제도 해결되었습니다.

"나는 생각한다. 그러므로 나는 존재한다." 이 말을 한 프랑스 철학자는 누구입니까?

"위그노 전쟁에 관한 내용이 아닌가 봐."

강의실로 먼저 들어간 소피아가 조용히 속삭였다.

"아니야, 분명 위그노 전쟁에 관한 내용이었어."

나의 강한 부정에도 불구하고 강의실이 우리에게 보여 주고 있는 것
은 위그노 전쟁과는 전혀 무관한 모습이었다. 어두침침한 강의실 안,

백열등 하나가 어두운 빛을 발산하고 있었고, 백열등 아래는 담요를 머리까지 뒤집어 쓴 어떤 사람이 난로 앞에 웅크리고 앉아 꾸벅꾸벅 졸고 있었다.

"이번 시간 우리가 이야기할 철학자는 여러분도 잘 알고 있는 데카르트입니다. 데카르트는 프랑스의 종교 전쟁인 위그노 전쟁이……."

프랑켄슈타인 박사의 이야기가 시작되자 나는 의기양양하게 소피아의 귀에 속삭였다.

"거 봐, 위그노 전쟁 맞잖아."

"그런데 저 사람은 누구니?"

"데카르트 아니겠어? 이번 시간 주제가 데카르트라니까 말이야."

프랑스의 종교 전쟁인 위그노 전쟁이 한창인 1596년, 프랑스의 위대한 철학자 데카르트가 태어났습니다. 이때는 프랑스뿐 아니라 유럽 전체가 불안하고 불완전했는데, 종교개혁 이후 가톨릭과 신교 사이에 계속된 종교 전쟁이 가장 큰 원인이었습니다. 전지전능한 신의 이름으로 이야기하는 모든 것은 진리라고 믿고 있던 당시에, 그 전지전능한 종교가 둘로 나누어져 싸움을 시작했기 때문입니다.

귀족 가문에서 태어나 철학과 수학을 공부한 데카르트는 현대 철학의 창시자, 현대 철학의 아버지라 불립니다. 근대의 철학자 중에서도 고도의 철학적 능력을 소유한 사람이라는 뜻일 것입니다. 데카르트는 파리에서 유학하며 많은 학자들과 자유롭게 철학, 신학, 과학 등을 연구하고 토론하였습니다. 하지만 파리는 아주 복잡하고 소란스러운 도시였습니다. 천성적으로 조용한 곳을 좋아한 데카르트는 결국 네덜란드 군에 입대하였습니다. 1618년 독일에서 30년 전쟁이 일어나면서 데카르트는 네덜란드보다 더 조용한 독일의 바바리아 군에 입대했습니다. 겨울이 되면 데카르트는 게으르고 겁 많은 사람답게, 난로가 놓인 따뜻한 내무반에서 조용히 생활하였습니다.

"아, 이제 알았다. 저기 조용히 앉아 명상에 잠긴 데카르트가 있는 곳이 내무반이군요."

나는 그것 보란 듯이 소피아를 슬쩍 쳐다보았다.

"겁 많은 데카르트는 따뜻한 난롯가에 앉아서 참 많은 것을 의심하였습니다. 그래서 많은 철학사에서는 데카르트의 성품을 소심하고 겁 많고 게으른 사람으로 서술하고 있습니다. 심지어 갈릴레오 갈릴레이의 유죄 판결에 놀란 그는 집필 중이던 《우주론》이란 책을 폐기 처분 하였다고 합니다."

"참 소심한 철학자였나 보네요. 그래서 의심이 많은 철학자로 통하는군요."

"소피아의 말처럼 데카르는 의심을 많이 한 철학자입니다. 하지만 철학사에서는 그의 의심을 '방법적 회의'라고 부릅니다. 우리는 한 가지를 의심하기 시작하면 다른 것도 의심하게 됩니다. 이렇게 의심은 또 다른 의심을 낳습니다. 하지만 데카르트가 의심을 하는 이유는 어떤 진리를 찾아내기 위해서였습니다. 의심에서 의심으로 그 과정을 끝까지 추구해 나가면 어떤 결론을 얻을 수 있다고 보았던 것이죠. 그래서 우리는 데카르트의 회의를 방법적 회의라고 합니다."

"데카르트는 무엇을 그렇게 의심했죠?"

첫째, 중세의 몰락 이후에도 천 년 이상 이어온 중세의 문화인 스콜라 학설과 이론은 쉽게 사라지지 않고, 데카르트 시대에도 여전히 남아 그 위력을 발휘하고 있었습니다. 중세 시대에 기독교 교리를 중심으로 일방적으로 강요된 진리인 스콜라 철학의 이론과 학설을 데카르트는 인간의 이성으로 다시 비판하고 반성하여야 한다고 했습니다.

둘째, 상식에 의해서 승인된 지식입니다. 데카르트는 이성에 의해서 검증되지 않고 받아들여지는 단편적이고 피상적인 지식을 자신의 철학적 원리로 받아들일 수 없다고 보았습니다.

셋째, 개인의 주관적인 편견과 선입관, 그리고 전제와 가설입니다. 인간은 진리에 도달하기 위해서 걸림돌이 되는 편견과 선입관을 버려야 한다고 데카르트는 주장합니다. 우리 자신이 갖고 있는 오류는 대상 자체가 지니고 있는 오류보다 더 큰 방해물이라는 것입니다.

넷째, 오랜 기간을 두고 권위와 진리 등으로 인정받고 있는 전통과 관습은 시간과 공간을 벗어나면 그 타당성을 인정하기가 쉽지 않습니다. 그러나 철학적 진리는 시간과 공간을 초월하여 인정받아야 되기 때문에 전통과 관습에 의해서 전승되는 진리를 인정할 수 없다는 것이 데카르트의 생각입니다.

다섯째, 개개의 사건을 종합하여 일반적인 진리를 이끌어 내는 것을 경험을 바탕으로 한 귀납적인 방법이라고 합니다. 개개의 관찰이나 실험은 정확한 지식을 가져다줍니다. 하지만 그렇게 해서 얻는 지식이 너무나 적기 때문에, 보편적이고 일반적인 지식이라고 할 수 없습니다. 그러므로 데카르트는 귀납적인 방법으로 얻은 지식은 자명한 진리로 받아들일 수 없다고 하였습니다.

여섯째, 인간의 감각은 극히 제한적이고 주관적이기 때문에 감각적 경험은 객관적 대상의 존재 여부를 인식할 능력이 없습니다. 그리고 감각적 경험으로는 사물의 현상은 파악할 수 있지만 사물의 본질은 파악할 수 없습니다. 그러므로 감각적 경험으로 얻은 지식을 우리는 신뢰할 수 없는 것입니다.

일곱째, 우리 인간의 모든 지식과 삶이 한낱 꿈이 아닌가 하고 데카르트는 의심합니다. 우리는 꿈속에서 우리의 실제 생활과 같은 것을 경험합니다. 그렇다면 우리가 현실 생활 속에서 경험하는 모든 것이 꿈이 아니라는 보장이 없습니다. 즉, 데카르트는 우리의 삶이 꿈이고, 우리의 꿈이 삶이 아닐까 의심합니다.

그리고 마지막으로 데카르트가 의심한 것은 수학적 진리입니다.

"5+7은 얼마입니까?"

"……."

모두들 '12'라고 대답하고 싶었지만 참는 눈치였다. 분명 대답을 하면 그 뒤에 엄청난 질문들이 따라올 것이라는 걸 이제는 모두 알고 있으니까 말이다.

데카르트는 하나님이 항상 우리로 하여금 틀린 계산을 하게 할 수도 있다고 보았습니다. 물론 하나님은 그렇게 하지 않을 것입니다. 그러나 교활하고 남을 잘 속이고 인간을 골탕 먹이기 좋아하는 악마는 다릅니다. 그 악마가 우리를 유혹하여 잘못된 계산을 하게 할 수 있다고 데카르트는 생각합니다. 5+7은 사실 12가 아니라 13이나 14인데, 우리가 계산을 할 때마다 이 악마가 우리의 귀에다 5+7은 13이나 14가 아니라 12라고 속삭이기 때문에 우리가 12라고 믿고 있는 것은 아닌가하고 데카르트는 의심하였습니다.

"여러분의 생각은 어떻습니까? 데카르트의 의심이 이해가 갑니까?"

"다른 것은 이해가 가지만, 꿈과 현실이 뒤바뀌었다거나 수학적인 진리를 의심한다는 것은 조금 지나친 것 같은데요."

아무리 생각해도 데카르트는 분명 소심한 A형 철학자였을 것이다.

"물론 데카르트도 자신의 생각이 충분히 논의의 대상이 될 것이라는 것을 예상했을 것입니다."

"그렇다면 왜 그런 것까지 의심의 대상으로 삼았죠?"

"데카르트가 의도한 것은 우리가 할 수 있는 의심은 다 해보자는 뜻일 것입니다. 즉, 조금이라도 의심이 가는 것은 모두 의심해 보자는 것이 데카르트의 의도였을 것입니다."

이렇게 데카르트는 종래의 모든 지식을 자신의 회의 대상으로 삼았습니다. 그러나 자신의 지나친 의심에도 불구하고, 단 하나 의심할 수 없는 것이 남아 있다고 데카르트는 믿었습니다. 그것은 바로 그렇게 의심하는 자신의 존재입니다.

수학문제를 풀고 기하학을 공부할 때, 자신으로 하여금 틀린 계산을 하게 하는 악마가 있을 수 있고, 자신의 육체도 환상일 수 있습니다. 그러나 자신의 사고만은 의심의 여지없이 분명한 것입니다. 즉, 자신은 모든 것을 의심하려고 하지만, 그런 의심을 하는 자신만은 분명히 있는 것입니다. 데카르트가 자명한 원리라고 생각한 것은 어떤 경우에도 의심의 여지가 없는 확고부동한 원리를 의미합니다. 이렇게 데카르트는 진리의 확실한 근거를 모든 지식과 수학적 진리까지 의심하면서 찾았습니다. 그리고 이러한 회의를 통해서 확실한 것 하나를 얻었습니다. 한 가지 확실하고 분명한 사실은 무엇을 의심하든 생각하기 위해서는 필연적으로 의심하는 자신이 존재하여야 한다는 것입니다.

"그래서, '나는 생각한다. 그러므로 존재한다'는 것이군요."

"그렇습니다. 데카르트의 이 말이 뜻하는 것은 아무리 의심하여도 의심이라는 생각을 하는 데카르트는 있다는 뜻이랍니다. 이를 위해 데카르트는 초의 예를 들고 있습니다."

우리는 초를 보고, 향기, 색깔, 조직 등을 생각합니다. 하지만 초의 본질은 무엇입니까? 초에 불을 붙이면 어떻게 될까요? 초의 본질은 빛을 내고, 녹으며, 따뜻하다는 것입니다. 인간의 육체도 마찬가지입니다. 인간은 육체를 갖고 있지만 자신의 존재를 인식하게 하는 것은 육체가 아닙니다. 인간은 생각하는 존재이고, 마음이며, 지적 능력이고, 정신이며, 이성이라고 데카르트는 생각했습니다. 이렇게 데카르트에 있어서 확실한 나의 존재는 의심의 여지없는 분명한 진리입니다. 분명한 진리이기 때문에 모든 철학적 명제는 바로 "나는 생각한다. 그러므로 나는 존재한다"에서 시작할 수 있는 자명한 원리로 받아들여져야 합니다. 인간 이성의 빛만이 진리와 인식의 유일한 기준이 될 수 있습니다. 그러므로 인간의 모든 문제는 생각하는 인간의 정신에서부터 풀어 나가야 된다고 데카르트는 주장한 것입니다.

"나는 역사를 믿는다. 그러므로 나는 존재한다."

"역사가 있다는 건 너무 당연한 것 아니니?"

"베이컨의 극장의 우상, 기억 안나? 거기엔 역사를 믿지 못한다는 뜻이 포함되어 있잖아. 역사를 믿지 못하면 우리는 없는 거나 마찬가지지. 안 그래?"

"너 역사 좀 한다고 너무 우쭐댄다."

뭐, 그랬을지도 모르겠다. 하지만 아무리 의심을 한다고 해도, 나의 과거를 인정하지 않는다는 건 나의 미래도 믿지 않는다는 뜻이라는 생각에는 변함이 없다.

서양문화사 영국 동인도회사 설립(1600), 세르반테스 《돈키호테》 출판(1605)
동양문화사 산동에서 백련교도의 반란(1622), 청, 과거제 도입(1646)
한국문화사 일본과 을유조약(1609), 이항복 사망(1618)

세상의 마지막 날,
사과나무를 심는 이유

4

나는 바쁘게 길을 가고 있었습니다. 그런데 갑자기 돌풍이 불었습니다. 지붕에 있던 돌이 떨어져 내 머리를 때렸습니다. 이건 운명일까요?

따뜻한 햇살을 받으며, 배에서 흐르는 아름다운 선율을 들으며, 운하를 따라 흐르는 암스테르담의 아름다운 모습을 넋을 잃고 바라보았다. 정말이지 꿈만 같은 시간이었다.

"예정된 시간보다 5분 먼저 다음 시간이 시작됩니다. 서둘러 주시기 바랍니다."

갑자기 배에서 흐르던 아름다운 선율이 끊기고 딱딱한 목소리가 들려왔다. 우리는 갑작스런 예고에 우왕좌왕하며 배에서 빠져나왔다.

"악!"

"필로스? 괜찮아?"

"응, 급하게 내리다가 돌부리를 잘못 밟았나봐. 별 거 아니야."

영국의 명예혁명으로 영국의 왕이 된 사람은 어느 나라의 누구입니까?

"네덜란드의 왕 윌리엄 3세와 왕비 메리 2세입니다."

"역시 역사에 강하구나."

소피아의 칭찬에 조금 전에 다친 곳의 통증이 싹 가시는 것 같았다. 정말이지 칭찬은 나 같은 몸치도 춤을 추게 만드는 모양이다.

"어? 지난 시간에 본 사람이야."

"이번에는 난로 앞에 앉아 졸고 있지 않는데?"

"그러네. 뭔가 열심히 다듬고 있는 것 같아."

"유리인가? 렌즈 같기도 하고."

"어서 오십시오. 갑자기 시간이 앞당겨지는 바람에 조금 정신이 없었죠?"

이미 자리에 앉아 우리를 기다리고 있던 프랑켄슈타인 박사가 웃으며 우리를 반겼다.

"저 사람은 누구죠? 데카르트가 아닌가요?"

"아닙니다. 저 사람은 네덜란드에서 태어난 철학자 스피노자입니다."

네덜란드가 자랑하는 철학자 스피노자는 암스테르담에서 부유한 유대인의 아들로 태어났습니다. 스피노자의 아버지는 스피노자를 유대교의 랍비로 키우기 위해서 7세 때부터 히브리어와 유대교 경전을 교육시켰습니다. 하지만 스피노자는 데카르트와 코페르니쿠스의 사상에 심취하였고, 결국 유대교의 전통 신앙을 버리고 자유사상가로 성장하였습니다. 고대 그리스어와 라틴어를 배운 다음 고전 문헌을 직접 접한 스피노자는 아버지의 뜻과 반대로 유대교와 결별하였습니다. 결국 스피노자는 유대교로부터 무신론자라는 낙인과 함께 이단으로 몰려 추방당하고 말았습니다. 그리고 스피노자는 아버지의 모든 유산을 스스로 포기하고, 유리를 깎아 렌즈를 만드는 일로 생계를 유지하였습니다.

"맞아. 네덜란드는 옛날부터 광학 기술이 발달했어. 네덜란드의 렌즈 연마사인 리페르스헤이가 1608년에 망원경의 특허를 신청했고, 반 레벤후크가 현미경을 발견했어. 어쨌거나, 스피노자는 유대교로부터 따돌림을 당한 것이네요."

"스피노자는 자신의 집단에서 쫓겨나고 가족으로부터 버림받았지만, 결코 슬퍼하거나 원망하지 않았습니다."

"아, 생각났다. 사과나무! '내일 세상에 종말이 온다고 해도 오늘 한 그루의 사과나무를 심겠다.' 이게 바로 스피노자가 한 말이죠?"

"하하, 필로스가 오늘 성적이 좋군요. 맞습니다. 스피노자는 그만큼 삶을 낙천적으로 살았답니다."

스피노자는 세계를 움직이는 것을 신이라고 했습니다. 그리고 이 신은 어떤 다른 것에 의존하지 않기 때문에 자유라고 했습니다. 그러나 신을 자유라고 했을 때, 이 자유는 아무것이나 마음대로 하는 그런 의미의 자유는 아닙니다. 스피노자가 말하는 신은 무질서한 자유를 의미하는 것이 아니라 자기 법칙에 따라 필연적으로 움직이는 신입니다. 그렇기 때문에 인간이 살고 있는 이 세상의 자연 현상은 어떤 법칙에 따라 움직인다고 스피노자는 생각했습니다. 뿐만 아니라 스피노자는 인간의 정신 현상도 자연 현상과 마찬가지로 어떤 법칙에 따라 움직인다고 보았습니다.

"알았다! 오늘의 미션과 5분 빨리 시작한 수업!"

"?"

모두들 소피아의 외침에 그 의미를 몰라 어리둥절해 했다. 하지만 프랑켄슈타인 박사는 우리를 향해 의미심장한 미소를 지었다.

만약 어떤 사람이 길을 가다가 지붕에서 떨어진 돌에 맞아 크게 다쳤다고 가정해 봅시다. 어떤 사람은 이 사건을 놓고 우연적인 사건이라고 할 것입니다. 그런가하면 또 어떤 사람은 신의 뜻인 필연적인 사건이라고도 할 것입니다. 필연적인 사건을 주장하는 사람이라면 돌이 날아와 떨어지는 그 시간에 그 사람이 그곳을 지나는 데에는 분명 이유가 있다고 말할 것입니다. 바로 스피노자가 그랬습니다.

예를 들어서 여자 친구를 만나기로 한 그 사람은 그 시간에 그곳을 지날 수밖에 없었고, 때마침 바람이 불었고, 돌이 날아왔습니다. 그럼 왜 그 시간에 바람이 불었을까요? 이렇게 그 이유를 묻다 보면 결국 우리는 자연 현상을 설명하게 될 것입니다. 이러한 자연 현상을 스피노자는 어떤 법칙에 따라 움직이는 것이라고 보았습니다. 그렇기 때문에 이 세상에 일어나는 모든 현상은 신의 뜻인 필연적인 사건인 것입니다.

"그러니까 필로스가 넘어진 것도 5분 빨리 수업을 시작한다는 방송 때문이고, 5분 빨리 수업을 시작한다고 방송을 한 사람은 또 누군가로부터 5분 빨리 수업을 시작한다는 방송을 하라는 통보를 받았기 때문이라는 거죠?"

"그렇죠. 그렇게 말한 사람은 또 누군가로부터 그렇게 전하라는 연락을 받았겠죠."

"필로스가 넘어진 것은 단순한 사건이 아니라는 말씀이시죠?"

"넘어진 것만 보면 우연일 수도 있죠. 하지만 그 이유를 살펴다 보면 모든 것이 어떤 법칙에 따라 움직였다는 것을 알 수 있죠. 이렇게 스피노자는 어떤 사건을 볼 때 그 사건만 보는 것이 아니라 그 사건과 연루된 모든 관계를 보기 때문에 자연법칙에 따라 이 세계가 움직인다고 본 것 같습니다."

"돌부리를 잘못 밟아 넘어진 제가 그렇게 큰 사건에 연루되었다고 생각하니 기분이 좀 그러네요. 어쨌거나 저는 스피노자의 이야기에 완전히 동의할 수는 없겠는데요."

"왜죠?"

"이 세상의 모든 것이 필연적으로 움직이는 것이라면 인간의 자유는 어떻게 되는 거죠? 우리 개개인의 행동 하나하나가 자유롭지 못하다는 거잖아요."

아무래도 우연이 없는, 필연과 운명으로만 세상이 이루어졌다는 건 조금 찜찜한 생각이 들었다. 나는 슬쩍 하늘을 올려다보았다.

'제가 이런 질문을 하게 되는 것도 다 정해져 있는 건가요? 위에서 보고 계세요?'

여러분은 우리에게 일어나는 모든 일이 필연적인 원인에 의해서 이미 결정되어 있다면 자유는 없는 것이라고 생각하십니까? 스피노자의 생각은 달랐습니다. 즉, 인간은 모든 일이 필연적으로 일어난다는 것을 모르기 때문에 오히려 자유로운 행동을 할 수 있다는 것입니다. 만약 자연 현상이 어떤 법칙에 따라 필연적으로 일어날 수밖에 없다는 것을 우리가 알고 있다면, 우리의 행동은 부자연스러울 것입니다. 하지만 그런 것을 모르기 때문에 우리는 자유롭게 행동한다는 것이죠.

"그렇다면 필연적인 법칙을 모르면 자유롭고, 알면 부자유스럽다는 말인가요?"

"꼭 그렇지만은 않습니다. 인간은 자연 현상의 법칙이 이미 결정되어 있다는 사실을 앎으로써 더 자유로울 수도 있습니다."

"…… 이해가 잘 안되는데요."

"여러분 축구 좋아하세요?"

"네!"

축구라는 말에 아이들이 한 목소리를 냈다.

"축구에는 여러 가지 규칙이 있습니다. 축구의 규칙을 알고 축구를 하는 것과 축구의 규칙을 모르고 하는 것 중에서 어떤 것이 더 자유로운 축구를 할 수 있을까요?"

"그거야, 당연히 축구의 규칙을 제대로 알고 하는 것이 훨씬 더 재미있고 자유롭게 축구를 할 수 있죠."

"스피노자의 생각도 필로스와 같습니다."

축구 시합을 할 때, 만약 경기 규칙을 모른다면 언제 심판이 호루라기를 불지 몰라 전전긍긍하면서 축구를 할 것입니다. 나에게 가해질 제재와 구속이 걱정스럽기 때문이죠. 하지만 축구의 경기 규칙을 잘 알고 있다면, 제재와 반칙에 대한 걱정 없이 정말 편안하게 시합에 임할 수 있을 것입니다. 스피노자의 생각도 이와 같습니다. 세계의 자연 현상과 인간의 정신 현상에 정해진 규칙이 있다면, 그러니까 필연적인 어떤 규칙에 따라 세계가 움직이고 어떤 현상이 나타난다면, 우리 인간은 참 편안하게 주어진 사건을 받아들일 수 있을 것입니다.

"이러한 스피노자의 생각을 우리는 '결정론적 세계관'이라고 합니다. 세상에 나타나는 모든 일들은 그것이 나타나기 전에 이미 결정되어 있다는 뜻이겠죠."

"결정론적 세계관이라고요?"

"네, 그렇습니다. 이런 스피노자의 생각이 그로 하여금 세계가 멸망하기 전날 사과나무를 심는 여유를 보여 주었다고 할 수 있겠죠. 이제 스피노자의 생각을 잘 알겠죠?"

"이미 결정되어 있단 말이지!"

"뭐가?"

"그런 것이 있어."

소피아가 알듯 모를 듯한 말을 남기고 먼저 강의실을 빠져나갔다. 나는 다시 하늘을 쳐다보았다.

'제가 소피아의 뒤를 쫓아 여기서 나가는 것도 이미 정해져 있나요? 제가 안 나가고 계속 여기에 있으면 어떻게 하실래요? 설마 그것도 정해져 있나요……?'

서양문화사 네덜란드의 타스만, 타스마니아와 뉴질랜드 발견(1642), 독일 30년 전쟁 종료(1648)
동양문화사 중국 이자성, 호북의 모든 성과 호남 북부 지배(1645)
한국문화사 《오리집》의 저자 이원익 사망(1630), 《우복집》, 《상례참고》의 저자 정경세 사망(1653)

라이프니츠의 미래가 스피노자의 미래보다 자유로운 이유

라이프니츠 1646-1716

Gottfried Wilhelm von Leibniz

여기 두 개의 시계가 있습니다.
두 개의 시계는 조금의 오차도 없이 정확하게 움직입니다.
왜 그런지 이유를 가르쳐 주시기 바랍니다.

온통 시계였다. 태어나서 지금까지 이렇게 많은 시계를 본 적이 있었던가? 다음 강의실로 가는 길 양옆의 벽과 바닥에 놓인 온갖 종류의 시계가 저마다의 규칙적인 소음을 만들어 내고 있었다.

"틱, 톡, 틱, 톡……."

아침 기상 시간을 알리는 자명종 소리가 아니어도, 시계의 초침과 분침 소리만으로도 이렇게 괴로운 소음이 될 수 있다니. 어서 빨리 이 길을 벗어나고 싶은 생각뿐이다.

"필로스, 이 길은 어디서 본 길 같지 않아?"

"놀리지 마. 이 길은 첫날 우리가 보았던 길과 똑같아. 분명해. 그나저나 빨리 이 길을 벗어났으면 좋겠는데."

"그런데 이번 시간의 미션은 조금 이상하지 않아? 요즘처럼 인공위성이 발달한 시대에 두 개의 시계가 정확하게 움직이는 게 뭐 그렇게 대단한 일이라고."

언제나처럼 소피아는 이 길이 어제와 같은 길인지, 새로운 길인지에는 별 관심이 없어 보였다.

미분과 적분을 발견한 독일 사람은 누구입니까?

"독일 사람이라고? 미분과 적분은 영국의 뉴턴이 발견했잖아?"

소피아가 당황스러운 표정을 감추지 못하고 되물었다. 그러자 강의실 문이 열리며 프랑켄슈타인 박사가 모습을 나타냈다.

"답은 독일의 라이프니츠입니다. 어서들 들어오세요."

프랑켄슈타인 박사가 우리를 향해 미소를 지으며 강의실 문을 열어주었다. 강의실로 들어가자 웅장한 교향악이 울려 퍼졌다.

강의실에서는 어떤 사람이 큰 칠판 앞에 서서 수학 문제를 풀고 있었다. 더 재미있는 것은 수학 문제를 풀고 있는 사람의 손놀림에 따라 교향악이 연주되고 있다는 사실이었다.

"미분과 적분이네."

"수학! 그것도 미분과 적분, 정말 싫다, 싫어."

"그런데 저 뒤에서 교향악을 연주하는 사람들은 또 뭘까?"

아이들은 칠판 앞에서 수학 문제를 풀고 있는 사람과 그 뒤에서 교향악을 연주하는 사람들을 번갈아보며, 정말 어울리지 않는다는 표정을 짓고 있었다.

"여러분이 알고 있는 것처럼 미분과 적분은 영국의 과학자 뉴턴이 발견한 것으로 알려져 있습니다. 그래서 많은 영국 사람들은 그 공을 뉴턴에게 돌렸습니다. 하지만 오늘날은 뉴턴과 라이프니츠 두 사람이 거의 같은 시기에 미적분을 발견한 것으로 보고, 그 공을 두 사람에게 돌립니다."

"저희들 입장에선 공이라고 하기엔 좀……."

나만큼이나 수학을 싫어하는 한 아이의 말에 우리 모두 한바탕 웃음을 터트렸다.

10세기경 프랑스의 알자스 지방과 스위스에 걸쳐 살던 한 귀족이 스위스에 높은 성을 쌓았습니다. 사람들은 그곳에 사는 귀족들을 합스부르크가*라고 불렀습니다. 1273년 합스부르크가에서는 처음으로 루돌프 1세가 신성 로마제국의 황제로 임명되었습니다.

합스부르크를 중심으로 독일은 신성 로마제국의 절대주의를 다시 회복하고 번영을 누리기 시작했으나, 1618년 신교(프로테스탄트)와 구교(가톨릭)간에 종교 전쟁인 30년 전쟁이 일어났고, 이렇게 소란스러운 시기에 독일의 합리주의 철학자 라이프니츠가 태어났습니다. 라이프니츠의 아버지는 라이프치히대학교 철학과 교수였습니다. 어릴 때부터 아버지의 책 중에서도 철학과 고전을 즐겨 읽던 라이프니츠는 논리학에도 많은 관심을 갖게 되었습니다.

당시 유럽은 과학에 큰 관심을 갖고 있었으며, 영국의 과학자로부터 초대된 라이프니츠는 1674년 영국에서 계산기를 발명하였습니다. 이러한 라이프니츠의 능력을 인정한 독일 하노버가*의 프리드리히는 라이프니츠에게 함께 일할 것을 제안했고, 1676년 라이프니츠는 하노버로 가는 길에 네덜란드의 스피노자를 방문하여 한 달 정도 머물면서 그의 영향을 많이 받았다고 합니다.

라이프니츠는 우주의 궁극적인 실체는 물질의 원자가 아닌, 힘 또는 에너지의 단위라고 하였습니다. 그 단위가 바로 '모나드^{Monade}'입니다. 원래 모나드는 수학 용어이며, '1' 혹은 '단위'를 뜻하는 '모나스'에서 나온 말입니다. 이 세계에 존재하는 모든 개체는 각각의 실체를 가지고 있기 때문에 이 세계에는 무수히 많은 실체가 존재하며, 이와 같은 개개의 실체가 곧 단자라는 것입니다.

실체와 실체는 서로 아무런 영향을 주지 않습니다. 마찬가지로 서로 다른 단자들도 어떤 인과관계에 놓여 있지 않습니다. 이 세상에 존재하는 모든 개체들은 겉으로 보기에는 서로 인과관계를 갖고 있는 것으로 보이지만 속임수에 불과하고, 실제로는 아무런 관계가 없다는 것이 라이프니츠의 생각입니다.

라이프니츠는 각각의 단자들이 우주를 반영하고 있다고 이야기합니다. 우주가 단자에게 어떤 영향을 주는 것이 아니라 신이 그런 결과를 기대하고 그와 같은 성질을 개개의 단자에 주었기 때문입니다. 그래서 개개의 단자에 나타나는 변화는 이미 신에 의해서 예정되어 있고 조화롭게 움직이게 되어 있다고 합니다. 이것이 라이프니츠의 '예정조화설_{豫定調和設}'입니다.

"예정조화설이요? 모든 것은 예정되어 있고 조화롭게 움직인다는 뜻인가요?"

소피아도 이번 시간만큼은 알고 있는 것이 별로 없는 듯 했다.

"신은 일반적으로 전지전능하며 완전해서 선한 것으로 묘사됩니다. 그리고 신은 절대적인 완전성과 인간의 자유의지를 조화시키려고 노력합니다. 하지만 인간이 자유로운 것은 인간의 행위가 인간의 의지에서 나오기 때문입니다. 그러나 이러한 인간 의지는 궁극적으로 신의 의지에 그 원인을 두고 있습니다."

"이 부분은 지난 시간에 이야기했던 스피노자의 생각과 비슷하네요?"

"그렇죠. 그러나 완전히 같지는 않죠? 라이프니츠는 인간의 자유의지가 신에 의존해 있다 하여도 우리 인간이 부정할 수 없는 것은 인간의 자발성이라고 했습니다. 하지만 스피노자는 자유라고 했죠."

"그럼, 인간의 이러한 자발성은 신으로부터 독립되어 있는 것인가요?"

"라이프니츠는 이 자발성이 신으로부터 독립된 것이라는 표현은 하지 않습니다. 바로 이 문제를 해결하기 위해서 라이프니츠는 예정조화설을 이야기한 것입니다. 그리고 이 예정조화설을 설명하기 위해서 두 개의 시계를 예로 들고 있습니다."

두 개의 시계가 한 치의 오차도 없이 움직인다면 그 이유는 어디에 있을까요? 물론 오늘날처럼 과학이 발달한 세상에서 이런 질문은 의미가 없을 것입니다. 인공위성이 보내 주는 시보를 받는 핸드폰이나 방송국의 시계는 두 개가 아니라 아무리 많아도 한 치의 오차도 없이 정확하게 움직입니다. 하지만 라이프니츠가 살던 시기만 해도 수공업으로 시계를 만들었습니다. 그렇기 때문에 두 개의 시계가 한 치의 오차도 없이 움직인다는 것은 결코 쉽지 않았을 것입니다. 그래서 두 개의 시계가 한 치의 오차도 없이 가기 위해서는 두 개의 시계가 아주 정교하게 조립이 되어야 합니다.

이와 마찬가지로 신이 피조물을 창조할 때, 두 개의 실체가 스스로 타고난 고유의 법칙을 준수함으로써 서로 완전한 일치에 도달할 수 있도록 하였다는 것입니다. 라이프니츠의 생각은 하나의 시계 장치에 두 개의 시계 판이 달린 시계를 상상해 보면 쉽게 이해가 될 것입니다.

"…… 쉽게 이해가 안 되는데요."

다행히 한 아이가 수줍게 입을 열었다. 다른 아이들도 분명 같은 생각이었을 것이다.

"그럼 또 다른 예를 들어 볼까요? 라이프니츠는 자신의 예정조화설을 종종 교향악단에 비유하였습니다."

우리는 그제야 강의실에 교향악단이 있는 이유를 알 수 있었다.

"교향악단의 단원들은 각자 자신의 악기만 연주합니다. 그런데 그들은 하나의 조화로운 음악을 만들어 냅니다. 작곡자의 보이지 않는 하모니가 음악 전체를 지배하고 있기 때문입니다. 라이프니츠의 단자도 마찬가지입니다."

교향악단 단원들이 각자 자신의 악기를 연주하면 음악 전체가 조화를 이루는 것과 같이, 이 세상에 있는 모든 단자는 각자 자신의 법칙에 따라 움직이지만 세상은 조화를 이루고 있습니다. 작곡자가 음악 전체를 지배하여 조화를 이루는 것처럼, 누군가가 이 세상을 지배하여 조화를 이루는 것입니다. 이런 관점에서 본다면 여러분들은 라이프니츠의 예정조화설이나 스피노자의 세계결정론이 같은 것이라고 생각할지도 모르겠습니다. 그러나 분명히 다른 것이 있습니다.

스피노자는 미래는 이미 결정되어 있다고 이야기합니다. 그렇기 때문에 미래도 과거처럼 바꿀 수 없습니다. 하지만 라이프니츠는 조금 다르게 생각했습니다. 정신으로서 세계는 예정되어 있고, 조화롭게 움직이지만, 세계를 구성하는 단자는 자유의지에 의해서 움직인다는 것입니다. 바로 이것이 두 사람의 차이입니다. 예정되어 있는 세계는 조화롭게 움직이지만, 그 속에 있는 모든 사물들은 자유의지를 갖고 살아갑니다. 자, 이제 스피노자의 세계결정론과 라이프니츠의 예정조화의 차이를 조금은 알겠죠?

"이 길도 누군가에 의해서 이미 정해져 있다니까."

"각자의 의지에 따라 달라질 수도 있다고 하잖아. 생각하기에 따라 이 길이 다른 길이 될 수도 있어. 자유의지를 가지고 살아 보렴."

'이런!'

경험론자의 관념으로
그림 그리기

6

로크 1632-1704

인간의 본성은 착할까요? 아니면 악할까요?
아니면 악하지도 않고 착하지도 않을까요?
혹은 둘을 동시에 갖고 있을까요?

"명예혁명에 관한 내용이다!"

길가에 조각상들을 보고 그것이 상징하는 것이 명예혁명이라는 것을
금방 알 수 있었다.

"저기 왕 차림을 한 남자가 윌리엄 3세란 말이지?"

"응, 그리고 저 여왕은 메리 2세야."

청교도 혁명에 성공한 크롬웰은 스스로를 호국경이라 칭하면서 오늘

날의 수상과 같은 지위를 차지했습니다. 크롬웰은 청교도 정신을 바탕으로 공화정을 이끌면서 영국 정치를 안정되게 이끌어 갔습니다. 하지만 크롬웰이 죽자 영국은 또 다시 정치적 혼란기를 겪게 되었습니다.

당시 영국에는 가톨릭, 성공회, 청교도, 프로테스탄트 등 여러 종류의 그리스도교가 있었습니다. 1685년 왕위에 오른 제임스 2세는 신앙자유선언을 하였습니다. 그러나 실제로는 헨리 8세가 국교로 정한 성공회를 버리고 가톨릭을 부활시키려는 의도를 갖고 있었습니다. 제임스 2세는 이 법을 중심으로 가톨릭 신자 중에서 고급 공무원을 뽑고, 왕에게 저항하는 국교의 고위 성직자들을 체포하거나 구금하였으며, 심지어 다른 나라로 추방하기도 하였습니다. 제임스 2세의 폭정을 견디다 못한 영국 의회와 국민은 혁명을 일으켜 제임스 2세를 추방하였습니다. 영국 의회에서는 네덜란드의 왕과 왕비를 동시에 영국의 왕으로 인정하였습니다. 네덜란드의 윌리엄 3세와 메리 2세는 예로부터 내려오는 자유와 권리를 옹호하고 주장한다는 의미의 권리선언에 서명한 다음 영국의 왕이 되었습니다. 이것이 그 유명한 명예혁명입니다.

성문헌법이 없는 영국에서 1689년에 제정되어 대헌장, 권리청원과 함께 영국의 국가 제도를 규정한 가장 중요한 내용의 의회제정법은 무엇입니까?

"권리장전입니다."

내가 들려주는 명예혁명에 관한 이야기에 취해 아이들은 강의실 앞에 도착한 줄도 모르고 있었다. 명예혁명과 권리장전은 오늘날의 영국 정치인 입헌군주제를 탄생시킨 중요한 의회제정법이다. 특히 권리장전은 백성과 신하의 권리 및 자유를 선언하고, 왕위 계승을 규정한 법률로 입헌군주제의 초석이 되었다.

"저거야! 바로 권리장전에 관한 내용이야."

강의실로 들어선 나는 강의실 벽에 온통 권리장전에 관한 내용이 적혀 있는 것을 보고 반가운 마음에 소리를 질렀다. 그리고 어떤 사람이 그 내용을 바라보며, 열심히 수정 작업을 하고 있었다.

의회 승인 없는 과세 금지 조항

의회에서의 발언 자유

법률의 공정한 적용

영국의 왕은 백성들의 권리와 자유를 인정해야 함

영국의 왕위 계승은 영국의 의회에서 정한 법에 따라 이루어져야 함

국회의 동의 없이 왕이 마음대로 법을 만들 수 없음

평화 시에 왕의 군대를 소집할 수 없음

의회 선거의 자유

언론 자유의 보장

이와 같은 내용이 마치 낙서처럼 벽면을 가득히 채우고 있었다.

"어서 오십시오. 이 시간에는 존 로크에 관한 이야기를 해볼까 합니다."

"아, 그럼 저 사람이 존 로크군요."

"네, 그렇습니다. 아주 바쁜 것 같죠?"

"로크와 권리장전이 무슨 관계가 있나요?"

"필로스는 저 내용이 권리장전에 관한 것이라는 걸 알고 있군요. 그럼요. 아주 깊은 관계가 있답니다. 로크는 윌리엄이 서명한 권리선언을 수정하여 권리장전을 제정하는 데 중심적인 역할을 한 철학자입니다."

청교도였던 로크의 아버지는 크롬웰 시대의 국회의원이었습니다. 영국 브리스틀 근교에서 태어난 로크는 옥스퍼드대학에서 철학과 의학을 전공하였습니다. 다른 철학자와 마찬가지로 로크도 1666년 샤프츠베리 경의 개인 의사 겸 손자의 가정교사 생활을 하였습니다. 찰스 2세 때 청교도를 지원하던 샤프츠베리는 야당 지도자였습니다. 샤프츠베리는 찰스 2세가 아들이 없자 그의 동생 제임스 2세가 왕이 되지 못하도록 반정부운동을 하였습니다. 그러나 결국 제임스 2세가 왕이 되면서 그는 네덜란드로 망명을 하게 되었습니다. 샤프츠베리의 도움을 받고 있던 로크도 감시가 심해지자 어쩔 수 없이 네덜란드로 망명하였습니다. 네덜란드에서 로크는 윌리엄과 메리를 알게 되었고, 명예혁명이 일어나자 윌리엄과 함께 영국으로 돌아와 권리장전을 제정하는 데 많은 도움을 주었던 것입니다.

"성무선악설^{性無善惡說}을 주장한 로크는, 인간은 하얀 종이처럼 백지상태로 태어났다는 백지설^{白紙設, Tabula Rasa}을 이야기하기도 했습니다."

"백지 상태로 태어났다는 건 무슨 뜻이죠? 아무것도 갖지 않고 태어났다는 건가요?"

"그렇습니다. 성선설이나 성악설은 인간이 태어날 때, 선한 성질을 갖고 태어나거나 악한 성질을 갖고 태어난다는 뜻입니다. 즉, 인간은 태어날 때 아무것도 갖지 않고 태어나는 것이 아니라, 어떤 성질이나 기질을 갖고 태어난다는 것이죠. 하지만 백지설이라 하면 아무런 기질이나 성질 없이 태어난 상태를 말합니다."

로크는《인간오성론》에서 그 유명한 백지설을 주장하고 있습니다. 하지만 인간이 백지 상태로 태어났다면 어떻게 지식을 얻을 수 있을까요? 여기서 로크는 인간 지식의 기원은 경험에 의해서만 가능하다고 주장합니다. 경험은 우리에게 두 가지 요소를 제공하는데, 외적 경험인 '감각'과 내적 경험인 '반성'이 그것입니다.

사물이 외적으로 인간의 감각 기관에 작용할 때, 인간은 지식의 일부를 얻게 됩니다. 사물의 형태, 운동, 소리, 빛깔 같은 것이 바로 감각에 의해서 얻어지는 지식입니다. 이렇게 얻어진 지식은 인간의 정신을 인식할 때 얻어지는 반성에 의해서 좀 더 분명한 지식이 될 수 있습니다. 즉, 인간은 감각 기관을 통해 얻은 지식을 인간의 정신인 기억, 판단, 추리, 비교 등의 방법을 통해서 좀 더 구체적인 지식으로 만들어 내는 것입니다. 이렇게 얻어진 것을 로크는 '관념'이라고 하였습니다. 철학에서는 관념을 인간의 마음속에 나타나는 표상^{表象}, 상념, 개념, 의식 내용 등을 가리키는 말로 사용합니다. 보다 쉽게 설명하면 관념이란 우리가 어떤 단어를 말할 때, 머릿속에 떠오르는 물건이라고 생각하면 됩니다. 예를 들어서 '책상'이라는 단어를 말하면, 여러분 머릿속에는 다 같은 그림은 아니겠지만 책상이 그려질 것입니다. 이것이 인간의 마음속에 나타나는 표상인 관념입니다.

"로크뿐 아니라 데카르트는 이런 관념을 세 종류로 나누었습니다."

"세 가지 종류의 관념이요?"

"첫 번째는 외래 관념입니다. 이 관념은 인간의 감각을 통해서 얻어진 단어 혹은 관념입니다. 예를 들자면, 책상, 책, 나무 등과 같은 것이죠. 두 번째는 인위 관념으로, 외래 관념을 합쳐서 얻은 지식을 말합니다. 예를 들면 소의 뿔과 사람을 합친 도깨비, 용, 페가수스, 유니콘과 같은 것이 인위 관념입니다."

"마지막이 바로 우리가 지금 논의하고 있는 문제의 관념이군요."

"맞습니다, 소피아. 세 번째 관념은 본유 관념 혹은 생득 관념이라고 합니다."

"생득 관념이란 말은 태어날 때 갖고 온 관념이란 뜻인가요?"

사람들이 생각만으로 만들어낸 단어나 이름이 '본유 관념'입니다. 예를 들어서, 신에 대한 생각, 수학의 공리, 철학적인 진리와 같은 것들이 그것입니다. 이러한 본유 관념은 감각으로 얻어지는 사물로 존재하는 것도 아니고, 인위 관념처럼 있는 사물을 합쳐서 얻어진 관념도 아닙니다. 데카르트를 비롯한 유럽의 합리주의 철학자와 로크를 비롯한 영국의 경험론자들 사이에서 가장 많이 논의된 것도 바로 본유 관념에 관한 것입니다. 데카르트는 본유 관념을 인간이 태어날 때 이미 알고 있거나, 태어날 때 갖고 나왔다고 주장합니다. 그러나 로크는 사람은 아무 것도 모르는 상태에서 태어났기 때문에 살아가면서 백지에 그림을 그리듯이 경험을 통해서 알 수 있는 것이라고 주장합니다.

"그래서 로크는 사람은 선하지도 악하지도 않게 태어났다고 했군요."
"경험을 통해서 선한 사람도 되고, 악한 사람도 된다는 말이겠네요."
"그래서 교육이 필요한 것 아니겠어?"
아이들은 나름대로 성선설과 성악설에 대한 자신들의 생각을 이야기했다.

로크는 인간은 태어날 때 본유 관념이 없기 때문에, 살아가면서 경험이나 교육을 통해서 악한 사람도 되고 선한 사람도 된다고 보았습니다. 그래서 로크는 경험을 중요하게 생각했던 것입니다. 어린아이는 어떤 경험을 하느냐에 따라서 좋은 사람도 되고 나쁜 사람도 된다고 로크는 보았던 것이죠.

그렇다면 지식은 사람들이 태어난 다음 경험을 통하여 얻게 되는 것일까요? 아니면 태어날 때 이미 갖고 태어나는 것일까요? 데카르트를 비롯한 유럽의 합리론자들은 사람은 태어나면서부터 지식을 갖고 나온다고 주장하고 있습니다. 그러나 로크를 비롯한 영국의 경험론자들은 이런 합리론자들의 주장에 반대하여, 사람이 태어날 때는 아무런 지식도 갖고 있지 않다고 말합니다. 여러분들의 생각은 어떤지 궁금하군요.

"좋은 친구를 만나는 것도 선한 사람이 되기 위한 방법 중에 하나라는 거 아니겠어?"

"필로스, 그건 내가 너한테 해줄 말 같은데."

"그래, 그래, 그렇다고 하지 뭐."

소피아 같은 좋은 친구를 만날 수 있었다는 것이 나에게는 행운이라는 생각이 들었다. 소피아도 그렇게 생각할까?

서양문화사 프랑스 과학원 창립(1666), 독일 베를린 과학원 창립(1700)
동양문화사 무갈, 힌두교를 금하고 사원 파괴(1669), 영국, 대만과 통상 시작(1670)
한국문화사 경서교정청을 성균관에 둠(1668), 송시열의 건의로 동성(同姓)결혼 금지(1669)

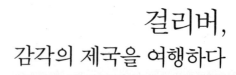

걸리버,
감각의 제국을 여행하다

버클리 1685-1753

인간의 다섯 가지 감각이야말로 지식을 얻는 최고의 방법입니다. 그 이유를 밝혀주시기 바랍니다.

로크는 인간이 경험을 통해 모든 지식을 얻을 수 있다고 하였다. 데카르트는 인간의 감각을 통해 얻어지는 경험적인 지식을 의심하였다. 이번 미션은 또 누구의 이야기일까?

"와, 바이킹이다!"

아이들의 환호가 다음 강의실로 가는 길을 가득 채웠다.

"켈트족과 바이킹의 전쟁 같은데."

"켈트족과 바이킹이 전쟁을 했어?"

내 말을 믿지 못하겠다는 듯이 소피아가 물었다.

오늘날 북대서양의 아일랜드 섬은 아일랜드공화국과 북아일랜드로 나누어져 있습니다. 북아일랜드는 우리가 일반적으로 영국이라고 부르는 그레이트브리튼 및 북아일랜드 연합왕국의 한 주와 같습니다.

청동기 시대 독일 남동부 지방의 라인강, 엘베강, 그리고 도나우강 유역에 한 무리의 민족이 살고 있었습니다. 이들은 철기 문화를 사용하였으며, 전쟁을 좋아한 호전적인 민족이었습니다. 이 민족은 주로 목축 생활을 하였으며, 한때는 유럽을 지배하기도 했습니다. 526년경에는 프랑크 민족을 중심으로 여러 민족에게 쫓겨 아일랜드와 영국의 서쪽 지방, 그리고 프랑스 셴^{Seine} 강의 남쪽 브르타뉴 지방에 숨어서 생활하였습니다. 이 민족을 역사에서는 켈트족이라고 합니다.

"아, 바로 이 켈트족이 지금의 아일랜드의 시조라고 할 수 있구나. 그런데 저기 켈트족과 싸우는 바이킹은 뭐야?"

"북쪽의 노르만 민족은 9세기부터 남쪽으로 이동을 하면서 해적질을 했어. 물론 아일랜드도 예외가 될 수 없었지. 아무리 호전적인 켈트족이라도 바이킹의 침입에는 꼼짝하지 못했어. 켈트족을 물리친 노르만 민족은 더블린을 중심으로 자신들의 왕국을 건설하기도 했고. 하지만 이미 아일랜드 내륙 깊숙이 부족을 이루고 살았던 켈트족들까지 침입하지는 못했지. 아일랜드 내륙에 버티고 있던 켈트족들은 힘을 합쳐 노르만 민족을 몰아내기도 했어. 그 모습인 것 같아."

우리는 잠시 켈트족이 바이킹으로부터 자신의 가족을 지키기 위해 목숨을 걸고 싸우는 모습을 조용히 지켜보았다.

더블린에서 태어나 《걸리버 여행기》를 쓴 사람은 누구입니까?

"스위프트입니다."

"스위프트가 철학자야?"

"경험론자 중에 스위프트는 포함되지 않는데……."

소피아도 무언가 이상하다는 듯이 고개를 갸우뚱했다.

"쉿, 조용히 해! 가톨릭 미사가 진행 중이야."

강의실로 먼저 들어간 한 아이가 뒤를 돌아보며 나지막한 목소리로 말했다. 강의실 안에는 많은 사람들이 모여 있었고, 한 신부님이 미사를 집전하고 있었다.

"어서 오십시오. 이번 시간에는 영국의 경험론자 중 한 사람인 버클리에 대해서 이야기를 해볼까 합니다."

미사가 진행되는 조용한 성당의 뒷자리에서 프랑켄슈타인 박사가 아무렇지도 않은 표정으로 불쑥 일어나 우리를 향해 빙긋이 웃었다.

"스위프트와 버클리는 어떤 관계죠?"

소피아 역시 미사가 진행되건 말건 궁금증을 참지 못하고 소리 높여 질문을 하였다.

바이킹의 공격을 받은 켈트족은 영국의 힘을 빌려 바이킹족과 싸우기도 했습니다. 이렇게 켈트족을 돕기 위해 아일랜드로 들어온 영국 사람들은 전쟁이 끝나도 돌아가지 않고 아일랜드에서 살았습니다. 아일랜드 사람들은 전통적으로 가톨릭을 믿었고, 영국 사람들은 성공회를 믿었습니다. 시간이 갈수록 두 나라의 종교적인 마찰은 점점 심해졌습니다. 결국 17세기 중엽부터 아일랜드 사람들은 영국의 지배에서 벗어나기 위해 노력하였습니다. 청교도 혁명을 이끈 크롬웰은 강경책을 폈으며, 윌리엄 3세는 식민지 정책을 비롯한 가톨릭 형벌법을 만들어 아일랜드 시민의 모든 권리를 박탈하고 가톨릭 신자를 탄압하였습니다.

버클리는 아일랜드가 영국으로부터 독립하려는 운동이 확산되던 시절, 아일랜드의 킬케니에서 태어나 더블린의 트리니티대학교에서 공부하였습니다. 아일랜드의 독실한 가톨릭 신자였던 버클리는 그곳에서 스위프트를 알게 되고 깊은 우정을 쌓게 됩니다. 두 사람의 우정이 얼마나 깊었는지 스위프트는 자신의 재산 절반을 버클리에게 나누어 주기도 하였답니다.

로크의 철학이 데카르트의 철학과 함께 유럽을 대표하는 양대 체제를 구축할 수 있었던 것은 뉴턴의 우월성이 영국과 프랑스에서 지배적이었기 때문입니다. 철학사에서는 로크의 후계자로 버클리와 흄을 꼽고 있습니다. 버클리는 로크의 후계자로서 그의 견해를 받아들이고는 있지만 로크의 모순을 먼저 지적하고 자신의 입장을 밝힙니다.

로크는 인간이 감각을 바탕으로 관념을 얻을 때가 가장 확실하다고 말합니다. 즉, 외적 경험인 감각과 내적 경험인 반성을 통해 얻어진 관념이야말로 가장 확실한 지식이라는 것입니다. 하지만 로크의 이런 생각을 버클리는 모순이라고 생각했습니다. 버클리는 외적 감각이나 내적 반성에 관계없이 우리가 지각하거나 인식할 수 있는 모든 것은 인간의 의식 현상 내지 정신적 상태로 이해되어야 한다고 주장합니다. 이런 그의 생각을 우리는 버클리의 '지식론'이라고 합니다. 버클리의 지식론은 그의 저서 《인간지식의 원리》에서 다루어지고 있습니다.

"로크의 경험론을 설명할 때 우리는 관념에 대해서 알아보았습니다. 이 관념은 아주 추상적입니다. 책상의 예를 들었던 것 모두 기억하시죠? 이렇게 우리는 각자 다른 관념을 갖고 있습니다. 하지만 그 관념이 어떤 사물을 지칭하고 있는 것만은 사실이죠."

"네, 책상에 대한 소피아와 나의 관념은 달라도 책상이라는 같은 사물을 지칭하는 것은 틀림이 없다는 거죠."

"그렇습니다. 관념이 이렇게 추상적이기 때문에, 버클리는 추상적인 관념에 대한 믿음과 물질적인 대상을 지각하는 것은 전혀 다른 것이라고 가정했습니다."

쉽게 이해할 수 있을 것 같았던 프랑켄슈타인 박사의 설명이 조금씩 어려워지고 있었다. 정신을 똑바로 차리자!

책상의 예에서 보았듯이 관념은 대상으로부터 얻어지는 것입니다. 하지만 관념은 관념에 불과합니다. 그러나 우리가 존재를 보고 지식을 얻는 것은 분명합니다. 그렇기 때문에 버클리는 지식의 대상에는 세 가지 관념이 있다고 보았습니다.

첫 번째는 감각에 의해서 얻어지는 관념입니다. 둘째는 인간의 정서 활동에서 얻어지는 관념이며, 세 번째는 기억과 상상에서 비롯되는 관념입니다. 이 세 가지 관념 중에서 버클리는 경험론자답게 감각적인 관념을 중요시하고 있습니다. 데카르트와 갈릴레이, 그리고 뉴턴은 감각을 등한시했고, 로크 또한 경험은 중요시하였지만 다섯 가지 감각은 형편없이 낮게 평가하였습니다. 그러나 버클리는 17세기 철학에서 중요하게 생각하지 않은 사람의 다섯 가지 감각에 대해서 남들과는 다른 생각을 가졌습니다.

　모든 사물들은 나름의 성질을 가지고 있습니다. 우리는 물건의 성질을 다섯 가지 감각으로 확인한 다음 그것이 '무엇이다'라고 판단합니다. 버클리는 이렇게 사람들의 지식은 다섯 가지 감각으로 먼저 확인된 다음 얻어지는 것이라고 생각했습니다. 하지만 이렇게 감각으로 얻어진 것이 정신에 작용해야 비로소 지식이 되는 것이겠죠? 인간의 감각은 사람들에게 즐거움도 주고, 때로는 불쾌감도 줍니다. 이렇게 좋고 나쁨을 결정하는 것은 감각일까요? 버클리는 인간의 좋고 나쁜 것을 담당하는 것은 바로 정신이라고 말합니다. 사물의 좋고 나쁜 것, 혹은 사물의 특성, 성질을 나누는 것은 바로 다섯 가지 감각에서 시작됩니다. 물론 이것을 결정짓는 것은 사람의 정신입니다. 그러나 감각 작용이 없다면 정신은 결코 사물의 특성을 결정할 수 없습니다. 버클리는 이런 점에서 사람의 다섯 가지 감각은 아주 중요하며, 이것의 작용 없이는 아무런 진리도, 지식도 얻을 수 없다고 생각했습니다.

　"이번에는 내가 내는 미션이야. 잘 들어봐. 버클리는 아메리카 원주민에게 가톨릭을 알리기 위해서 버뮤다 섬으로 갔어. 그리고 그곳에서 다시 미국으로 갔지. 미국 교육을 바탕으로 영국에 가장 이상적인 대학교를 세우기 위해서 영국으로 다시 건너갔지만 뜻대로 되지 않았어. 하지만 버클리는 미국에 자신의 이름을 남겼단다. 그게 뭔지 알아?"

　강의실을 나가면서 소피아가 미션을 던졌다. 나갈 때는 좀 편하게 나가도 좋으련만.

　"글쎄, 모르겠는데."

　"정말 몰라?"

　'…… 나만 모르는 거야?'

- -
서양문화사　영국의 물리학자 보일 사망(1691), 소련 캄차카 반도 도달(1696)
동양문화사　외몽고, 청 영토로 편입(1697), 청, 그리스도교 엄금(1717)
한국문화사　백두산 정계비 세움(1712)

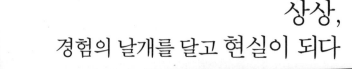

상상,
경험의 날개를 달고 현실이 되다

8

흄 1711-1776   David Hume

먹구름이 몰려오고 비가 억수같이 쏟아집니다.
먹구름과 비는 원인과 결과의 관계입니까?
아니면 경험에 의한 것입니까?

지금 내가 걷고 있는 이 길이 첫날 걸었던 길이라는 생각이 떨쳐지지
않는다. 언젠가는 밝혀지겠지.

"필로스, 저건 누구의 장례식이니?"

정말로 모르는 건지, 아니면 나의 역사 지식을 테스트라도 하려는 건
지, 소피아는 이제 역사적인 이야기는 으레 나에게 물었다.

"스코틀랜드의 마지막 왕세자 앤 여왕의 장례식 같아. 앤 여왕이 죽음
으로써 영국의 스튜어드 왕조가 끝나. 이때 잉글랜드와 스코틀랜드는

왕위 계승 문제로 마찰이 생길 수도 있었어. 하지만 두 나라는 1707년 연합 조약을 체결했고, 스코틀랜드는 영국 연합 왕국에 통합되었어."

명예혁명 이후 잉글랜드의 권리장전과 권리청원은 스코틀랜드의 장로주의 교회 체제에 큰 안정을 가져다 주었습니다. 스코틀랜드 역시 아일랜드처럼 언제부터 사람들이 살았는지 잘 알려져 있지 않습니다. 유럽에서 이주해 온 사람들의 후손은 봉건 영주로 성장하기 시작하였는데, 북쪽은 픽트인들이 차지하였으며, 남서부 지방은 브리튼인들이 차지하고 살았습니다. 스코틀랜드가 왕국으로 성립된 것은 1034년입니다.

"세 명의 마귀와 부인의 꼬임에 빠져 스코틀랜드의 덩컨 왕을 살해하고 왕위에 오른 사람이 누군지 아니?"

"셰익스피어의 《맥베스》에 나오는 얘기 아니야?"

"그래, 맥베스Macbeth야. 픽트 인의 후손들이 843년 알바 왕국을 건설하였고, 이후 덩컨Duncan 1세가 즉위하면서 스코틀랜드 왕국이 건설된 거야. 그리고 스코틀랜드의 초대 왕 덩컨은 맥베스에게 살해되었지. 그리고 맥베스 역시 덩컨의 아들 말콤Malkom 3세에 의해 물러났고. 셰익스피어의 《맥베스》는 이런 스코틀랜드의 역사적인 사실을 비극으로 다룬 작품이잖아."

"역시 필로스의 역사 지식은 나도 놀랄 만하군요."

어느새 프랑켄슈타인 박사가 우리 곁에 서 있었다.

"어, 저 사람은 또 누구죠?"

"저 사람은 이번 시간에 우리가 이야기할 흄입니다."

"흄이요?"

우리가 놀란 이유는 흄이라는 철학자의 머리 위에 떠 있는 거대한 건축물 때문이었다. 건축 도면을 열심히 관찰하고 있는 그의 머리 위에 떠 있는 거대한 건축물은 만화에서 보는 것처럼 물 풍선 속에 들어 있었다. 거대한 건축물은 한눈에 보아도 글자 모양을 하고 있었다. 강의실은 그렇게 밝지 않았고, 특히 스포트라이트가 프랑켄슈타인 박사를 비추고 있었기 때문에 더더욱 그 거대한 건축물을 식별하기는 쉽지 않았다. 하지만 'ㅍ', 'ㄹ', 'ㅈ'과 같은 자음들과 모음 비슷한 글자들이 분명 보였다.

흄은 스코틀랜드와 잉글랜드가 왕위 계승권을 놓고 팽팽한 긴장 속에 놓여 있던 시기에 스코틀랜드의 에든버러에서 지방 공무원의 아들로 태어났습니다. 에든버러가 스코틀랜드의 수도이긴 하지만 경제적인 중심 도시는 글래스고라는 것, 여러분들도 잘 알고 있죠? 글래스고의 도시 면적은 스코틀랜드의 1% 정도이지만, 그곳에 스코틀랜드의 전체 인구 35%가 살고 있습니다.

흄은 에든버러대학교 법학부를 졸업한 후 회사에 취직하였습니다. 그러나 철학과 문학에 뜻을 두었던 흄은 1734년 파리로 갑니다. 후에 흄은 스위스의 유명한 철학자 루소와 함께 에든버러로 돌아올 만큼 루소와 친분이 두터웠습니다. 흄이 태어날 때는 스코틀랜드와 잉글랜드의 관계가 불안했지만, 흄이 활동하던 시기에는 이미 두 나라가 안정을 찾고 평온한 상태였습니다. 하지만 학문에는 완전한 자유가 주어지지 않았습니다. 1744년 흄이 에든버러대학교에서 교수가 되려고 했지만 무신론자라는 이유로 거절당할 정도였으니까요. 결국 흄은 도서관 사서와 영국 주재 프랑스 대사의 비서 일 등을 하다가 정계로 진출하여 차관직을 지내다 은퇴하였습니다.

"사람들은 흄을 영국의 경험론을 완성한 철학자라고 이야기합니다."
"음, 그럼 흄이 로크나 버클리가 해결하지 못한 경험적인 생각을 논리적으로 잘 정리했다는 뜻인가요?"
"그렇습니다. 소피아의 말처럼 흄은 두 사람의 생각을 논리적으로 잘 정리했습니다."
"신에 대해서도요?"
"신의 경우도 흄은 논리적이고 경험적으로 해결할 수 있다고 설명하고 있습니다."
"어떻게요?"

데카르트는 신과 같은 관념을 본유 관념이라고 했습니다. 즉, 인간은 처음부터 신과 같은 관념을 가지고 태어난다는 것입니다. 그렇기 때문에 신에 대한 관념을 얻는 것은 문제가 되지 않습니다. 그러나 로크는 인간이 백지 상태로 태어난다고 했습니다. 그리고 경험을 통해서 지식을 쌓을 수 있다고 했습니다. 그럼 신과 같은 관념은 어떻게 경험을 통해서 알 수 있을까요?

신이 있다는 것은 경험으로 알게 되는 것이 아니라 믿음으로 믿어야 합니다. 하지만 흄은 신과 같은 관념도 경험을 통해서 알 수 있다고 주장합니다. 예를 들어서 버클리는 감각은 정신적인 작용을 거쳐 지식이 된다고 했습니다. 흄은 바로 사람의 이러한 정신적인 작용을 통해서 다른 것도 얻을 수 있다고 보았습니다. 왜냐하면 사람에게는 상상력이 있기 때문입니다. 흄은 지금 이 세상에 없는 어떤 것도 상상이나 공상을 통해서 있는 것으로 만들 수 있다고 보았습니다.

"그래 저기, 저 설계도면과 물 풍선 속의 거대한 건축물."
한 아이가 강의실에 있는 설계도면과 물 풍선 속에 있는 거대한 건축물을 가리켰다.
"그렇죠. 물 풍선 속의 거대한 건축물은 현재 존재하지 않습니다. 하지만 흄은 설계도면을 보면서 거대한 건축물을 상상할 수 있다고 믿었습니다. 하지만 한 가지 문제가 있습니다. 우리가 상상을 하고 공상을 하는 것도 원인과 결과의 관계가 있어야 가능한 것입니다. 만약 원인과 결과의 관계가 없다면 상상과 공상만으로 전혀 새로운 생각을 할 수 있을까요? 여기서 흄은 원인과 결과의 관계를 부정합니다. 이것을 흄은 원인과 결과의 관계로 보지 않고 오히려 경험으로 봅니다."

검은 구름이 지나가면 비가 올 것입니다. 지금까지 항상 그랬기 때문에 우리는 그렇게 될 것이라는 걸 예상할 수 있지요. 그렇다면 비가 오는 것은 검은 구름 때문일까요? 아니면 경험 때문일까요?

옛날 아주 먼 옛날 일기 예보가 없었던 시절의 이야기입니다. 어느 따뜻한 봄날 원시인 우가우가는 멧돼지 한 마리를 잡아서 아주 배부르게 먹었습니다. 따뜻한 봄날에 많이 먹은 우가우가는 졸음이 왔습니다. 우가우가는 그늘진 나무 아래서 잠을 자려고 누웠습니다. 하늘에는 마침 검은 구름이 지나갔고, 그래도 개의치 않고 우가우가는 아무 생각 없이 잠을 잤습니다. 조금 있으니 비가 왔고, 우가우가는 잠에서 깨어났습니다. 며칠 후 같은 일이 반복되었다고 가정합시다. 우가우가가 다시 낮잠을 자려고 누웠는데 만약 검은 구름이 지나간다면, 우가우가는 그곳에서 낮잠을 잘까요? 안 잘까요?

"바보가 아닌 다음에야 안 자겠죠."

"왜죠?"

"그거야, 이미 같은 상황을 한 번 경험했잖아요."

"그렇다면, 우가우가는 검은 구름이 비를 뿌리는 원인이라는 것을 알았을까요? 즉, 우가우가에게 있어서 비가 오는 이유는 먹구름 때문일까요? 아니면 경험 때문일까요?"

"경험…… 때문이요."

'엥?'

대답을 하고나니 뭔가 말려든 기분이었다.

흄은 이렇게 먹구름과 비의 관계를 인과법칙으로 얻은 지식이 아니라 경험으로 얻은 지식이라고 주장했습니다. 즉, 사람들이 감각으로 얻

은 지식을 상상력을 통해 이 세상에 없는 어떤 사물의 이름을 만들 때
는 원인과 결과보다는 경험을 더 중요하게 생각한다는 것입니다. 이런
방법으로 흄은 로크와 버클리가 미처 생각하지 못한 부분을 논리적으
로 잘 보완하여 영국 경험론을 완전한 철학 체계로 완성하였습니다.

"너는 꿈이 뭐니?"

"난 PD가 되는 게 꿈이야. 그래서 정말 멋있는 역사 드라마를 만들
고 싶어. 너는?"

"난 철학 교수가 꿈이야. 어려운 철학을 아이들에게 쉽게 가르치고
싶어."

"넌 꼭 그렇게 될 거야. 난 믿어."

"너의 그 믿음은 인과법칙에 따른 거니? 아님 경험에 의한 거니?"

"당연히 ……이지."

"뭐라고? 안 들려!"

지나가는 아이들의 시끄러운 소리 때문에 소피아는 나의 말을 못 알
아들은 것 같았다. 하지만 소피아는 다시 묻지 않았다.

휴, 다행이다.

서양문화사 베링, 북극해 탐험(1728), 리스본 대지진(1755)
동양문화사 일본의 조선통신사 일행 옴(1748), 무갈 제국, 벵갈 지방을 동인도 회사에 할양(1765)
한국문화사 새로운 돈 44만 4천 냥 주조(1752), 의사 박문수 사망(1756)

전인교육을 위한 최선의 선택?

9

루소 1712-1778

**우리 다섯 자녀를 원장님의 고아원에 위탁하려 합니다.
잘 키워 주시겠죠?**

아름다운 정원에서 어린아이들이 너무나 해맑은 모습으로 뛰어놀고 있었다. 아이들을 돌보는 사람은 한 사람도 눈에 띄지 않았지만, 아이들을 위험에 빠트릴 어떤 물건도 주위에는 없었다.

"자식을 고아원에 보내야만 하는 부모의 마음을 이해할 수 있겠니?"

소피아가 아이들을 바라보며 낮은 목소리로 물었다.

"오죽하면 고아원에 보낼까."

"그렇지? 오죽하면 보내겠니."

나는 유명한 교육소설을 저술하였습니다.

하지만 이 책이 출판되었을 때, 나는 왕과 귀족들로부터 많은

험담을 들었습니다. 물론 나의 이 책은 불태워졌습니다. 그리

고 나는 더 이상 프랑스에 살지 못하고 스위스로 도망갔습니다.

나는 누구입니까? 그리고 이 책의 제목은 무엇입니까?

"루소의 《에밀》입니다."

"어? 루소가 《에밀》을 쓰고 도망 다녔어? 그리고 그 책이 불태워

졌어?"

소피아는 별 거 아니라는 듯 가볍게 고개를 끄덕이고는 강의실로 들

어갔다.

"백성들이 왜 저렇게 난리입니까?"

"왕비마마, 굶주린 백성들이 빵을 달라고 저렇게 모였습니다."

"빵을 달라고요? 왜 빵을 달라고 합니까?"

"빵이 부족하다고 합니다."

"정말 이해할 수 없군요. 빵이 없으면 고기를 먹으면 될 거 아닙니까?

고기를 먹으라고 하세요."

"……."

강의실로 들어선 순간, 우리는 폭풍 전야의 고요함이 무엇인지 알 수 있었다. 프랑스의 혁명 전야, 마리 앙투아네트의 유명한 일화가 당시 프랑스의 모습을 너무나 생생하게 보여 주고 있었다.

프랑스의 샤를 7세는 잔 다르크의 영웅적인 희생으로 영국과의 100년 전쟁을 승리로 끝내고 승리왕으로 불렸습니다. 샤를은 국가의 제도를 정비하고 왕의 권한을 강화하기 위해서 왕을 지킬 군대의 수를 늘렸습니다. 이후 왕권을 강화한 프랑스 왕들이 신성 로마제국을 지배할 정도로 프랑스의 국력이 높아졌을 뿐 아니라, 절대왕권도 강화했습니다. 절대왕권은 태양왕 루이 14세가 "내가 곧 국가다" 라는 말을 남기면서 절정에 달했습니다. 루이 14세는 베르사유를 중심으로 프랑스 과학원을 설치하면서 유럽 최고의 철학과 문화를 발전시켰습니다. 그러나 루이 14세의 계속된 전쟁으로 프랑스의 경제는 서서히 나빠지기 시작했습니다. 루이 14세의 손자 루이 16세에 와서 왕족의 사치와 낭비는 극에 달했습니다. 루이 16세는 오스트리아와 좋은 관계를 유지하기 위해서 마리 앙투아네트와 정략결혼을 하였습니다. 그러나 앙투아네트의 사치와 낭비는 루이 16세 못지않았고, 이러한 일들이 모두 쌓여 폭발하게 된 프랑스 시민들은 더 이상 참지 못하고 혁명을 일으켰습니다. 이것이 그 유명한 프랑스 대혁명입니다.

"프랑스 대혁명은 오늘 우리가 마지막으로 다룰 루소가 죽고 난 다음 일어났습니다."

마리 앙투아네트의 모습을 지켜보던 프랑켄슈타인 박사가 입을 열었다.

"루소와 프랑스 혁명과는 어떤 관계가 있나요?"

"프랑스 대혁명의 직접적인 원인은 필로스가 이야기한 것처럼 루이 14세의 지나친 영토 확장을 위한 전쟁입니다. 그리고 루이 16세와 마리 앙투아네트의 사치와 낭비가 그 다음 원인이겠죠. 절대왕권 아래에 있던 시민들은 혁명에 대한 생각을 쉽게 하지 못했을 것입니다."

"아, 그렇다면 루소가 프랑스 시민들에게 혁명에 대한 생각을 불어넣어 준 것이군요?"

"그렇습니다. 프랑스 대혁명의 원인을 물을 때, 빠지지 않는 것이 루소를 비롯한 볼테르, 몽테스키외와 같은 계몽주의 사상가의 자유로운 사상입니다."

루소는 스위스 제네바에서 태어났습니다. 루소의 아버지는 가난한 시계 수리공이었습니다. 루소의 어머니는 안타깝게도 루소를 낳다가 죽고 말았습니다. 루소가 열 살이 되었을 때 아버지마저 집을 나갔고, 이때부터 루소는 학교를 그만두고 불규칙한 방랑 생활을 하기 시작합니다. 공장에서 잔심부름을 하면서 불행한 소년기를 보낸 루소는 더 이상 가난을 참지 못하고 16살 때 집을 나왔습니다. 이후에도 루소는 여러 곳을 떠돌아다니면서 불우한 청년기를 보냅니다. 특히 루소는 살기 위해서 도둑질과 양심에 어긋나는 짓을 많이 하였습니다. 루소가 정착한 것은 35살 때 베니스 주재 프랑스 대사의 비서가 되면서부터입니다.

학교 교육도 제대로 받지 못한 루소였지만 열심히 자신의 일을 처리하였습니다. 그러나 나쁜 짓을 했다는 누명을 쓰고 대사관에서 쫓겨나게 된 루소는 자신의 억울함을 재판으로 해결하기 위해 파리로 갑니다. 파리에 도착한 루소는 베니스와 파리의 문화에 반해 그곳에 머물게 되고, 교육소설 《에밀》을 발표하면서 유명한 철학자가 되었습니다.

"지금부터 《에밀》에 나타난 이야기를 중심으로 루소의 교육 철학에 대해서 이야기를 해볼까 합니다. 《에밀》은 고아인 에밀이 태어나서부터 결혼할 때까지 일어난 일에 대해서 쓰인 책입니다. 그런데 《에밀》에 나타나는 교육 방법이 아주 특이합니다. 루소는 7살 때부터 《플루타르크 영웅전》을 읽으면서 스파르타의 영웅 리쿠르고스의 교육 방법을 아주 좋아하였습니다. 플라톤도 리쿠르고스의 교육 방법을 좋아했지요. 그래서 《에밀》을 읽으면 플라톤의 이상국가가 생각나기도 합니다. 좋은 집안에서 태어난 에밀은 가정교사의 지도를 받으며 아무 탈 없이 잘 자랐습니다. 자, 여기서 질문입니다. 여러분은 사람이 선하게 태어난다고 생각하십니까? 아니면 악하게 태어난다고 생각하십니까?"

"어? 그 문제는 로크를 이야기할 때 나온 얘기잖아요. 루소도 같은 질문을 했나요?"

이 정도면 나도 딴 짓하지 않고 잘 들은 거지?

교육에 관한 얘기를 할 때마다 이 문제는 늘 따라다닙니다. 루소는 《에밀》의 첫 줄에서 "만물을 창조한 하나님의 손을 떠날 때 모든 것은 선했으나, 사람의 손에 옮겨지게 되자 악해지고 말았다"고 주장합니다. 뿐만 아니라 인간은 추하고 괴상한 것을 좋아하기 때문에, 자연이 만들어 놓은 것들을 그 상태 그대로 두지 않는다고 루소는 주장하고 있습니다. 루소의 이런 생각은 어린이는 가족과 사회의 나쁜 가풍과 습관, 그리고 관습과 같은 것으로부터 보호되어야 한다는 의미일 것입니다. 특히 어린이는 외적 환경의 영향을 많이 받고 자랍니다. 그렇기 때문에 자연의 싹인 어린이를 가능한 자유롭고 크게 뻗어나가게 하자는 것이 루소의 생각이었습니다. 그래서 루소는 아기를 포대기로 싸서 키우는 것도 반대했습니다.

"그럼 리쿠르고스처럼 짚 덤불 속에서 키우라는 건가요?"

소피아가 말도 안 된다는 듯 얼굴을 찡그리며 말했다.

"그런 의미는 아닙니다만, 배내옷을 입히지 말라는 뜻이었을 겁니다. 손발을 자유롭게 움직이려는 아이에게는 배내옷이 불편하다는 것이죠. 그리고 유모에게 아기를 맡기고 자신의 일을 하는 어머니들에게도 경고를 합니다."

"경고요?"

"유모가 아무리 아기를 잘 돌본다 하여도, 어머니만큼은 아니라는 것이죠. 그리고 아기는 모유를 먹고 자라야 하기 때문에 유모에게 맡기면 안 된다는 것입니다."

"요즘 세상 같았으면 여성 단체에서 들고 일어날 일이네요."

소피아가 팔짱을 끼며 고개를 가로저었다. 프랑켄슈타인 박사는 소피아를 쳐다보며 어깨를 으쓱해 보이고는 말을 이었다.

"이렇게 자란 아이는 소년이 되면 교육을 받아야 할 것입니다. 그러나 루소는 소년기에는 책이나 말로 하는 교육은 피하고 경험을 중심으로 교육을 시켜야 한다고 하였습니다. 지적 교육을 위해서는 실물 교육을 해야 하며, 직업을 위한 기술과 수공업 기능을 배워야 한다고 말했습니다."

"그래서 '자연으로 돌아가라'는 말을 한 거군요."

소피아가 심드렁하게 말했다.

루소는 당시 파리 등에서 성행하던 주입식 교육을 반대하고, 전인교육을 위한 체육 교육과 바른 품성을 위한 교육을 중요시했습니다. 결국 루소는 가장 순수하고 자연성을 많이 간직하고 있는 어린이에게 본래의 자연과 자유를 되돌려 줄 것을 강조한 것입니다.

우리가 살고 있는 사회에는 우리가 만든 제도와 규칙이 있습니다. 그 규칙이 우리를 자유롭게도 하지만, 때로는 불편하게도 합니다. 그러나 루소는 자연 상태에 살고 있는 사람은 너무나 자유롭고, 행복하다고 했습니다. 그리고 이러한 행복과 자유로움을 손상시키는 것이 사회제도라는 것입니다. 그래서 루소는 당시 사회와 정치 제도에 대해서 많은 비판을 하였습니다.

"그래서 루소의 책이 불태워지고 루소는 추방당하고 말았군요."

"프랑스뿐 아니라 당시 유럽의 가톨릭과 프로테스탄트는 루소의 그런 생각에 강하게 반대하였습니다. 그래서 루소는 다른 나라로 도피할 수밖에 없었죠."

"유럽의 모든 나라가 루소의 생각을 반대했다면, 루소는 도대체 어디로 도피를 했나요?"

질문을 하고 나자 스스로 제법 추리력이 있다는 생각이 들었다. 내용과는 별로 상관이 없지만.

"다행히 스위스의 한 후작이 루소를 보호해 주었습니다. 이 지역은 독일의 프리드리히 대왕의 법적 보호를 받고 있었기 때문에 루소가 안전하게 지내는 것이 가능했습니다. 그리고 프리드리히 대왕도 불쌍하고 불운한 사람인 루소를 도와야 한다고 말했답니다."

"다행이네요. 그렇지 않았다면 어떻게 되었을까요?"

"그렇지 않아도 루소는 그리 오래 스위스에 머물지는 못했습니다. 결국 루소는 영국의 철학자 흄의 도움으로 런던으로 가서 잠시 숨어 살다가 말년에는 프랑스로 돌아와 힘들게 살다가 죽었습니다."

"그렇다면 루소가 자신의 아이 다섯을 모두 고아원에 보낸 이유도 주입식의 공교육을 반대하고, 전인교육을 중시했기 때문이라는 건가요?"

"그렇다고도 볼 수 있겠죠. 자신의 아이를 자신이 키운다면, 결국 공교육을 받게 할 수밖에 없었겠죠. 하지만 고아원에서는 개인보다는 덜 간섭하고 자유롭게 교육시킬 수 있다고 생각했을 겁니다."

프랑켄슈타인 박사의 이야기를 듣고 나서도 소피아의 표정은 여전히 석연치 않아 보였다. 어떤 이유에서건 자신의 아이들을 고아원에 보낸다는 것이 나 역시 조금은 이해가 가지 않았다.

《에밀》은 루소 자신이 주인공인 자서전과 같은 책입니다. 루소가 묘사한 《에밀》의 자연은 너무나 아름답습니다. 결국 이 책은 18세기 말부터 시작된 프랑스 낭만주의 문학의 선구적 역할을 하였습니다. 이런 루소의 생각을 가장 먼저 받아들인 나라는 독일입니다. 그래서 프리드리히 대왕은 루소의 생각을 존중하여 그를 보호해 주었는지도 모릅니다.

오늘날 세계적으로도 아이들의 교육을 위한 다양한 학교가 생겨나고 있습니다. 정식 교육기관이 아닌 대안학교와 같은 곳에서는 주로 자연과 함께 교육이 이루어집니다.

루소는 자연에서 교육을 받은 사람은 배우지 않아도 참된 사람이 될 수 있다고 했습니다. 그리고 도덕이나 윤리를 자연에서 배울 수 있기 때문에, 따로 배울 필요가 없다고 했습니다. 그가 자신의 철학을 실천한 방식에는 다소 현실적이지 못한 부분이 있다 하더라도, 그의 교육에 대한 기본적인 철학만큼은 요즘과 같은 진정한 교육이 부재한 시대에 꼭 한 번 생각해 볼 만합니다.

"소피아, 넌 공교육이 좋아? 아니면 대안학교가 좋아?"

"글쎄, 완벽한 제도란 게 있을까? 둘 다 나름의 문제가 있다고 생각해."

"그렇지. 그런데, 어느 쪽이 문제가 더 적을까?"

제도와 규칙이 있는 공교육과 자연에서 모든 것을 배운다는 대안교육 중 우리는 무엇을 택해야 할지—물론 우리 마음대로 택할 수도 없는 일이지만—여전히 갈림길에 서 있는 것 같다.

마찬가지로 오늘은 또 어떤 잠자리가 나를 기다리고 있을지도 궁금하다. 오늘 밤도 갈림길은 여전히 선택이라는 큰 문제를 우리에게 던져주고 있다.

서양문화사 벤자민 프랭클린 《전기에 대한 새로운 실험과 관찰들》 출판(1754), 모차르트 탄생(1756)
동양문화사 미얀마, 중국 공격(1765)
한국문화사 홍양한의 《삼국기지도》(1757)

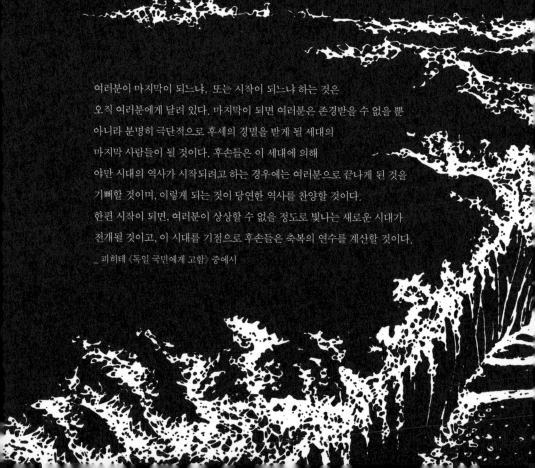

Day 5. 인류를 깨우다

— 계몽주의 · 독일관념론 철학

여러분이 마지막이 되느냐, 또는 시작이 되느냐 하는 것은
오직 여러분에게 달려 있다. 마지막이 되면 여러분은 존경받을 수 없을 뿐
아니라 분명히 극단적으로 후세의 경멸을 받게 될 세대의
마지막 사람들이 될 것이다. 후손들은 이 세대에 의해
야만 시대의 역사가 시작되려고 하는 경우에는 여러분으로 끝나게 된 것을
기뻐할 것이며, 이렇게 되는 것이 당연한 역사를 찬양할 것이다.
한편 시작이 되면, 여러분이 상상할 수 없을 정도로 빛나는 새로운 시대가
전개될 것이고, 이 시대를 기점으로 후손들은 축복의 연수를 계산할 것이다.
_ 피히테 《독일 국민에게 고함》 중에서

잠에서 깨어난 '콰지모도'
위험한 혁명을 꿈꾸다

1

계몽주의 *htenmen*

우리는 민중을 깨워야 합니다! 그들이 이성적 판단을 할 수 있도록 도와야 합니다! 그들에게 자유를 주어야 합니다! 사회가 평등하다는 것을 그들은 알아야 합니다! 여러분이 도와주시기 바랍니다.

"노트르담의 곱추다!"

"콰지모도와 에스메랄다야!"

오늘 처음 우리가 지나가는 길에서 만난 사람들은 프랑스의 유명한 소설가 빅토르 위고의 《노트르담 드 파리Notre-Dame de Paris》의 주인공 콰지모도와 에스메랄다였다. 15세기를 배경으로 하는 이 소설은 성당의 종지기와 아름다운 집시 여인 사이의 이루어질 수 없는 사랑을 그린 작품으

로 유명하다. 소설과 다른 것이 있다면, 지금 우리 앞을 지나가는 두 사람은 매우 자유롭게 무언가에 대해서 토론을 하고 있는 것처럼 보였다는 점이다.

"난 콰지모도가 에스메랄다를 데리고 성당 안으로 들어가서 외친 그 한마디가 너무나 감동적이었어."

"여기는 성전이다!"

소피아의 말에 나도 모르게 콰지모도처럼 큰 소리로 외쳤다.

우리나라 계몽주의 문학의 선구자는 누구입니까?

"신채호!"

"박은식, 장지연!"

"최남선!"

"이광수!"

아이들은 마치 돌림노래라도 부르듯이 합창을 했다. 문을 열고 우르르 몰려 들어간 강의실은 매우 어두웠다. 시간이 조금 지나자 강단으로 스포트라이트가 비쳤고, 누군가가 환하게 웃으며 우리를 반겼다.

"어! 아까, 그, 에스메랄다!"

"안녕하세요. 아까 밖에서 잠시 마주쳤는데, 기억하는 사람 있나요? 필로스는 확실히 기억하는 것 같군요. 오늘 여러분과 함께 독일의 관념론 철학에 대해서 이야기를 하고 싶어서 이곳에 왔습니다. 이번 시간에는 먼저 계몽주의에 대해서 이야기를 하려고 합니다. 계몽주의의 뜻은 다들 알고 있죠?"

계몽주의란 18세기에 프랑스, 영국, 독일 등에서 일어났던 사상 문화 운동입니다. 계몽이란 말에는 몽매한 민중을 이성으로 깨우친다는 뜻이 포함되어 있습니다. 이러한 계몽사상은 우리나라에서는 1900년부터 1910년까지 아주 짧은 기간 동안 나타났다 사라졌습니다. 우리나라의 계몽주의자들은 크게 두 그룹으로 나누어집니다. 신채호, 박은식, 장지연 등은 나라의 근대화에 우선을 두고 역사와 위인에 대한 생각을 민중에게 일깨워주려고 노력했고, 최남선과 이광수 등은 전통의 계승도 중요하지만 서양의 근대적인 문명을 빨리 민중들에게 심어주는 것이 더 중요하다고 생각했습니다. 그래서 이들은 문학을 통하여 독자의 정신을 깨우는 역할을 하고자 했습니다.

"하지만 몽매한 민중을 어떤 방법으로든지 각성시켜야겠다는 사명감만큼은 모두 같았습니다."

"계몽주의 사상과 독일관념론 철학과는 무슨 관계가 있죠?"

"유럽의 계몽사상이 프랑스 대혁명을 일으키는 가장 큰 원인이었다고 이야기한다면 그 연관성을 조금은 이해할 수 있을까요?"

"어제 루소와 같은 계몽주의 정신을 가진 사람이 프랑스 사람들의 이성을 깨웠다고 들었어요."

"맞습니다. 독일관념론의 가장 기본이 되는 것이 바로 이성입니다. 이런 관점에서 이성을 중요시하는 독일의 철학자들은 계몽사상을 철학의 전환점으로 생각하고 있습니다. 그럼 지금부터 이런 계몽사상이 유럽에 어떤 영향을 미쳤는지 살펴볼까요?"

에스메랄다의 이야기가 끝나자 어두웠던 강의실이 환해지고 주변이 보이기 시작했다.

"베르사유 거울의 방이다!"

"여기가 베르사유 궁전 가운데서도 가장 아름다운 방으로 알려진 바로 그 베르사유 거울의 방이구나."

아이들이 수군거리기 시작했다.

"프랑스의 루이 14세는 절대왕권의 상징이죠. 그리고 바로 이 베르사유 거울의 방은 그 절대왕권을 상징하는 대표적인 건축물입니다."

"루이 14세가 프랑스 대혁명의 빌미를 제공해 준 건축물이기도 하죠."

자신있는 역사 이야기가 나오자 나도 한마디 거들었다.

태양왕 루이 14세는 철학과 문학을 장려하면서 프랑스를 유럽 최고의 국가로 만들기 위해 절대왕권을 강화하였습니다. 루이 14세는 네덜란드, 독일, 그리고 스페인 등과의 전쟁을 통해 프랑스의 영토를 계속 확대시켰습니다. 하지만 전쟁으로 국내 사정이 불안해지자 시민들을 안정시키기 위해 낭트칙령을 폐지하였습니다. 즉, 앙리 4세가 프랑스 시민에게 준 신앙의 자유를 빼앗은 것입니다. 신앙의 자유가 폐지됨으로써 상업과 공업에 종사하던 프로테스탄트 신자들은 불안한 프랑스를 떠나 다른 나라로 망명하였습니다. 결국 프랑스의 경제는 더 악화될 수밖에 없었습니다.

루이 16세는 아주 착하고 성실한 왕이었습니다. 그러나 의지가 너무나 약해 결단력이 부족한 것이 흠이었습니다. 루이 16세는 어려움에 처한 프랑스를 구하기 위해서 삼부회를 소집하였습니다. 삼부회란 오늘날의 국회와 같은 것입니다. 하지만 당시 프랑스는 신분을 중심으로 삼부회를 운영하였습니다. 그래서 삼부회를 프랑스의 신분의회라고도 합니다.

당시 프랑스에는 세 가지 계급이 있었습니다. 전 국민의 1%정도를 차지하는 성직자, 2%를 차지하는 귀족, 그리고 나머지가 평민이었습니다. 당시 프랑스의 삼부회는 사람 수와 관계없이 신분에 따라 1:1:1의 비율로 구성되어 있었습니다. 즉, 삼부회에 참여하는 의원의 수는 성직자, 귀족, 그리고 평민이 모두 같은 비율이었던 것입니다. 하지만 루이 14세의 절대왕권 아래에서는 삼부회도 아무 의미가 없었습니다. 루이 16세는 프랑스의 안전을 위해서 어쩔 수 없이 삼부회를 소집하기로 결정하였습니다. 하지만 평민들은 더 이상 같은 비율로는 삼부회에 참여하지 않겠다고 주장하였고, 결국 평민 중에서 더 많은 사람을 뽑아 삼부회에 보내게 되었습니다.

"귀족과 성직자의 힘만 믿고 삼부회를 소집한 루이 16세가 많이 놀랐겠네요?"

"그렇죠. 루이 16세는 정말 놀랐습니다. 여러분도 콰지모도와 에스메랄다를 아시죠? 아무리 죄를 지어도 군인조차 들어갈 수 없는 성역의 땅이 바로 성직자가 살고 있는 곳이었습니다. 그런 성직자들과 귀족들이 평민들에게 무시를 당한 셈이죠."

"결국 평민들이 삼부회를 점령하고 말았군요."

"성직자와 귀족의 반대에도 불구하고 평민 계급에서는 많은 의원을 뽑아 삼부회로 보냈습니다. 결국 과반수 이상을 차지한 평민 계급에서는 왕으로 하여금 정치를 하지 못하게 하고, 국회의원들이 정치를 하는 입헌군주제를 받아들이라고 주장하였습니다."

"바스티유 감옥은 어떻게 되었나요?"

사실 프랑스 대혁명은 바스티유 감옥 습격 사건이 나와야 제대로 시작이다. 이 정도는 기본이지.

의회에서는 평민 대표들이 삼부회에 참여하여 성직자와 귀족의 뜻을 누르고 입헌군주제를 받아들이라고 요구하고 있었습니다. 또 다른 한편에서는 프랑스 시민들이 바스티유 감옥을 습격하여 죄 없이 잡혀있던 사람들을 풀어 주었습니다. 이것이 곧 프랑스 대혁명의 시작이었던 것은 여러분들도 잘 아시죠?

프랑스 시민들은 루이 16세와 그 가족들을 베르사유에서 파리로 강제 추방하였습니다. 그 결과 루이 16세와 그의 가족은 시민들의 감시 아래서 살게 되었고, 더 이상 치욕을 참지 못한 루이 16세는 1791년 그의 가족들과 다른 나라로 도망을 갑니다. 그러나 도주 중에 잡힌 루이 16세는 다시 감금되고 말았죠. 프랑스 시민들은 1792년 8월 10일 두 번째 혁명을 일으켰습니다. 이 혁명으로 결국 루이 16세는 왕위를 빼앗기고 시민들의 재판에 의해서 사형되었습니다. 헌법을 고치고 왕을 사형시킨 프랑스는 새로운 정치 방법으로 공화제를 도입하였습니다. 결국 프랑스 대혁명은 왕의 권력을 무너뜨리고 프랑스 시민들을 위한 새로운 정부를 만드는 데 성공하였습니다.

"앙리 4세는 모든 사람들의 신앙의 자유를 인정하였습니다. 하지만 루이 14세는 그 자유를 다시 빼앗았습니다. 결국 절대왕권을 위해 전통 신앙을 정치에 이용하였던 것이죠."

"절대자를 믿는 것만이 종교인의 신앙이라고 생각한 거군요."

"전통적인 신앙을 가진 종교에 이성의 잣대를 들이댄다는 것은 믿음이 아니라고 생각한 것이겠지요."

"결국 계몽사상의 이성이 종교계의 개혁을 이루어낸 것이군요."

"소피아의 말이 맞습니다. 종교를 믿음으로 받아들이지 않고 이성으로 판단한다는 것은 계몽 중에서도 가장 크고 무시무시한 계몽이며, 혁명 중에서도 가장 위험한 혁명이 아닐 수 없었죠. 위고는 성직자들이 살고 있는 건물 안으로 도망간 범죄자는 잡을 수 없다고 콰지모도를 통해 말하고 있습니다."

"결국 계몽사상을 통해 이룩한 종교에 대한 이성적인 판단은 정신적인 혁명이라고 할 수 있군요."

"네, 종교를 이성적으로 판단하고 믿으려는 생각이 바로 정신적인 혁명이죠. 그래서 몽테스키외, 볼테르, 루소와 같은 사상가들의 자유사상이 프랑스 대혁명의 또 다른 이유를 제공했다는 것입니다. 계몽주의자들의 이성적인 힘과 자유의 정신이 프랑스의 정신계를 각성시키지 않았다면 프랑스 대혁명이라는 민중의 봉기는 불가능했을지도 모릅니다."

"정말 루소가 자유롭게 살았어? 아니면 자유롭게 살 수밖에 없는 상황이었어?"

"?"

소피아는 아직도 루소에 대해 감정이 남아있는 게 분명하다. 아무래도 루소는 소피아에게 유일하게 밉보인 철학자가 된 것 같다.

스스로를 비판하는
순수이성을 찾다

칸트 1724-1804

2

1781년에 독일에서 일어난 가장 큰 사건, 아니 어쩌면
전 세계에서 가장 큰 사건이 무엇이었는지 밝혀 주시오.

오늘 아침 우리가 가야 할 성을 못 찾을까 고민한 사람은 아무도 없
다. 우리는 그냥 습관처럼 소피아의 뒤를 따랐고, 소피아는 참 쉽게도
건물을 찾았다. 선명하게 파란색이 칠해진 성문이 우리를 반기고 있었
다. 언젠가 파란색은 희망을 뜻한다는 말을 들은 적이 있다. 계몽이라
는 희망이 새로운 세계를 열기 위해 우리를 반기고 있는 것처럼 느껴
졌다.

"프로이센의 왕, 프리드리히 1세다!"

드디어 내가 주목받을 수 있는 역사적인 사건이 우리 앞에 나타났다.

오늘날 프로이센은 폴란드의 한 지방 이름입니다. 그러나 옛날에는 신성 로마제국의 한 나라였습니다. 프로이센은 발트 해 남쪽 해안 지방으로 서쪽에 비스와 강과 동쪽에 니멘 강과 경계를 이루고 있습니다. 바로 이 프로이센 지방을 중심으로 독일의 한 나라였던 프로이센 공화국이 형성되었고, 훗날 프로이센 왕국으로 발전하였습니다.

17세기 독일의 포츠담을 중심으로 프로이센 공화국은 큰 번영을 이루었습니다. 1701년 프로이센의 왕으로 즉위한 프리드리히 1세는 전쟁보다 학문에 많은 노력을 기울였습니다. 하지만 넓은 영토를 갖게 된 프로이센 공화국에는 서로 다른 법과 신분제도를 가진 막강한 봉건 영주들이 많았습니다. 프리드리히 1세의 아들 프리드리히 빌헬름 1세는 이 문제를 해결해야 했습니다. 그는 결국 중앙집권제를 실시하여 왕권을 강화하고, 절대왕권 체제를 확립하였습니다. 이후 프로이센 왕국은 절대왕권 국가로 발전하였습니다.

칸트가 남긴 가장 유명한 저서는 무엇입니까?

"순수이성비판입니다."
역시 철학적인 문제는 소피아의 몫으로 두고.
"왜 이렇게 더워? 강의실이 아니라 완전히 찜통이야!"
먼저 들어간 아이들의 목소리가 들렸다.

"어서 오세요. 이번 시간에는 독일이 낳은 가장 유명한 철학자 칸트에 대해……."

"여기서 계속 있어야 하나요? 여기는 마치 제철소 같은데요."

한 아이가 도저히 더위를 참지 못하겠다는 듯 볼멘소리를 냈다.

"그렇습니다. 이곳은 제철소입니다. 우리가 왜 여기에 있는지 그 이유가 궁금하시죠?"

가장 완벽한 철학자, 평생 동안 철저하게 규칙적인 생활을 했던 철학자, 이성을 중요하게 생각한 철학자, 평생 자신의 고향을 벗어나지 않은 철학자 등 칸트에게 붙는 수식어는 참 많습니다. 비록 가난하여 입을 옷이 없어 친구 옷을 빌려 입기도 했지만, 칸트도 다른 대학생들처럼 담배도 피우고, 술도 마시고, 데이트도 하고, 카드게임도 즐겼던 철학자입니다.

칸트는 프리드리히 1세와 같은 고향인 프로이센의 쾨니히스베르크에서 태어났습니다. 현재 이 도시는 폴란드의 칼리닌그라드입니다. 칸트가 태어났을 때, 프로이센은 프리드리히 1세가 뿌린 학문의 씨앗이 한창 무르익고 있었습니다. 그뿐 아니라 프리드리히 빌헬름 1세의 부국강병책으로 프로이센 공화국은 아주 부유하고 강한 나라가 되었습니다. 하지만 칸트는 너무나 가난한 집안의 아들로 태어났습니다. 칸트의 아버지는 말안장이나 말굽을 만드는 마구상 장인匠人으로, 마을 사람들에게 존경받는 덕망 있는 사람이었습니다. 칸트의 어머니는 아주 경건하고 신앙심이 깊은 분이었습니다. 어린 시절 칸트가 다니던 학교의 교장선생님은 칸트를 보고 앞으로 20년 동안 쾨니히스베르크의 정신적 발전을 책임질 아이라고 칭찬하였다고 합니다.

칸트는 대학에서 문학, 법학, 의학, 철학을 공부하였습니다. 하지만 가난했던 칸트는 대학을 졸업하고 쾨니히스베르크대학교 철학과 교수가 되기 전까지 도서관 사서와 가정교사로 생계를 꾸려나갔습니다.

"많은 고생을 하던 칸트는 1781년……."

"아, 이제 알았다! 1781년 독일에서 가장 큰 사건이 무엇인지."

소피아가 갑자기 소리를 높였다. 아무래도 계속 그 문제를 고민하고 있었던 모양이다.

"무슨 사건인데?"

"칸트의 《순수이성비판》이 출판된 해야."

고대 그리스 철학에서 시작된 철학을 중세 철학에서는 종교의 문제로 이해하려고 했습니다. 종교개혁 이후 종교의 위력이 약해지면서 철학자들은 철학적 지식과 학문의 기초를 마련하기 위해서 노력합니다. 유럽의 합리론을 중시한 데카르트, 스피노자, 그리고 라이프니츠는 철학적 지식과 학문의 기초를 위한 방법으로 수학과 기하학을 적용합니다. 그 이유는 수학과 기하학이야말로 가장 확실한 학문이기 때문입니다. 이렇게 확실하고 명백한 학문의 기초 위에 철학적 지식과 학문의 기초를 세운다면, 그것은 가장 견고한 학문이 될 수 있다고 믿었습니다.

반면 영국의 경험론자들은 경험적인 지식만이 최고라고 생각했기 때문에, 철학적인 사유의 근거와 그 방법을 심리학에서 찾았습니다. 그렇기 때문에 경험론자들은 지식을 얻는다는 것을 심리학의 과제로 보았습니다. 그리고 그렇게 얻은 지식이야말로 정확하고 타당한 진리가 될 수 있다고 믿었습니다. 칸트는 두 입장을 모두 따랐고, 결국 제3의 입장을 주장하게 됩니다.

칸트는 수학과 기하학의 확실성과 심리학의 타당성을 모두 합한 것을 논리학이라고 생각했습니다. 칸트는 유럽의 합리적인 생각도, 영국의 경험적인 사고방식도 철학적 지식과 학문의 기초를 위해서는 필요하다고 판단했습니다. 그리고 이 두 가지 방법 모두를 위해서 먼저 이루어야 되는 것을 논리적 철학 체계라고 생각했던 것입니다. 칸트가 이런 생각을 한 이후 철학의 기초를 위해 이야기되던 수학, 기하학, 심리학에 대한 논의는 사라지고, 논리학이 철학의 체계를 위한 대안으로 나타났습니다.

"칸트의《순수이성비판》은 지금껏 어느 누구도 제대로 이해하지 못했다고 할 만큼 어렵다고 들었어요. 쉽게 설명해 주실 수 있나요?"

소피아가 의자를 바짝 당겨 앉으며 물었다.

"음, 최대한 노력해 보죠. 여기 이 제철소를 방불케 하는 이것들은 무엇을 상징할까요?"

자연과학자들은 어떻게 지식을 얻습니까? 자연과학자들은 인간 외부에 있는 사물이나 모든 물건을 있는 그대로 관찰하여, 사물의 법칙이

나 원리를 찾아 밝혀내면 됩니다. 사물에 대해서 이렇게 얻은 것을 자연과학자들은 사물에 대한 지식 혹은 진리라고 합니다. 하지만 철학자는 인간의 외부에 있는 사물이나 물건은 지식이나 진리를 얻기 위해 재료를 제공해 줄 뿐이라고 생각합니다.

철학자들이 말하는 진리나 지식을 얻는 방법은 사람들의 주관인 이성입니다. 과학은 경험을 통하여 인간에게 주어진 사물을 있는 그대로 인식합니다. 하지만 철학적 인식은 먼저 인간의 의식이나 경험을 통하여 사물을 받아들입니다. 하지만 그렇게 받아들인 것을 진리나 지식으로 만들어내는 것은 이성인 것입니다. 저기 저 용광로처럼 말이죠.

용광로에 녹아 있는 쇳물은 단지 재료에 불과합니다. 그 쇳물이 철근, 철판, 못 등으로 만들어지는 것은 제철 기능에 의한 것입니다. 쇳물이 과학적인 경험이라면, 제철 기능은 바로 이성에 해당하는 것입니다. 그럼 이 지식은 어떻게 지식이나 진리를 낳을 수 있을까요? 칸트에 따르면 먼저 이 이성은 선천적으로 주어져 있다고 합니다. 그리고 이 선천적으로 주어진 이성은 논리적인 판단과 추리를 합니다. 여러분이 논리학이나 논술을 배울 때 가장 중요하게 생각한 것이 무엇이었습니까?

"정당한 추리요."

"필로스는 논리학에도 강하군요. 그렇습니다. 논리학에서 가장 중요한 것은 정당한 추리법입니다."

"그렇다면 선천적으로 주어진 이성의 판단과 추리가 정당할 때, 지식이나 진리가 얻어진다는 뜻이군요. 그렇다면 순수이성은 뭐죠?"

"칸트에 있어서 순수이성이란 경험과도 관계가 없고, 심리적 의식작용과도 상관없는 선천적인 이성의 기능을 말하는 것입니다. 그리고 이 순수이성의 기능은 이성이 자기 자신을 비판할 때만 주어진다는 것입니다. 이제 조금은 이해가 되었나요?"

"정말 어렵다……."

어쨌거나 칸트의 교장선생님이 어린 칸트에게 했던 말은 틀렸다. 칸트는 20년이 아닌 300년 동안이나 전 세계를 정신적으로 지배하고 있으니까.

서양문화사 스페인, 영국 식민지 전쟁 시작(1739–1748), 미국 필라델피아 과학예술아카데미 설립(1740)
동양문화사 청, 그리스도교 포교 엄금(1727), 아편 흡음 및 판매 금지(1729)
한국문화사 《북학의》 저자 박제가 출생(1750), 《동국문헌비고》 완성(1770)

독일 국민에게 부탁합니다
_행동하는 지성의 힘

피히테 1762-1814

> **칸트** : 나는 나의 철학이 완결되었기 때문에 더 이상의 발전은 있을 수 없다고 봅니다. 그래서 수정은 필요 없습니다.
>
> **피히테** : 당신의 철학은 논리학을 중심으로 하는 하나의 시작일 뿐입니다. 그렇기 때문에 내가 당신의 철학을 완성시킬 수 있습니다.

여러분은 이 두 사람의 생각 중, 누구의 주장이 옳다고 생각합니까?

다음 강의실로 가는 길이 다시 굽기 시작했다. 이런 형태의 길과 분위기는 분명 첫날과 둘째 날 우리가 지났던 그 길임을 말해 주고 있다.

"저건 뭐하는 거지?"

"어디? 아, 오토 1세의 대관식 같은데."

"오토 1세라면 신성 로마제국의 황제?"

잠시 혼자만의 생각에 빠져 있던 내게 소피아가 물었다.

독일의 왕 오토 1세가 로마 교황으로부터 황제의 대관을 받은 이후, 독일은 로마제국을 다스리는 중요한 위치에 올랐습니다. 오토는 로마 제국의 이름을 신성 로마제국으로 바꾸었고, 이후 독일의 황제들이 신성 로마제국을 이끌어 나갔습니다. 하지만 30년 전쟁이 터지면서 스웨덴, 덴마크, 프랑스 등이 프로테스탄트에 가담하여 독일이 이끄는 신성 로마제국을 공격하였고, 독일의 종교 전쟁은 국제적인 전쟁으로 확대되어 독일은 온통 전쟁터가 되었습니다.

승자도 패자도 없이 끝난 30년 전쟁으로 독일의 국토만 황폐화되었고, 신성 로마제국은 정치적으로 경제적으로 약한 나라가 되고 말았습니다. 봉건 제후들의 독립과 상업의 발달로 한 번 분리된 독일 제국은 종교 전쟁으로 인해 완전히 분리되고 말았습니다. 결국 신성 로마제국과 황제는 어떤 나라에서도 인정하지 않는 이름으로만 남게 되었습니다.

"바로 이런 상황 속에서 성장하고 발전한 나라가 프로이센이야. 프리드리히 1세의 직계 왕들이 프로이센을 부국강병 등의 정책을 통해 크게 발전시켰지."

"독일국민에게 부탁합니다"라는 연설을 한 철학자는 누구입니까?

"피히테입니다."

소피아와 이야기를 하며 걷다 보니 어느덧 강의실 앞이었다.

"여러분 발진티푸스가 무엇인지 아십니까?"

"발진티푸스요?"

강의실로 들어서자 에스메랄다의 질문이 바로 이어졌다.

"여러분들이 놀랄 것 같아서 먼저 이야기를 하는 것입니다. 이번 시간에 여러분들은 발진티푸스로 고통 받는 사람들을 보게 될 겁니다."

에스메랄다의 이야기가 끝나자마자 강의실이 밝아졌고, 우리는 전염병의 참담함을 두 눈으로 확인할 수 있었다.

"저 사람은 누구지? 아, 나이팅게일인가?"

많은 사람들이 전염병으로 신음하고 있는 사이, 유독 눈에 띄는 사람이 있었다. 사람들 사이를 누비며 열심히 간호하는 피히테 부인이었다.

"저 사람이 바로 피히테 부인입니다. 피히테가 애국자였다는 사실은 그의 유명한 연설을 통해 알 수 있습니다. 하지만 피히테 부인도 그에 못지않게 남을 위해 봉사하는 삶을 살았던 것 같죠?"

계몽이란 말이 어떤 것에 대해서 잘 모르는 사람을 깨우친다는 뜻이라면, 독일에서 피히테보다 더 위대한 계몽주의자는 없을 것입니다. 많은 유럽의 지식인과 마찬가지로 피히테도 처음에는 나폴레옹의 혁명을 대단한 열정으로 지지하였습니다. 그러나 나폴레옹이 황제로 즉위하자 피히테는 나폴레옹의 정치에 크게 실망하였습니다.

삼베를 짜는 가난한 집안에서 태어난 피히테는 당시 많은 철학자들이 그러했듯이, 가정교사를 하면서 생활하였습니다. 철학을 전공하고 대학 교수가 된 피히테는 나폴레옹의 변심으로 독일이 위기에 처하자, 모든 것을 버리고 독일인을 대상으로 나폴레옹을 반대하는 연설을 하기 시작하였습니다. 당시 프로이센을 통치하던 프리드리히 빌헬름 3세는 예나 전쟁에서 나폴레옹에게 패한 후, 대학교의 중요성을 절실하게 느꼈습니다. 결국 1809년 프리드리히 빌헬름 3세의 적극적인 지원으로 베를린 훔볼트대학교가 문을 열었고, 학교를 세우는 데 큰 공을 세운 피히테는 베를린 대학교의 총장이 되었습니다. 피히테의 영향을 받아 독일에는 나폴레옹과 프랑스 군대를 내쫓기 위한 단체들이 많이 만들어졌습니다. 피히테는 베를린 대학교 총장도 그만 두고 이 단체들을 찾아다니면서 연설을 하였습니다.

"피히테의 생애에서도 보았지만, 피히테는 무엇보다도 행동을 중요하게 생각한 철학자입니다. 피히테야말로 유럽 혁명 시기에 유럽인들, 특히 독일인들을 행동으로 계몽한 철학자였습니다."

"우리가 말하는 행동하는 양심이 바로 피히테라는 말이군요."

나는 어디선가 본 행동하는 양심이란 말이 갑자기 떠올랐다.

"행동하는 양심, 참 좋은 말입니다. 피히테에게 가장 잘 어울리는 말인 것 같습니다. 여러분은 자신의 자유를 보장받기 위해서 무엇을 할 수 있습니까? 피히테는 자신의 자유를 보장받으려면 다른 사람의 자유를 보장해 주라고 강조하였습니다."

"나의 자유를 보장받기 위해서는 다른 사람의 자유를 침범하지 않으면 된다는 뜻인가요?"

"피히테는 거기에서 한 발 더 나아가 국가에서 법적으로 나와 다른 사람 사이의 자유를 보장해 줄 것을 요구했습니다."

사람들은 사람과 사람 사이에서 살고 있습니다. 그리고 사람은 혼자 사는 것이 아니라 사회라는 단체 속에서 함께 살아갑니다. 사회라는 단체는 개인이 스스로 생활할 수 있도록 도덕적인 기본법을 갖추어야 합니다. 도덕적 기본법을 지키면서 개인 한 사람 한 사람이 다른 사람의 자유를 침범하지 않기 위해 꼭 필요한 것은 교육입니다. 피히테는 바로 이런 교육을 국가가 실시하여야 한다고 주장합니다. 교육에는 질서가 필요하며 교육의 무질서를 바로 잡기 위해서 청소년들은 국가에서 인정한 교육자로부터 교육을 받아야만 합니다. 그리고 이런 교육이야말로 일관성 있고 통일된 교육이어야 합니다. 피히테는 이렇게 교육이란 국가에서 강력한 힘을 가지고 통일된 방향으로 나아가 시민을 국가에서 필요로 하는 사람으로 성장시키는 것이라고 믿었습니다.

"뭐, 결국 피히테는 공교육의 중요성을 강조한 거네요."

"여러분은 왜 공교육 얘기만 나오면 한숨을 쉬죠? 피히테는 공교육의 중요성만 강조한 것이 아닙니다. 데모도 중요하게 생각했습니다."

"데모요?"

"필로스가 말했잖아요? 피히테는 행동하는 양심이라고. 알고 있는 것을 행동으로 옮기지 못한다면 아무런 의미가 없겠죠. 이렇게 피히테는 학생, 시민들과 함께 데모를 하며 옳지 않은 것들에 대항하였습니다."

"너무나 멋진 행동하는 양심이군요."

'에고이즘egoism'은 자신만 생각하는 이기주의를 가리키는 부정적인 말입니다. 에고이즘은 '에고ego'라는 단어에서 나온 말입니다. 피히테는 에고를 '자아自我'라고 표현하고 있습니다. 나의 자유가 남으로부터 침해를 받지 않는다는 것은 정말 좋은 것입니다. 이런 자유야말로 자아의 무제한적인 자유를 의미합니다. 나의 자아가 무제한의 자유를 누리기 위해서 나는 무엇을 해야 할까요? 먼저 남의 자유를 침해하지 말아야겠죠. 그러나 남의 자유를 침해하지 않는다는 생각만으로는 안 됩니다. 남의 자유를 침해하지 않는 실천적인 행동이 필요합니다. 우리는 실천의 어려움을 너무나 잘 알고 있습니다. 하지만 실천 없는 생각은 무의미한 것입니다. 그래서 피히테는 실천의 중요성을 누구보다 강조하였던 것입니다.

"남의 자유를 침해하지 않고 나의 이기주의적인 삶을 즐긴다는 것은 결코 쉽지 않습니다. 우리가 즐겨 쓰는 이기주의자라는 말은 무엇보다 남의 자유를 보장해 주고, 그 보장을 위해서 실천할 줄 알아야만 가능한 것입니다."

"이기주의자가 되는 것도 쉬운 일은 아니군요."

"세상에서 제일 어려운 일일 것 같다. 필로스, 너는 포기해야겠다."

"그래, 소피아, 너는 타고 났으니 걱정 안 해도 되겠다."

프랑스의 왕정을 무너뜨린 영웅 나폴레옹은 유럽 여러 나라의 학자들을 받아들였습니다. 하지만 나폴레옹은 스스로 황제가 되어 자신을 믿었던 나라를 짓밟기 시작했습니다. 하지만 독일 국민들은 나폴레옹을 왕정을 끝낸 영웅으로 계속 받들고 있었습니다. 피히테는 나폴레옹에 대해서 잘못 생각하고 있는 독일 국민들을 깨우치기 위해 평생을 바쳤습니다.

"피히테의 부인도 피히테만큼이나 애국자였나 봐요."

소피아는 이제야 피히테 부인이 생각난 모양이었다.

"그렇습니다. 피히테 부인의 이름은 요한나 랍니다. 요한나는 스위스 취리히에서 그 유명한 스위스의 교육자 페스탈로치와 함께 교육학을 공부하였습니다. 피히테와 결혼한 후 요한나는 남편 못지않은 열혈 애국자가 되었습니다. 요한나는 지금 나폴레옹 군대와 싸우다 부상당한 독일 병사를 위해서 자신의 몸을 아끼지 않고 치료를 하고 있군요."

"정말 백의의 천사 같은 모습이네요."

"하지만 안타깝게도 병사의 간호를 하던 요한나는 그만 발진티푸스에 감염되어 결국 자리에 눕고 말았습니다. 더 안타까운 것은 요한나를 간호하던 피히테마저 발진티푸스에 감염된 것입니다. 결국 두 사람은 발진티푸스로 죽고 말았습니다."

피히테는 삼베를 짜는 가난한 집안에서 태어났습니다. 그러나 어린 피히테의 능력을 인정한 어떤 부호가 피히테를 교육시켰습니다. 아마도 이것은 피히테가 훗날 남을 위해서 살게 된다는 암시였는지도 모르겠습니다. 그렇게 피히테는 남을 위해서 살다 죽었습니다. 피히테는 《순수이성비판》을 읽고 칸트를 찾아 갔습니다. 처음 두 사람의 생각은 비슷했습니다. 하지만 두 사람은 서로 결별하고 말았습니다. 왜일까요?

칸트는 쾨니히스베르크에서 움직이지 않고 살며 학생들에게 철학을 가르쳤습니다. 피히테는 총장직도 버리고 독일 국민을 계몽하기 위해 독일 전역을 다니면서 연설을 하였습니다. 두 사람의 생각에는 많은 차이가 있는 것 같습니다. 여러분의 생각은 어떻습니까?

> **칸트** : 자네가 나를 방문한 다음 1792년에 발표한 《모든 계시의 비판 시도》가 출판사의 실수로 이름 없이 출판되는 바람에, 많은 사람들이 그것을 나의 책으로 오인하고 있는 것이 자네에게는 미안한 일이지만, 그 내용은 정말 자네를 칭찬할 만하네.
>
> **피히테** : 감사합니다. 교수님의 《순수이성비판》을 읽은 덕분에 그런 책을 쓸 수 있었습니다. 오히려 제가 감사합니다.
>
> **칸트** : 하지만 그 책의 내용을 더 발전시켜 《모든 지식인의 체계》라는

이름으로 발표한 책에 대해서는 나는 비판을 가하고 싶네.

피히테 : 왜 그렇게 생각하십니까?

칸트 : 그 책의 내용은 나의 《순수이성비판》을 인용할 가치도 없는 책
이라네. 그러니 제발 나와 자네의 책을 연관시키지 말기 바라네.

피히테 : 교수님이야말로 자신의 철학을 이해하지 못하고 계시군요.
정말 이해가 부족한 분은 교수님이십니다. 교수님이 원하신다
면 다시는 교수님을 찾아뵙거나 연락하는 일은 없을 것입니다.
안녕히 계십시오.

1794년 칸트 70세, 피히테 32세

"와, 정말 저랬을까? 두 사람 모두 고집이 보통이 아니었나봐."

"꼭 저렇게 했으리라고는 생각하지 않지만 각자 자신의 뜻을 굽히지
않았기 때문에 각자의 분야에서 많은 일들을 해낼 수 있었던 거 아니
겠어?"

소피아의 말을 듣고 보니 그런 것 같기도 했다. 작은 일을 완성하지
못하고서는 큰일을 할 수 없는 것처럼. 그런데 큰일과 작은 일을 어떻
게 구분하지?

서양문화사 베토벤 출생(1770), 미국 독립선언, 13개 주 독립(1776)

동양문화사 인도, 영국과 1차 마이소르 전투(1767), 왕윤, 산동에서 반란(1774)

한국문화사 정조, 왕실도서관 규장각 궐내 설치(1776), 《의산문답》, 《담헌설총》의 저자 홍대용 사망(1783)

인류를 자유롭게 하는 힘,
절대정신을 찾아서

4

Georg Wilhelm Friedrich Hegel

헤겔 1770-1831

나는 말 위에 앉아 있는 세계정신을 보았습니다.

그런데 그 세계정신이 나를 배신했습니다.

나는 그를 어떻게 해야 할까요? 여러분이 가르쳐 주십시오.

앞발을 높이 쳐든 말, 그리고 그 말 위에 삼각 모자를 쓰고 앉아 있는 사람. 한눈에도 그가 나폴레옹이라는 것을 알 수 있었다.

"필로스, 나폴레옹에 대해서 얘기 좀 해줘."

아이들의 부탁이 나에게는 아주 정겨운 소리로 들렸다.

"내 사전에 불가능이란 없다"는 말을 남긴 나폴레옹 보나파르트 Napoleon Bonaparte(1769~1821)는 지중해의 코르시카 섬 아작시오에서 태어났습니

387

다. 나폴레옹은 마케도니아의 알렉산드로스 대왕과 로마제국의 시저와 비견할 만큼 전쟁과 정치에서 천재적인 능력을 발휘한 프랑스의 영웅입니다.

10살 때 아버지를 따라 프랑스로 온 나폴레옹은 코르시카 사투리 때문에 학생들로부터 놀림도 받았지만, 수학에 뛰어난 재능을 보였습니다. 파리육군사관학교를 졸업한 나폴레옹은 프랑스 대혁명 때 국민공화당 편에서 황제의 군대와 싸워 이겼습니다. 군인으로 인정을 받은 나폴레옹은 여러 전투에서 승리를 하였습니다. 하지만 나폴레옹은 1799년 군대를 동원하여 국회를 해산하고 원로원을 움직여 집권한 후 군사독재를 시작하였습니다. 그것으로 만족하지 못한 나폴레옹은 1802년 인민투표를 통해 황제에 즉위하였습니다.

"그래서 프랑스 시민들은 프랑스 대혁명으로 얻은 자유를 나폴레옹이 다시 빼앗았다고 하는구나."

"프랑스 시민의 편에서 황제의 군대와 싸울 때, 유럽의 많은 학자들이 나폴레옹을 찬양했지. 특히 베토벤은 교향곡 5번을 나폴레옹을 위해서 만들었다고 하잖아."

"맞아, 영웅 교향곡."

"하지만 나폴레옹이 황제가 되었다는 소식을 전해들은 베토벤은 나폴레옹을 위해서 작곡한 영웅 교향곡의 악보에 펜을 던지면서, 시민들을 위해서 일한다던 나폴레옹도 속물이라며 나폴레옹을 크게 비난하였다고 해."

정반합으로 이어지는 헤겔의 철학적인 방법은 무엇입니까?

"변증법입니다."

초등학교 때부터 들었던 정반합의 변증법에 관한 얘기가 이번 시간 강의실의 문을 여는 열쇠였다.

"하이델베르크에 오신 것을 환영합니다!"

갑자기 하이델베르크라니! 에스메랄다의 밝은 목소리에 문을 열고 들어서던 우리 모두는 깜짝 놀라 서로를 쳐다보았다. 에스메랄다는 긴 산책로를 따라 걸으며 우리에게 어서 오라고 손짓했다. 저기 멀리 아름다운 하이델베르크 성이 보였다.

"아, 저것이 하이델베르크에 있는 그 유명한 철학자의 길이구나."

"철학자의 길!"

소피아의 말에 우리는 다 같이 소리를 높였다.

헤겔은 공무원의 아들로 태어났습니다. 어머니는 아주 부드러운 품성과 교양을 겸비한 재능 있는 분이었습니다. 어릴 때부터 고대 그리스어를 배우면서 자란 헤겔은 고등학교 때 고대 그리스 비극을 즐겨 읽었다고 합니다. 헤겔이 대학생이 되었을 때 일어난 프랑스 혁명은 헤겔을 흥분시키기에 충분했습니다. 당시 다른 지식인들처럼 헤겔도 나폴레옹이 독일의 봉건 제후들로부터 독일 국민들을 구원해 주리라 믿었기 때문입니다.

헤겔이 예나대학교에서 시간 강사를 할 때인 1806년 8월, 신성 로마 제국이 나폴레옹에 의해 붕괴되고 말았습니다. 같은 해 나폴레옹은 예나 전투에서 승리하였습니다. 이때 헤겔은 군인들을 사열하는 나폴레옹을 보았다고 합니다. 흥분한 헤겔은 친구에게 "내가 오늘 말에 올라앉아 세계를 넘나들면서 전 세계를 송두리째 지배하고자 하는, 오직 한 가지 일에만 몰두하는 위대한 사람을 본 것은 말로 표현할 수 없는 기쁨이었다"라고 말했습니다. 하지만 나폴레옹이 결코 독일의 구원자가 아니라 침략자라는 사실을 안 다음, 헤겔은 예나 전쟁에서 죽은 사람들과 부상당한 사람들에게 죄를 지은 느낌을 씻을 수 없어 예나를 떠났다고 합니다.

"예나를 떠난 지 몇 년 후, 헤겔은 바로 여기 이 하이델베르크대학교의 교수로 오게 되었습니다. 그리고 헤겔은 하이델베르크 시내가 내려다보이는 이 길을 즐겨 찾았다고 합니다. 이후 지금까지 사람들은 이 길을 철학자의 길이라고 부르고 있습니다."

"철학자의 길을 산책하면서 헤겔은 어떤 생각을 했을까요?"

'음, 소피아답지 않은 감상적인 질문인데?'

"나폴레옹의 거짓된 모습에 속은 헤겔은 피히테처럼 독일 국민들을 교육시키는 것이 무엇보다도 중요하다고 생각했습니다. 하이델베르크에 있는 동안 헤겔은 애국자가 되었으며, 프로이센의 충성스러운 국민의 한 사람으로 생활하였습니다. 이런 헤겔에게 새로운 길이 열렸습니다."

헤겔에게 새롭게 열린 길이란 국가를 위해 봉사하는 길이었습니다. 당시 프로이센 정부에는 나폴레옹의 거짓에 속고 있는 국민들을 깨우칠 덕망 있고 능력 있는 지식인이 필요했습니다. 프로이센 정부에서는 죽은 피히테를 대신할 사람으로 헤겔을 택했습니다. 헤겔은 정부의 부탁을 뿌리치지 못하고 하이델베르크대학교를 떠나 베를린대학교의 교수로 갔습니다. 프로이센은 프랑스와의 전쟁에서 패했지만, 피히테의 노력과 시민들의 각성으로 빠르게 문화적인 발전을 이루었습니다. 헤겔은 이런 프로이센을 견고한 나라로 만드는 데 최선을 다했습니다. 그래서 헤겔이 프로이센의 국가 철학자로 추앙받는 것입니다.

헤겔은 자신의 철학을 '세계정신'이란 말로 설명하고 있습니다. 세상에는 많은 물건과 대상이 있습니다. 무엇이 이러한 삼라만상을 만들까요? 헤겔은 삼라만상의 원인이 되는 근본적인 것을 세계정신이라고 하였습니다. 이 세계정신은 정신과 자연, 주관적인 것과 객관적인 것, 그리고 생각과 존재를 모두 포함하는 절대적인 어떤 것입니다.

사람들은 정신을 갖고 있습니다. 이 세상에는 사람 외에도 많은 물건이나 대상이 있습니다. 사람의 정신을 조정하는 것은 무엇일까요? 세상의 삼라만상을 변화시키고, 사람이 사는 세계의 역사를 바꾸는 어떤 힘이란 존재할까요?

"중세에는 그런 것을 신이 관장한다고 했잖아요. 그리고 신의 힘에 의해서 모든 것이 이루어진다고도 했고요."

"소피아의 말이 맞습니다. 바로 그런 신이 갖고 있는 능력과 같은 힘을 헤겔은 세계정신이라고 했답니다."

헤겔의 세계정신은 그리스도교에서 말하는 신과 다름이 없었습니다. 하지만 종교에서의 신과 헤겔의 세계정신에는 분명한 차이가 있습니다. 그리스도교에서 말하는 전지전능한 신은 언제까지나 변하지 않는 어떤 것입니다. 그러나 헤겔의 세계정신은 스스로의 내적인 힘에 의해서 항상 끊임없이 변화하고 발전하는 어떤 것입니다.

세계정신은 어떻게 있을까요? 헤겔에 의하면 세계정신은 처음부터 시간과 공간 속에 있는 것이 아닙니다. 세계정신은 시간과 공간을 초월하여 논리적, 이론적으로만 존재합니다. 이것은 마치 칸트가 이야기한 "실제적으로 가능한지는 모르지만 이론적으로 가능한 선천적인 어떤 것"과 같습니다. 헤겔의 이러한 세계정신은 설명될 수도 없고 규정할 수도 없기 때문에 '무無'와 같으며, 끝이 없는 무한한 어떤 것이라고 했습니다.

이러한 세계정신은 발전하여 자연으로 나타납니다. 헤겔에 의하면 자연은 처음에는 존재하지 않았습니다. 그러나 세계정신이 발전하여 바깥으로 드러난 것이 바로 자연이라는 것입니다. 자연이라는 모습으로 나타나는 헤겔의 세계정신은 스스로 발전과 변화를 거듭하면서 계속 변해 갑니다. 하지만 발전과 변화에는 한계가 있습니다. 결국 세계정신은 자연을 벗어나 자신에게로 다시 돌아갑니다. 이렇게 세계정신이 자연이 되었다가 다시 세계정신으로 돌아오면서, 세계정신은 자신을 의식하고 알게 되는 것입니다. 그리고 바로 이것을 헤겔은 '절대정신'이라고 하였습니다.

자연은 유한합니다. 그리고 이 절대정신은 모든 자연의 변화에도 영향을 준다고 했습니다. 절대정신은 무한하고, 자연은 유한하지만 절대정신 안에서는 유한한 것과 무한한 것이 대립하지 않고, 상호 통일되어 있습니다.

"헤겔은 이렇게 절대정신으로 자연의 변화를 설명함으로써 세계의 역사를 설명하고자 하였던 것입니다. 즉, 절대정신이 자기를 실현하는 과정을 헤겔은 역사라고 하였습니다."

"결국 자연은 절대정신에 의해서 지배당하고 있는 것과 같군요."

"절대정신이 자기를 실현해 가는 과정이 곧 역사라면, 그리스도교에서 신이 세상을 창조하는 과정과 비슷하잖아요. 그럼 헤겔은 자연을 중요하게 생각하지 않았다는 얘기네요?"

내가 소피아의 말을 거들었다. 하지만 아무리 집중해도 어렵다, 어려워.

"두 사람의 말이 맞아요. 헤겔은 자연이 절대정신에 지배당한다고 이야기함으로써 자연을 너무 단순하고 쉽게 본 것 같습니다."

헤겔은 절대정신을 사람의 이성이라고 했습니다. 그리고 절대정신의 본질은 사람이 항상 바라는 자유에 비유했습니다. 그럼 역사는 무엇일까요? 헤겔은 역사란 자유가 세상 속에 펼쳐 나가는 과정이라고 했습니다.

고대의 역사는 모든 왕들에 의해서 이루어졌습니다. 즉, 단 한 사람의 전제 군주만이 자유로웠기 때문에, 전제 군주 아래 있는 사람들 개개의 이성은 아무런 의미가 없었습니다. 근대에 와서는 귀족 정치가 이루어졌습니다. 그렇기 때문에 고대와 다르게 근대에는 몇 명의 귀족만이 자유로웠습니다. 그럼 현대는 어떻습니까? 대부분의 나라가 민주 정치를 지향하는 현대는 대부분의 사람들이 자유를 누리며 삽니다. 사람 개개인이 자유를 얻는다는 것은 자유롭게 자신의 이성을 가지고 생각할 수 있다는 의미입니다.

헤겔이 살던 시대에는 소수 계층만의 자유가 보장되었습니다. 그리고 몇몇의 지성인만이 자유로운 생각을 할 수 있었습니다. 헤겔은 나폴레옹이 모든 사람들에게 자유를 주리라 믿었습니다. 그러나 역사는 헤겔의 뜻대로 전개되지 않았습니다. 모든 사람은 자유로워야한다고 생각했던 헤겔의 바람은 그가 죽고 난 다음 이루어졌습니다. 1848년 유럽의 3대 혁명은 모든 사람들이 자유롭길 원했던 헤겔의 뜻이 이루어진 계기가 되었습니다. 결국 유럽의 혁명과 유럽인들의 자유로운 생각은 헤겔의 철학적인 힘이 뒷받침되어 가능했던 것입니다.

"1848년까지도 살지 못했다면, 헤겔은 너무 일찍 죽었네요."

"맞습니다. 헤겔은 뜻하지 않게 콜레라에 감염되어 죽었죠."

"피히테는 발진티푸스에 감염되어 죽고, 헤겔은 콜레라에 감염되었다고요? 너무하네요."

1831년 독일에는 콜레라가 창궐했다고 한다. 의학이 발달하지 않았던 당시로서는 속수무책이었고, 결국 헤겔도 콜레라로부터 안전할 수 없었던 것이다. 헤겔은 죽은 후에 진정한 자유를 얻었을까?

서양문화사 카트라이트, 역직기 발견(1785), 미국 초대 대통령 조지 워싱턴 당선(1789)
동양문화사 중국, 함대와 대포 제조(1800), 영국, 마카오의 포대 점령(1808)
한국문화사 우정규 《경제야언》 저술(1776), 중국 신부 주문모 입국(1794)

영국 군인은
개와 여자 이야기만 한다

Arthur 쇼펜하우어 1788-1860

5

어머니는 당신을 통해 나의 이름이 빛날 것이라고 말했습니다.
하지만 나는 내 이름을 통해 어머니의 이름을 빛나게 하겠다고
이야기했습니다. 누가 더 유명한 사람이 되었는지 여러분이
판단해 주십시오.

이곳에 온 첫날 마르크스 아우렐리우스 따라 하기가 있는 줄도 모르고 강의실로 가는 길은 정말 으스스했다. 검투사들이 길 양쪽을 지키고 있었기 때문만은 아니었다. 지금 걷고 있는 이 길도 그 길과 참 많이 닮았다.

"와, 저기 달마티안이다!"

"저건 그레이하운드네."

정말 보기에도 믿음직한 개들이었다. 강의실로 가는 길은 하나같이 멋진 사냥개와 그들과 함께 느긋하게 산책하는 사람들로 가득 차 있었다.

"소피아, 이번 시간의 미션은 왠지 어머니와 자식 간의 팽팽한 긴장감 같은 게 돌지 않니?"

"그렇지. 두 사람 모두 유명한 사람이 되겠다고 저렇게 자신하고 있으니 말이야."

"우리나라 어머니들은 자식을 위해 희생하는 것을 미덕으로 알고 있는데, 누구의 어머니인지는 모르지만 좀 그렇다."

"여자라고 꼭 자식들을 위해서 희생해야 한다는 법이라도 있니?"

'헉, 잘못 건드렸다.'

쇼펜하우어의 책 중에서 많은 사람들이 가장 재미있는 철학책이라고 말한 책의 제목은 무엇입니까?

가장 재미있는 철학책? 그것도 쇼펜하우어? 그런 게 있을 리가…….

"《의지와 표상의 세계》입니다."

'……'

"오늘의 마지막 시간이군요. 이번 시간에 여러분과 이야기할 철학자는 쇼펜하우어입니다."

천사 같이 하얀 옷을 입은 에스메랄다에게 환한 빛이 비추고 있었다.

"염세주의자 쇼펜하우어 말인가요?"

"그렇습니다. 바로 그 염세주의자 쇼펜하우어입니다."

나의 질문에 에스메랄다가 빙긋 웃으며 대답했다.

"그런데 염세주의자와 가장 재미있는 철학책이 왠지 어울리지 않는데요."

"그렇죠. 염세주의자하면 왠지 부정적인 이미지가 너무 강하죠. 많은 사람들이 쇼펜하우어를 염세주의자라 부르지만, 그의 책을 가장 재미있는 책이라고 꼽는 데는 이견이 없습니다. 자, 그럼 그 이유를 한 번 천천히 찾아볼까요?"

에스메랄다의 말이 끝나자 강의실이 천천히 환해지기 시작했다.

"와, 멋있다! 영화에서 보던 바로 그 선술집이야."

선술집 구석의 한 테이블에는 군인들이 삼삼오오 술잔을 기울이며 카드놀이를 하고 있었다. 또 어떤 테이블에서는 젊은 남녀가 우아한 모습으로 이야기를 나누고 있었다. 중앙 무대에서는 밴드의 음악에 맞춰 아름다운 여인들과 춤을 추는 군인들도 보였다. 그런데 그 와중에 유독 눈에 띄는 한 사람이 있었다. 검은 슈트에 하얀 블라우스를 입은 그 신사는 혼자 식사를 하고 있었고, 그의 곁에는 개 한 마리가 조용히 앉아 주인이 식사하는 모습을 지켜보고 있었다. 그리고 테이블 왼쪽 위에는 반짝반짝 빛나는 금화 한 닢이 놓여 있었다.

"바로 저 사람이 쇼펜하우어죠?"

"네, 그렇습니다. 테이블에 조용히 혼자 앉아 있는 저 사람이 쇼펜하우어입니다."

쇼펜하우어는 지금의 폴란드 땅인 단치히에서 태어났습니다. 아버지는 고집이 세고, 독립심이 강하며, 자유를 사랑한 사업가였습니다. 쇼펜하우어의 가족은 쇼펜하우어가 5살 때 자유의 도시였던 독일의 함부르크로 이주하였습니다. 그리고 그의 아버지는 쇼펜하우어를 사업

가로 키우기 위해서 노력했습니다. 하지만 너무 일찍 세상을 떠나는 바람에 꿈을 이루지 못했답니다. 이후 쇼펜하우어는 아버지가 남긴 유산으로 어머니와 함께 편안하게 살았습니다. 어머니는 쇼펜하우어가 작가가 되기를 원했습니다. 하지만 쇼펜하우어는 철학을 공부하여 교수가 되는 것이 꿈이었습니다. 쇼펜하우이는 아버지의 강인함과 어머니의 지성을 함께 물려받았다고 합니다.

쇼펜하우어의 어머니는 당시 매우 인기 있는 여류 소설가 중의 한 사람이었던 요한나 쇼펜하우어[Johanna Schopenhauer]입니다. 성질은 급했지만 매우 정열적이고 사교적이었던 그의 어머니는, 남편이 죽자 새로운 연인을 만났습니다. 어머니는 쇼펜하우어와 함께 당시 독일의 사교 도시였던 바이마르로 이사했습니다. 하지만 쇼펜하우어는 어머니의 그러한 생활을 싫어했고, 특히 재혼을 반대하였습니다.

"쇼펜하우어의 어머니와 친분이 있었던 독일의 대문호 괴테는 그의 어머니에게 그녀의 아들 쇼펜하우어가 아주 유명한 사람이 될 것이라고 말했다고 합니다."

"그 말을 들은 어머니의 반응이 궁금한데요."

"괴테의 말을 들은 어머니는 아들 쇼펜하우어를 인정할 수 없었습니다. 자신보다 더 똑똑하고, 유명해질 아들에 대한 질투심이 강하게 작용했던 것이죠."

"그럼 쇼펜하우어의 반응은 어땠나요?"

내 질문이 조금 유치한 것도 같았지만, 왠지 흥미진진한 모자간의 싸움이라는 생각이 들어 결과가 너무 궁금했다.

"아들 쇼펜하우어는 '많은 시간이 지난 후 나를 통하여 어머니의 이름이 알려질 것입니다'라는 말을 남기고 바이마르를 떠났습니다. 아마 이런 주변의 상황들이 쇼펜하우어가 염세주의로 빠진 이유라고 할 수 있겠죠."

역시 그 어머니에 그 아들이라고 해야 하나?

아마도 이러한 어머니와의 관계가 쇼펜하우어를 염세주의자로 몰고 간 가장 큰 이유였던 것 같습니다. 일찍 아버지를 여의고 어머니의 사랑도 받지 못했던, 아니 어머니의 질투와 미움을 받고 자랐던 사람이 이 세상을 아름답게 본다는 것은 아마도 불가능했을 겁니다. 쇼펜하우어는 학창 시절에 또래 친구들보다 훨씬 성숙하였다고 합니다. 이러한 여러 가지 상황들과 그의 성격은 그의 철학에 큰 영향을 주었습니다.

쇼펜하우어는 항상 우울하고 냉소적이며 의심이 많았습니다. 공포와 불길한 망상에 시달렸던 쇼펜하우어는, 이발을 할 때면 목둘레의 면도를 허락하지 않았다고 합니다. 뿐만 아니라 그는 장탄한 권총을 옆에 두어야 잠자리에 들 수 있었으며, 사람들이 자신의 위대성을 인정해 주지 않는 것에 대해서 참지 못하고 병적으로 반항하는 경향도 보였다고 합니다. 쇼펜하우어는 자신이 놓친 명성과 성공 때문에 괴로워하며 자신의 내면의 영혼을 끊임없이 괴롭혔습니다. 쇼펜하우어는 25살이 되던 해, 나폴레옹에 항거하여 피히테의 해방 전쟁에 참여하기 위해서 무기까지 구입하였으나 박사학위 시험 때문에 전투에는 참여하지 못했습니다. 이 모든 것이 우리가 쇼펜하우어를 염세주의자라 부르는 이유입니다. 하지만 그의 책은 당시 사람들로부터 아주 재미있다는 평가를 받았습니다. 사실 쇼펜하우어는 염세주의자이면서, 스스로 염세주의를 극복하기 위해서 노력한 사람입니다.

쇼펜하우어는 그의 책 《의지와 표상의 세계》 서문에서 칸트, 플라톤, 우파니샤드에 의거하여 자신의 책을 서술하였다고 밝히고 있습니다. 그는 이 세 가지 철학을 나름대로 섞어서 자신의 철학을 완성하였지만, 실질적으로는 세 가지 철학에 그 나름의 철학적 해석을 가하고 있습니다. 쇼펜하우어는 우파니샤드 철학을 자신의 책에 접목시킴으로써 서양 철학자 가운데서는 처음으로 인도 철학을 자신의 철학 체계에 접목시켰습니다. 바로 이것이 당시 서양 철학계에 큰 파문을 일으켰습니다. 당시 독일에서는 교수 아닌 사람의 저서가 대학 강단에서 사용된다는 것은 있을 수 없는 일이었습니다. 이런 통념을 깨고 쇼펜하우어의 《의지와 표상으로서의 세계》에 많은 사람들이 매료되었고, 심취하였습니다.

쇼펜하우어는 세계를 두 가지로 파악했습니다. 하나는 표상으로서의 세계이고, 다른 하나는 의지로서의 세계입니다. 표상으로서의 세계는 겉으로 드러난 세계, 혹은 현상적으로 나타나 있는 세계입니다. 이런 세계는 우리가 감각을 통해서 파악할 수 있고 과학적으로 증명할 수 있으며, 시간과 공간 속에 존재하고, 원인과 결과에 의해서 생성 소멸되는 세계입니다. 반면 의지로서의 세계는 현세계의 뒤에 감추어져 있는 본질의 세계를 의미합니다. 이러한 세계는 인간의 경험만으로는 그

본질을 파악할 수 없겠죠? 왜냐하면 이러한 세계는 사람의 인식이나 감각으로부터 독립되어 있는 세계이기 때문입니다. 의지의 세계는 곧 인간의 삶의 의지로 이루어진 세계이기 때문에, 삶에 대한 본능과 욕망으로 가득 차 있는 세계입니다. 현상의 세계가 세계의 참 모습이 아니라 단지 껍데기에 불과하다면, 의지의 세계는 표상의 세계 이면에 놓여 있는 참된 세계입니다. 그리고 이 참된 세계는 삶의 의지로 가득 차 있기 때문에, 인간의 존재 이유는 곧 삶에의 의지가 되는 것입니다. 인간이 살아있는 가장 큰 이유는 삶의 의지가 있기 때문입니다.

쇼펜하우어는 표상과 의지의 세계를 사람에게도 적용하고 있습니다. 내적인 삶과 외적인 삶이 그것이죠. 외적인 모습 내지 삶이란 곧 인간의 육체적인 모습을 말하는 것입니다. 외적인 모습만으로 우리는 나 자신을 파악할 수 없습니다. 결국 사람은 내적 모습인 자신의 본질을 찾아야만 할 것입니다. 사람이 이렇게 자신의 본질적인 모습, 즉 삶의 의지를 갖고 있기 때문에 철학자는 과학적이고 피상적인 지식의 영역을 넘어설 수 있는 것입니다.

"이렇게 인간의 본래적인 모습을 의지에서 찾았던 쇼펜하우어는 사람의 표상을 중요하게 생각하지 않았습니다. 그는 항상 표상에 중요성을 두는 영국 군인에 대해서 좋지 않은 감정을 갖고 있었습니다. 그래서 쇼펜하우어는 식당에서 식사를 할 때마다 스스로와 내기를 하였습니다. 영국 군인들이 여자와 개 이야기 외에 다른 얘기를 하는 것을 듣는 순간 금화 한 닢을 자선함에 넣겠다는 것이었습니다."

"아, 그런 뜻이었구나."

"영국 사람들은 개를 참 좋아하나봐."

"염세적인 쇼펜하우어의 성격이 나타나는 대목이네."

아이들이 이제야 알겠다는 듯 쇼펜하우어와 테이블 위의 금화를 다시 한 번 번갈아가며 쳐다보았다.

"자, 오늘 남은 시간은 저기 영국 군인, 쇼펜하우어와 함께 보내시기 바랍니다. 좋은 밤 되시기 바랍니다."

이야기를 마친 에스메랄다는 밝게 웃으며 선술집의 뒷문으로 사라졌다. 테이블에서 팔짱을 낀 채 쇼펜하우어를 바라보는 소피아는 아직도 쇼펜하우어와 그의 어머니의 삶에 대해 생각하고 있는 것 같았다.

여성이 사회 진출을 통해 자아를 찾는 것과 어머니로서의 역할을 다하는 것. 글쎄, 어쨌거나 부정할 수 없는 것 하나는 쇼펜하우어라는 철학자가 유명해진 데에는 어떤 방식으로든 그의 어머니의 역할이 엄청 컸다는 것?

서양문화사 신성 로마 제국 멸망과 라인동맹(1806), 미국, 흑인 노예 수입 금지(1809)
동양문화사 인도, 뱅갈 은행 설립(1809), 유럽 사람의 청나라 거주 및 포교 금지(1811)
한국문화사 홍경래의 난(1811), 태백산 사고 보수 작업(1820)

Day 6.   인간을 생각함

- 19세기 철학

"노래와 울음과 웃음과 웅얼거림으로 나는 신을 사랑한다.

그런데 그대는 무엇을 우리들에게 선물로 가져왔는가?"

차라투스트라가 이 말을 듣자 성자에게 인사하며 다음과 같이 말했다.

"내가 그대에게 무엇을 주겠는가! 내가 그대로부터 아무것도 빼앗아가지 않도록

어서 이곳을 떠나야겠군!"

이렇게 하여 노인과 젊은이는 두 소년이 웃는 것처럼 크게 웃고 헤어졌다.

그러나 차라투스트라가 혼자 있게 되자 자신에게 다음과 같이 말했다.

"도대체 이런 일이 있을 수 있단 말인가!

이 늙은 성자는 그의 숲에서 신이 죽었다는 소식을 전혀 듣지 못했단 말인가!"

_ 니체 《차라투스트라는 이렇게 말했다》 중에서

실제로 증명할 수 있는 것만 진리다

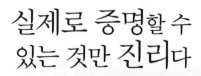

1

콩트 1798-1857

학생이 교수를 배척하는 운동을 할 수 있습니까?
여러분의 생각을 듣고 싶습니다.

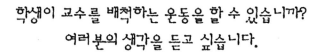

"교수의 능력을 학생이 평가할 수 있을까? 그래도 그렇지 어떻게 학생들이 스승을 쫓아낼 수 있지?"

"오죽하면 그랬겠니. 그리고 배척 운동을 했다는 거지, 배척한 것은 아니잖아. 그나저나 저건 뭐지?"

소피아는 왜 저렇게 냉정한 걸까? 분명 그런 운동이 있다면 앞장서서 이끌 애다.

"웅? 아, 나폴레옹 3세에 관한 얘기 같아."

얼음공주 같은 소피아를 쳐다보며 잠시 다른 생각을 하고 있는데 소피아가 먼 곳에 한 무리의 사람들을 가리키며 물었다.

　프랑스 혁명을 통해 황제로 등극한 나폴레옹의 손자 나폴레옹 3세는 지나친 독재로 프랑스 노동자와 정면으로 충돌하였습니다. 이때 노동자들은 프랑스의 정치적 개혁을 소리 높여 외치면서 나폴레옹 3세를 추방하기 위해 노력하였습니다. 보나파르트 나폴레옹은 프랑스 혁명을 등에 업고 전 유럽을 왕권으로부터 독립시켜 줄 위대한 영웅으로 떠올랐습니다. 하지만 스스로 황제가 되면서 나폴레옹의 제국주의가 시작되었습니다. 유럽의 수많은 지성인들은 나폴레옹의 이런 행동을 참지 못했습니다.

　1812년 나폴레옹은 러시아를 공격하지만 실패로 끝나고 말았습니다. 1814년, 마침내 스웨덴 프로이센, 오스트리아 등의 연합군이 파리를 점령하였고, 나폴레옹은 연합군에 체포되어 엘바섬에 유배되고 말았습니다. 이듬해 다시 파리로 돌아온 나폴레옹은 황제로 즉위하였지만, 6월 워털루 전투에서 패하여 영국에 항복하고 맙니다. 결국 나폴레옹은 대서양의 세인트헬레나섬에 갇혀 그곳에서 죽고 말았습니다.

　보나파르트의 손자 루이 나폴레옹 3세는 국내보다는 해외 발전을 위해서 노력하였습니다. 그는 국내에서는 금속 광업을 개발하고, 철도를 건설하였으며, 국외에서는 중국 원정과 수에즈 운하 건설 등 많은 업적을 남겼습니다. 그러나 나폴레옹 3세는 자신에 반대하는 사람들을 잔인하게 죽이거나 고문하여 프랑스 사람들을 공포로 몰아넣는 독재 정치를 하였습니다. 프랑스 대혁명으로 자유가 무엇인지 알게 된 프랑스 사람들은 나폴레옹 3세의 독재 정치와 정면으로 부딪쳤습니다. 노동자를 중심으로 한 프랑스 사람들은 나폴레옹 3세에게 정치 개혁을 요구하였습니다.

콩트를 중심으로 생겨난 프랑스의 새로운 철학을 무엇이라고 합니까?

"실증주의입니다."

실증주의? 이건 뭔가 정말 어려운 말 같다…….

"즐거운 밤을 보내셨나요? 나는 오늘 여러분과 함께 19세기 철학에 대해 이야기를 나눌 코제트입니다."

'코제트? 프랑스 혁명을 배경으로 프랑스의 작가 빅토르 위고가 쓴 책 《레 미제라블》에 나오는 소녀 이름이잖아? 그래서 저렇게 작고 아담한가?'

"여러분, 저기 가운데를 보십시오. 역사에 관심이 많은 필로스는 저기 편지를 읽고 있는 황제가 누군지 알겠죠?"

"아마도 러시아의 니콜라이 황제 같습니다. 그런데 어떤 편지를 읽고 있는 건지는…….."

"콩트가 보낸 편지를 읽고 있습니다."

"콩트가 왜 니콜라이 황제에게 편지를 보냈죠?"

콩트는 프랑스 남부 지중해 지방인 몽펠리에에서 태어났습니다. 콩트 가문은 정부 관리를 많이 배출하여 사회적으로 존경을 받았습니다. 아버지는 군주제를 지지하는 엄격한 가톨릭 신자였고, 어릴 때부터 조숙했던 콩트는 파리의 폴리테크니크대학에 입학하면서 아버지의 엄격한 생활에서 벗어날 수 있었습니다. 수학을 좋아하고 반항적인 기질이 있었던 콩트는 동료들과 함께 교수 배척 운동을 벌였습니다. 이 사건으로 콩트는 퇴학을 당했고, 독학을 통해 자신이 세운 사설 철학원에서 강의를 하였습니다. 약간의 명성을 얻은 콩트는 모교였던 폴리테크니크대학에서 잠시 강의를 하기도 했습니다.

콩트가 활동하던 시기는 나폴레옹 1세가 죽고 나폴레옹 3세가 즉위하기 전이었습니다. 이때 프랑스는 거의 무정부 상태나 마찬가지였습니다. 콩트는 사회가 무정부 상태로 빠진 것은 지적 위기 상태라고 판단하고 이러한 사회적인 혼란 상태를 극복하는 것을 자신의 철학 과제로 삼았습니다.

"그 방법이 곧 실증주의적인 방법이라는 건가요?"

소피아가 기다렸다는 듯이 질문을 하였고, 코제트는 소피아에 대해 익히 알고 있다는 듯이 살짝 윙크를 하며 말을 이었다.

"콩트는 사회 활동에는 여러 가지 원리가 있고, 역사의 발전에는 법칙이 있다고 보았습니다. 그리고 이러한 사회 활동의 원리나 역사 발전의 법칙이 지금까지는 추상적인 사변에 의존하고 있었다면 앞으로는 이런 객관적이고 과학을 바탕으로 한 실증적인 방법으로 파악되어야 한다고 말합니다. 이렇게 해야만 현재의 무정부적인 혼란 상태를 극복하고, 정치적인 통일을 이루어 낼 수 있다고 판단한 것이죠. 추상적이고 사변적이 아닌 객관적이고 과학적인 방법이라야 실제의 증명이 가능하다는 의미의 실증이란 용어를 콩트는 처음 사용하였던 것입니다. 그리고 콩트는 그 발전의 단계를 모두 3가지로 나누었습니다."

사회 활동의 원리나 역사 발전의 법칙이란 곧 인류의 정신적인 발전을 의미합니다. 그리고 콩트는 이 정신적인 발전의 단계를 셋으로 보았습니다. 첫 번째 단계는 신학적 혹은 가상적인 단계입니다. 신학적 단계란 인류의 지적 능력이 마치 어린아이처럼 유아기를 벗어나지 못한 상태를 말합니다. 이 신학적 단계에서는 신들의 의지에 따라 자연현상과 인간이 생겨납니다. 이 단계에서 인간은 신을 달래기 위해 기도나 마술적인 행위를 하여야 합니다. 즉 점성술, 연금술과 같은 기술을 배워 신을 달래야 하는 것입니다. 처음 인간들은 여러 신들이 세상을 다스린다고 믿었습니다. 그러다가 차츰 유일신으로 옮겨옵니다. 인간은 세상에 나타난 모든 현상들은 최초의 원인이 있다고 생각하고, 궁극적인 목표도 있다고 믿습니다. 신학적 단계에서 인간은 이런 지식들을 절대적인 것으로 믿고 있다고 콩트는 주장합니다.

"콩트가 주장하는 지식 발전의 두 번째 단계는 형이상학적 단계입니다. 필로스는 형이상학의 뜻을 알고 있나요?"
"음…… 많이 듣기도 하고 가끔 쓰기도 하지만, 사실 정확한 뜻은 잘 모르겠어요."

형이상학이란 아리스토텔레스의 철학 사상 중 하나입니다. 아리스토텔레스는 자연에 관한 학문 즉, 천문, 기상, 동식물, 심리 등에 관한 연구를 자연학이라고 했습니다. 아리스토텔레스는 인간은 바로 이 자연학을 먼저 연구한 다음, 모든 존재 전반에 걸치는 근본 원리, 즉 이 세상에 존재하는 것이 존재하게 된 원리에 대한 연구를 해야 한다고 말했습니다. 이렇게 형이상학이란 항상 변하는 인간의 경험 세계를 넘어서 존재하는 것들에 관한 궁극적인 원인을 체계적으로 연구하는 것을 말합니다.

"이 세상은 신에 의해서 만들어진 것이 아니라 우리 인간이 경험하는 모든 현상을 움직이는 궁극적인 원인이 있고, 그러한 원리를 연구하는 것이 형이상학이라면 이 세상을 만든 것은 신이라고 말하는 신학적 단계와 표현만 다를 뿐이지 결국 같은 말 아닌가요?"
"역시 소피아의 추리는 날카롭군요. 그렇습니다. 결국 같은 내용을 용어만 다르게 표현했는지도 모르죠. 하지만 신이 만들었다는 것과 그 원리를 찾자는 것은 엄밀히 말해 다르다고 보아야겠죠."

콩트가 주장하는 인류의 정신적인 발전 단계 두 번째는 형이상학적 단계입니다. 이 단계에서는 인간은 신학적인 단계에서 사용한 인격적인 신의 힘을 버리고, 비인격적인, 그러나 추상적인 어떤 힘이 있다고 믿게 됩니다. 물론 이 단계에서 인간은 실제로 이런 힘이 있다고 전제하고 있습니다. 콩트는 모든 사물에는 이런 형이상학적인 존재가 들어 있기 때문에, 자연 현상은 여러 가지 방식으로 나타난다고 말합니다. 이런 형이상학적인 단계야말로 과도기적인 철학이라고 콩트는 주장합니다.

마지막 단계는 바로 실증적인 단계입니다. 콩트에 따르면 오랫동안 인간의 정신을 지배한 것은 인간의 상상력입니다. 신학의 단계도 형이상학의 단계도 모두 인간의 고유한 상상력으로 만든 단계라는 것입니다. 실증적 단계에서 인간은 상상력을 버리고, 과학적 관찰에 의존하여야 한다고 콩트는 주장합니다.

과학적인 연구는 어떻게 이루어진다고 생각합니까? 실세로 주어져 있는 것, 실제로 증명이 가능한 것, 실제로 관찰할 수 있는 것 등이 가능하겠죠. 과학에서는 관찰할 수 없고, 증명할 수 없는 것은 연구 대상에서 제외시킵니다. 콩트는 바로 이렇게 관찰할 수 있고, 증명이 가능한 것만이 인류 정신의 발전을 위해 필요한 것이라고 보았습니다.

"이렇게 콩트는 실증주의적, 과학적 방법으로 철학을 연구하여 인류의 정신 발전을 이룩하고자 하였던 것입니다."

"실증주의적 단계란 신학적, 형이상학적 단계를 완전히 벗어난 것을 말하는 거였군요."

"그렇습니다. 이 세상에 나타난 현상의 배후에 진정한 원리가 있는가, 없는가의 문제는 더 이상 무의미하다고 콩트는 생각했습니다. 실제로 증명할 수 있고, 확증될 수 있는 것만 중요한 것으로 보았던 것이죠. 이제 콩트의 실증주의에 대해서 잘 알겠죠? 그리고 콩트가 인류의 정신 발전에서 왜 과학을 중요하게 생각했는지도 말이죠."

"그런데 콩트는 왜 니콜라스 황제에게 편지를 보냈죠?"

"역시 필로스는 역사적인 의문점은 꼭 해결해야 하나 보군요. 저길 보세요."

코제트의 손끝을 따라 우리의 눈길이 머문 곳에는 다음과 같은 호소문이 있었다.

니콜라이 황제 폐하께

나는 오늘 인간성 회복을 위한 새로운 종교를 만들었습니다. 우리 종교는 신을 믿지 않으며, 인간성의 회복에 그 목적을 두고 있습니다. 그러므로 폐하의 나라에서 믿고 있는 종교 대신에 우리 종교를 국교로 정하여 줄 것을 간곡히 부탁드립니다.

_ 인간성의 종교 대주교 콩트 올림

"물론 우리가 보고 있는 이 호소문의 내용은 각색된 것입니다. 하지만 콩트가 노년에 인류에 대한 사랑을 기초로 하는 종교를 만든 것은 사실입니다."

"종교요?"

"이 종교는 신을 믿지 않는 '인간성의 종교'라고 합니다. 콩트는 바로 이 인간성의 종교를 믿으라고 니콜라이 황제뿐 아니라 오스만 제국의 대제상에게도 편지를 보냈습니다. 물론 그들은 그리스 정교라는 종교를 믿고 있었죠. 콩트는 그들에게 개종을 부탁하는 편지를 보낸 것입니다."

"말이 된다고 생각하니? 신학적 단계를 버리고 형이상학적 단계로, 그 다음에는 실증주의적 단계로 인류 정신이 발전해야 한다고 주장한 사람이 새로운 종교를 만들어서 다른 사람에게 개종을 부탁한다는 것이 말이야."

"물론 말은 안 되지만, 새로운 종교를 만든 사람에게 자신의 종교를 포교할 자유는 있는 거 아니니?"

"……."

아, 왜 소피아가 말을 하면 반박을 할 수가 없는 걸까? 단순히 나의 철학적 지식이 부족해서일까?

서양문화사 영국, 최초의 증기 기관차(1808), 파라과이 독립(1811)
동양문화사 인도 동인도회사 특허조례 변경(1809), 인도 제3차 마라타 전쟁(1817)
한국문화사 《열하일기》 박지원 사망(1805), 창덕궁, 경복궁 화재(1824)

보이지 않는 손이 만든 부자 나라

스미스 1723-1790

2

보이지 않는 손의 정체를 밝혀 주시오.

"필로스도 이번만은 쉽지 않겠어."

"아니야, 충분히 해결할 수 있을 거야."

강의실로 가는 길 한쪽에는 아름다운 저수지와 논이 농촌의 정겨움을 더해주고 있었다. 다른 한쪽에서는 여러 사람이 밭을 일구고 있었다.

이 두 장면이 어떤 역사적인 사건을 이야기하는 것인지 내가 찾아낼 수 있을까를 가지고 아이들이 내기를 하고 있었다. 이 정도쯤이야.

"아마도 영국의 산업혁명을 상징하고 있는 것 같아."

"산업혁명? 산업혁명과 논밭이 무슨 상관이 있어?"

서양이든 동양이든 사람들은 정착 생활을 하게 되면서 농경 사회를 이룹니다. 농경 사회의 변화는 밭농사에서 논농사로의 전환입니다. 논 농사는 밭농사보다 땅이 많이 필요하며 물도 더 많이 필요합니다. 하지 만 농사를 지으면서 사람들은 정착을 하고 촌락을 이루면서 도시화를 위한 기틀을 마련하였습니다.

완전한 도시화는 산업혁명으로 완성됩니다. 산업혁명으로 대부분의 논밭은 공장으로 바뀌었습니다. 산업혁명으로 공장이 생기면서 농촌 은 일손이 부족해졌습니다. 반면 도시는 산업 노동자들의 이동으로 공 장 부지 확보뿐 아니라 주택난을 걱정하게 될 수밖에 없습니다. 이런 현상이 산업혁명을 중심으로 나타난 도시화의 문제점이라고 할 수 있 습니다.

서양 역사에 가장 큰 변혁을 일으킨 두 가지 사건은 무엇입니까?

"이 문제도 필로스가 해결해야 할 문제 같다."
"프랑스 대혁명과 영국의 산업혁명입니다."
언제나 소피아의 몫이었던 일을 내가 대신 하게 되자 뿌듯한 기분이 들었다. 슬쩍 쳐다본 소피아는 별 관심 없다는 듯 강의실 문을 열고 있 었다. 강의실로 들어서는 순간, 온통 방직 기계로 가득 차 있는 강의실

안은 많은 노동자들의 바쁜 손놀림으로 부산해 보였다.

"어서 오세요. 조금 시끄럽죠? 여러분이 보는 바와 같이 이번 시간에는 산업혁명과 관련된 철학자에 대해서 이야기해 보려고 합니다."

"산업혁명과 관련된 철학자가 많은데, 누구에 대한 얘기죠?"

"바로 애덤 스미스입니다."

역시, 질세라 첫 번째 질문을 던지는 소피아.

'너도 답을 알고 있었다, 이거지?'

영국의 산업혁명은 여러분도 잘 알고 있는 것처럼 방적기의 발명으로 조용히 시작됩니다. 1733년 케이가 고안한 '나는 베틀 북Flying shuttle'이 산업혁명의 신호탄이었죠. 뒤를 이어 1768년 제임스 하그리브스는 방적기를 발명하고, 딸의 이름을 따서 제니 방적기라고 불렀습니다. 이후 영국 산업혁명에 가장 큰 공을 세운 사람은 제임스 와트입니다. 와트 이전의 노동자들은 자신의 일을 보다 편리하게 하기 위해서 몇 가지 기계를 발명하였지만 전문가의 기술이 필요하였습니다. 목수의 아들로 태어난 와트는 증기 기관을 발명하여 사람의 손으로 움직이던 기계를 증기 기관으로 움직이게 했습니다. 특히 와트의 증기 기관이 옷감을 짜는 기술에 적용되면서 큰 변화가 나타났습니다.

영국이 산업혁명으로 용솟음 칠 때, 강한 나라, 부자 나라를 만들자고 부르짖은 영국의 철학자 애덤 스미스가 태어났습니다. 스미스가 글래스고대학교에 입학했을 때, 그에게 가장 많은 영향을 준 사람은 영국의 유명한 철학자 허치슨Francis Hutcheson(16948~1747)교수였습니다. 허치슨 교수는 스미스뿐 아니라 영국의 공리주의 철학자들에게 많은 영향을 주었습니다. 특히 스미스는 허치슨 교수의 윤리학에 많은 영향을 받았습니다.

"여러분은 사람의 마음이 이기적이라고 생각하십니까? 아니면 다른 사람을 배려하고 이롭게 하려는 경향이 더 강하다고 생각하십니까?"

대답은 둘 중 하나겠지만 우리는 쉽게 대답을 하지 못하고 머뭇거리고 있었다.

"허치슨 교수의 도덕적 생각에 따르면, 후자입니다. 뿐만 아니라 그는, 사람은 바른 일과 바르지 못한 일을 구별할 줄 아는 자연스럽고도 일반적인 도덕 감각을 갖고 있다고 말합니다."

스미스는 허치슨 교수의 이러한 가르침을 아주 중요하게 생각했습니다. 28살의 스미스는 허치슨 교수의 뒤를 이어 글래스고대학교에서 윤리학과 철학을 가르치는 교수가 되었습니다. 유명한 철학자가 된 스미스는 다른 철학자와 마찬가지로 당시 영국의 공작이었던 바클루의 개인 가정교사가 되었습니다. 바클루 공작과 함께 여러 나라를 여행한 스미스는 어떻게 하면 영국을 강하고 부유한 나라로 만들 수 있을까 많은 고민을 했습니다. 경제학까지 연구한 스미스는 1776년 부자 나라를 만들자는 뜻으로 《국부론An Inquiry into the Nature and Causes of the Wealth of Nations》이라는 아주 유명한 책을 저술하였습니다. 이 책이 근대 경제학의 출발이라 불리는 바로 그 책입니다. 스미스는 처음으로 경제학의 이론, 역사, 정책 등을 체계적으로 정리하였습니다. 그리고 이 책에는 오늘날 우리가 사용하는 경제 용어도 많이 등장합니다. 그래서 근대 경제학의 출발이라는 말이 생겨난 것이죠.

스미스는 부자 나라가 되기 위해서는 국민총생산량을 늘려야 한다고 생각했습니다. 당시만 해도 한 나라의 부는 금이나 은의 보유량으로 결정되었습니다. 하지만 스미스는 금과 은 이외에 그 나라에서 생산되는 모든 생산물까지도 한 나라의 부를 결정하는 데 추가되어야 한다고 주장하였습니다. 그럼 생산량은 어떻게 늘릴 수 있을까요? 스미스는 생산량을 늘리기 위해서는 먼저 오늘날처럼 공장에 컨베이어 시스템을 도입하고, 분업을 해야 한다고 주장합니다.

"이런 스미스의 생각은 모두 노동자를 위한 것이었습니다. 스미스는 《국부론》을 통해 잘 사는 나라의 원천은 노동이며, 더 잘 살기 위해서는 노동 생산력을 향상시키는 방향으로 바뀌어야 한다고 주장합니다."

"아, 그래서 컨베이어 시스템과 분업을 주장했군요. 그럼 '보이지 않는 손'은 뭐죠?"

분명 언젠가 들어본 말 같긴 한데, 괴기스러운 영화의 제목 같기도 하고.

스미스는 시민 사회의 기본 조건으로 자유와 평등을 이야기합니다. 물건을 생산하는 데도 자유와 평등이 기본 조건입니다. 컨베이어 시스템을 이용한 분업은 많은 물건의 생산을 가능하게 합니다. 이렇게 생산된 물건은 자유 경쟁에 의해서 값이 정해지겠죠. 이렇게 자유 경쟁에 의해서 물가가 정해지면 물가는 항상 일정할 것입니다. 물가가 일정하면 소비자도 행복할 것입니다. 스미스는 이렇게 자연스럽게 가격이 정해지는 제도를 '자연가격제도'라고 했습니다. 이렇게 자연가격제도는 사람의 자유로운 경제 활동에 의해서 사람의 의지와 관계없이 자연적으로 이루어지는 가격을 말합니다.

"여러분은 물건의 품귀 현상이라는 말을 들어 봤을 겁니다. 생산된 물건보다 수요자가 많아질 때 생기는 현상이 바로 품귀 현상입니다. 이러한 품귀 현상은 가격에 어떤 영향을 미칠까요?"

"가격을 폭등시킵니다."

"그렇죠. 이런 경우는 생산자와 판매지 중 누가 이익을 볼까요?"

"당연히 판매자겠죠. 생산자는 이미 정해진 가격으로 판매자에게 물건을 팔았잖아요."

"그럼 누가 손해를 보는 거죠?"

"당연히 소비자죠. 같은 물건을 더 비싸게 사니까요."

"그래요. 필로스의 말이 맞습니다. 품귀 현상으로 물가가 폭등하면 판매자는 이익을 많이 남기겠지만, 소비자는 많은 손해를 봅니다. 그리고 생산자는 실질적으로 이익도 손해도 보지 않았습니다. 하지만 손해를 봤다고 생각하겠죠. 이렇게 생산자의 의지와 관계없이 시장의 형편에 따라 물가가 정해지는 것을 '시장가격제도'라고 합니다. 물론 시장가격제도는 물건의 품귀 현상 때만 생기는 것은 아닙니다. 그 반대로 과잉 생산으로 인한 물가 폭락도 포함됩니다. 이런 경우에는 판매자가 손해를 볼 수도 있겠지만 판매자가 물건을 팔지 않는다면 손해는 보지 않을 것입니다."

결국 시장가격제도는 생산자와 소비자에게는 어떤 도움도 되지 않습니다. 즉, 판매자만 이익을 남기는 가격제도라는 것입니다. 따라서 시장가격제도는 안정된 시민 사회를 위해서 있어서는 안 되는 가격제도겠죠. 스미스는 이렇게 물가의 안정에 따른 사회의 안정과 개인의 행복을 위해서 보이지 않는 손이 작용하여 자연가격제도가 형성된다고 보았습니다. 자연가격제도는 생산자와 소비자에게 도움과 이익을 주는 제도이기 때문에 사회의 안정을 가져옵니다. 그리고 생산자는 안정된 물가로 재생산을 위한 투자를 할 수 있습니다. 재투자는 생산력을 향상시키고 물가를 안정시킵니다.

노동자가 분업으로 생산량을 늘리고, 자유가격제도로 안정되게 물건을 팔면, 노동자는 많은 돈을 법니다. 개인 노동자가 많은 돈을 벌게 되면 사회 전체에 안정을 가져올 것입니다. 즉, 개개인이 공공복지에 기여하게 되는 것입니다. 이렇게 스미스는 개인의 이익이 공공의 이익으로 이어진다고 보았습니다. 이렇게 개인의 이익이 전체의 이익으로 이어지는 것을 '공리주의'라고 합니다. 이러한 스미스의 공리주의적인 생각은 이후 영국의 경제에 큰 도움을 주었고, 영국을 잘 사는 나라로 만드는 데 큰 역할을 하였습니다.

"소피아, 동네 꼬마들끼리 딱지를 사고파는 것은 시장가격제도니?

아니면 자연가격제도니?"

"당연히 시장가격제도지."

"넌 잘 모르겠지만, 그곳에도 보이지 않는 큰 손이 작용하거든."

"무슨 큰 손?"

"골목대장!"

"……."

서양문화사 몽테스키외 《법의 정신》(1748), 미국의 프랭클린 피뢰침 발견(1749)
동양문화사 포르투갈 사신 청나라 옴(1753), 인도 마드라스, 영국으로 반환(1749)
한국문화사 《병계집》, 《화양존주록》의 저자 윤봉구 사망(1767), 명사강목 완간(1771)

급진주의 철학자,
행복을 계량하다

벤담 1748/1832

Jeremy Bentham

영국의 법에 홍수를 일으키고자 합니다.
여러분들이 도와주시겠습니까?

"왜 영국의 법에 홍수를 일으켜야하지?"

"아마도 영국의 법이 많이 부패했었나봐."

"그렇다고 홍수를 일으켜?"

"떠내려가도 할 것은 해야지."

"저기 좀 봐. 물건이 너무 많이 쌓여 있어. 왜 저렇게 많은 물건을 쌓아 놓았지? 무엇을 상징하는 것일까?"

아이들이 저마다 미션과 관련해서 이런 저런 이야기를 나누고 있는데 한 아이가 강의실로 가는 길 양쪽에 쌓여 있는 여러 종류의 물건을 가리키며 말했다. 팔려고 쌓아 놓은 것인지, 아니면 그냥 쌓아 놓은 것인지는 모르겠지만, 물건 옆에서는 많은 사람들이 시위를 하고 있었다.

"데모하는 것 같은데?"

"필로스, 뭔 것 같아?"

증기 기관으로 방적기를 움직이기 시작하면서 사람의 손이 필요 없게 되었습니다. 기계가 모든 옷감을 짜 주었기 때문입니다. 특히 영국에는 양모 외에도 석탄과 철광 등 지하자원이 풍부했습니다. 18세기 중엽부터 질 좋은 철을 생산하기 시작한 영국 사람들은 철을 이용한 공장을 짓기 시작했습니다.

산업혁명은 많은 물건의 생산을 가능하게 했습니다. 이렇게 생산된 물건은 재투자를 위한 판매가 우선입니다. 기계화로 생산량은 갑자기 늘어났지만, 판매량은 갑자기 증가하지 않았습니다. 재고는 쌓여가고, 생산된 물건은 판매가 되지 않았기 때문에 재투자는 엄두도 내지 못했습니다. 공장주는 생산가를 낮추기 위해서 어쩔 수 없이 노동자를 줄이거나, 임금을 줄일 수밖에

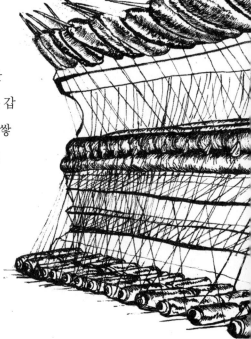

없었습니다. 하지만 그것도 한계가 있겠죠. 분노한 노동자는 거리로
뛰어나와 자신들의 억울함을 알리려고 노력하였습니다.

공장주들의 횡포와 노동자들의 분노를 영국 정부는 가만히 두고만 볼 수 없었습니다. 영국 정부는 노동자 편에서 많은 정책을 개혁하기 시작했습니다. 이런 영국의 정치적 개혁에 가장 많은 영향을 발휘한 이들이 철학자였습니다. 이들 철학자의 수는 적었지만 그들은 힘을 갖고 있었으며, 아주 빠른 개혁을 요구하였습니다. 이 사람들을 철학의 역사에서는 '철학의 급진파' 혹은 '공리주의자'라고 합니다.

'최대다수의 최대행복'이란 말을 가장 먼저 사용한 사람은 누구입니까?

"벤담입니다."

"아니야, 필로스. 벤담도 이야기했지만, 가장 먼저 말한 것은 아니야. 프리스틀리Joseph Priestley(1733~1804)입니다."

'이런!'

지금까지 신나게 아이들 앞에서 역사적 지식을 자랑했는데, 역시 철학에서는 소피아를 당할 수가 없다.

"여러분, 오늘 미션의 답이 의외였나요?"

강의실로 들어가자 코제트가 밝은 미소로 우리를 기다리고 있었다.

"그럼 지금부터 우리 다 같이 행복을 얘기해 볼까요?"

코제트의 이야기가 끝나자 강의실에는 환하게 불이 들어왔고, 먼저 온 아이들이 손에 각자 계산기를 들고 무엇인가를 열심히 계산하는 모습이 눈에 들어왔다.

"아이들이 뭘 계산하고 있는 거죠?"

"행복 계산입니다. 혹은 쾌락 지수라고도 하죠."

"행복을 계산할 수 있다고요?"

영국에 빠른 개혁을 요구한 급진파 공리주의자 벤담은 런던에서 태어났습니다. 법학을 전공한 벤담은 변호사로 사회생활을 시작하였습니다. 벤담은 변호사 생활을 하면서 당시 영국의 재판 제도나 법 적용에 대해서 많은 불만을 갖고 있었습니다. 그렇기 때문에 약간의 수정이나 변화로는 영국의 법을 바꿀 수 없다고 보았습니다. 그래서 그는 홍수가 일어나 영국의 모든 법을 말끔히 씻어내야 한다고 말한 것입니다.

영국의 법을 개정하여 영국의 개혁을 꿈꾼 벤담이 공리주의 철학자로 바뀐 계기도 역시 허치슨 교수 때문입니다. 벤담은 허치슨 교수의 선과 쾌락에 관한 철학에 많은 영향을 받았습니다. 허치슨 교수는 선이란 쾌락이며, 악은 고통이라고 주장하였습니다. 뿐만 아니라 모든 사람은 어떻게 하면 고통을 없애고 쾌락을 즐길 수 있을까를 생각한다고 했습니다. 벤담은 허치슨의 이 말을 자신의 공리주의적인 생각에 적용시켰습니다. 이런 생각을 가진 벤담은 철학적 급진파의 지도자 역할을 하였습니다.

벤담은 선과 쾌락 이외에 도덕과 윤리의 문제도 허치슨 교수로부터 영향을 받았습니다. 벤담은 윤리와 도덕을 법과 사회 모두에 적용해야 한다고 믿었습니다.

벤담이 영국의 개혁을 위해 또 하나 중요하게 생각한 것은 교육입니다. 당시 잉글랜드에는 옥스퍼드대학교와 케임브리지대학교밖에 없었습니다. 벤담은 더 많은 대학교가 생겨야 한다고 주장하였습니다. 그리고 대학교에서는 의무적으로 윤리와 도덕을 가르쳐야 한다고 생각했습니다. 사회의 빠른 변화나 영국의 빠른 개혁은 윤리학이 사회에 정착되고, 교육의 개선이 이루어질 때 가능하다고 주장했습니다.

"여러분이 세상을 살아가는 목적은 무엇입니까?"

"……."

벤담의 기본적인 사상을 설명하던 코제트가 갑자기 인생의 목적에 대한 질문을 던졌다.

"허치슨 교수처럼 선과 쾌락의 관점에서 설명한다면, 고통을 최소한으로 피하고 쾌락은 최대한으로 즐기는 것이 일반 사람들이 추구하는 목적이며 행복 아닐까요?"

"그래서 벤담은 사람의 목적을 최대다수의 최대행복의 실현이라고 말했군요."

"소피아의 말이 맞습니다. 벤담은 최대다수의 최대행복을 인간이 살아가는 목적으로만 정하지 말고, 한 발 더 나아가 도덕과 법을 정하는 기본 원리로 삼자고 하였습니다."

프랑스 혁명이 일어난 해인 1789년 벤담은《도덕 및 입법立法의 모든 원리 Introduction to the Principles of Moral and Legislation》라는 책을 발표했습니다. 벤담은 이 책에서 프리스틀리의 용어인 '최대다수의 최대행복'이라는 말을 사용하였습니다. 그리고 이 용어를 공리주의 철학의 근본 원리로 삼았습니다.

벤담은 인간의 삶의 목표는 행복이라고 생각했습니다. 사회는 많은 사람이 모여 삽니다. 사회가 행복하려면 사회에 소속되어 있는 모든 사람이 행복해야 합니다. 하지만 사회 구성원 모두가 행복할 수는 없습니다. 그래서 벤담은 한 사람 한 사람이 모여 사는 사회는 최대한 많은 사람이, 최대의 행복을 느끼면 곧 행복해지며, 잘 사는 나라가 된다고 생각했습니다. 이것이 벤담의 '공리주의적 쾌락설'입니다.

벤담의 쾌락설에 따르면 쾌락은 수학처럼 계산할 수 있습니다. 쾌락은 사람의 행복을 더해 주고, 고통은 반대로 행복을 빼줍니다. 그리고 쾌락 계산을 위해서 벤담은 다음의 7가지 기준을 세웠습니다.

쾌락의 7가지 기준

1. 쾌락이 얼마나 강한가?
2. 쾌락이 얼마나 오래 가는가?
3. 쾌락이 얼마나 확실한가?
4. 얼마나 가까운 곳에 쾌락이 있는가?
5. 쾌락은 또 다른 쾌락을 낳는가?

6. 고통이 전혀 없는 쾌락이 있는가?

7. 쾌락이 많은 사람에게 영향을 주는가?

벤담은 쾌락의 양만을 중요하게 생각했습니다. 벤담은 쾌락과 행복이 많고 적은 것은 삶의 질과는 상관이 없다고 보았습니다. 돈이 만들어준 행복은 돈이 많으면 많을수록 행복해지는 것이 아니라 불행해질 수도 있습니다. 그래서 사람이 더 행복해지기 위해서는 돈이 필요한 것이 아니라 경제적으로 자유로워야 한다고 벤담은 생각했습니다. 즉, 돈이란 나라에서 평등에게 사람들에게 나누어 주면 모두가 행복하다는 것입니다. 그러므로 벤담은 행복과 쾌락을 위해서는 분배의 평등이 쾌락의 질보다 더 중요하다고 생각했습니다.

"자, 이제 여러분들도 여기 있는 계산기를 하나씩 들고 저기 학생들과 함께 쾌락 계산을 해 보십시오."

"우리도요?"

"그럼요. 저도 해 볼 겁니다."

벤담 이야기를 마친 코제트는 우리에게 계산기를 나누어 주고는 함께 쾌락 계산을 시작하였다. 몇몇 아이들은 이미 쾌락 계산이 끝났는지 행복한 미소를 짓고 있었고, 또 어떤 아이들은 여전히 계산에 몰두하고 있었다.

"소피아, 정말 쾌락 혹은 행복이 벤담이 말한 공식에 따라 수학적인 수치로 나올까?"

"누가 알겠어. 우리도 한 번 해보자."

벤담은 모두 7가지 쾌락 지수에 대한 원리를 우리에게 제공했다. 그 원리를 갖고 가감승제를 하면 정말 우리의 행복 지수 혹은 쾌락 지수가 나올까?

서양문화사 미국 먼로주의 선언(1823), 브라질, 우루과이, 볼리비아 독립(1825)
동양문화사 미얀마 왕, 인도 총독에 선전 포고, 제1차 미얀마 전쟁(1824), 타이완, 황문윤의 난(1826)
한국문화사 가톨릭 신자 이경언 처형(1827)

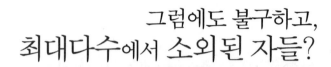

그럼에도 불구하고,
최대다수에서 소외된 자들?

4

밀 1806-1873

누구를 위한 사회보장제도입니까? 모든 백성을 위한 것입니까?
일부 시민을 위한 것입니까? 여러분의 생각은 어떻습니까?

행복이나 쾌락은 많으면 많을수록 좋다고 벤담은 말했다. 그런데 정
말 쾌락이 무조건 많기면 하면 좋은 걸까?

"와, 목화밭이다! 하얀 목화가 마치 꽃처럼 피어 있네."

"저기 목화를 따고 있는 사람은 누구야?"

"흑인 노예들 같은데?"

아이들의 어수선한 소음이 나의 생각을 멈추게 했다.

"분명 어떤 철학자와 관계가 있는 것이겠지? 소피아, 너라면 알 것
같은데?"

"아마도 존 스튜어트 밀에 관한 얘기인 것 같아. 하지만 이번 시간의 미션과 흑인 노예가 어떤 관계인지는 모르겠어. 밀에 대해서는 조금 설명해 줄 수 있어."

영국의 공리주의자들은 많은 것을 개혁하였습니다. 그중에서도 가장 두드러진 것은 공교육입니다. 벤담 역시 공교육의 중요성을 강조했지만 영국의 교육 개혁은 1870년부터 시작되었습니다. 공리주의자들이 주장한 개혁 중 빼놓을 수 없는 것이 사회보장제도입니다. 1601년 엘리자베스 여왕 시절, 영국에서 가장 먼저 실시된 사회보장제도는 이후 약간의 보완이 이루어졌지만 사회보장제도라기보다는 실업자구제 제도라고 표현하는 것이 더 옳을 것입니다.

실업자에게 실업 수당을 준다는 것은 무엇을 뜻할까요? 실업 수당을 준다는 것은 사람들에게 오히려 일하지 않고 돈을 버는 방법을 가르쳐 주는 것과 같다고 공리주의자들은 생각했습니다. 공리주의자들은 이 법을 바꾸어 진정한 사회보장제도를 만들 것을 정부에 요구하였습니다. 이렇게 하여 1834년 영국에서는 새로운 사회보장제도가 만들어졌습니다. 신체적으로 건강한 사람은 사회에 나가서 어떤 일이라도 해야 하며 일을 하고 싶어도 할 수 없는 노약자나 불구자에게만 사회보장제도가 적용되어야 한다고 공리주의자들은 주장한 것입니다. 그리고 이런 사회보장제도야말로 진정한 개혁이라고 그들은 생각했습니다.

"만족한 돼지보다는 만족하지 못하는 인간이 더 낫고,

　만족한 바보보다는 만족하지 못하는 소크라테스가 더 낫다."

It is better to be a human being dissatisfied than a pig satisfied,
better to be Socrates dissatisfied than a fool satisfied.

이 말을 한 영국의 철학자는 누구입니까?

"존 스튜어트 밀입니다."

"어어, 저 사람들은 누구지?"

우리의 시선이 집중된 그곳에는 두 사람이 서 있었고, 나이가 지긋한 어른이 젊은 사람에게 무엇인가를 열심히 가르치고 있었다. 우리가 강의실로 들어서자 젊은 사람이 우리 쪽으로 걸어왔다.

"존 스튜어트 밀이시죠? 저 분은 아버지 제임스 밀이고요."

"어떻게 알았죠?"

밀은 소피아의 말에 의외라는 듯이 놀란 표정을 지었다. 하지만 소피아는 아무 말도 하지 않고 그냥 수줍게 웃고만 있었다.

"이번 시간에는 저희가 여러분과 함께 할 것입니다."

우리 모두는 약간 어리둥절한 기분으로 웃고 있는 밀을 쳐다보았다.

존 스튜어트 밀은 영국의 경제학자 제임스 밀James Mill(1773~1836)의 장남으로 런던에서 태어났습니다. 공리주의자들은 공교육의 개혁을 영국 정부에 요구하였다고 했죠? 영국에서는 1870년부터 공교육에 대한 정부의 개혁이 시작되었습니다. 존 스튜어트 밀의 말년에 있었던 일입니다.

공리주의자들은 개인의 창의성 교육은 기술학교에서 시켜야 된다고 주장했습니다. 그리고 성인을 위한 실업 교육 기관은 따로 두어야 된다고 했으며, 사립학교와 대학교는 큰 도시에만 설립하도록 요구하였습니다. 이런 공교육은 존 스튜어트 밀이 태어났을 때는 없었습니다. 결국 존은 아버지 제임스의 엄격한 조기 교육을 받고 자랐습니다. 19세기 영국의 사회 개혁은 벤담의 지도력과 제임스 밀의 추진력으로 완성되었다고 할 정도로 두 사람의 공은 컸습니다.

정치가들이 사람을 설득하기 위해서 필요한 것이 무엇일까요? 제임스 밀은 논리를 앞세운 증명 방법이라고 했습니다. 그리고 시민들은 정치가들의 말을 믿기도 하고 믿지 않기도 합니다. 정치가들의 말을 믿는 서민들의 힘은 어디에서 나올까요? 제임스 밀은 그것을 공교육의 힘이라고 생각했습니다. 결국 제임스 밀도 벤담처럼 대학교의 필요성을 강조한 것입니다. 제임스 밀은 이런 믿음을 증명하기 위해서 아들 존을 실험 대상으로 삼았습니다. 아버지 제임스의 강한 신념에 따라 아들 존은 3살에 라틴어를 배웠습니다. 그리고 8살에는 고대 그리스 어를, 12살에는 논리학을 배웠습니다. 그 외에도 밀은 소년 시절부터 아주 많은 책을 읽었고, 토론을 통해서 아버지로부터 체계적인 교육을 받았습니다. 그리고 존 스튜어트 밀이 가장 많은 영향을 받은 철학자는 벤담이었습니다.

"그래서 아들 밀은 벤담의 뒤를 이어 영국의 공리주의자가 되었군요."
제임스 밀이 아들 존 스튜어트 밀의 생애에 대해 간단히 이야기를 끝내자 소피아가 물었다.

"3살부터 존에게 엄격한 가정교육을 시키면서 나도 참 많은 생각을 했습니다. 과연 가능할까하고 말입니다. 하지만 존은 나의 뜻에 따라 모든 것을 잘 해냈습니다."

"존 스튜어트 밀이 벤담의 영향을 많이 받았다면, 두 사람의 사상은 거의 비슷하겠네요."

"꼭 그렇지만은 않습니다. 나의 공리주의 윤리는 벤담과 마찬가지로 최대다수의 최대행복이라는 점에서는 큰 차이가 없습니다. 그리고 쾌락에 관한 생각도 비슷합니다. 하지만 나는 벤담과 다르게 쾌락의 질도 중요하다고 생각했습니다."

나는 쾌락마다 질적인 차이가 있다고 생각했습니다. 그리고 벤담은 쾌락의 질적인 면보다 양적인 면을 중요하게 생각했죠. 결국 나는 양적인 차이보다 질적으로 훌륭한 쾌락이 무엇인지 찾기 위해서 노력하였습니다. 벤담은 어떤 방법으로 양적인 쾌락의 중요성을 강조했습니까? 그렇죠. 벤담은 7가지 원리를 중심으로 너무나 수학적으로 최대행복의 원리와 쾌락계산법을 설명하였습니다. 그렇기 때문에 나는 벤담의 생각을 바꿀 질적인 쾌락의 논리적인 증명방법을 찾지 못했습니다.

쾌락을 벤담처럼 수학적인 계산법으로 산출할 수 있을까요? 나는 절대로 아니라고 생각했습니다만, 벤담의 사상을 논리적으로는 도저히 뒤집을 수 없었습니다. 하지만 양적인 쾌락보다는 질적인 쾌락이 더 중요하다는 생각에는 변함이 없었습니다.

"그럼 어떤 쾌락이 질적으로 보다 고상하고 좋은 쾌락일까요?"

"결국 정신적인 쾌락을 얘기하는 것 아닌가요?"

"그렇죠. 결과적으로 말하면 정신적 쾌락이야말로 육체적인 쾌락보다 질적으로 더 좋은 쾌락이라고 나는 생각합니다."

"결과적으로 말하면 그렇다는 것은 중간에 복잡한 단계가 있다는 말인가요?"

"듣던 대로 소피아는 상당히 현명하군요. 나는 질적인 쾌락을 위해서 필요한 것은 사람의 경험이라고 생각합니다."

또 시작이다. 언제 봤다고 저렇게 다정하게 이야기를 나눈담.

우리 사람들은 경험을 통하여 여러 가지 쾌락을 느끼면서 행복을 추구합니다. 경험을 통해 얻은 쾌락은 여러분도 잘 알겠지만, 아주 나쁜 쾌락에서부터 아주 행복하고 좋은 쾌락까지 여러 단계의 쾌락이 있습니다. 사람들은 또한 자신만의 고유한 품위와 인격을 갖고 있습니다. 우리가 경험을 통해서 쾌락을 얻을 때는 바로 이런 자신만의 품위와 인격에 맞는 쾌락을 추구하는 것입니다. 이렇게 얻어진 쾌락이야말로 질적으로 좋은 쾌락이라고 나는 생각합니다. 그렇다면 이렇게 얻어진 쾌락은 과연 어떤 쾌락일까요? 나는 정신적인 쾌락이야말로 모든 사람을 오랫동안 행복하게 해준다고 믿습니다. 왜냐하면 이런 정신적인 쾌락은 개인뿐 아니라 다른 사람의 행복에도 영향을 미치기 때문입니다.

벤담과 나의 공리주의 윤리학은 실제적으로 영국에서 좋은 성과를 거두었습니다. 그 이유는 그들이 최대다수의 최대행복을 주장했기 때문입니다. 최대다수란 모두가 아닌 가능한 많은 사람을 뜻합니다. 최대행복 역시 가장 좋은 쾌락이나 행복이 아니라, 가능한 가장 좋은 쾌락이나 행복을 의미합니다. 최대다수에 속하지 못하는 사람들은 비록 소수이지만 행복하지 못할 수도 있습니다. 하지만 가장 많은 사람들이 가장 많은 행복을 느끼면 된다는 것이 공리주의자들의 주장입니다. 그러나 최대다수에서 소외된 사람들은 어떻게 해야 할까요?

"저기요, 오는 길에 목화밭에서 일하고 있는 흑인 노예들을 봤어요. 노예와 흑인이 오늘의 이야기와 무슨 관계가 있나요?"

소피아와 밀, 둘만의 시간이 아니라는 걸 알려주기 위해 나는 손을 들고 질문을 했다.

"네, 물론입니다. 노예 해방을 주장한 사람이 미국에만 있었던 것은 아닙니다."

"네? 미국 아닌 다른 나라에서도 노예 해방에 관한 주장이 있었다고요? 그게 누구죠?"

"바로 나, 존 스튜어트 밀입니다. 여러분은 미국의 남북 전쟁에 대해 잘 알고 있을 것입니다. 남북 전쟁에서 북군이 승리할 수 있었던 이유는 노예 해방이었습니다. 이렇게 노예 문제를 놓고 미국의 남북이 대치하고 있을 때, 나는 영국에서 노예제도 폐지를 주장하고 있었습니다. 나는 우선 노예제도를 반대했습니다. 그리고 한 걸음 더 나아가 만약 미국이 노예제도 문제로 전쟁을 하면, 영국은 노예제도를 반대하는 북군을 도와주어야 한다고 주장했습니다."

"《자유론》에 관한 얘기군요."

"네, 맞습니다. 소피아의 말처럼 나는 《자유론》이란 저서를 남겼습니다. 이 책에서 나는, 개인은 자유의 보장을 꿈꾸지만 민주주의는 다수의 독재를 가져올 뿐이며, 모든 개인은 평균화되어 개인의 개성이 사라지고 자유는 압박 받는 인간성의 위기 시대가 올 것이라고 주장했습니다. 그렇기 때문에 나는 다수를 위해 소수를 희생해서는 안 된다고 보았습니다. 그리고 만약 그런 법이 있다면 당연히 그 법은 악법이며, 개혁의 대상이 되어야 한다고 주장하였죠."

"노예제도를 가장 대표적인 악법으로 본 거군요."

역시 소피아의 철학적 해박함 앞에서 나는 또 한 번 무릎을 꿇었다.

"좋은 시간이 되었는지 모르겠군요. 그럼 남은 시간도 즐겁게 보내시길 바랍니다."

밀 부자는 환한 얼굴로 우리를 배웅했다. 소피아는 특히나 환한 표정으로 밀과 인사를 나누었다.

'쳇.'

서양문화사 독일의 라이스, 전화기 발명(1861), 미국, 노예 해방 선언(1863)
동양문화사 중국, 아편 흡입 관련 법 제정(1836), 아편 전쟁 발발(1840)
한국문화사 프랑스인 가톨릭 주교 앵베르(범세형) 경성 도착(1838)
　　　　　　　영국선 2척 제주도에 도착하여 소 약탈(1840)

자본주의를 탄생시킨 공산주의자

5

마르크스 1818-1883

좌파와 우파의 원래 의미를 밝혀 주시오.

"좌파는 공산주의, 우파는 민주주의, 뭐 그런 것 아닌가?"

"넌 너무 극단적인 것 같다. 좌파는 급진적이고 진보적인 정치 세력을 말하는 거야. 그리고 우파는 지나칠 정도로 보수적인 세력을 말하고."

소피아가 얼굴을 찡그리며 설명했다. 특히나 선거 때가 되면 신문에서 그런 말을 자주 보긴 했다. 좌파니, 우파니 하면서 편을 가르는 후보들의 열띤 공방전 같은 거 말이다.

"그런데 좌파와 우파의 원래 의미가 뭐야?"

나의 물음에 소피아는 대답은 하지 않고 강의실로 가는 길 한가운데 앉은 사람을 중심으로 왼쪽에는 젊은 사람들이, 그리고 오른쪽에는 나이 많은 어른들이 앉아 있는 모습을 가리켰다.

독일에서 헤겔의 인기는 대단하였습니다. 당시 독일은 헤겔의 철학을 중심으로 하나의 정신세계를 이루고 있었습니다. 하지만 당시 독일의 정신세계를 지배하고 있었던 것은 철학적인 분위기보다는 프로테스탄트의 신학적인 사상이었습니다. 이런 종교적인 분위기 때문에 무신론자가 대학교의 교수가 된다는 것은 결코 쉬운 일이 아니었습니다. 헤겔도 신앙을 존중하고 스스로도 신앙인이라는 신앙 고백을 한 다음 교수로 초빙될 수 있었습니다.

헤겔의 인기는 헤겔을 추종하는 세력을 만들었습니다. 이들은 주로 젊은 헤겔 추종자들로, 전통적인 그리스도교를 비판하고 정치적 혁신 세력을 주장하며 힘을 모으기 시작했습니다. 이들의 세력 결집으로 정부와 종교계는 당연히 이들을 경계 대상으로 삼았으며, 이들의 행동을 주의 깊게 살피기 시작했습니다. 반면 나이가 지긋한 헤겔 추종파도 있었습니다. 이들은 연령의 차이만 있을 뿐 모두 헤겔을 추종하는 사람들이었습니다. 그러나 그들의 생각은 조금씩 달랐습니다.

당시 독일 국회의 좌석 배치는 단상을 중심으로 왼쪽에 야당이 그리고 오른쪽에는 여당이 앉았습니다. 야당에 자리한 젊은 헤겔 지지자들은 스스로를 헤겔 좌파로 자처했습니다. 그리고 여당의 자리에 앉은 나이가 상대적으로 많았던 사람들은 스스로를 헤겔 우파로 여기게 되었습니다.

"아, 그래서 급진적이고 진보적인 정치 성향을 가진 사람을 좌파라 하고, 보수적인 생각을 가진 사람을 우파라고 하는구나."

"응. 그 이후 지금까지 그렇게 불리고 있는 거야."

(……) 하나의 유령이 유럽을 배회하고 있다. 공산주의라는 유령이. 과거 유럽의 모든 세력들은 이 유령을 사냥하기 위해 신성 동맹을 맺었다. 교황과 차르, 메테르니히와 기조, 프랑스의 급진파와 독일의 경찰들이……

(……) 공산주의자들은 자신의 견해와 의도를 감추는 것을 경멸한다. 공산주의자들은 자신들의 목적이 기존의 모든 사회 질서를 폭력적으로 타도함으로써만 달성될 수 있다는 것을 공공연하게 신인한다. 지배 계급들로 하여금 공산주의 혁명 앞에 벌벌 떨게 할. 프롤레타리아가 잃을 것이라곤 쇠사슬뿐이요, 얻을 것은 세계이다.

만국의 노동자여, 단결하라!

위의 글은 어디에서 인용한 말입니까?

"와, 어렵다. 무슨 선언문 같긴 한데……."

"마르크스의 《공산당 선언》 서문에 나오는 말입니다."

"그러니까, 무슨 선언문 같더라고……."

"어서 오십시오. 밀과의 시간은 즐거우셨나요? 이번 시간에는 공산주의를 창시한 사람으로 알려져 있는 독일의 철학자 칼 마르크스에 대해서 이야기를 해 보려고 합니다."

"저 사람이 마르크스인가요?"

"네. 저 사람이 가난을 대표하는 철학자 마르크스입니다."

한 아이가 어딘가를 가리키며 물었다. 그 아이가 가리킨 곳은 작은 다락방이었다. 그 다락방에는 책상 하나가 덜렁 놓여 있었고, 방 여기저기에는 구겨진 종이들이 널려있었다. 그리고 책상 앞에 앉은 어떤 사람이 무엇인가 열심히 글을 쓰고 있었다. 덥수룩한 수염에 검은 양복, 다 타고 얼마 남지 않은 촛불, 입으로는 연신 장갑 낀 손을 호호 불어 녹이면서 무엇인가 열심히 쓰고 있는 사람. 한눈에 보아도 생활이 궁핍한 사람임을 알 수 있었다.

우리가 일반적으로 과학적 사회주의라고 말하는 마르크스주의를 창시한 독일의 철학자 마르크스는 트리어에서 태어났습니다. 본대학에 입학한 마르크스는 곧 베를린대학교로 옮겨, 법, 역사 그리고 철학을 전공합니다. 베를린대학교에서 헤겔 철학을 배운 그는 급진적이고 진보적인 성향을 가진 헤겔 좌파에 참여하여 헤겔 지지자가 되었습니다.

대학을 졸업하고 박사 학위를 받은 마르크스는 1842년 쾰른으로 건너와 진보적이고도 급진적인 신문인 〈라인신문〉의 주필로 취직하였습니다. 이 신문을 통해 마르크스는 프로이센의 절대주의를 비판하였고, 다음해 프로이센 정부는 〈라인신문〉을 폐간시킵니다. 하지만 마르크

스는 파리로 가서 그곳에서 뜻을 같이 하는 사람들과 계속 일을 하였고, 결국 프로이센 정부의 요청으로 프랑스 정부는 마르크스를 추방하였습니다. 브뤼셀로 이주한 마르크스는 프로이센 국적을 포기하지만 그의 시련은 그것으로 끝나지 않았고, 결국 런던으로 건너간 마르크스

는 어려운 생활을 하면서 그 유명한 《자본론》을 완성하였습니다.

"《자본론》이 나오기까지 정말 많은 일을 겪었네요."

도대체 순탄한 삶을 산 철학자가 있기는 한 걸까? 내가 정말 궁금한 질문은 이것인지도 모른다.

"도대체 《자본론》이 무슨 책이기에 그렇게 고생을 하면서 어렵게 저술한 거죠?"

"그럼 지금부터 마르크스의 철학적 생각을 《자본론》을 통해서 알아볼까요? 마르크스는 《자본론》에서 먼저 사회가 형성되어가는 과정에 대해 설명하고 있습니다. 다음으로 사회 구조에 관한 자신의 주장을 펴고 있죠. 우리도 이 순서에 따라 이야기를 풀어 보죠."

마르크스에 따르면 최초의 사회 형태는 원시 공동 사회입니다. 당연히 최초의 인류는 공동으로 생산하고, 공동으로 소비할 수밖에 없었겠죠. 아마 다른 방법이 없었을 것입니다. 그리고 시간이 지나면서 이들은 주로 농업에 의존하여 생계를 꾸려나갔을 것입니다. 그 다음에는 어떻게 될까요? 시간이 지나면서 원시 공동사회에서도 땅을 소유한 사람과 땅을 소작하는 사람이 생겼습니다. 사람이 모여 사는 사회에는 어디에나 힘 있고, 능력 있는 사람들이 좋은 땅을 많이 소유하게 되어 있습니다. 그런가하면 그렇지 못한 사람들도 있을 것입니다. 이런 사람들은 어쩔 수 없이 남의 땅을 빌려 소작할 수밖에 없을 것입니다. 이런 사회에서는 지주와 소작인 간의 갈등이 발생할 수 있습니다.

농업 사회 다음으로 나타나는 사회 형태는 산업 사회입니다. 산업 사회는 공업에 따른 사회의 변천과 공장을 소유한 자본가의 등장이 그 특징입니다. 자본가는 노동자라는 새로운 계급을 가진 사람을 고용하게 됩니다. 자본주와 노동자는 서로 다른 계급이기 때문에 두 집단의 갈등이 나타날 수밖에 없습니다. 이렇게 자본주의는 계급이라는 새로운 개념을 만들어냈습니다.

자본주의 사회를 극복하기 위해서는 어떤 일이 일어나야 할까요? 마르크스는 노동자와 농민이 사회의 역사를 이끌어가는 사회주의 사회가 되어야 한다고 보았습니다. 물론 이런 사회주의의 가장 이상적인 형태는 원시 공동 사회에서와 마찬가지로 공동 생산과 공동 소비의 실현입니다. 이렇게 할 때, 공산 사회는 완성된다고 마르크스는 믿었습니다.

"이론적으로는 이해가 가는데요, 현실적으로 그것이 가능할까요?"

"그래서 마르크스는 그 다음으로 사회 구조를 바꾸어야 한다고 주장합니다."

"아, 그래서 먼저 사회 형태를 설명하고, 사회 구조에 대한 설명을 한다고 했군요."

소피아가 고개를 끄덕이며 이제야 이해가 간다는 표정을 지었다.

한 사회의 구성원의 삶과 생활을 지배하는 것은 경제입니다. 그리고 경제를 뒷받침하고 있는 것이 생산 수단입니다. 어느 사회에나 하층 구조에 해당하는 생산 수단이 있습니다. 그리고 그 생산 수단 위에 경제

제도가 마련되어 있습니다. 모든 사회는 바로 이러한 경제 제도에 따라서 사회 질서를 위한 법과 규율을 정합니다. 마지막으로 이 경제 제도 위에 존재하는 것이 구성원의 안정된 생활을 위한 문화, 교육, 예술, 도덕 등입니다. 사회 구조가 바뀌면 어떻게 될까요? 생산 구조의 상층에 있는 경제 제도부터 차례로 모두 바뀌게 됩니다. 즉, 새로운 생산 방법이 생기면 생산 구조가 새롭게 바뀌며, 경제 구조, 사회 구조, 그리고 문화 구조도 모두 바뀔 수밖에 없습니다.

"하지만 사회 구성원은 이미 자신이 갖고 있는 경제적인 여유나 계급에 따른 신분을 쉽게 포기하지 않을 텐데요?"

"마르크스도 이 점을 아주 중요하게 생각했습니다. 가장 아래층에 있는 생산 구조가 바뀌면 당연히 상위의 모든 구조가 바뀌어야 합니다. 하지만 필로스의 말처럼 어떤 누구도 자신이 갖고 있는 것을 포기하지 않으려 할 것입니다."

"그럼 어떻게 하죠?"

"마르크스는 혁명을 해야 한다고 주장했습니다."

"혁명이요?"

마르크스는 한 사회가 움직이는 것은 바로 이 생산 구조 때문이라고 보았으며, 나머지 상위 구조들은 모두 부수적인 것이라고 생각했습니다. 하지만 상위 구조에 속해 있는 계급들이 하위 구조의 생산 계급보다 힘이 강하고, 그들의 기득권을 포기하지 않으려 하기 때문에, 생산 구조가 바뀌어도 상위 구조는 쉽게 바뀌지 않습니다. 이것은 마르크스의 입장에서는 당연히 모순입니다. 마르크스는 새로운 역사를 위해 이러한 모순은 극복되어야 하며, 그것을 극복할 수 있는 것은 혁명밖에 없다고 생각했습니다. 이런 마르크스의 철학적 이론을 받아들인 공산주의자들은 끝없는 혁명만이 새로운 역사를 만들 수 있다고 믿었습니다. 이제 여러분들은 왜 공산주의 국가에서 혁명이 일어나는지 알겠죠?

"결국 마르크스의 생각을 공산주의 국가에서 잘못 적용한 것이구나. 혁명으로 모든 것을 해결할 수 있다고 생각한 공산주의자들의 착각이었던 거잖아."

"그래. 자본주의의 모순을 해결할 수 있는 길이 오직 공산주의나 사회주의라고 생각한 데에는 문제가 있지. 물론 자본주의가 완벽한 제도는 아니지만 자본주의 국가에서는 충분한 자본으로 사회 구성원을 위한 복지정책 등을 펴서 공산주의나 사회주의의 복지정책보다는 사회 구성원을 보호할 수 있으니까 말이야."

종종 이번 여행을 소피아와 함께 하게 된 것이 얼마나 다행인가 하는 생각을 하게 된다. 이 아이는 대체 어떻게 여기엘 오게 된 것일까?

서양문화사 미국, 대륙 횡단 철도 완성(1869), 런던, 화력 발전소 건설(1881)
동양문화사 중국, 이슬람교도의 반란(1847), 인도, 제2차 시크 전쟁(1848)
한국문화사 최초의 신부 김대건 처형(1846), 프랑스 군함 3척 외장고도에 도착(1846)

불안과 절망으로 존재하다

키에르케고어 1813-1855

이것을 하여도 후회하고, 저것을 하여도 후회합니다.
결혼을 해도 후회하고, 결혼을 하지 않아도 후회합니다.
어차피 후회할 것이라면 여러분은 결혼을 하고
후회하겠습니까? 결혼을 하지 않고 후회하겠습니까?
여러분의 현명한 판단을 기다립니다.

"소피아, 너는 어떻게 생각해? 어차피 후회할 것이라면 하고 후회하는 것이 낫지 않을까?"

"글쎄, 같은 결과라면 나는 하지 않고 후회하겠어."

소피아와 나는 항상 이렇게 생각이 다르다. 하지만 누가 옳은지는 아무도 모르는 거니까.

"앞에 있는 배에 타시기 바랍니다."

"배에 타라고? 와, 신난다!"

갑자기 어디선가 들려온 소리에 우리는 모두 앞에 있는 배로 신나게 뛰어올랐다. 로크 시간에 네덜란드 로테르담을 가기 위해 배를 타고 두 번째였다.

"어서들 올라오세요. 오늘 우리가 갈 도시는 덴마크의 코펜하겐입니다. 자, 코펜하겐까지 가는 동안 필로스로부터 덴마크의 역사에 대해서 간단하게 들어볼 수 있을까요?"

"네? 아, 네. 아는 데까지 해 볼게요."

이렇게 당황스러울 데가. 그래도 조금은 흥분되고 신나는 기분으로 배의 앞머리로 나갔다. 우리를 태운 배가 코펜하겐을 향해 닻을 올렸다.

북유럽의 중심, 안데르센이 태어난 곳으로 우리에게 알려져 있는 덴마크 왕국은 유틀란트 반도를 중심으로 483개의 섬으로 이루어져 있는 나라입니다. 노르만 민족의 한 갈래인 덴마크 민족이 유럽에 처음 이름을 알린 것은 800년경 프랑크 왕국을 침공하면서입니다.

811년 덴마크의 헤밍 왕은 카를 대제와 조약을 맺고 아이더 강을 국경으로 정했습니다. 이후 덴마크는 로마제국이나 프랑크 왕국과의 전쟁 없이 편안한 생활을 할 수 있었습니다. 유틀란트 반도와 노르웨이, 그리고 스웨덴에 흩어져 살던 여러 노르만 민족들은 10세기 덴마크의 예링을 중심으로 새로운 왕조를 건설하였습니다. 이 왕조를 통일한 왕은 미발^{美髪}왕 하랄^{Harald(850~933)} 1세입니다. 하랄 왕은 통일을 하기 전까지는 머리카락을 자르지 않겠다면서 머리를 묶고 다녔기 때문에 봉발^{蓬髪}왕이라고도 불렸습니다. 이후 덴마크는 절대 왕권을 중심으로 안정된 정치를 이어갔습니다. 그러다 12세기 발트 해를 중심으로 세력이 확장된 슬라브 민족과도 전쟁을 하였습니다. 특히 슬라브 민족을 막기 위해서 덴마크 사람들은 셸란 섬에 성을 쌓았습니다. 이것이 오늘날 덴마크의 수도 코펜하겐입니다.

15세기에는 독일 귀족 출신 크리스티안이 노르웨이, 스웨덴의 왕위에 오르며 덴마크 대왕국을 건설하였습니다. 노르웨이와 스웨덴이 덴마크로부터 완전히 독립한 것은 나폴레옹 시절입니다. 덴마크는 영국과 마찬가지로 관세 없는 자유 무역을 실시하고 있었습니다. 덴마크의 이런 정책 때문에 역시 자유 무역 경쟁 국가였던 영국과 좋지 않은 관계가 되었습니다. 결국 덴마크는 나폴레옹과 연합하여 영국과 전쟁을 하였고, 1814년 독일의 도시 킬에서 열린 킬조약에서 스웨덴과 노르웨이를 독립시키고 말았습니다. 절대 왕권이 흔들린 덴마크는 헌법을 고쳐 입헌군주제를 도입하였습니다. 이후 제1, 2차 세계 대전에서는 중립국을 선언하였고, 오늘에 이르고 있습니다.

"인어 공주다!"

"와, 진짜 인어 공주다!"

"벌써 코펜하겐에 다 온 거야?"

잠깐의 시간이 흐른 것 같았는데 우리 눈앞에 코펜하겐 항구의 인어 공주 상이 들어왔다. 유럽 사람들은 코펜하겐을 잘 정돈된 부엌이라고 부른다. 그만큼 깨끗하고 아름답게 꾸며졌다는 뜻이겠지.

"여러분은 '죽음에 이르는 병은 절망'이라고 말한 덴마크의 철학자를 알고 있나요?"

"키에르케고어!"

"모두들 알고 있군요. 맞아요. 키에르케고어는 이것이냐, 저것이냐를 고민한 코펜하겐 출신의 철학자였죠."

자수성가한 키에르케고어의 아버지는 독실한 그리스도교 신자였습니다. 그는 어린 시절 목동 일을 하였습니다. 12살 어린 나이에 목동 일을 하면서 추위와 굶주림에 떨던 그는 자신이 처한 운명을 생각하며 신을 원망했습니다. 이후 코펜하겐으로 가서 장사를 시작한 키에르케고어의 아버지는 장사가 너무나 잘 되었기 때문에 스스로도 놀랐다고 합니다. 순식간에 부자가 된 그는 목동 시절 신을 원망한 것을 후회하고, 성실한 종교인이 될 것을 신에게 맹세했습니다.

키에르케고어는 7남매 중 막내로 태어났습니다. 키에르케고어의 아버지는 자식들에게 아주 엄한 종교 교육을 시켰습니다. 아버지의 종교 교육을 받고 자란 키에르케고어는 세상의 모든 일과 거리를 두고 고독하지만 성실하고 진지한 삶을 살았습니다. 아버지의 뜻에 따라 키에르케고어는 목사가 되기 위해 17살에 코펜하겐대학교 신학과에 입학했습니다. 그러나 대학의 낭만과 문화에 취해있던 키에르케고어에게 뜻하지 않은 사건이 생겼습니다. 키에르케고어가 대학을 다니는 몇 년 사이에 그의 남매 중 5명이 차례로 죽은 것입니다. 이것을 지켜보면서 키에르케고어는 자신도 곧 죽으리라는 불안감을 느끼기 시작합니다.

"만약 어떤 사람이 아주 나쁜 병에 걸려 얼마 살지 못한다는 의사의 진단을 받으면 나머지 삶을 어떻게 살게 될까요?"

코제트의 질문과 함께 우리를 태운 배가 코펜하겐 항구로 들어가고 있었다.

"키에르케고어는 자신도 자신들의 형이나 누나처럼 곧 죽으리라는 불안감과 절망감에 쫓기면서 살았습니다. 그리고 이 죽음의 공포 속에서 벗어나기 위해서 키에르케고어는 향락과 쾌락을 추구하며 방탕한 생활을 시작하였습니다."

20세기에 시작된 철학의 사조 중 하나가 실존주의實存主義, Existentialism입니다. 실존의 원래 의미는 '진짜로 있는 것'이란 뜻으로 제1차 세계 대전 이후 많이 사용된 용어입니다. 전쟁이 끝나고 진짜로 있는 것은 무엇일까요? 폐허가 된 속에서 부모와 형제를 잃고 아무도 없는 절망적인 '나'만 있을 것입니다. 실존주의에서 실존이란 이렇게 외로운 '나', 살기 위해 처절하게 투쟁하는 '나'를 의미합니다. 이런 실존의 기원을 살펴보면 멀리는 파스칼까지 거슬러 올라갑니다. 파스칼은 '사람은 생각하는 갈대'라고 했습니다. 갈대처럼 연약한 사람은 외로움과 절망에 빠져 있기 때문입니다.

실존주의에서 사용하는 외롭고 절망적인 의미에서의 실존이란 말을 제일 먼저 사용한 사람이 바로 키에르케고어입니다. 그에게 있어서 실존이란 불안, 고독, 그리고 절망이었습니다. 비록 철학의 한 사조로서 실존주의는 20세기부터 시작되지만, 키에르케고어와 파스칼은 실존주의자들이 사용한 의미와 같은 실존이란 용어를 이미 사용하였습니다.

키에르케고어의 고독하고 절망적인 실존의 삶과 철학을 우리는 세 부분으로 나누어 살펴볼 수 있습니다. 키에르케고어는 자신이 곧 죽을 것이라는 생각에 자포자기 상태로 들어갑니다. 자포자기한 상태의 키에르케고어는 쾌락과 향락을 추구하면서 살았습니다. 이것이 그의 첫 번째 실존의 삶입니다. 이것을 우리는 '쾌락과 즐거움을 추구한 삶'이라고 하며, 실존 철학에서는 이러한 삶을 '심미적 실존'이라고 합니다. 심미적 실존의 특징은 쾌락과 즐거움만을 추구하는 것입니다. 이런 삶을 사는 사람은 경쾌하고 명랑하게 삽니다. 물론 이런 사람은 성실하게 일하지 않고 신중하게 생각하지 않습니다. 모든 것을 아주 간단하고 단순하게 생각합니다. 그리고 결혼을 하지 않고 혼자 사는 것도 특징입니다. 키에르케고어가 스스로 언제 죽을지 모른다고 생각한 것처럼, 이들에게 내일은 없습니다. 그렇기 때문에 심미적 존재에게는 현재만이 중요합니다.

"심미적인 삶에 취해 있던 키에르케고어는 어느 날 아주 아름다운 여자 친구를 만났습니다. 심미적 실존의 단계에서는 혼자 사는 것이 특징이라고 했죠. 그런데 여자 친구가 생기면 여러분은 어떻게 할까요? 여자 친구와 오랫동안 함께 있고 싶을까요? 아니면 빨리 헤어지고 싶을까요?"

"에이, 당연히 오래 같이 있고 싶죠."

이야기를 한 아이가 조금 부끄러웠는지 배 밖으로 시선을 돌렸다.

"키에르케고어도 마찬가지였습니다. 여자 친구를 만난 후, 혼자 있는 것이 싫어졌습니다. 여자 친구와 늘 함께 하게 되면서 키에르케고어의 외로움과 절망도 차츰 사라지기 시작했습니다."

"이것이 키에르케고어의 실존 두 번째 단계인가요?"

소피아가 놓치지 않고 질문을 던졌다.

"네, 그렇습니다. 고독과 절망에 빠져 쾌락과 즐거움만 추구하던 심미적 단계에서, 고독과 절망이 사라지고 남들과 함께 하고 싶은 단계를 '윤리적 실존'이라고 합니다. 윤리적 실존의 단계에 빠진 사람은 결혼의 유무를 떠나 결혼에 대한 의무와 가족에 대한 책임을 생각하게 됩니다. 키에르케고어는 이렇게 여자 친구를 만나면서 쾌락과 향락에 빠져 있던 자신을 공동생활에 필요한 사람으로 만들기 위해서 노력하였습니다."

키에르케고어는 여자 친구와 3년을 사귄 다음 27살에 약혼했습니다. 하지만 약혼한 지 1년 만에 키에르케고어는 일방적으로 파혼을 통보하였습니다. 키에르케고어 스스로 자신이 너무나 타락한 사람이라고 생각했기 때문입니다. 하지만 자신의 여자 친구는 전혀 그런 심미적 단계를 거치지 않았다고 믿었습니다. 키에르케고어는 이때부터 새로운 삶의 단계를 추구하면서 살기로 마음먹었습니다. 이 단계가 바로 '종교적 실존 단계'입니다. 이 단계를 사는 사람은 신 앞에서 스스로를 죄인이라고 생각하며, 신에게 모든 것을 맡기고 박애 정신을 가지고 기도를 하며 살아갑니다.

종교적 실존 단계를 거친 키에르케고어는 여자 친구와 파혼한 다음 사랑의 실천을 위해서 코펜하겐에 있는 많은 교회에 자신의 입장을 알립니다. 많은 책과 논문으로 교회의 변화를 요구하였지만 키에르케고어에게 돌아온 것은 교회의 탄압과 다른 그리스도교 신자의 협박이었습니다. 덴마크 교회에서는 키에르케고어에게 덴마크를 떠나 줄 것을 요구하기까지 했습니다. 16세기 덴마크에서는 루터파의 신교를 국교로 정했습니다. 키에르케고어 혼자 국교를 상대로 투쟁한다는 것은 외롭고도 험한 길이었습니다. 키에르케고어는 아버지로부터 받은 유산으로 자신이 그동안 쓴 많은 책들을 다른 사람의 이름으로 출판하였습니다. 그리고 개인의 재산을 털어 교회의 개혁과 변화를 요구하는 잡지 〈순간〉을 발간하면서 종교적 실존의 단계를 실현하려고 노력했습니다. 키에르케고어는 잡지 원고를 가지고 인쇄소로 가는 도중 길에서 쓰러지고 말았습니다. 의식을 잃은 키에르케고어는 병원으로 옮겨졌지만, 목사의 방문도 거절한 채 혼자 과거의 잘못을 기도로 참회하면서 조용히 눈을 감았습니다.

키에르케고어에 있어 실존 철학은 자신의 삶과 깊은 관계가 있습니다. 즉, 심미적, 윤리적, 그리고 종교적 실존을 자신의 삶과 연관시켜 자신의 실존으로 본 것입니다.

"역시 영웅은 외로운가봐. 나처럼 말이야."

"키에르케고어가 어떻게 영웅이니?"

"거대한 교회와 투쟁하는 가냘픈 갈대와 같은 키에르케고어가 영웅이 아니면 누가 영웅이겠니? 가냘픈 갈대와 같은 사람, 외롭고 절망에 빠져 있는 실존, 이것이야 말로 바로 나를 두고 하는 말이구나."

"필로스, 너의 실존이 조금 피곤한 모양이구나."

"흠."

서양문화사 영국 차티스트(노동자 보통선거권) 운동(1830), 영국의 톰슨 절대영도(-273도) 측정(1848)
동양문화사 중국, 영국과 남경조약 체결(1842), 인도, 노예 폐지령(1843)
한국문화사 《해은유고》의 저자 강필효 사망(1848), 프랑스선^船제주도 도착(1851)

신이 만들지 못한 인간, 초인

니체 1844-1900
Friedrich 니체 1844-1900 *Nietzsche*

독일의 아돌프 히틀러가 좋아한 철학자는 니체였습니다. 그리고 히틀러는 이탈리아의 무솔리니가 힘들어 할 때, 니체 전집을 선물하기도 했다고 합니다. 여러분이 그 이유를 알아내야 합니다.

"히틀러, 무솔리니, 그리고 니체? 이 사람들이 갖고 있는 공통점이라……."

"히틀러와 무솔리니는 독재자이고, 니체는 초인의 출현을 손꼽아 기다리는 철학자잖아. 그럼 혹시 히틀러나 무솔리니는 니체의 초인을 자신이라고 생각하고 전쟁을 일으킨 건가?"

"필로스, 이번 역사적인 암시는 우리도 알 수 있을 것 같아. 저것 봐."

소피아가 가리킨 곳에서는 1871년 빌헬름 1세가 나폴레옹 3세로부터 항복을 받은 다음, 베르사유 궁전 거울의 방에서 독일제국의 황제가 되는 모습이 펼쳐지고 있었다.

1846년부터 2년 동안 유럽은 극심한 흉년으로 시달렸습니다. 하지만 왕들과 귀족들은 자신들의 정권 유지에만 매달렸습니다. 참다못한 시민들은 1848년 2월 프랑스를 시작으로 독일과 오스트리아에서 시민혁명을 일으켰습니다. 하지만 정부는 군대를 동원하여 시민들을 무차별적으로 공격하였습니다. 이것이 1848년 유럽의 3대 혁명입니다.

1848년 혁명으로 자유를 주장하던 힘없는 백성들은 기가 죽고 말았습니다. 반면 왕과 귀족들은 더 큰 힘을 얻게 되었습니다. 특히 독일 국민들은 자유나 혁명으로는 통일을 할 수 없다는 사실을 알았습니다. 독일 국민들은 1848년 독일 혁명을 무력으로 막고 날로 강해지는 프로이센제국을 지켜볼 수밖에 없었습니다.

프로이센이 이렇게 강한 군사력을 가지게 된 것은 융커Junker덕분이었습니다. 융커란 엘베 강 동쪽 지방의 지도층으로 많은 땅을 소유한 대지주를 일컫는 말입니다. 이 융커 출신 귀족들은 정치계와 군대에 진출하여, 프로이센 군대의 장교와 정치적으로 높은 지위를 차지하면서 특권을 누리기 시작했습니다. 이런 융커들이 있는 한 시민들이나 노동자들은 더 이상 자유를 바랄 수 없게 되었고 더더욱 통일은 꿈도 꾸지 못했습니다. 하지만 이러한 융커 중에는 독일 통일의 꿈을 키운 사람이 있었습니다. 이 사람이 바로 프로이센의 빌헬름 1세 때 수상을 지낸 비스마르크^{Otto Eduard Leopold von Bismarck (1815~1898)}입니다. 독일 통일을 위해 비스마르크는 1866년 오스트리아와 프랑스를 차례로 공격하여 승리를 거두었습니다. 그리고 마침내 1871년 빌헬름 1세는 베르사유 궁전 거울의 방에서 독일 제국의 황제가 되었습니다. 이렇게 해서 독일은 통일을 맞이했습니다.

"독일의 문제는 말이 아닌 철鐵과 피血로써 해결해야 한다."
위의 말을 한 철혈 정치가 혹은 철의 재상이라 불린 사람은 누구입니까?

"아, 비스마르크!"

앞부분은 모르겠지만, 철의 재상이라는 말은 역사 시간에 많이 들어보았다. 나는 소피아가 답을 말하기 전에 얼른 먼저 답을 말하고 강의실 문을 열었다.

"헉! 전쟁터다."

말 그대로 강의실은 전쟁터였다. 전쟁터 한가운데에서 코제트가 우리를 반기며 손짓했다.

"어서들 오세요. 오늘은 철혈 정치가 비스마르크, 히틀러, 무솔리니 등 모두 유명한 정치가들이 등장하는군요."

코제트가 강의실 앞에서 환하게 웃으며 우리를 반겼다.

"니체와 빌헬름 1세의 독일 제국 황제 등극이 무슨 관계가 있나요? 물론 니체가 살던 시기에 프랑스와의 전쟁이 있긴 했지만요."

"특히 필로스가 궁금해 하는 것 같군요. 일단 좀 조용한 곳으로 옮길까요?"

코제트와 우리는 전쟁터의 시끄러운 소음을 피해 조용한 숲 한 구석에 자리를 잡고 앉았다.

"신은 죽었다"라고 말한 독일의 철학자 니체는 목사의 아들로 태어났습니다. 할아버지와 외할아버지도 목사였으며, 할머니도 목사의 딸이었습니다. 그러나 안타깝게도 아버지는 니체가 다섯 살 때 죽었습니다. 니체는 이렇게 신앙심으로 가득 찬 집에서 태어나 어린 시절을 보냈습니다. 아버지가 안 계시는 집에서 니체는 외할머니, 어머니, 결혼하지 않은 두 명의 고모, 그리고 여동생과 함께 살았습니다. 이런 환경 속에서 니체는 너무나 여성스럽고 섬세하며 감수성이 강한 소년으로 자랐습니다. 목사가 되기 위해 신학을 전공하던 니체는 쇼펜하우어의 철학을 접한 후 철학으로 전공을 바꾸었고, 24살에 바젤대학의 교수로 초빙되었습니다. 하지만 1870년 프로이센과 프랑스와의 전쟁은 니체에게 큰 변화를 주었습니다.

전쟁이 발발하자 니체는 위생병으로 종군하였습니다. 그러나 안타깝게도 디프테리아에 걸려 중도에 제대하고 말았습니다. 대학에 다시 복직했지만, 원래 병약하고 허약했던 니체는 디프테리아 후유증으로 교단에도 더 이상 설 수 없었습니다. 이후 니체는 평생 편두통과 눈병

464

으로 고생하며 살았습니다.

"니체는 1885년에 완성한 그의 책 《차라투스트라는 이렇게 말했다^{Als} $^{sprach\ Zaratustra}$》에서 '신은 죽었다'라고 말합니다. 이후 니체는 무신론자를 대표하는 철학자로 알려졌습니다."

"하지만 이 책은 니체의 초인 사상으로 더 잘 알려져 있잖아요."

"그렇죠. 니체는 이 책을 통해서 초인에 대한 얘기를 하고 있습니다."

"그럼 지금부터 니체의 초인에 대한 얘기를 들을 수 있는 거죠?"

"필로스는 초인에 관심이 많은가 봅니다?"

"그럼요. 초인에 관심 없는 남자들이 있을까요?"

쇼펜하우어는 악이 세상을 지배하고 있다고 했습니다. 이 악이 사라지려면 어떻게 하면 될까요? 니체는 모든 만물은 정지해 있지 않고, 끊임없이 생몰 과정을 겪는다고 보았습니다. 이런 끊임없는 변화로 만물은 보다 높은 진화를 합니다. 이렇게 계속적인 진화가 이루어지면 언젠가 강한 힘을 가진 사람 즉, '초인'이 나타날 수 있습니다. 그리고 초인이 강한 힘으로 세상을 잘 이끌어 나가면 악이 없는 세상이 될 수 있다는 것입니다. 세상의 악을 없애고 새로운 세계를 펼칠 강자를 상징하는 말인 초인은 일반적인 도덕에 얽매이지 말고 강자의 윤리를 갖고 살아야 한다고 니체는 주장합니다.

니체는 도덕에는 두 가지 종류가 있다고 설명합니다. 하나는 군주 도덕이고, 다른 하나는 군중 도덕입니다. 상류 계층이 하층민에게 적용하는 도덕이 군주 도덕이며, 반대로 하류 계층이 상류 계층에 적용하는 것이 군중 도덕입니다. 그러나 민주주의라는 이름으로 현대인은 비굴, 굴복 혹은 교활이라는 도덕을 만들어 냈습니다. 그리고 이것은 예수 이후 나타난 평등과 자유 때문이라고 니체는 보았습니다. 이러한 정치 형태로 파생된 도덕 뒤에는 교묘하게 권력이 숨어 있습니다. 권력이 갖는 열정 앞에는 인간의 이성도 도덕도 아무런 쓸모가 없습니다. 군주나 귀족은 원하면 모든 것을 얻을 수 있었기 때문에, 자신의 욕망이나 이성을 감출 필요가 없었습니다. 하지만 민주주의가 생겨나면서 상류 계층의 사람들은 권력을 부끄러워하고 이성을 찾기 시작했습니다. 이렇게 군주 도덕이 사라지면서 군중 도덕이 일어났지만, 군중 도덕 역시 하류 계층 사람들 간의 적절한 타협 내지 비굴함의 산물이었습니다. 결국 군주 도덕이든 군중 도덕이든 사람을 위한 도덕이 아니라 살아남기 위한 권력이나 힘이었습니다.

"그래서 초인에게는 도덕규범이나 윤리가 필요 없다고 말한 거군요."

"소피아의 말처럼, 니체에 따르면 초인은 초인으로서의 도덕과 윤리를 가지고 살아야 합니다. 그리고 초인에게는 많은 도덕규범도 필요 없다고 했습니다."

"그럼 초인은 어떻게 생겨나나요? 초인은 태어나는 건가요? 교육으로 길러지는 건가요?"

초인에 대한 궁금증은 나만 갖고 있는 거야?

종교에서 말하는 신은 초인적인 힘을 갖고 있으며 전지전능합니다. 하지만 니체는 이런 신을 부정합니다. 만약 신이 이 세상의 모든 생명체를 마음대로 할 수 있다면, 세상의 모든 것은 물질적인 가치가 없습니다. 이런 세계를 니체는 곧 악이라고 보았습니다. 신이 만물을 창조한다는 것은 끊임없이 생성과 소멸을 반복하는 자연의 순환을 부정하는 것입니다. 종교에서 말하는 것처럼 이 세상이 신의 뜻대로 움직이고 지배된다면, 사람들이 할 일은 아무것도 없습니다. 니체는 이렇게 신에 대해서 부정적인 이야기를 하였기 때문에 무신론자로 알려져 있습니다. 그러나 그는 신이 있다거나 없다거나 하는 것에 대해서는 아무런 생각도 하지 않았습니다.

니체는 마치 새로운 종이 생겨나듯 초인이 생겨나길 희망했습니다. 그러나 이것은 사실상 불가능하다고 니체는 생각했습니다. 새로운 종으로 초인이 나타날 수 없다면, 결국 초인은 길러져야 하겠죠. 니체는 평범한 사람 중에서 탁월한 능력을 보유한 사람을 찾아 특별하고도 계획적인 교육을 통해 초인이 길러질 수 있으며, 이렇게 한 사람의 초인이 만들어지기 위해서는 수많은 사람들이 인위적으로 도태되어야 한다고 보았습니다. 우선 우생학적으로 우성 인자를 가진 사람을 찾아야 할 것이며, 그렇게 선택된 사람은 그만을 위한 교육으로 양육되어야 합니다. 그렇지 않다면 우리가 필요로 하는 초인은 결코 태어나지 않을 것이라고 니체는 보았습니다.

"한두 사람의 초인을 위해서 다른 사람은 모두 도태되어야 한다는 뜻인가요?"

"그렇습니다. 니체의 초인은 강자로서의 가치관을 가진 사람이기 때문에 약자는 도태되어도 된다고 생각했습니다. 이런 니체의 생각은 초인의 결혼과 사랑에 관한 이야기에 잘 나타나 있습니다."

"초인의 결혼과 사랑이요?"

초인의 결혼과 사랑이라는 말에 아이들의 눈이 번쩍 뜨이는 것 같았다.

사랑 때문에 초인이 초인 아닌 사람과 결혼할 수는 없습니다. 니체는 초인은 초인으로 선발되지 못한 열성 인자를 가진 사람과 결혼할 수 없다고 말했습니다. 니체는 남자는 사랑에 빠지면 현명한 생각을 할 수 없기 때문에 초인을 위한 연애결혼은 처음부터 법적으로 금지할 것을 주장합니다. 연애는 초인이 아닌 일반 사람들의 전유물이기 때문입니다. 뿐만 아니라 니체는 초인을 위해 출생 신분을 중요하게 여겼습니다. 그러므로 초인을 위한 엄격한 교육은 출생 신분과 생물학적인 우성 인자를 가려낸 다음의 문제입니다.

초인이 꼭 탄생한다는 것을 전제로 초인을 위한 교육이나 훈련을 시작합니다. 교육 기간 동안은 칭찬이나 즐거움을 찾아 볼 수 없으며, 단지 책임, 육체적 고통, 명령의 복종만이 존재합니다. 니체는 초인이라면 최소한 방종과 자유에 의해서 육체나 도덕이 나약해져서는 안 된다고 보았습니다. 이렇게 길러진 초인은 세상의 악을 없애고 좋은 정치를 할 수 있을 것입니다. 이제 니체의 초인이 무엇인지 알겠죠?

"히틀러가 왜 니체에 심취해 있었는지, 그리고 왜 무솔리니에게 니체전집을 선물했는지 알겠다."

"과연 초인이 길러지는 것이 가능할까?"

"소피아, 나를 지켜보면 알 거야. 초인이 길러지는 것이 가능한지 아닌지 말이야."

"언제까지? 내일? 아니면 일 년? 글쎄. 언제 올 지도 모르는 고도를 기다리는 기분이다."

니체는 초인이 가장 평범한 사람에서 나온다고 했다. 그런데 베케트의 작품까지 들먹이며 나를 무안 주다니. 두고 보자고!

서양문화사 수에즈운하 개통(1869), 퀴리 부인, 라듐 발견(1893)
동양문화사 인도 제2차 미얀마 전쟁(1852), 미국 상하이에 관세관리위원회 설치(1854)
한국문화사 사설 서원 금지(1859), 영국 배 동래 도착(1860)

Day 7. 현재진행형

- 20세기 철학

철학이란 무엇인가?
우리는 이러한 물음으로써 매우 광범위한,
즉, 일반적인 한 기본 문제를 다루게 된다.
이 기본 문제는 광범위하기 때문에 애매한 채로 남아 있고,
애매하기 때문에 우리는 매우 여러 가지 관점으로부터
이 기본 문제를 다룰 수 있다.
이때 우리는 언제나 어떤 정당한 것과 마주치게 될 것이다.
그러나 이렇게 광대한 기본 문제를 다룸에 있어서
가능한 것에 지나지 않는 온갖 견해가 뒤섞이게 되므로,
우리는 우리의 토론이 옳게 마무리되지 않은 채로
끝나 버릴 위험성에 빠진다.
_하이데거 《철학이란 무엇인가》 중에서

가라앉는 유럽, 떠오르는 미국

1

제1, 2차 세계 대전

지난 밤 이곳에 온 이후로 처음 이 성을 벗어났다. 초인 체험을 위해서였다. 우리가 도착한 곳은 성의 안쪽으로 울창한 숲이 터널을 이루고 있는 곳이었다. 너무나 많은 나무들이 우거져 터널은 거의 분간하기 어려울 정도로 어두웠다. 그 나무 터널 한가운데 코제트가 보였다. 코제트는 광대처럼 줄타기를 하고 있었다. 그리고 낡은 교황 옷을 입은 사람, 왕과 시종, 예언자, 마술사 등 많은 사람들이 자리에 앉아 흥겹게 줄타기를 구경하고 있었다.

"《차라투스트라는 이렇게 말했다》에서 나오는 장면 같아."

472

　우리가 나타나자 코제트는 줄에서 내려와 우리와 함께 모닥불을 피
우고 앉았다. 얼마나 밤이 깊었는지도 모른 채 우리는 못다 한 이야기
에 취했다. 그때 갑자기 대포 소리와 함께 무서운 소총 소리가 우리들
의 귀를 때렸다.

"전쟁이다!"

"실제 상황입니다. 서둘러 방공호로 대피해 주시기 바랍니다. 다시 한 번 알립니다. 이것은 실제 상황입니다."

누군가의 외마디 소리와 함께 어디선가 빨리 방공호로 대피하라는 소리가 계속 흘러나왔다. 앞뒤 가리지 않고 우리는 군인들의 안내에 따라 방공호로 들어갔다.

"어서 오십시오. 나는 오늘 여러분과 함께 20세기 철학에 대해서 이야기를 나눌 Mr.밀레니엄입니다. 모두들 많이 놀랐죠?"

우리가 들어간 방공호 안은 생각보다 아늑했고, 무엇보다 조용했다. 방공호의 한가운데에서 멋진 양복을 차려 입은 Mr.밀레니엄이 우리를 반겼다. Mr.밀레니엄은 우아하게 손을 들어 방공호의 한쪽을 가리켰다.

1871년 프로이센의 빌헬름 1세는 프랑스를 공격하여 나폴레옹 3세로부터 항복을 받았습니다. 이후 프로이센은 독일 통일이라는 과업을 완성하였죠. 독일은 통일을 함으로써 유럽에서 가장 강한 나라로 급부상했습니다. 독일의 강한 힘에 유럽에서는 팽팽한 긴장감이 감돌았습니다. 이러한 긴장이 깨어진 사건이 바로 지금 여러분이 보고 있는 페르디난트 황태자 부부의 암살 사건입니다. 1914년 6월 28일 오스트리아의 황태자 페르디난트 부부는 육군의 훈련을 참관하기 위해서 보스니아의 수도 사라예보를 방문하였습니다. 세르비아를 중심으로 한 남슬라브 민족은 페르디난트의 정책이 자신들의 단결을 반대한다고 생각해 좋은 감정을 갖고 있지 않았습니다.

페르디난트는 헝가리와 체코와 함께 오스트리아 제국을 수립하려는 꿈을 갖고 있었습니다. 그 방법은 결국 슬라브 민족의 통일을 방해하는 것이었습니다. 슬라브족은 동유럽 여러 나라에 걸쳐 흩어져 살고 있었습니다. 그중 마자르족인 헝가리는 슬라브족 가운데 독립 국가를 형성하였습니다. 오스트리아가 헝가리와 함께 제국을 형성하면 슬라브족의 통일이 불가능하다고 생각한 세르비아의 민족주의자들은 페르디난트를 제거하기로 했습니다. 특히 페르디난트의 사라예보 방문은 그들의 계획을 실행으로 옮길 수 있는 절호의 기회였던 것입니다.

"맞아, 세르비아의 정보 부장 디미트리예비치 대령은 검은 손이라는 뜻의 '흑수조'라는 암살단을 조직하였지. 7명의 흑수조 단원은 사라예보에서 권총으로 페르디난트 부부를 암살했어."

소피아가 마치 중계를 하듯 생생하게 이야기했다.

"이 사건을 계기로 오스트리아는 세르비아를 중심으로 하는 슬라브족의 근거지를 완전히 파괴할 계획을 세웠어. 하지만 유럽에서 가장 힘이 강한 독일이 어떤 입장을 취하나 오스트리아 정부는 눈치를 살필 수밖에 없었지. 다행히 독일은 오스트리아 편이었고, 독일이 자신들의 편이라는 사실을 확인한 오스트리아는 세르비아를 타도하고 범슬라브주의의 근거지를 완전히 없애려 하였어."

"맞습니다, 소피아. 하지만 페르디난트 부부를 세르비아 정부의 도움으로 암살했다는 증거를 찾을 수가 없었습니다. 그러나 그런 것은 중요하지 않았죠. 독일이 자신들의 편이라는 사실을 안 오스트리아 정부는 7월 28일 세르비아에게 선전 포고를 하고 전쟁을 시작하였습니다. 그것이 바로 제1차 세계 대전의 시작입니다."

독일은 오스트리아 편이었지만 러시아는 아니었습니다. 오스트리아가 독일의 도움으로 세르비아를 공격하자 가장 먼저 러시아가 세르비아를 도와주기 위해서 군대를 파견하였습니다. 결국 영국과 프랑스가 참여하여 이탈리아를 뺀 유럽의 대부분 나라가 이 전쟁에 참여하였습니다. 결국 제1차 세계 대전은 20세기 초 인류가 경험한 최초의 대규모 전쟁이 되고 말았습니다. 가장 먼저 세르비아를 도왔던 러시아는 지나친 전쟁 경비로 국내 사정이 나빠지기 시작했습니다. 경제는 악화되고 사회는 불안해졌습니다. 결국 1917년 3월 8일, 러시아의 2월 혁명으로 불리는 러시아 혁명이 일어났습니다. 러시아의 황제 니콜라이 2세는 황태자에게 양위를 하고, 사태를 수습하려고 했습니다. 하지만 황태자는 병을 핑계로 동생 미하일에게 황제의 자리를 양보하였습니다. 그러나 미하일도 황제의 자리를 거부했고, 러시아에서는 11월 혁명이 터집니다. 결국 11월 시민 혁명으로 러시아에는 시민 정부가 출범하였습니다.

"미국이 전쟁에 참여하지 않았으면 어떻게 되었을까요?"
"글쎄요. 그것은 아무도 모르죠. 하여튼 1918년 1월 미국의 윌슨 대통령이 유럽의 평화 협정을 제의하자 독일은 미국이 전쟁에 개입할 것을 걱정하였습니다. 결국 독일은 전쟁을 빨리 끝내려고 경제 사정과 국내 정세가 불안한 러시아와 상호불가침조약을 맺었습니다. 러시아의 위협으로부터 독립한 독일은 전쟁을 빨리 끝내기 위해 프랑스와 영국 전쟁에 총력을 쏟았습니다. 하지만 미국은 7월에 군대를 파견하였고, 11월 3일 독일에서는 뜻하지 않은 사건이 터졌습니다. 바로 독일의 북쪽 항구 킬에서 해군들이 폭동을 일으킨 것입니다."

"바로 그 사건이 혁명으로 이어졌고, 전쟁을 주도했던 빌헬름 2세가 네덜란드로 망명을 했죠. 이것으로 독일의 전제 군주 정치는 끝이 났고, 독일 국회의원 대표는 11월 11일 연합국과 휴전을 했어요. 빌헬름 1세가 프랑스와의 전쟁에서 이기고 독일 황제가 된 바로 그 베르사유에서 1919년 6월 28일, 독일은 강화조약을 맺고 전쟁을 끝냈죠."

"음, 필로스의 역사 실력은 듣던 대로 뛰어나군요. 하지만 여러분도 잘 알다시피 베르사유 강화조약은 독일에게 아주 불리하게 적용되었습니다."

베르사유 강화조약으로 독일은 모든 해외 식민지를 잃고 말았습니다. 그리고 퀴리 부인으로 우리에게 잘 알려진 알자스로렌 지방을 프랑스에 돌려주었죠. 뿐만 아니라 오스트리아와 연합도 하지 못하게 되었으며, 아주 많은 전쟁 비용을 물어야만 했습니다. 연합군은 국제 평화와 안전을 위해서 국제연맹^{League of Nations}을 만들어 독일을 감시하고 이 모든 일을 추진하기로 결정하였습니다.

빌헬름 2세의 네덜란드 망명으로 같은 해 11월 독일은 의회를 구성하고 공화국이 되었습니다. 다음해 8월 11일 독일은 바이마르헌법에 따라 대통령을 중심으로 수상이 국가를 통치하는 의원내각제로 변경하였습니다. 이 법에 따라 다수당의 대표였던 하이델베르크 출신의 에베르트^{Friedrich Ebert (1871-1925)}가 초대 대통령으로 당선되었습니다. 에베르트는 전쟁 복구를 위해 노력하였습니다. 하지만 경제적으로 사회적으로 혼란한 시기는 계속되었고, 특히 1926년 세계 대공황은 독일의 사정을 더욱 악화시켰습니다. 노동자들은 살 길을 찾아 거리로 헤매기 시작했습니다. 이때 노동자의 구세주가 나타났습니다.

"히틀러!"
한 아이가 큰소리로 외쳤다.
"오스트리아에서 태어나 제1차 세계 대전에서 독일 최고 훈장인 철십자 훈장을 받은 히틀러^{Adolf Hitler (1889-1945)}는 1919년 9월 나치스당으로 더 잘 알려진 '국민사회주의독일노동자당'에 가입하였습니다."

뿐만 아니라 유럽에 독일 제국을 세우겠다는 거대한 꿈과 야망을 갖고 있던 히틀러는 뛰어난 웅변으로 독일 노동자들을 중심으로 나치스당의 최고 지도자가 되었습니다. 1933년 선거에서 히틀러의 나치스당은 다수당을 차지했습니다. 다수당의 당수로서 히틀러는 수상이 되었습니다. 히틀러의 첫 번째 사업은 독일의 모든 경제력을 군대를 키우고 군인을 훈련시키는 비용으로 사용하는 것이었습니다.

나치스당의 히틀러가 독일의 수상으로 있을 때, 이탈리아의 총리는 파시스트당의 무솔리니Benito Amilcare Andrea Mussolini(1883~1945)였습니다. 무솔리니는 히틀러가 군사력을 증강시키는 것을 보고 용기를 내어 1935년 아프리카의 에티오피아를 공격하였습니다.

히틀러는 1936년 베를린 올림픽을 개최하면서 국외로는 옛 독일 제국을 건설할 야망을 키웠습니다. 히틀러는 1938년 오스트리아 공격을 시작으로 전쟁에 돌입하였습니다. 하지만 같은 해 8월 소련과는 다시 불가침조약을 맺고, 독일 제국을 회복한다는 명목으로 폴란드에 프로이센 지역을 돌려줄 것을 요구하였습니다. 폴란드가 이를 거절하자 독일은 소련의 중립을 믿고, 1939년 9월 1일 폴란드를 침공하는 동시에 9월 3일 영국과 프랑스에 선전 포고를 함으로써 제2차 세계 대전이 시작되었습니다. 폴란드를 침입한 독일을 보자 러시아는 놀라지 않을 수 없었습니다. 마침내 폴란드에 살고 있는 러시아 사람들을 보호한다는 명목으로 러시아 군대는 폴란드로 진군하였습니다.

독일은 서쪽으로 베네룩스 3국을 침공하였고, 북쪽으로는 덴마크와 노르웨이까지 침입하여 영국과 프랑스 연합군을 격퇴시켰습니다. 전쟁에 진 영국은 수상이 물러나고 보수당의 처칠Winston Leonard Spencer Churchill (1874~1965)이 1940년 새로운 수상이 되었습니다. 같은 해 6월 이탈리아의 무솔리니는 남쪽 프랑스를 공격하여 차지하였고, 6월 14일 파리가 독일군에 점령당하면서 전쟁은 끝이 나는 것 같았습니다.

6월 22일 히틀러가 러시아를 공격하자 영국과 미국은 러시아를 돕겠다고 나섰습니다. 1944년 6월 6일 영국과 미국은 아이젠하워 장군의 지휘로 노르망디 상륙 작전을 실시하였습니다. 연합군의 공격으로 이탈리아의 무솔리니는 4월 28일 체포되어 죽었습니다. 히틀러는 4월 30일 자살하고 말았고요. 1945년 5월 7일 독일의 무조건 항복으로 전쟁은 끝이 났습니다. 두 번의 전쟁으로 유럽의 여러 나라는 경제적 악화와 사회적인 불안에 휩싸였습니다. 한편 독일 제국을 수립하겠다던 독일의 야망은 오히려 유럽에서 힘을 잃었고, 미국은 반대로 세계의 종주국으로 자리 잡게 되었습니다.

"히틀러의 지나친 민족주의가 오히려 독일을 곤궁으로 밀어 넣고 말았구나."

"결과적으로 그렇게 된 거지."

"역시 전쟁은 나쁜 거야."

"그런데도 아직 많은 나라에서 전쟁을 하려고 하니, 정말 이해가 안 돼."

"하고자 하는 것으로 끝나지 않고 실제로 하고 있는 나라도 있잖아."

소피아와 나는 방공호를 빠져나가며 시끄러운 총탄 소리에 귀를 막았다. 전쟁으로 행복해지는 나라와 국민이 과연 있을까? 없다면, 그럼에도 불구하고 전쟁이 일어나는 건 누구를 위해서일까?

불쏘시개가 된
천재 철학자의 원고

퍼스 1839-1914 Charles Peirce

2

나에게 한 가지 소망이 있다면, 여러분 스스로
논리학의 필요성을 느끼는 것입니다.

"저거, 분명 탄광이지?"

"금광 같은데."

"금광이라고?"

"야, 정말 노다지다."

아이들의 즐거운 비명이 내게는 그렇게 좋은 소리로만 들리지 않았
다. 역사에서는 금광의 발견이 한 나라를 끔찍한 공황으로 몰고 가기도
했기 때문이다.

자본주의 국가 체제에서 생길 수 있는 것이 과잉 생산입니다. 과잉 생산은 경기를 순환시킬 수 없는 상황으로 몰고 갈 수 있습니다. 이런 경우 급속도로 경제 활동이 축소되며, 이것을 경제학에서는 '공황'이라고 말합니다.

세계 최초의 공황은 1820년 영국에서 일어났습니다. 그해 영국은 유래 없는 풍작이었습니다. 뿐만 아니라 중앙아메리카 및 남아메리카 시장 개척으로 지나친 과대 투기 열풍이 불었습니다. 이 두 가지가 원인이 되어 영국은 상업 신용 공황을 맞게 됩니다. 영국에서는 1832년부터 5년 동안 풍작이 계속되었고, 많은 수익을 남겼습니다. 그리고 그 수익으로 영국은 미국에 철도 건설을 추진하였고, 영국 자본의 유입으로 미국은 유래 없던 호경기를 맞았습니다. 그러나 1857년 미국에서 금광이 발견되면서 지나친 투자로 인해 금융 회사와 은행이 파산하는 공황이 일어난 것입니다.

미국 최초의 공황은 언제입니까?

"1832년부터 5년 동안 영국에 풍작이 계속되었고, 그 돈으로 미국에 투자해서 미국에 공황이 발생했으니까, 1837년입니다."

1832+5=1837, 별로 어려운 산수는 아니지?

"으, 추워!"

강의실 문을 열고 먼저 들어간 아이가 두 팔로 가슴을 감싸며 소리쳤다. 강의실 한가운데에는 많은 종이를 난로 옆에 쌓아 놓고 불을 지피는 두 노파가 있었고, 그들은 잔뜩 웅크린 채 초점 없는 눈으로 불을 응시하고 있었다.

"땔감이 없어서 종이를 사용하는 거야? 아니면 종이를 불쏘시개로 사용하는 거야?"

"Mr. 밀레니엄, 저 사람들은 누구죠? 저 사람들이 논리학의 필요성을 강조한 사람들인가요?"

"아닙니다. 논리학의 필요성을 강조한 사람은 퍼스라는 미국의 실용주의 철학자입니다."

우리가 질문하기를 기다렸다는 듯이 한쪽에서 조용히 앉아있던 Mr. 밀레니엄이 조용히 일어서며 말했다.

여러분들도 잘 아시겠지만, 미국은 유럽 여러 나라의 식민지였습니다. 따라서 미국의 철학 역시 유럽의 철학에 기초한 것이었습니다. 하지만 시간이 지나면서 미국은 자신만의 철학을 갖게 되었습니다. 그것이 우리가 잘 알고 있는 '실용주의Pragmatism'입니다. 실용주의라는 용어는 그리스 어의 '프라그마pragma'에서 나온 말입니다. 프라그마는 생각을 행동으로 보여준다는 뜻을 갖고 있습니다. 어원으로 본다면 실용주의, 즉 프래그머티즘은 생각보다 행동이 더 중요함을 의미하는 미국의 철학입니다.

경제가 나빠지고, 대공황에 빠져 어려울 때 실제적으로 필요한 건 무엇일까요? 경제를 살릴 이론일까요? 아니면 실제적으로 경제가 회복 되는 것이 중요할까요? 미국 정부는 영국 정부가 공리주의자들의 생각 을 받아들였던 것처럼, 실용주의자들이 주장한 실용적인 생각을 실제 경제에 적용시켰고, 대공황에서 빠져나올 수 있었습니다.

미국의 실용주의를 대표하는 철학자는 퍼스입니다. 퍼스의 아버지 는 하버드대학교 수학과 교수였습니다. 퍼스도 하버드대학교에서 철 학과 논리학을 전공하였습니다. 매사추세츠 주 케임브리지에서 태어 난 퍼스는 아버지의 영향으로 어릴 때부터 철학과 화학에 관심을 가졌 습니다. 퍼스는 1859년 하버드대학교를 졸업하고 후에 존스 홉킨스대 학교의 교수가 되었습니다.

퍼스는 한 나라가 잘 살려면 과학이 발달해야 한다고 생각했습니다. 과학은 경험을 중요하게 생각하는 학문입니다. 과학은 실험과 실습, 그 리고 검증을 통하여 얻어진 결과만을 중요하게 여깁니다. 과학의 필요 성을 알리기 위해 퍼스는 먼저 말의 중요성을 강조하였습니다.

예를 들어, 여기 '가람'이라는 학생이 있습니다. "가람이는 천재다" 라고 누가 말했습니다. 이때 가람이가 천재인지 아닌지를 알아보기 위 해서는 어떻게 해야 할까요? 먼저 사람들은 가람이의 지능 검사를 할 것입니다. 그리고 가람이의 성적이며, 학문을 소화시키는 능력 등을 테 스트하거나 확인할 것입니다. 우리는 이렇게 가람이의 모든 지적 능력 을 경험을 통해서 검사한 후, "가람이는 천재다"라고 말할 것입니다. 사람들은 이렇게 경험을 통해서 어떤 사물을 확인하지만, 경험적인 사 실만으로는 지식을 얻을 수 없습니다. 그 이유가 무엇일까요? 퍼스는 그 이유를 사람이 신념이 없기 때문이라고 주장합니다. 그럼 어떻게 하면 확고한 신념을 가질 수 있을까요?

"논리학이 아니고 신념이라고요?"

기다리던 논리학에 관한 얘기가 나오지 않자 나는 참다 못해 질문을 했다.

"논리학의 중요성은 고집과 권위를 설명한 다음 이야기하고 있습니다."

"고집과 권위요?"

이건 또 뭐야?

"퍼스는 확고한 신념을 위해서는 먼저 두 가지가 필요하다고 했습니다. 첫 번째는 '고집'이고, 두 번째는 '권위'입니다. 퍼스는 고집과 권위를 갖게 되면 신념이 생긴다고 했습니다. 그리고 신념을 갖게 되면 지식을 얻게 되겠죠."

"어떻게 확고한 신념이 지식을 얻게 하죠?"

"퍼스는 확고한 신념을 과학의 방법에 적용시키면 가능하다고 했습니다. 퍼스는 지식을 가져다주는 확고한 신념은 과학이라고 믿었기 때문입니다."

사실 당시 과학의 발달로 얻어진 모든 발명품은 사람의 생활을 보다 편리하게 해주었습니다. 그리고 과학은 사람들이 갖고 있던 생각을 바꾸었습니다. 당시 과학의 결정체였던 전화기만 해도 그렇습니다. 어릴 때 실을 이용하여 전화기 놀이를 해 보지 않은 사람은 없을 것입니다. 보이지 않는 곳에 있는 사람과 선을 통해서 이야기를 한다는 것을 옛날 사람들은 상상도 하지 못했습니다. 그러나 전화기는 이것을 가능하게 했습니다.

퍼스는 이렇게 경험으로 얻은 지식을 고집과 권위로써 확고한 신념으로 만들었습니다. 그리고 과학적인 지식을 추가함으로써 의심은 사라지고 확실한 지식이 남았다고 판단했습니다. 그리고 바로 과학의 가장 기초가 되는 학문이 논리학이기 때문에 논리학의 필요성을 주장한 것입니다. 그러나 당시 미국의 대학들에서는 논리학에 별로 관심이 없었습니다. 존스홉킨스대학교 교수로 재직 중이던 퍼스는 최소한 대학원에서만이라도 논리학을 가르쳐야 된다고 주장했습니다. 하지만 대학의 생각은 달랐습니다. 결국 퍼스는 논리학의 중요성을 강력하게 고집하다 1883년 존스홉킨스대학교에서 파면 당하고 말았습니다.

퍼스는 대학교에서 쫓겨난 이후 아주 많은 시간을 갖게 되었습니다. 하지만 수입이 줄어들면서 무척 가난한 생활을 하였습니다. 퍼스는 남는 시간을 이용하여 책과 논문을 쓰기 시작했습니다. 퍼스의 모든 연구는 오늘날 실용주의에 아주 중요한 자료입니다.

퍼스가 죽고 난 다음 부인은 퍼스의 원고를 하버드대학교에 팔아 번 돈으로 생활하였습니다. 퍼스의 부인이 죽고 난 다음, 퍼스의 집에 이사 온 사람은 퍼스의 집을 정리하다 퍼스 부인이 팔다 남긴 원고 뭉치를 발견하였습니다. 여러분도 알다시피 종이는 불쏘시개로 사용하기에 아주 적합합니다. 뿐만 아니라 땔감 대용으로도 사용이 가능하죠.

퍼스의 집에 새로 이사 온 사람은 퍼스의 귀중한 원고를 불쏘시개로 사용하였다고 합니다. 안타깝게도 이렇게 해서 퍼스의 많은 책과 논문들은 책으로 만들어지기 전에 불태워지고 말았습니다. 미국에서 가장 위대한 철학자이자 천재였던 퍼스의 실용주의 철학은 이렇게 어이없이 소실된 채 우리에게는 일부분만 전해지고 있습니다.

헨젤과 그레텔,
소 발자국의 의미를 찾다

3

제임스 1842-1910 William James

"위험해! 모두 멈춰!"

"아무 것도 안 보여! 앞에 뭐가 있는지 도저히 분간할 수가 없어."

"전혀 보이지가 않아!"

"도대체 어떻게 된 거야?"

칠흑 같은 밤이라는 말이 실감나는 그런 어둠이었다. 정말 아무것도 보이질 않았다. 갑작스럽게 닥친 어둠에 우리 모두는 우왕좌왕하고 있었다.

"저기! 바닥에 무언가 있어!"

처음에 우리에게 위험을 알렸던 아이가 바닥을 가리키며 말했다. 정말 저만치 바닥에는 조약돌 같기도 하고, 흰 페인트를 칠한 돌 같기도 한 것이 바닥에 드문드문 놓여 있었다.

"저 표시가 우리를 유혹하는 것 같지 않니?"

"그래, 맞아. 저것을 따라 오라고 누군가가 만들어 놓은 것 같은데?"

우리 모두는 흰 돌을 따라 한 발 한 발 앞으로 조심스럽게 나아갔다.

"낭떠러지다!"

외마디 소리와 함께 앞에 가던 아이가 갑자기 사라졌다.

"어, 어, 악!"

잠시 후, 나도 예외는 아니었다. 놀이동산에서 타 본 놀이 기구보다 더 짜릿한 기분을 느끼며 나는 끝없는 어둠 속으로 떨어졌다.

"앗!"

갑자기 눈을 뜰 수 없을 만큼 강렬한 빛에 우리는 또 한 번 놀랐다.

"저건 또 뭐지? 기자 회견장이라고?"

우여곡절 끝에 우리가 도착한 곳은 어느 기자 회견장 앞이었다.

"무슨 기자 회견을 하겠다는 거야?"

"설마 우리를?"

《어떤 부인의 초상 The portrait of a lady》이라는
작품을 쓴 미국의 작가는 누구입니까?

"휴, 헨리 제임스입니다."

이 와중에도 소피아는 잠시 숨을 고른 후 금세 답을 이야기했고, 우리는 강의실, 아니 기자 회견장 안으로 들어 갈 수 있었다. 회견장 앞에는 아래와 같은 현수막이 걸려있었다.

'축! 헨젤과 그레텔의 무사 귀환 기념 기자 회견'

"헨젤과 그레텔은 그림 형제의 동화에 나오는 얘기 아니야?"

내가 작은 소리로 묻자 소피아는 아무 말 없이 고개만 끄덕였다.

"신사 숙녀 여러분, 안녕하십니까! 헨젤과 그레텔이 아무 탈 없이 집에 돌아 온 것을 축하하는 뜻 깊은 기자 회견장에 오신 것을 환영합니다. 특별히 오늘의 사회를 맡아주실 분을 소개하겠습니다. 퍼스가 실용주의 철학의 창시자라면, 이분은 실용주의의 필요성을 강조하고 알린 미국의 실용주의 철학자입니다. 여러분, 뜨거운 박수로 환영해 주시기 바랍니다."

Mr.밀레니엄이 우리에게 살짝 윙크를 하고는 단상 아래로 사라졌다. 그리고 노학자의 분위기를 풍기는 한 신사가 기자 회견장 중앙으로 나왔다. 그는 우리를 향해 환한 웃음을 지으며 이야기를 시작했다.

"안녕하십니까? 나는 오늘 이 기자 회견의 사회를 맡은 윌리엄 제임스입니다. 이렇게 좋은 시간을 갖게 되어서 영광입니다."

"저 사람이 헨리 제임스의 형, 윌리엄 제임스구나."

"?"

글쎄, 아마도 소피아가 잘 아는 사람들인가 보다.

제임스 형제는 뉴욕 시에서 태어났습니다. 제임스와 아버지는 자식들의 교육에 많은 관심을 갖고 있었습니다. 미국인이 즐겨 읽는 소설 중 하나인《어떤 부인의 초상The portrait of a lady》을 쓴 헨리 제임스Henry James (1843–1916)는 바로 윌리엄 제임스의 동생입니다.

제임스의 아버지는 제임스 형제를 유럽 여러 나라에 유학시켰습니다. 두 사람은 영국, 프랑스, 이탈리아, 스위스, 그리고 독일에서 많은 학문을 접하였습니다. 이런 견문을 바탕으로 헨리는 유명한 작가가 되었고, 형 윌리엄은 1861년 퍼스가 교수로 재직하고 있던 하버드로렌스 과학대학에 입학했습니다. 이후 제임스는 퍼스를 스승으로 혹은 친구로 존경하면서 실용주의에 대한 생각을 함께 키워나갔습니다. 제임스는 대학을 졸업한 다음 1872년 하버드대학교의 교수가 되었습니다.

제임스는 퍼스의 주장처럼 과학이 주는 실용성도 중요하지만, 학문의 중요성은 진실 되고 참된 것이라야 한다고 생각했습니다. 제임스는 지식이나 학문은 사람의 생활에 있어서 실제로 이익을 가져다주어야 하며, 유용하게 사용되어야 한다고 주장하였습니다. 그리고 지식은 사람의 행동에 만족한 결과를 주어야 진실 되고 참된 것입니다. 그렇기 때문에 제임스는 "진리나 학문은 진실 되고 참truthful이기 때문에 유용useful하며, 유용하기 때문에 참이다" 라는 유명한 말을 남겼습니다.

"자, 그럼, 지금부터 기자 회견을 시작하도록 하겠습니다. 실례가 되지 않는다면 두 분과 함께 앉아서 기자 회견을 진행하도록 하겠습니다."

소피아가 간단히 제임스 형제에 대해 이야기를 마치자, 윌리엄 제임스가 헨젤과 그레텔 사이에 마련된 자리에 앉아서 기자 회견을 시작했다.

제임스 : 먼저 두 분이 아무 탈 없이 무사히 귀환한 것을 축하합니다. 두 분은 어두운 산길에서 길을 잃은 것으로 알고 있습니다. 어떻게 무사히 집을 찾아 올 수 있었습니까?

그레텔 : 제가 먼저 말할게요. 며칠 전에 아빠와 새엄마가 우리를 산 속에 버리려고 음모를 꾸미는 걸 우연히 헨젤 오빠가 들었나 봐요.

헨젤 : 네, 맞아요. 그래서 나는 잠시 생각을 했습니다. 깊은 산 속에 우리를 버리면 어떻게 집을 찾아 올 수 있을까 하고 말입니다.

제임스 : 그래서 어떻게 했습니까?

헨젤 : 조약돌을 준비하기로 했습니다. 다행히 우리가 살고 있는 동네에는 흰색 조약돌이 많이 있었습니다. 동생 모르게 간밤에 양쪽 호주머니 가득 조약돌을 주워왔습니다.

그레텔 : 아빠를 따라 나무를 하러 가면서 오빠가 주머니에서 조약돌을 꺼내 하나하나 버리고 있었어요. 오빠가 뭐하는 건가 생각했지만, 별 의미를 두지 않았죠.

헨젤 : 하지만 나에게는 그 조약돌이 특별한 의미가 있었어요. 밤이 늦어지면 그 조약돌을 보고 집을 찾아 올 수 있을 거라고 생각했거든요.

제임스 : 여러분, 헨젤은 자신이 버린 조약돌을 따라 집으로 돌아올 수 있었습니다. 그렇다면 이 조약돌은 그냥 조약돌이 아니라 분명 어떤

의미가 있겠죠?

    기자 회견의 사회를 보던 제임스가 갑자기 우리를 향해 질문을 던졌다. 우리 역시 이번 강의실, 아니 기자 회견장을 찾아 올 때 흰 조약돌을 따라왔다. 칠흑같이 어두운 길을 단지 흰 조약돌에 의지해서 여기까지 온 것이다. 그렇다면 제임스의 말처럼 조약돌은 그냥 조약돌이 아닌 분명 어떤 의미가 있는 것이다.

> **제임스** : 산 속에서 길을 잃어 버렸을 때, 우리는 어떻게 행동해야 할까요? 헨젤과 그레텔은 자신들이 산 속에 유기될 것이라는 것을 알고 조약돌이라도 준비했습니다. 하지만 준비되지 않은 상태에서 이런 일이 생긴다면 어떻게 해야 할까요?
>
> 시간적으로 밤이라면 우선 불빛을 찾아 볼 것입니다. 그렇다면 낮에는 어떻게 할까요? 아마도 주변을 먼저 살펴보아야겠죠. 혹시 사람이 지나간 흔적이 있나 없나를 살펴야 할 것입니다. 그러다 혹소 발자국이라도 발견하면 어떤 생각이 들까요? 분명 근처에 농가가 있다는 것을 알 수 있을 것입니다. 길을 잃어버린 사람이 소 발자국을 따라 갔는데 정말로 사람이 사는 집이 나왔다면, 그 소 발자국은 길 잃은 사람에게 어떤 의미가 될까요?
>
> **소피아** : 헨젤의 조약돌은 결과적으로 길을 잃은 남매가 집을 찾는 데 만족할 만한 결과를 가져다주었습니다. 즉, 조약돌이 유익한 수단이 된 것이죠. 헨젤의 조약돌이야 말로 사람이 실제로 행동하는 데 유

용하고 유익한 영향을 준다고 생각합니다.

제임스 : 지금 소피아가 한 말은 내가 한 말을 그대로 한 것 같은데요.

소피아 : 네, 사실 교수님의 실용주의 철학을 그대로 흉내낸 거예요.

제임스 : 나는 사람이 살아가는 데 필요한 진리나 학문은 헨젤과 그레텔의 흰 조약돌이나 소 발자국과 같아야 한다고 생각합니다. 즉, 사람의 생활과 동떨어져 유용하게 사용될 수 없는 진리나 학문은 실용주의에 있어서는 아무런 의미가 없다는 것이죠. 또한 이러한 유용성 외에도 확인이 필요합니다. 이 확인 작업은 경험을 통해서 이루어져야 합니다.

어린 아이들이 뜨거운 주전자나 불을 만지려고 할 때 어머니는 어떻게 합니까? 처음에는 말로 "이것은 뜨거운 것이니 만지지 마라!" 하고 타이를 것입니다. 그래도 아이가 계속 만지려 하면 어떤 어머니는 그 아이의 손을 잡고 직접 그 뜨거운 물건에 손을 대보게 합니다. 경험으로 뜨겁다는 사실을 안 아이는 더 이상 그 물건을 만지려 하지 않을 것입니다. 나 역시 퍼스처럼 확인을 통해 경험으로 얻어진 진리야말로 확실하고 유익한 지식이라고 생각합니다. 과학의 특징이 바로 이런 것이죠. 과학은 반드시 실험이나 실습이라는 검증 과정을 통하여 경험으로 안 사실을 확인합니다. 나의 이런 유용성과 검증의 방법도 퍼스처럼 미국의 과학에 많은 영향을 주었습니다. 우리의 생각은 한 가지 사물을 아는 것으로 끝나는 것이 아닙니다. 우리는 한 가지 사물을 알게 되면 그것을 바탕으로 다른 사물과의 관계까지도 알게 됩니다.

헨젤 : 그렇습니다. 저는 조약돌을 그저 조약돌이라고 생각하지 않고 우리에게 길을 찾아주는 나침반 혹은 비행기가 착륙할 때 사용하는 유도등과 같은 역할을 할 수 있다고 믿었습니다.

제임스 : 소 발자국에 대한 나의 생각이 바로 그것이죠. 한 가지 사물을 보고 다른 사물을 알아내는 것과 같은 연속적인 사고의 흐름이 사람의 정신적인 생활을 이어 주고 지속성을 줍니다. 결국 인간의 의식이란 존재나 사물이 아니라 연속성이고 흐름이며 관계에 불과합니다. 의식은 사고의 연속성과 관계가 전제된 다음, 개개 사건의 연속성과 사물의 관계에서 나타나는 것이죠. 이때 인간의 사고 속에 나타나는 것은 현상이 아니라 바로 실재 자체입니다. 즉, 조약돌이 조약돌로 끝나지 않고 길이라는 실재 자체로 나타난 것처럼 말입니다.

자, 이상으로 헨젤과 그레텔의 무사 귀환을 환영하는 기자 회견을 마치겠습니다. 감사합니다.

"조약돌이 조약돌이 아니고, 소 발자국이 소 발자국이 아니면, 내가 내가 아니고, 네가 네가 아닌 것인가?"

"조약돌은 나침반이고, 소 발자국은 안내판인데, 너와 내가 무엇인지는 나도 모르겠다."

"소피아, 네가 모르면 누가 아니?"

"필로스, 제발! 질문이 성립되는지, 안 되는지부터 생각해 보면 안 될까?"

4

교육을 실험한 철학자

듀이 1859-1952

대안학교에 숨어 있는 비밀을 밝혀 주시오.

대안학교! 도시가 아닌 시골에 있는 학교. 공교육에 넌더리가 난 학부모가 자신의 아이들을 보내는 곳. 하고 싶은 것을 마음대로 할 수 있는 학교. 대학 입학에 대한 부담이 없는 학교. 많은 학생이 가고 싶어 하는 학교. 그러나 아무나 갈 수 없는 학교.

"소피아, 대안학교의 매력이 무엇이라고 생각하니?"

"저걸 보면 알 수 있을 것 같은데."

소피아는 나의 질문에 강의실로 가는 길을 가리켰다. 소피아가 가리키는 곳에는 어린아이부터 중고등학생처럼 보이는 아이들이 함께 모여 놀고 있었다. 그 아이들이 각자 원하는 것을 하고 있다는 것은 한눈에도 알 수 있었다. 흙장난 하는 아이, 장구를 두드리는 아이, 기타를 튕기는 아이, 자기보다 나이 어린 아이에게 책을 읽어 주는 아이 등 각자 무엇인가를 열심히 하고 있었다.

"지금 곧 존 듀이의 실험학교 개교식을 거행할 예정입니다. 모든 학생들은 강의실로 들어가 주시기 바랍니다."

"존 듀이의 실험학교 개교식이라고?"
갑자기 들려온 소리에 우리는 어리둥절해 하며 서둘러 강의실로 향했다.

존 듀이 실험학교 Dewey School 개교식

일시 : 1896년 1월

"여러분, 안녕하십니까? 존 듀이 실험학교 개교식에 참석해 주서서 대단히 감사합니다. 저는 오늘 이 뜻 깊은 행사의 사회를 맡은 페스탈로치입니다. 먼저 오늘 이 행사에 참여해 주신 대내외 귀빈을 소개 ……."

"우와, 사회가 페스탈로치래!"

"존 듀이도 있어!"

"야, 당연하지 존 듀이 실험학교 개교식에 존 듀이가 없으면 어떡하니?"

페스탈로치, 존 듀이 등 귀에 익숙한 귀빈의 이름이 소개되자 아이들이 술렁거렸다.

페스탈로치 : 이어서 존 듀이 교수님의 사모님이신 엘리스 부인의 간단한 인사 말씀이 있겠습니다. 여러분, 따뜻한 박수로 맞이해 주시기 바랍니다.

엘리스 : 행사에 참석해 주신 여러분들 감사합니다. 우여곡절 끝에 우리 학교는 학생 16명, 교사 2명을 확보하여 오늘 정식으로 존 듀이 실험학교를 개교하였습니다. 앞으로 우리 학교가 어떻게 변해 가는지 관심을 갖고 지켜봐 주시기 바랍니다.

페스탈로치 : 감사합니다. 다음에는 존 듀이 실험학교 교장선생님이신 존 듀이 교수님이 나와서 인사말과 함께 듀이 실험학교 개교의 필요성에 대해서 말씀해 주시겠습니다. 역시 박수로 환영해 주시면 감사하겠습니다.

듀이 : 내가 실험학교를 세운 목적은 우선 두 가지가 있습니다. 첫째, 학교는 작은 사회가 되어야 합니다. 현대 사회는 빠르게 변하고 있습니다. 이런 사회에 적응하기 위해 학교에서는 학생들을 교육시켜 사회로 내보냅니다. 하지만 사회는 학교가 생각하는 것보다 더 빠르게 변합니다. 그렇기 때문에 학교에서 배운 내용을 가지고 사회에 나가면, 이미 그 학문은 사회에서는 더 이상 사용하지 않는 학문이

되고 맙니다. 그래서 학교는 사회의 모든 것에 민감하게 반응하고 사회에서 필요로 하는 것을 항상 배울 수 있는 작은 사회가 되어야 합니다.

둘째, 지금까지 암기 위주의 학교를 바꾸어 보고자 합니다. 학생들은 학교에서 지식 위주의 암기 교육을 통해 상급 학교로 진급합니다. 나는 시험을 준비하는 수동적인 학습 장소로서의 학교가 아닌, 학교 안에서 학생들이 자발적으로 활동하는 장소로서의 학교를 만들고 싶습니다. 학교는 학생이 중심이 되어 학습과 생활을 하는 활발한 장소가 되어야 합니다.

"존 듀이가 《학교와 사회》라는 책에서 쓴 아주 유명한 말입니다." 언제 왔는지 Mr. 밀레니엄이 우리들 가운데 와 있었다.

듀이 : 정통 학교인 공교육 기관을 개혁하고 내가 원하는 실험학교를 완성하기 위해서 나는 다시 세 가지 심리학적 원리를 이 실험학교에 적용하고자 합니다. 그것은 학생의 심리 상태를 학교와 선생님이 잘 파악하고 있어야 한다는 생각에 기초한 것입니다.

첫째, 학교에서의 학습 활동은 지금까지의 학생의 경험과 학생이 현재 필요로 하는 것 등과 직접적인 관계가 있어야 합니다. 둘째, 학생들 간의 학습의 차이를 인정해야 합니다. 마지막으로 학생 개개인의 흥미를 무시해서는 안 됩니다. 나는 이런 목적과 이론을 중심으로 실험학교를 이끌어 가고자 합니다. 물론 지금은 이 실험학교가 학생 수도 적고 시설도 아주 열악한 상태입니다. 하지만 미국 사람뿐 아니라 세계의 모든 나라에서 언젠가 나의 이런 실험학교 정신을 이어 받아 많은 실험학교를 개교할 것을 믿어 의심치 않습니다. 감사합니다.

페스탈로치 : 실험학교는 새로운 교육 이론이나 사상을 실험적으로 시도한 다음, 이것을 연구하고 보급할 목적으로 설립되었다는 것 여러분도 잘 알고 있죠? 그리고 그것의 시작이 바로 나, 페스탈로치에서부터 시작되었다는 것도 알고 계실 겁니다. 그리고 독일의 범애파汎愛派학교가 있죠. 오늘 드디어 미국에서도 실험학교가 개교를 하였습니다. 그래서 내가 먼 거리도 마다않고 이렇게 사회를 보기 위해 스위스에서부터 온 것입니다. 이제 테이프 커팅을 거행하도록 하겠습니다. 모두 교실 입구로 모여주시기 바랍니다.

엉겁결에 Mr. 밀레니엄과 우리 모두는 테이프 커팅을 마치고 교실 안으로 들어갔다.

페스탈로치 : 감사합니다. 다시 한 번 미국의 실험학교 개교를 축하드리며, 개교 기념으로 첫 수업은 밀레니엄 선생님의 듀이에 대한 강의로 대신하도록 하겠습니다. 밀레니엄 선생님은 앞으로 나와서 강의를 계속해 주시기 바랍니다.

Mr. 밀레니엄이 모든 사람들이 지켜보는 가운데 단상으로 올랐다.

밀레니엄 : 이렇게 좋은 날, 첫 강의를 할 수 있게 해 주셔서 정말 감사합니다. 퍼스가 만들고 제임스에 의해서 알려진 실용주의는 완벽한 미국 철학이 아니었습니다. 퍼스는 케임브리지에서 태어나 하버드를 졸업하였고, 제임스는 뉴욕에서 태어나 유럽에서 유학하였습니다. 이 두 사람은 미국 동북부에서만 생활하였기 때문에 더 넓은 미국을 보지 못했습니다.

미국 동북부는 당시 청교도 정신으로 가득 차 있었습니다. 퍼스나 제임스의 실용주의적인 도덕이나 윤리관도 청교도의 도덕이나 윤리관의 한계를 뛰어넘지 못했습니다. 하지만 미국 사람들의 새로운 실용주의 철학에 대한 기대는 아주 높았습니다. 이런 미국적인 요구를 만족시킨 실용주의 철학자는 듀이였습니다. 그래서 우리는 일반적으로 실용주의는 듀이에 의해서 완성되었다고 합니다.

듀이도 동부 버몬트 주 벌링턴에서 태어났습니다. 그리고 퍼스가 교수로 있던 존스홉킨스대학을 졸업하였습니다. 그러나 듀이는 동부에 남지 않고 미국의 여러 도시를 다니면서 실용주의 철학을 알렸습니다. 먼저 듀이는 미국의 중부에 있는 미네소타, 시카고, 미시간대학교에서 철학 교수를 지냈습니다. 이후 다시 듀이는 뉴욕으로 돌아와 콜롬비아대학교에서 철학 교수가 되었습니다. 듀이는 시카고대학교에서 교수로 재직하던 1896년, 실용주의 교육을 위한 실험학교Laboratory School를 세웠습니다. 이 학교는 실용주의 교육의 실험장이기도 하지만, 진보 교육을 위한 실험장이기도 했습니다. 듀이의 실용주의 교육은 모두 이 학교를 중심으로 이루어졌습니다.

사람이 사는 사회에는 많은 문제들이 있습니다. 사람들은 행복한 삶을 위해서 이런 문제들을 해결해야만 합니다. 그러나 하나의 문제를 해결하면 또 다른 문제가 생기기 마련입니다. 어쩌면 사람의 삶은 문제 해결의 연속인지도 모릅니다. 이렇게 문제를 해결해 나가는 과정이 사회 환경에 적응해 나가는 과정일 수도 있습니다. 사회 환경에 적응할 때까지 사람들은 많은 불안, 혼란, 고통 혹은 좌절을 겪습니다.

소피아 : 결국 학교는 환경 적응을 위한 교육의 장이 되어야 한다는 말씀이군요.

밀레니엄 : 그렇습니다. 실용주의자들은 교육이 어떤 사회에서나 환경 적응에 가장 중요한 요소리고 주장합니다. 특히 듀이는 교육의 중요성을 다른 실용주의 철학자보다 더 강조하였습니다. 듀이가 시카고에서 실험학교를 세우고 운영한 10여년은 미국의 교육 역사상 가장 창조적인 시기 중의 하나라고 할 정도입니다.

소피아 : 그런데 왜 듀이는 실험학교를 그만 두고 콜롬비아대학교로 갔나요?

밀레니엄 : 1896년 16명의 학생과 2명의 교사로 시작한 듀이의 실험학교는 1902년에는 학생이 150명, 교사가 43명까지 늘어났습니다. 1903년 듀이는 세 개의 학교를 흡수하여 시카고교육대학을 개교하고 자신이 교장이 되었습니다. 이때 듀이는 자신과 함께한 모든 교사와 직원을 유임시키고자 하였고, 이 문제로 학교와 마찰이 생겼습니다. 결국 듀이는 1904년 학교를 그만 두고 뉴욕으로 옮겨갔

습니다. 듀이가 뉴욕으로 가자 교사들도 모두 흩어지고 말았습니다. 결국 듀이의 실험학교는 폐쇄되고 말았습니다. 그러나 그 정신은 미국뿐 아니라 세계 전역으로 퍼져나갔고, 멕시코, 중국, 소련까지 듀이의 진보주의적인 사상과 정신을 이어받았습니다. 오늘날 우리나라의 대안학교도 듀이의 정신을 이어받은 예로 볼 수 있습니다.

Mr.밀레니엄의 이야기가 끝나고 존 듀이의 실험학교 개교식도 끝이 났다. 나는 다시 한 번 실험학교에서 뛰어 놀고 있는 아이들을 바라보았다. 우리는 모두 실험학교를 대안학교와 같은 관점에서 이해하고 있었다. 물론 듀이의 실험학교와 오늘날 우리나라에 있는 대안학교가 같은 것은 분명 아니다. 하지만 공교육의 단점 때문에 대안학교의 장점이 더 강하게 부각되었는지도 모른다.

존 듀이의 실험 후 이미 100년이 지났다. 하지만 '백년지대계百年之大計'를 이야기하는 우리의 교육은 여전히 100년 전보다 나을 것이 없다는 생각이 들자 조금 우울해졌다.

영원불멸의 것을 찾아서

5

후설 1859-1938 *Edmund Husserl*

나는 유대인입니다. 하지만 나는 루터교로 개종했습니다. 그래도 나치스당의 히틀러는 나를 미워했습니다. 왜 히틀러는 유대인을 미워했을까요? 여러분이 그 비밀을 풀어 주시기 바랍니다.

"필로스, 저 펄럭이는 깃발 좀 봐. 너한테 무엇인가 할 말이 있는 것 같지 않니?"

다음 강의실로 옮겨가는 길이 이제는 으레 역사적인 것과 연결되어 나의 몫이 되었다. 사실 나는 역사적인 사실보다는 이 건축물의 비밀에 더 관심이 있다. 어제까지만해도 우리가 있었던 성이 분명 같은 모양으로 설계된 부분이 있다고 생각했는데, 오늘은 지금까지의 어떤 성과도 닮은 점이 없다.

어쨌거나 성에 관한 비밀을 푸는 것은 다음으로 미루고 아이들이 가리키는 곳을 보았다. 내 눈에 가장 먼저 띤 것은 "비텐베르크 교회 입구"라는 팻말이었다. 팻말을 따라 천천히 걸어가자 교회가 나타났고, 교회 벽을 따라 대자보가 가득 붙어 있었다.

"뭐지? 도대체 무슨 뜻이야?"

"어, 이건 어느 나라 말이야?"

1. Dominus et magister noster Iesus Christus dicendo 'Penitentiam agite etc.' omnem vitam fidelium penitentiam esse voluit.

．
．
．

36. 진심으로 회개한다면, 그리스도교인은 죄와 벌에서 완전히 구원을 받을 것이다. 면죄부가 없다 하여도 구원은 이루어진다.

．
．
．

86. 교황은 서민보다 더 부자이다. 자신의 돈으로 교황청을 수리할 것이지, 가난한 신자의 돈으로 수리할 이유가 어디 있는가?

．
．
．

대자보는 모두 95개의 조항으로 나누어져 있었다. 그중 위의 세 가지가 눈에 띄었다.

"마틴 루터의 95개조 반박문이라는 거야."

"종교개혁을 일으킨 그 마틴 루터를 말하는 거야?"

"응. 루터는 1517년 10월 31일, 자신이 있던 독일의 비텐베르크 교회 벽에 당시 가톨릭교회의 문제점 95개를 라틴어로 적은 대자보를 만들어 붙였어. 며칠 후 다른 사람이 독일어로 다시 번역해서 붙였지만 말이야. 첫 번째 것은 라틴어야."

"너, 라틴어도 아니? 뭐라고 적혀 있어?"

"라틴어는 몰라. 하지만 그 내용은 알아. 루터는 1조에서, 예수는 그리스도교 신자에게 천국이 가까이 있으니 회개하라고 얘기한다고 말했어. 그리고 예수는 그리스도교 신자에게 평생 회개할 것을 원하고 있다고 말했어."

교황, 레오 10세는 로마의 교황청에 베드로 대성당을 신축하기 위해서 돈이 필요했습니다. 하지만 건축비를 구한다는 것이 결코 쉽지 않았습니다. 이때 테첼Johann Tetzel (1465~1519)이 면죄부라는 하나의 기발하고도 기이한 생각을 해냅니다. 물론 중세 로마 교회에서는 헌금을 받고 죄를 면해 주는 제도가 있었습니다. 이것은 로마 교회의 중요한 재원 중 하나였습니다. 십자군 전쟁 시절에는 헌금을 내고 면죄를 받는 미신까지 있을 정도였습니다. 특히 1476년 교황 식스토 4세는 죽은 사람에게까지 면죄부를 만들어 팔았습니다. 레오 10세의 부탁을 받은 독일 마인츠 대주교는 테첼을 시켜 독일의 그리스도교 신자들에게까지 면죄부를 팔고자 하였던 것입니다. 루터는 마인츠 대주교의 이런 행동에 불만을 품고 자신의 성당에 내사보를 붙이고, 그 내용을 알브레히트 마인츠 대주교에게 편지로 써서 보냈습니다.

"루터가 하고 싶었던 얘기는 예수 그리스도만을 믿는 사람들은 마음으로부터 우러나는 회개만이 진정한 구원의 길이지, 면죄부와 같은 것으로 신의 벌을 면할 수 있다는 안이한 생각은 하지 말라는 것이었어."

"그래, 소피아의 말이 맞아. 결국 루터는 당시 가톨릭교회의 부패와 면죄부에 대한 부당성을 알리려고 했던 거야. 이것이 발단이 되어 종교개혁으로 이어졌고, 오늘날 독일을 중심으로 북유럽에는 루터교를 국교로 정한 나라도 있고, 루터교를 믿는 사람들도 참 많아."

"이번 시간 우리가 다룰 철학자는 루터교와 관계가 있는 사람이겠구나."

"아무래도 그렇겠지?"

우리는 확실하지는 않지만 그런 생각을 하면서 강의실로 들어갔다.

"몇 시간이었는데, 마치 아주 오랜만에 여러분과 다시 만나게 된 것처럼 반갑군요."

제임스의 기자 회견, 듀이의 실험학교 개교식에 이어 Mr. 밀레니엄과 강의실에서 다시 만난 것이 왠지 반갑게 느껴졌다.

"이번 시간 우리가 이야기할 철학자는 지금 강의실의 모습을 보면 알겠지만, 현상학이란 학문을 처음 만든 후설입니다."

"강의실에는 아무 것도 없는데요? 그냥 빈 공간인데……."

구석구석 강의실을 둘러보았지만 역시 아무것도 없었다.

"바로 그것입니다. 처음에는 모든 것이 비어 있었겠죠. 새로운 학문을 창시한 사람은 이렇게 빈 공간에 무엇인가를 채웠을 것입니다."

"후설의 현상학과 루터교는 무슨 관계가 있죠?"

역시 소피아가 더 이상 참지 못하고 미션을 풀기 위한 질문을 던졌다.

후설은 지금의 체코인 프로스티츠에서 태어났습니다. 후설의 부모는 모두 유대인이었습니다. 독일과 오스트리아에서 수학과 철학을 배운 후설은 1916년부터 독일의 프라이부르크대학교에서 철학 교수를 지냈습니다. 후설은 철학의 한 분야인 현상학을 창시한 철학자로 유명합니다.

1887년 루터는 유대교에서 루터교로 개종하였습니다. 제1차 세계

대전이 발발하면서 후설의 우수한 제자들은 전쟁터로 나가야만 했습니다. 그중 많은 제자들이 다시 대학으로 돌아올 수 없었습니다. 후설은 이때 인생의 큰 비애를 느꼈다고 합니다. 후설의 두 번째 고통은 1933년부터 시작되었습니다. 여러분도 잘 알겠지만, 독일에서는 1933년 나치스당이 정권을 잡으면서 많은 유대인을 죽음으로 몰아갔습니다. 후설은 말년에 유대교를 버리고 루터교로 개종을 하였지만, 유대인이라는 이유로 나치스 당원으로부터 많은 고통을 겪었습니다.

"하지만 후설은 이에 굴하지 않고, 자신만의 철학 세계인 현상학을 완성시키기 위해 노력했습니다. 여러분, 현상이란 무엇일까요?"
"물리적 현상, 자연 현상이라고 할 때, 그 현상을 말하는 건가요?"
"그렇습니다. 그렇다면 현상학은 현상에 관한 학문이겠죠."
'…… 하지만 현상에 관한 학문이란 도대체 뭐지?'

'소피아가 필로스에게 나타났습니다' 혹은 '나비가 꽃에 나타났습니다'와 같이 '~이 ~에 나타나다'라고 할 때, 이 나타남이 곧 현상입니다. 하지만 후설은 현상을 인간의 의식에 나타나는 것, 즉 의식 현상만을 현상이라고 했습니다. 결국 후설에 있어서 의식 현상이란 '의식에 나타난 것' 혹은 '의식에 주어진 것'이란 뜻이 됩니다.

현상학이 현상에 관한 학문이라면, 현상학이 추구하는 탐구 대상은 결국 의식에 주어진 것입니다. 즉, 현상학은 의식에 주어진 것을 탐구하는 학문이 됩니다. 주어진 것을 탐구하는 학문이 현상학이라면, 주어지지 않은 것에 대한 탐구는 할 수 없는 것이 현상학입니다. 그렇다면 의식에 주어지지 않았다는 것은 무슨 뜻일까요? 우리는 지금까지 철학자들이 주어지지 않은 것을 있는 것으로 가정하거나 전제하는 것을 많이 보았습니다. 철학자들은 주어지지 않은 것을 증명하거나 논증하기 위해서 노력하였습니다. 하지만 아직 증명되거나 인식되지 않은 것을 마치 주어진 것처럼 가정하고, 그것을 실제로 주어진 것, 즉 가설로 이해하는 경우가 있었다는 것입니다.

"이렇게 주어지지 않은 것에 대한 가설이 많은 오류를 빚어낼 수 있다고 후설은 생각했습니다. 어떤 이론이 참다운 이론으로 평가받기 위해서는 주어지지 않은 것을 버리고 단지 주어진 것에 대한 탐구 영역으로 제한하면 이런 오류를 많이 줄일 수 있다고 후설은 보았습니다."

"그래서 현상을 탐구함으로써 자신의 철학의 출발점으로 삼겠다고 후설은 생각한 것이군요. 그런데 왜 경험주의자들의 생각처럼 감각 현상이 아니라 의식 현상이라고 말하는 거죠?"

"데카르트도 같은 생각을 했습니다만, 우리의 감각도 오류를 범할 수 있다고 후설은 생각했습니다. 감각을 통해 얻는 지식이나 인식은 사람에 따라 달라질 수 있습니다. 청각이나 시각과 같은 것을 예로 보면, 청력이 뛰어난 사람도 있고, 시력이 약한 사람도 있습니다. 이런 경우 감각을 통해 얻은 지식은 상대적일 수밖에 없습니다. 이런 상대적인 것을 후설은 부정하였던 것입니다. 그래서 후설은 감각 현상이 아닌 의식 현상을 중요하게 생각했습니다."

주어진 것, 주어지지 않은 것, 주어지지 않은 것을 주어진 것으로 가정하는 것…… 아, 머리가 아파오는 것 같다.

후설 현상학의 탐구 대상이 의식 현상이라면, 현상학은 '~이 의식에 주어진 것'임을 알 수 있습니다. 후설은 이 의식 현상이 두 가지로 우리에게 주어져 있다고 말합니다. '~이 의식에 주어져 있다'는 것은 두 가지 측면입니다. 즉, 의식에 작용하는 것은 무엇이며, 의식 내용은 무엇인가 하는 것입니다. 이것을 후설은 '노에시스^{noesis}', 즉 의식 작용과 '노에마^{noema}', 즉 의식 내용이라고 했습니다.

의식 작용과 의식 내용을 갖고 우리는 무엇을 해야 할까요? 한 가지 예를 들어 보도록 하겠습니다. 어떤 대상이 우리의 의식에 주어져 있습니다. 우리가 해야 할 일은 무엇일까요? 그렇습니다. 우리는 우리의 의식에 주어진 대상의 의미를 파악해야 합니다.

"그렇다면 현상학의 탐구 대상은 의식 작용과 의식 내용이라는 상관관계에 생겨난 것, 즉 '의미'가 되는군요."

"네, 그렇기 때문에 현상학은 감각에 주어진 어떤 사실 또는 사물 자체를 밝히는 사실 과학이 아니라, 그것이 갖고 있는 의미 혹은 그 의미의 근거를 밝히는 의미 현상의 학문입니다."

"조금은 알 것 같아요. 감각에 주어진 사실은 항상 변할 수 있다고 후설은 생각한 것이군요. 즉, 상대적이지만 사실이 갖고 있는 의미는 절대로 변하지 않는 영원불변의 절대적인 어떤 것이라고 생각한 거죠."

소피아의 깔끔한 마무리로 이번 시간도 끝이 났다.

"자, 이거."

"이게 뭐야? 빨간 장미꽃이네. 그런데 왜 이걸 나한테 주는 거야?"

"현상학은 사물이 아니라, 사물이 갖고 있는 의미라고 네가 그랬잖아."

"사물이 아니라, 의미? 그럼 빨간 장미꽃을 내게 준 것이 아니라, 빨간 장미꽃이 갖고 있는 의미를 내게 주었단 말이야?"

"……."

"고마워. 그런데 빨간 장미꽃이 갖고 있는 의미가 뭐지?"

'이런! 그렇게 어려운 철학은 술술 잘도 아는 애가, 빨간 장미꽃의 의미를 모른다고?'

나는 유대인입니다. 하지만 나는 가톨릭 신부가 내 장례를 집전
해 주기를 바랍니다. 물론 파리 대주교의 허락이 있어야겠죠.
만약 불가능하다면 유대교 랍비에게 내 장례를 부탁합니다.
물론 이때는 그 랍비에게 내가 가톨릭 장례 절차에 따라 장례가
치러지기를 원했다고 꼭 전해 주어야 합니다.

"파리다!"

"그런데 불타고 있어!"

한눈에 보아도 우리는 저 멀리서 불타는 곳이 파리임을 알 수 있었
다. 히틀러는 유럽 전역을 대상으로 제2차 세계대전을 일으켰다. 그리
고 1940년 6월 4일 독일군은 프랑스로부터 항복을 받았다. 당시에도

파리에 있는 많은 박물관에는 유명한 미술품이 수없이 많았다. 그리고 히틀러는 예술품, 특히 미술품 수집을 좋아했다. 하지만 프랑스 사람들은 독일군으로부터 미술품을 보호하기 위해 파리가 파괴되지 않도록 총력을 기울였고, 다행히 파리는 제2차 세계대전 때 아무 탈 없이 잘 보존되었다.

1940년 독일과 휴전 협정을 한 프랑스의 총리는 누구입니까?

"페탱입니다."

나는 자신 있게 대답하고 아이들과 함께 강의실로 들어갔다.

"페탱은 그 다음 어떻게 되었습니까?"

강의실에 들어서자 우리의 얘기를 듣기라도 한 듯이 Mr. 밀레니엄이 물었다.

"페탱은 그 후 친독일 정부를 수립하고 스스로 국가 주석이 되었습니다."

"그럼, 페탱 덕분에 파리가 파괴되지 않은 거네?"

소피아가 턱을 괴고 나에게 물었다.

"물론 페탱은 그렇게 말했지. 유구한 역사를 자랑하는 파리를 보호하기 위해서는 어떤 경우라도 파리에서 전투가 있어서는 안 된다고. 그렇게 생각한다면, 친독일 정부를 가장한 페탱의 파리 지키기 전략이라고도 할 수 있겠지. 하지만 프랑스 사람들은 전쟁이 끝나고 페탱을 독일군에 협력한 죄로 체포하여 종신금고형을 내렸어. 어쩌면 전쟁의 냉혹함 혹은 참혹함을 보여주는 것이라고 할 수 있겠지."

"어, 저건 뭐지?"

한참 이야기를 하고 있는데 한 아이가 어딘가를 가리키며 말했다. 그곳은 아주 좁은 아파트 복도였다. 어둡고 음산해 보이는 복도에서 나이트가운을 입은 한 할아버지가 운동을 하고 있었다. 한눈에 보아도 추위가 느껴지는 복도였다. 간간히 기침을 하는 할아버지는 잠시 쉬었다가 다시 운동을 하고, 다시 쉬고를 반복했다. 하지만 그 모습이 너무나 힘들어 보였다.

"너무 힘들어 보이는데 왜 저렇게 운동을 하고 있죠? 그냥 쉬는 것이 더 나을 것 같은데요."

"여러분, 류머티즘이 어떤 병인지 알죠?"

"그럼요. 관절이 아프고 서서히 굳어지는 병이죠."

"관절이 굳는데 가만히 있으면 어떻게 될까요?"

"아, 그럼 저 분은 바로 류머티즘에 걸린 환자군요."

"저 사람이 바로 그 유명한 프랑스의 철학자 베르그송입니다."

"베르그송이라고요?"

"그렇습니다. 바로 생生철학자 베르그송입니다."

"그런데 왜 생철학자라는 말을 하죠?"

아이들의 질문이 끊임없이 이어졌다.

20세기 전반, 유대인 출신의 유명한 과학자를 꼽으라면, 우리 모두는 아인슈타인을 꼽을 것입니다. 마찬가지로 베르그송은 유대인 출신의 유명한 철학자입니다. 유대계 폴란드 출신으로 제네바음악학교의 교수인 아버지와 영국인 어머니 사이에서 태어난 베르그송은 파리에서 자랐습니다. 철학을 전공한 베르그송은 1900년 콜레주 드 프랑스의 교수가 되었습니다. 국내외적으로 많은 활동을 하던 베르그송은 1924년 안타깝게도 류머티즘에 걸리고 말았습니다. 이후 그는 병마와 싸우면서 집필 활동에 매진하였습니다. 몸은 점점 굳어갔지만, 베르그송은 손가락에 힘을 주며 원고를 완성해갔습니다.

엎친 데 덮친 격으로 제2차 세계대전이 발발했습니다. 베르그송은 가족과 함께 잠시 시골로 피난하였지만, 1940년 휴전이 성립된 다음 다시 파리로 돌아왔습니다. 하지만 파리는 옛날의 파리가 아니었습니다. 식량과 땔감이 턱없이 부족했습니다. 베르그송에게 있어 추위는 너무나 지나친 고통이었습니다. 운동을 계속하라는 의사의 지시에 따라 베르그송은 추운 겨울 동안에도 복도에 나와서 운동을 하였습니다. 결국 베르그송은 감기와 폐렴으로 겨울을 넘기지 못하고 죽고 말았습니다. 이렇게 살다간 베르그송은 생물학적인 관점에서 철학을 연구하였습니다. 그래서 우리는 그를 생철학자라고 합니다.

중세 이후 과학이 발달하면서 철학에도 새로운 이론이 등장하기 시작했습니다. 과학적인 지식은 우리에게 객관적인 사실 혹은 근거를 제시해 줄 것을 요구합니다. 근대에 와서는 철학에도 이런 과학적인 근거를 가져와 객관적인 철학을 만들기 위한 철학자들의 노력이 이어졌습니다. 데카르트처럼 수학에서 출발한 철학자도 있으며, 영국의 경험론자들처럼 경험적인 사실을 바탕으로 철학을 하고자 했던 사람들도 있습니다. 이런 철학자들의 생각에 따라 베르그송은 철학에 생물학적인 관점을 적용시키려고 노력했습니다. 베르그송은 자신의 철학에서 생물학을 근거로 한 생명체의 현상뿐 아니라 의식 구조와 삶의 현실을 다루었기 때문에 그의 철학을 생철학이라고 하며, 그를 생철학자라고 부르게 된 것입니다.

"베르그송에서 보듯이 프랑스 철학자들의 특성은 이렇게 자신만의 독창성을 갖고 있는 것입니다."

"그러고 보니 데카르트도 그랬고, 파스칼, 콩트도 그랬군요."

"음, 필로스가 강의 시간에 배운 것을 잘 기억하고 있군요. 베르그송은 이렇게 자신만의 독창적인 철학을 하였기 때문에 그와 비슷한 생각을 가진 철학자는 베르그송 전에도 없었고, 이후에도 나타나지 않았습니다."

"그러고 보니 영국에는 경험론자들이 있었고, 독일에는 관념론자들이 있었는데, 프랑스에는 없구나."

소피아가 Mr. 밀레니엄의 이야기를 듣고 혼잣말을 했다.

"베르그송은 그의 생철학을 《창조적 진화》라는 저서 속에서 설명하고 있습니다. 지구상에 있는 모든 생명체는 진화를 거듭하고 있습니다. 진화뿐 아니라 변천과 발전을 거듭하고 있으며, 인간도 예외는 아닙니다. 인간은 어떻게 진화, 발전하고 있을까요?"

"유인원에서의 진화, 발전을 묻는 것은…… 아니죠?"

"네, 필로스. 베르그송은 단세포, 다세포, 척추동물, 인간 순으로 진화, 발전하는 것을 묻고 있는 것은 아닙니다."

"그렇다면 인간은 어떻게 진화하고 발전하나요?"

"베르그송은 인간적 삶의 본질은 정신적 창조라고 했습니다."

"정신적 창조요?"

베르그송은《창조적 신화》에서 생명 진화에 대한 지금까지의 과학자와 철학자의 입장에 대해서 비판을 가합니다. 과학자들은 대부분 생명은 어떤 물질적인 것에서 진화되었다고 주장하고, 철학자들은 물질과 정신을 함께 얘기합니다. 철학자마다 조금씩 다르지만 어떤 철학자는 과학자처럼 물질적인 것에서 진화되었다고 주장하는 사람도 있습니다. 이런 철학자를 우리는 유물론자라고 합니다. 반대로 정신에서 진화되었다고 주장하는 사람도 있습니다. 이런 사람을 우리는 유심론자라고 합니다.

최초의 물질은 그럼 어디에서 진화되었느냐는 질문에 유물론자들이나 과학자는 처음부터 물질이 있었다고 할 것입니다. 하지만 유심론자들은 정신에서 진화하여 최초의 물질이 되었다고 주장할 것입니다. 인간의 지성은 어떻습니까? 물질일까요? 아니면 정신일까요? 베르그송은 인간의 지성을 인간 생명의 한 부분으로 보았습니다. 그럼 한 부분인 지성으로 인간 생명 전체를 파악할 수 있을까요?

"아니요. 부분으로는 전체를 파악할 수 없죠."

"그래서 베르그송은 유물론자의 입장에서도, 유심론자의 입장에서도 생명 전체를 파악할 수 없다고 보았습니다."

"지성은 생명의 일부이고, 생명은 정신인지 물질인지 모르기 때문에 생명의 일부인 지성 역시 물질인지 정신이지 모른다는 얘기군요."

"결과적으로 베르그송은 정신적 창조로서의 인간 지성은 생명의 본질도 아니며, 인간의 의식이나 정신의 구조에도 맞지 않다고 주장했습니다. 그리고 세계의 본질은 생명의 창조적 진화에 바탕을 두고 있다고 하였습니다. 이렇게 베르그송은 유물론적 입장과 유심론적인 입장을 비판하고, 인간 지성과 생명이 하나가 된 진정한 진화론, 생명의 본질, 혹은 삶의 본질이라는 생철학을 창조적 진화의 바탕 위에 형성하고자 했던 것입니다."

"그렇다면 이번 시간의 미션과 베르그송의 생철학과는 어떤 관계가 있는 거죠?"

소피아도 우리도 여전히 미션을 해결하지 못하고 있었다.

베르그송은 《창조적 진화》에서 정신과 물질을 동시에 비판하고 자신의 생철학을 창조적 진화라고 표현했습니다. 종교에서는 여러분도 잘 알고 있는 것처럼 진화를 인정하지 않습니다. 하나님의 창조만이 존재하죠. 베르그송은 유대인입니다. 그런데 베르그송은 유언장에서 자신을 가톨릭 장례 절차에 따라 장례를 치러달라고 했습니다. 베르그송의 부인은 남편의 유언을 받아들여 베르그송의 친구인 신부님에게 장례 의식을 치러줄 것을 부탁했습니다. 그리고 베르그송의 장례는 가톨릭 장례 의식에 따라 치러졌습니다. 이러한 베르그송의 행동을 두고 많은 학자들은 서로 다른 의견을 내놓을 수 있을 것입니다. 베르그송의 학문과 종교는 별개다, 결국 그의 학문도 종교로 귀의했다 등등.

여러분은 어떻게 생각하십니까?

변화하는 모든 것의
과정에 대하여

7

화이트헤드 1861-1947 *Whitehead*

신사의 나라 영국. 왜 영국은 신사의 나라일까요?
그 이유를 밝혀 주시기 바랍니다.

아직 나의 의문은 풀리지 않았다. 여전히 강의실로 가는 길은 지금까지 한 번도 가보지 못한 길이다. 지금까지 6개의 성을 보았고, 그 성들 중에는 같은 길을 지나야 만날 수 있는 성들이 있었다. 하지만 오늘 우리가 있는 이 성은 지금까지와는 전혀 다른 새로운 형태의 성이다.

"필로스, 저기 군인들과 간호사들 보이니? 부상병이 많은 모양이야."

그제야 나는 정신이 번쩍 들었다.

"아, 미안! 내가 잠시 다른 생각을 했어. 아, 아마도 크림전쟁 당시의 모습인 것 같아."

가장 오랜 기간인 64년 동안 영국을 다스린 빅토리아 여왕은 1837년 18살의 나이로 영국의 왕이 되었습니다. 빅토리아 여왕은 의회민주정치를 바탕으로 중산층의 성장을 도왔으며, 대지주 귀족들과도 좋은 관계를 유지하였습니다. 이런 빅토리아 여왕의 정치 역량은 사회적인 분위기로 이어졌습니다. 빅토리아 여왕은 영국 사람들에게 도덕과 윤리를 중시 여기고 체면을 존중하는 사회적인 분위기를 만들었습니다. 이것이 오늘날 우리가 영국을 '신사의 나라'라고 부르는 계기가 되었습니다.

크림 전쟁을 빛낸 사람이며, 세계 적십자 창설에 기틀을 마련한 영국의 간호사는 누구입니까?

"프랑스와 영국 사이에서 일어난 백년 전쟁의 영웅이 잔 다르크라면, 영국과 러시아 사이에서 일어난 크림전쟁의 영웅은 당연히 나이팅게일이지."

빅토리아 여왕 시절, 영국의 국외 사정이 항상 좋은 것만은 아니었습니다. 인도에서는 세포이[sepoy] 반란이 일어났으며, 영국군은 프랑스와 함께 크림전쟁에 참여하기도 했습니다. 나이팅게일은 간호사로 구성된 의무병을 이끌고 크림반도에 도착하여 부상 입은 연합군을 치료하는 데 온 정성을 쏟았습니다. 나이팅게일의 이런 헌신적인 노력으로 훗날 적십자 운동의 계기가 마련되었습니다. 영국과 프랑스가 크림전쟁에서 승리하자 러시아는 지중해 진출에 실패하였습니다. 하지만 크림전쟁의 승리로 빅토리아 여왕은 영국의 영광으로 상징되고 있는 위대한 빅토리아 시대를 열 수 있었습니다.

"이번 시간 여러분과 함께 이야기할 철학자는 영국의 수학자 화이트헤드입니다."

강의실에 들어서자마자 Mr.밀레니엄이 우리 쪽은 쳐다보지도 않은 채 급하게 말을 하고는 다시 고개를 돌려 한 곳을 바라보았다. 그곳에서는 중학생으로 보이는 학생들의 열띤 축구 시합이 열리고 있었다.

"저 학생이 화이트헤드인가요?"

나는 유난히 눈에 띄는 학생을 가리키며 물었다.

"아, 네, 네. 저 학생이 바로 축구부 주장 화이트헤드입니다."

"철학자, 아니 수학자가 축구부 주장을 했다고요?"

우리의 질문이 계속되자 그제야 Mr.밀레니엄은 아쉽다는 듯 축구경기장에서 눈을 뗐다.

영국이 위대한 빅토리아 시절을 맞이하고 있던 시기에 영국이 자랑하는 철학자 화이트헤드가 램즈게이트에서 태어났습니다. 화이트헤드의 집안은 목사와 교장을 여럿 배출한 명문가였습니다. 물론 화이트헤드의 아버지도 교장 선생님이었습니다. 중고등학교 시절 화이트헤드는 워즈워스의 시와, 낭만주의 문학을 대표하는 괴기소설《프랑켄슈타인》을 즐겨 읽었습니다. 특히 화이트헤드는 역사를 좋아하였습니다. 뿐만 아니라 축구도 아주 좋아해 축구부 주장까지 지냈습니다. 케임브리지대학교를 졸업한 화이트헤드는 바로 그 대학의 수학 교수가 되었습니다. 이후 그는 여러 대학교에서 수학과 논리학을 가르치며 영국 수학 발전에 많은 공을 세웠습니다. 화이트헤드의 명성이 높아지자 하버드대학교에서는 화이트헤드를 초빙하였습니다. 미국에 온 화이트헤드는 수학을 바탕으로 한 새로운 학문에 관심을 갖게 되었습니다.

"그래서 화이트헤드는 철학자가 되었군요?"

"그렇습니다. 화이트헤드는 수학을 바탕으로 철학을 연구하였습니다. 그리고 그는 과정 철학이라는 새로운 학문의 장을 열었습니다."

"과정 철학이요?"

철학은 왜 이렇게 종류도 많담?

"미국 하버드대학교에서 철학을 연구한 화이트헤드는 1929년《과정과 실재》라는 유명한 저서를 남깁니다. 화이트헤드는 스스로 이 책의 내용을 유기체 철학이라고 했습니다. 하지만 많은 사람들은 이 책의 제목처럼 그의 새로운 철학을 과정 철학이라고 하였습니다. 자, 여러분, 모두 저기를 자세히 보세요."

Mr. 밀레니엄이 가리키는 곳에는 잘 정돈된 책꽂이가 하나 보였다.

"저 책꽂이를 여러분들은 어떻게 표현하고 싶습니까? 정돈된 책꽂이? 아니면 질서 있는 책꽂이?"

"정돈된 책꽂이요."

"그럼 저것은요?"

"음, 질서 있는 행동?"

Mr. 밀레니엄이 가리킨 또 다른 곳에서는 사람들이 버스를 기다리며 질서 있게 서 있었다.

화이트헤드의 과정 철학을 한마디로 설명하기는 어렵지만, 과정 철학에서 가장 중요한 것은 질서입니다. 이 세상에 존재하는 물건들은 함부로 놓여 있을까요? 아니면 어떤 질서에 따라 필요한 곳에, 적당한 시간에 존재할까요?

화이트헤드는 이 세상의 모든 대상들은 이 세계가 허락하는 범위 안에서만 존재한다고 했습니다. 이렇게 이 세계가 허락하는 범위 안에서 대상이 존재하는 것을 화이트헤드는 질서라고 했답니다. 하지만 모든 대상이 다 질서를 갖고 있는 것은 아닙니다. 우리는 우리 주변에 나타나는 것을 중심으로 질서를 지키는 사람, 혹은 질서를 지키지 않는 사람을 나누어 질서를 이야기합니다. 이것을 화이트헤드는 '현실적 존재'라고 했습니다. 즉, 현실적 존재란 우리가 관찰할 수 있는 존재를 말합니다. 그리고 이러한 현실적 존재가 모여 우리가 살고 있는 공동체인 사회를 만드는 것입니다.

"그렇다면 가정도 현실적 존재인가요?"

"그렇습니다. 가정도, 사회도, 그리고 국가도 현실적 존재이죠. 그리고 이런 현실적 존재가 계속적으로 새로운 질서를 만들어낸다고 화이트헤드는 말했습니다."

"그럼 가정이 모여 사회를 이루고, 사회가 모여 국가를 이루고, 국가가 모여 세계를 이루는 것을 새로운 질서라고 본 거군요."

소피아의 질문과 Mr.밀레니엄의 대답에 우리는 화이트헤드가 이야기하고자 하는 새로운 질서에 대해서 쉽게 이해할 수 있었다.

"현실적 존재가 계속적으로 현실적 존재를 만들어 낸다면, 혼자만 존재하는 현실적 존재는 없는 건가요?"

"한 가지 예를 들어 보겠습니다. 가정이 사회가 되고, 사회가 국가가 되는 것도 좋은 예이긴 합니다만, 이런 것은 어떨까요? 우리는 밥을 먹습니다. 이 밥은 위에서 소화가 되어 다양한 영양소로 나누어져 피를 타고 공급됩니다. 이렇게 공급된 영양소로 우리의 키가 큽니다. 혹은, 우리는 초등학교 때부터 읽기를 배웁니다. 한글을 깨우친 우리는 많은 책을 읽습니다. 그것을 바탕으로 우리는 많은 지식을 습득합니다. 많은 지식을 쌓은 우리는 사회에 많은 공헌을 하게 될 것입니다."

"이야기를 듣고 보니 모든 현실적 존재는 혼자 남는 것이 불가능하군요."

"그렇죠. 여러분도 그렇게 생각하죠? 이렇게 현실적 존재는 결코 혼자 있을 수 없습니다. 자 그럼, 여러분이 지금 보고 있는 책은 변할까요? 변하지 않을까요? 필로스의 생각은 어떻습니까?"

"언젠가는 변하겠지만 지금은 변하지 않죠."

"소피아 역시 지금은 변하지 않는 것처럼 보이나요?"

"변하지 않는 것처럼 보이지만 실제로는 아주 조금씩이라도 변하고 있겠죠."

소피아와 나의 생각은 조금 달랐다. 소피아의 말을 듣고 보니 이 세상에 모든 것은 아무리 조금이지만 분명히 변하고 있다. 우리가 그런 변화를 눈치 채지 못할 뿐.

"우리의 눈에 보이지 않는 것은 어떨까요? 예를 들어서 우주의 질서나 세계의 질서 같은 것 말입니다. 그런 것은 변할까요? 아니면 변하지 않을까요?"

"문제는 그런 질서가 정말 있느냐는 것 아닌가요? 세계 질서나 우주 질서 같은 것이 정말 있나요?"

"아주 좋은 질문입니다. 사실 화이트헤드는 우리가 모르는 우주 질서나 세계 질서와 같은 것은 생각하지 말고, 우리가 경험하는 것만 생각하자고 했습니다. 그래서 화이트헤드는 '경험적인 모든 것은 변한다'라고 현상적인 존재의 질서에 한계를 두었습니다."

나는 Mr. 밀레니엄의 질문보다도 세계 질서나 우주 질서와 같은 것이 정말 있는지가 더 궁금했다.

화이트헤드는 이렇게 이 세상에 존재하는 현실적 존재가 계속 변한다는 것은 이 세상에는 어떠한 완전한 현실적 존재도 없다는 뜻이라고 생각했습니다. 즉, 모든 물질은 완전을 향하여 끊임없이 변하고 있습니다. 우리가 경험할 수 있는 모든 대상은 이렇게 끊임없는 생몰 현상을 계속하고 있는 것입니다. 이렇게 끊임없이 생몰 현상을 계속하고 있는 모든 현실적 존재는 완전을 향해 변해가는 하나의 과정에 놓여 있습니다. 화이트헤드는 이렇게 모든 현실적 존재는 변하는 과정 속에 있다고 보았습니다.

"아하, 그래서 사람들은 화이트헤드가 유기체 철학이라고 말한 것을 과정 철학이라고 했군요."

"네, 필로스의 말이 맞습니다. 이렇게 이 세상에 있는 모든 물건, 즉 유기체들은 눈에 보이지 않고 변화하지 않는 것처럼 보이지만 끊임없이 변화를 하고 있습니다. 바로 이런 화이트헤드의 생각을 우리는 '모든 유기체는 변화하는 과정 속에 있다'는 의미에서 과정 철학이라고 한답니다."

Mr. 밀레니엄은 화이트헤드의 과정 철학에 대해서 설명을 마치고는 휴, 하고 한 숨을 쉬었다. 화이트헤드의 과정 철학이 결코 쉽지 않은 철학이라는 것을 그렇게 표현한 것 같다.

"필로스, 너 뭐하니?"

"나? 지금 과정에 있어."

"무슨 과정?"

"어른이 되는 과정."

"글쎄, 너의 지금 행동은 어른이 되는 과정이 아니라, 오히려 어린이로 퇴화하는 것으로 보인다."

"진화가 아니라 퇴화?"

"그래, 퇴화."

"소피아, 그럼 진화와 과정은 어떻게 다르니?"

"……."

아침에 먹다 남은 우유를 빨대로 빨아 먹는 나를 보고 소피아는 어른이 되어가는 과정이 아니라, 오히려 어린이로 퇴화되고 있는 것 같다고 말했다. 청소년에서 어린이로 되는 것은 과정이 아닌가 뭐?

말이 주는 충격에 놀라다

8

비트겐슈타인 1889 1951

둥근 사각형의 비밀을 밝혀 주시오.

풀어야 할 비밀도 참 많다. 별 탈 없이 이 성에서 빠져나갈 수 있을지 모르겠다. 매 시간 참 많은 미션을 해결하였는데 이건 또 무슨 뚱딴지같은 소리야? 둥근 사각형이라니. 둥근 사각형이 머릿속에 그려지긴 해?

"와, 아름답다! 정말 멋있다. 마치 미니 오케스트라 같아."
정말 황홀할 정도로 아름다운 음악이 우리의 길을 가로 막았다.
"아니, 9중주단이야."
"어, 저 사람은 독일의 낭만주의를 대표하는 브람스^{Johannes Brahms(1833-1897)}
아니니?"

"그래, 맞아 브람스가 9중주단을 지휘하고 있어."

"왜 브람스가 9중주단을 지휘하고 있는 거지?"

"저들은 비트겐슈타인의 가족들이야."

"철학자 비트겐슈타인?"

비트겐슈타인의 할아버지는 독일의 북부 작센 지방에서 양털을 파는 상인이었습니다. 유대인인 할아버지는 빈으로 이사 온 후 가톨릭으로 개종하였습니다. 개성이 강했던 비트겐슈타인의 아버지는 17살 때, 전통 방식의 교육을 거부하고 미국으로 도망을 갔습니다. 다시 빈으로 돌아온 아버지는 공학 교육을 받은 후, 철강 회사 사장이 되어 많은 돈을 벌었습니다. 가톨릭을 믿었던 비트겐슈타인의 어머니는 은행가의 딸로 빈에서 태어났습니다. 비트겐슈타인의 어머니는 음악에 재능이 있었습니다. 네 명의 형과 세 명의 누이와 함께 자란 비트겐슈타인의 가정은 항상 음악이 넘쳐흘렀습니다. 브람스는 비트겐슈타인의 집안과 아주 친하게 지내며 집으로도 자주 방문하였습니다. 훗날 비트겐슈타인의 형은 유명한 피아니스트가 되었습니다.

"뒷부분은 아마도 내가 해야겠죠. 소피아가 말한 것처럼 이번 시간에는 비트겐슈타인의 철학을 이야기해 보도록 하겠습니다."

언제부터 함께 걸어왔는지 Mr. 밀레니엄이 우리 곁에 서 있었다.

"철학자 대부분이 특이한 삶을 살았지만, 비트겐슈타인은 누구 못지않게 특이한 삶을 살았습니다. 여러분, 저기, 저것을 보십시오."

Mr. 밀레니엄이 가리키는 곳에서는 중학생 정도의 어린 학생이 과외 공부를 하고 있었다. 비트겐슈타인은 14살 때부터 엄격한 과외를 받고 자랐다고 한다. 그리고 베를린에서는 기계 공학을 전공했다고 한다.

사람들은 비트겐슈타인의 철학을 분석철학이라고 합니다. 분석철학은 철학의 어떤 문제를 연구할 때, 언어의 작용을 특히 중요하게 생각하는 것입니다. 즉, 언어 분석을 통하여 철학의 문제를 해결하려는 방법이 곧 분석철학입니다. 이 분석철학의 시작은 영국의 경험주의 철학자인 버클리와 흄에서부터 시작되었습니다.

철학은 주로 언어로 설명됩니다. 이때 언어의 표현이나 언어가 가리키는 의미가 명확하지 못하면 안 되겠죠? 그렇기 때문에 철학에서 언어 분석이란 아주 중요한 작업입니다. 비트겐슈타인은 이런 점에서 언어 분석의 중요성을 강조하였습니다. 이것을 오늘날 우리는 분석철학이라고 합니다. 여러분도 잘 알겠지만, 언어는 단어로 이루어져 있습니다. 그리고 이 단어는 무엇을 나타내는 어떤 의미를 갖고 있습니다. 우리는 단어가 가리키는 것을 배움으로써 언어를 배웁니다. 단어는 이름입니다. 그리고 언어를 배운다는 것은 모든 단어들이 가리키는 것을 배우는 것입니다.

"그렇다면 무엇을 가리키지 않는 단어는 단어일까요, 아닐까요?"
"선생님의 설명에 따르면, 단어라고 할 수 없겠죠?"
소피아가 자신 없는 목소리로 말했다.

533

"그렇습니다. 비트겐슈타인은 무엇을 가리키지 않는 단어는 단어가 아니고, 단지 소리라고 했습니다. 예를 들면 추상 명사가 그런 경우겠죠. 영혼, 자아, 힘과 같은 것 말입니다. 왜냐하면 영혼, 자아, 그리고 힘과 같은 것은 실험하거나 관찰할 수 없기 때문입니다."

여러분 앞에 책, 책상, 연필이 있습니다. 이런 단어들은 이름입니다. 그리고 그것이 가리키는 어떤 것도 있습니다. 이런 경우 책, 책상, 연필은 의미가 있으며 분명히 이름이 있습니다. 그럼 어떻게 이런 이름들이 지어질까요?

내가 "내 왼쪽에 있는 책은 파랗다"라고 말했습니다. '내 왼쪽에 있는 책'은 하나의 개별적인 책을 가리키며 이름이 생겼습니다. 그리고 나는 그 개별적인 책이 가리키는 사실에서 그 책이 파랗다는 사실을 알았습니다. 이 사실은 다시 '내 왼쪽에 있는 책'은 주어로, '파랗다'는 술어로 정리할 수 있습니다. 이렇게 해서 주어진 대상을 중심으로 이름이 지어지는 것이랍니다. 그런데 만약 내가 "둥근 사각형은 존재한다"고 말했다고 가정해 봅시다. 이것이 바로 오늘의 미션이죠. 여러분은 어떻게 생각하십니까? 이런 문장이 가능할까요? "내 왼쪽에 있는 책은 파랗다"와 마찬가지로 "둥근 사각형은 존재한다"는 문장도 주어와 술어를 나누어 볼 수 있습니다. 즉, '둥근 사각형'은 주어이며, '존재한다'는 술어일 것입니다. 그런데 우리는 '둥근 사각형'을 주어라고 말할 수 있을까요? '내 왼쪽에 있는 책'은 분명 대상으로 존재하는 것이기 때문에 주어이며 이름 지어질 수 있습니다. 하지만 '둥근 사각형'은 존

재하는 대상이 아니기 때문에 주어라고 말할 수 없으며, 이름 지어질
수 없습니다. 존재하지 않는 것은 이름 지을 수 없으며, 무의미하기 때
문입니다. 즉, 이름은 '무엇'에 이름을 붙이는 것입니다. 만약 그 무엇
이 없다면 우리는 이름을 지을 수 없을 것입니다.

"이제 단어는 이름이고, 언어를 배운다는 것은 모든 단어들이 가리
키는 것을 배운다는 것의 의미를 이해하겠죠? 이런 내용을 비트겐슈타
인은 그의 주저 《논리철학논고》에서 다루고 있습니다."

Mr. 밀레니엄의 설명은 계속되었다.

제1차 세계대전 때 오스트리아군에 자원입대한 비트겐슈타인은 군
복무 기간 동안 계속 책을 썼습니다. 공교롭게도 비트겐슈타인은 1918
년 11월 이탈리아 군에게 잡혀 포로가 되었을 때, 이 책의 집필을 완성
했습니다. 물론 그는 이 책을 바로 출판하고 싶었지만, 수용소에서 풀
려 나올 때까지는 출판을 늦추어야만 했습니다. 다음해 수용소에서 풀
려난 비트겐슈타인은 빈Wien에서 이 책을 출판하였습니다. 이 책은 80
쪽 정도의 아주 얇은 책이지만 영향력은 대단했습니다.

비트겐슈타인은 《논리철학논고》에서 "말로 표현할 수 있는 것은 명
확하게 말로 표현할 수 있어야 하며, 말로 표현할 수 없는 것에 대해서
는 침묵하라"고 하였습니다. 비트겐슈타인은 말로 표현할 수 없거나
말로 표현되지 않는 답에는 그에 대한 질문도 말로 표현될 수 없다고
말합니다. 즉, 말로 표현된 질문에는 말로 표현되는 답이 있다는 뜻입

니다. 그래서 비트겐슈타인은 수수께끼는 존재하지 않는다고 했습니다. 수수께끼에는 말로 표현될 수 없는 답이 있습니다. 그렇기 때문에 질문도 말로 표현될 수 없다는 것이죠. 즉, 조금이라도 형식에 맞지 않는다거나 틀이 잡히지 않은 질문에는 답이 없다는 것입니다.

"결국 비트겐슈타인은 단어나 이름에 의미를 주는 것을 가장 중요하게 생각했군요."

"단어나 이름에 의미를 두고자 했던 이유는 결국 문장을 위한 것입니다."

"문장이요?"

Mr. 밀레니엄이 엄지와 중지를 부딪쳐 '딱' 소리를 내자, 강의실 천장에서 그림들이 내려오기 시작했다. 가난한 오스트리아 예술가들에게 돈을 기부하는 비트겐슈타인, 자원입대한 비트겐슈타인이 오스트리아 포병에게 기부하는 모습, 제1차 세계대전 때 이탈리아 군인에게 포로가 된 비트겐슈타인, 음악에 심취해 있는 비트겐슈타인, 초등학교 교사 생활을 하는 비트겐슈타인 등등. 그중에서도 가장 특이한 그림은 오두막에서 공부를 하고 있는 비트겐슈타인의 모습이었다.

"비트겐슈타인은 논리학에 많은 관심을 갖고 집중적으로 논리학을 공부해 보고 싶었습니다. 그래서 비트겐슈타인은 노르웨이에 있는 오두막으로 가서 논리학만 공부했다고 합니다."

Mr. 밀레니엄은 비트겐슈타인의 그림 이론을 설명하기 위해서 많은 그림을 준비하였다. 비트겐슈타인은 자신의 과제는 문장들의 본성을 설명하는 것이라고 했다. 단어들이 모여 문장을 이루며, 내가 문장을 어떻게 만드느냐에 따라 문장이 우리에게 주는 의미는 달라진다. 비트겐슈타인은 한 문장은 하나의 그림으로 표현될 수 있다고 했다. 즉, 한 문장이 한 장의 그림처럼 이해되는 것이 아니라, 한 문장이 곧 한 장의 그림이라는 것이다.

"그렇다면 천장에 매달려 있는 저 그림과 '비트겐슈타인이 논리학을 공부한다'는 문장은 같다는 말이군요."

Mr.밀레니엄의 말을 정리하면, 비트겐슈타인은 말로 표현될 수 있을 때만 답도 있기 때문에, 답이 있을 때만 질문이 있을 수 있다고 본 것이다. 비트겐슈타인에 따르면 이렇게 언어는 모든 대상을 그대로 보여준다. 그렇기 때문에 그림과 문장은 수학의 '='처럼 꼭 같은 것을 보여준다는 것이다.

강의실을 빠져나가는 우리 중 어떤 누구도 말을 하지 않았다. 말로 표현할 수 없는 것은 침묵을 지키라는 비트겐슈타인의 주장을 모두 잘 실천하고 있는 것 같았다. 그렇다고 정말 조용히 나갈 내가 아니잖아?

"소피아, 사자의 몸에 사람의 얼굴을 한 괴물이 무엇일까?"

"……."

음, 소피아는 비트겐슈타인의 주장처럼 수수께끼란 존재하지 않기 때문에 말을 안 하는 걸까? 아니면 내가 던진 수수께끼에 대한 이름이 없어서 안 하는 걸까?

철학적 신앙으로 존재 파악하기

야스퍼스 1883-1969

**부인의 목숨과 개인의 명예 중
당신은 무엇을 지키겠습니까?**

언어와 수수께끼, 단어와 그림, 생소하기만 하던 비트겐슈타인의 철학을 접한 우리는 어떤 말이고 함부로 해서는 안 되겠다는 생각에 조용히 다음 강의실로 옮겨갔다.

"어, 또 기념식장으로 가는 길이야."

"기념식장? 그런데 날짜가 좀 이상하다."

아이들이 LCD판에 나타난 기념식에 관한 내용을 보고 웅성거렸다.

야스퍼스 탄생 100주년 기념식

일시 : 1983. 2. 23

장소 : 하이델베르크대학교 Alte Universität(Old University) 대강당

 우리는 안내에 따라 강의실로 들어갔다. 우리가 자리한 곳은 사진에
서만 보던 하이델베르크대학교의 올드 유니버시티 대강당이었다.

"야스퍼스 탄생 100주년을 맞이하여 이 자리를 찾아 준 여러분께 하이델베르크대학교 전 식구를 대신하여 총장인 제가 먼저 감사드립니다. 제2차 세계대전 이후 독일의 모든 대학들은 여러 면에서 어려움을 겪고 있었습니다. 우리 하이델베르크대학교도 예외는 아니었습니다. 야스퍼스는 이런 어려운 시절 총장으로 선출되어 많은 업적을 남겼습니다. 야스퍼스의 헌신적인 노력과 희생으로 우리 하이델베르크대학교는 오늘과 같은 영광을 안게 되었습니다."

"야스퍼스가 하이델베르크대학교 총장을 지냈구나."

"그런데 이곳 정말 멋있다. 저기 저 그림하며, 이 책상하며…… 정말 멋져!"

"이번 시간에는 여기서 수업을 듣게 되나봐."

기념사가 진행되는 동안, 아이들이 소곤소곤 이야기를 주고받았다. 기념사가 끝나자 세계 석학들의 야스퍼스 철학에 관한 연구 논문 발표가 이어졌다. 거기에는 Mr. 밀레니엄도 있었다.

독일이 낳은 실존주의 철학의 대가 야스퍼스는 독일의 서부 올덴부르크에서 태어났습니다. 그의 아버지는 주지사와 은행장을 지낸 법률가였습니다. 그리고 그의 어머니는 온화하고 성실한 현모양처였다고 합니다. 야스퍼스는 두 사람 사이에서 아주 연약하게 태어났습니다.

야스퍼스의 아버지는 야스퍼스가 자신의 뒤를 이어 법률가가 되기를 원했습니다. 아버지의 뜻에 따라 야스퍼스는 하이델베르크대학교 법학과에 입학하였습니다. 하지만 그는 법학에 아무런 흥미도 느끼지 못했습니다. 결국 야스퍼스는 전공을 바꾸어 의학과 심리학을 공부하여 25살에 의사가 되었습니다. 하지만 의사가 된 야스퍼스는 의학보다 철학에 더 많은 관심이 있었고, 그래서 다시 철학을 공부하게 되었습니다. 의학, 심리학, 법학, 철학을 전공한 야스퍼스는 38살에 하이델베르크대학교 철학과 교수가 되었습니다.

의사가 되기 전 야스퍼스는 한 여자를 사랑하게 되었습니다. 법학에 흥미를 못 느낀 야스퍼스가 의학을 공부한 이유는 고질적인 자신의 병 때문이었습니다. 어릴 때부터 협심증과 천식으로 시달리던 야스퍼스는 약한 자신에 대해서 깊은 열등감과 절망감에 빠져 있었고, 스스로 의사가 되어 자신의 병을 고치려고 하였습니다. 바로 그때 여자 친구를 만난 것입니다. 여자 친구는 야스퍼스에게 큰 힘이 되었습니다. 여자 친구의 도움으로 야스퍼스의 삶에는 새로운 변화가 일어났고, 두 사람은 마침내 결혼하였습니다.

"이런 아름다운 두 사람의 삶에 생각하지도 못했던 일이 생겼습니다."

"무슨 일이 생겼는데요?"

"나치스의 등장입니다."

"히틀러의 나치스를 말하는 건가요?"

"네, 그렇습니다. 히틀러의 나치스가 등장하면서 야스퍼스의 삶과 가정에 큰 변화가 생겼습니다."

나는 지금이 논문 발표 시간이라는 사실도 잊고 평소처럼 Mr. 밀레니엄에게 궁금한 것을 물었다.

여러분은 히틀러가 제2차 세계대전 중 저지른 가장 잔혹한 일이 무엇인지 알고 계시겠죠? 그렇습니다. 바로 유대인 학살입니다. 히틀러는 왜 그렇게 유대인을 미워하며 학살하였을까요?

오스트리아에서 일반 공무원의 아들로 태어난 히틀러는 예술 방면에 많은 관심을 갖고 있었기 때문에 빈wien예술학교에 입학하였습니다. 히틀러는 특히 인종학에 관심을 갖고 많은 연구를 하였습니다.

여러분은 아리안족에 대해서 알고 있습니까? 카스피해와 힌두쿠시 산맥 사이의 이란고원에 사는 민족이 사용하였던 언어가 바로 아리안입니다. 그리고 그런 언어를 사용하는 사람도 아리안이라고 불렸습니다. 이렇게 언어와 인종이 혼동을 일으키는 경우는 종종 있습니다. 그리고 나치스는 이런 문제를 정치적인 문제로 쟁점화 시켰습니다. 히틀러를 중심으로 한 나치스는 아리안을 언어가 아닌 인종에 국한하여 사용했습니다. 즉, 히틀러는 독일을 중심으로 한 게르만족이야 말로 위대한 아리안족이며, 아리안족은 장신에 금발과 파란 눈을 가진 영웅적인 인종이라고 주장하였습니다. 그렇기 때문에 히틀러는 이러한 아리안족으로 분류되는 독일 민족의 우수성을 지켜야 한다고 믿었습니다. 이런 우수한 인종이 다른 민족과 결합한다는 것은 절대로 있어서는 안 되는 일이라고 히틀러는 생각했습니다. 특히 유대인과 독일 민족이 피를 섞는다는 것을 히틀러는 상상도 할 수 없었습니다. 히틀러가 그렇게 많은 유대인을 학살한 이유 중에 하나가 바로 이런 위대한 아리안족의 순수성을 지키기 위한 것이었습니다.

"왜 하필이면 유대인입니까?"

"왜 유대인과 아리안족은 함께 해서는 안 되는 거죠?"

"히틀러가 가입한 나치스당은 철저한 독일민족주의자들의 모임이었습니다. 그들은 유대인은 예수를 부정한 아주 나쁜 민족이라고 가르쳤습니다. 이후 이 당은 민족사회주의자^Nationalsozialist의 일부 글자를 따 '나치^Nazi당' 혹은 복수형으로 '나치스^Nazis당'이라고 불렸습니다. 이런 가르침을 받고 1933년 수상이 된 히틀러는 한 걸음 더 나아가 그리스도교까지 부정하였습니다."

"히틀러의 유대인 핍박과 야스퍼스는 어떤 관계가 있죠?"

"절대적인 관계가 있습니다. 바로 야스퍼스를 그렇게 극진히 보살핀 그의 부인이 바로 유대인이었습니다."

소피아는 이제야 알겠다는 듯 고개를 끄덕였다.

히틀러가 독일의 수상이 되고 나치스당이 기승을 부리던 1933년, 50세의 나이였던 야스퍼스는 하이델베르크대학의 철학과 교수였습니다. 당시 히틀러는 독일의 학자들과 지성인을 나치스당에 가입하도록 협박하였지만 야스퍼스는 끝까지 그들의 요구에 응하지 않았습니다. 야스퍼스의 거친 반항에 나치스당은 야스퍼스에게 그의 유대인 부인과 이혼할 것을 강요하였습니다. 여러분은 야스퍼스가 왜 이혼이라는 협박을 당했는지 알 수 있겠죠? 야스퍼스가 이혼하는 순간 그의 부인은 독일 국민의 자격을 박탈당하게 됩니다. 야스퍼스가 이혼을 하지 않는 한 나치스당에서도 야스퍼스의 부인을 유대인 수용소로 끌고 갈 수 없는 것입니다. 이렇게 야스퍼스가 자신의 의지를 굽히지 않자 나치스당에서는 야스퍼스의 부인이 유대인이라는 이유로 야스퍼스의 교수직을 박탈하였습니다. 야스퍼스의 시련은 그것으로 끝나지 않았습니다. 교수직을 박탈한 나치스당은 조직적이고도 지속적으로 야스퍼스에게 이혼을 강요하였습니다. 야스퍼스의 뜻을 굽힐 수 없다는 사실을 안 나치스당은 1945년 최후통첩을 보내왔습니다. 그를 강제로 나치스당에 가입시키겠다는 것이었습니다. 다행히도 곧 연합군이 하이델베르크를 점령함으로써 야스퍼스는 나치스에 가입하지 않아도 되었습니다.

실존이란, 개인이 전쟁 등과 같은 상황을 통하여 겪는 자신만의 실제적인 체험인 불안, 고독, 그리고 절망과 같은 것입니다. 1933년부터 1945년까지 야스퍼스에게 가해진 고통은 외로움과 절망적인 경험 그 자체였습니다. 이 시기 야스퍼스만의 실존 철학이 형성되었습니다.

야스퍼스는 자신의 실존 철학을 '있음'과 '있는 것'으로 나누어 설명합니다. '있음'이란 곧 존재를 말하며, '있는 것'이란 존재자를 뜻합니다. 컴퓨터, 핸드폰, 텔레비전, 나무, 사람 등과 같이 존재자란 어떤 물질로서 실재 세계에 있는 모든 것을 말합니다. 이런 개별적인 존재자를 야스퍼스는 현재 존재한다는 뜻으로 '현존재'라고 하였습니다. 이런 현존재는 하나의 물건일 뿐 존재는 아닙니다. 야스퍼스에 있어서 존재란 어떤 특정한 개체나 존재자를 의미하는 것이 아니라 '존재 자체'를 말하는 것입니다. 그럼 존재란 무엇일까요?

야스퍼스는 개개의 존재자가 있도록 해 주는 것을 존재라고 했습니다. 즉, 존재는 모든 존재자가 있게 하는 원인과 이유가 됩니다. 그러므로 존재 자체는 개개의 물체처럼 우리 앞에 주어져 있지 않습니다. 존재 자체는 대상이 아니며, 가려져 있고 숨어있습니다. 그렇기 때문에 존재 자체는 누구든지 알 수 있는 것이 아닙니다. 대상으로 나타나는 것도 아니며, 가려져 있고, 숨어 있는 이 존재 자체는 그럼 무엇일까요? 야스퍼스는 이 존재 자체를 이해하고 파악할 때마다 우리는 한계에 부딪친다고 보았습니다. 야스퍼스는 존재 자체를 이해하고 파악하기 위해서는 신앙이 필요하다고 하였습니다. 그러나 이때의 신앙은 종교적인 신앙이 아니라 철학적인 신앙입니다.

"신앙은 믿는 것이잖아요? 그렇다면 존재가 있다는 것을 믿어야 하나요?"

"하지만 종교에서 말하는 믿는다는 것과는 다릅니다. 종교에서 믿는다는 것은 신을 믿는 것입니다. 하지만 야스퍼스의 철학적 신앙은 철학을 위해 존재가 있다는 것을 믿는 것이기 때문에 종교의 믿음과 철학적 믿음은 다른 것이랍니다."

"그럼 야스퍼스가 이야기하는 철학적 신앙은 존재가 있다는 것을 믿는다는 뜻이군요. 종교인이 신의 존재를 믿는 것으로 충분한 것처럼 존재가 있다는 것을 믿는 것으로 충분하다는 것이 야스퍼스의 생각이군요."

소피아는 철학적 신앙과 종교적인 신앙의 차이를 정확히 구별하고 있는 것 같았다. 나는? 글쎄.

야스퍼스의 눈에 비친 나치스는 우리 앞에 놓여 있는 물건과 같은 존재자에 불과합니다. 야스퍼스는 이렇게 감각으로 확인할 수 있는 대상보다 그 대상 뒤에 있는 존재를 파악하려고 했습니다. 즉, 일상적인 삶이 아니라 실존적인 삶을 통하여 현재 일어나고 있는 모든 일을 본질적으로 파악하려고 한 것입니다. 이것은 곧 존재자를 파악하지 않고 존재 자체를 파악하려했던 야스퍼스의 철학적 신앙이 있었기 때문에 가능했던 것입니다. 야스퍼스가 12년 동안이나 나치스로부터 받은 고통과 절망감 속에서도 굳건하게 부인과 이혼하지 않았을 뿐 아니라 나치스에 가입하지 않고도 버틸 수 있었던 힘은 바로 이런 것이었습니다. 야스퍼스는 감각으로 파악할 수 있는 존재자나 현존재보다 존재 자체가 있다는 것을 철학적으로 믿었기 때문에 가능했던 것이랍니다.

"저 건물이 바로 제2차 세계대전이 끝나고 지어진 뉴 유니버시티라는 건물입니다."

우리가 야스퍼스 탄생 100주년 기념식을 한 곳은 올드 유니버시티라는 건물이었다. 하이델베르크대학교의 총장은 그 건물 바로 앞에 있는 건물을 가리키며 이야기했다. 그 건물 전면 벽에 새겨진 "살아 있는 정신"이라는 뚜렷한 글귀가 하이델베르크대학교가 무엇을 지향하는지 알려주는 듯했다.

"야스퍼스는 전쟁이 끝나고 바로 하이델베르크대학교 총장이 되어 전후 복구 사업에 힘썼습니다. 총장으로서 나의 선배라고 할 수 있죠."

하이델베르크대학교 철학과에서 1948년 정년퇴임한 야스퍼스는 스위스 바젤대학교 철학과로 초빙되어 갔다고 한다. 어릴 때부터 잦은 병으로 30살 전에 죽을 것이라는 의사의 진단에도 불구하고 야스퍼스는 86살까지 파란만장한 삶을 살았다. 야스퍼스의 외롭고, 절망적인 실존을 상상하며 우리는 야스퍼스 탄생 100주년 기념식이 끝나가는 모습을 지켜보고 있었다.

불안과 근심의 신^神,
인간을 빚다

하이데거 1889-1876

어떤 신이 진흙으로 사람 모양을 빚은 다음, 영혼의 신에게 부탁하여 영혼이 있는 움직이는 사람으로 만들었습니다.

이렇게 만들어진 사람을 놓고 진흙으로 만든 신, 진흙을 준 신, 그리고 영혼을 준 신, 이렇게 세 명의 신이 각자 그 사람을 자신의 소유라고 주장하였습니다. 세 명의 신은 심판관을 찾아가 판결을 부탁했습니다.

여러분이 심판관이 되어 좋은 판결을 내려 주시기 바랍니다.

"어느 나라 신화에서 사람을 저렇게 만들었다고 했을까?"

"글쎄, 그리스 신화인가?"

그리스 로마 신화에는 인간 창조에 대한 이야기들이 많이 나온다. 아마도 그중 하나인 것 같다.

"모두들 저것을 봐!"

한 아이의 말에 소리가 나는 쪽을 돌아본 우리는 모두 너무 놀라 입을 다물지 못했다. 그곳에서는 신으로 보이는 거대한 조물주가 진흙을 빚어 사람의 모양을 만드는 모습, 그 사람에게 영혼을 불어넣어 주는 또 다른 신, 그리고 그 두 신이 사람을 놓고 서로 다투고 있는 모습이 보였다.

독일의 실존주의 철학자 중에서 불안과 근심에 관한 이야기를 한 철학자는 누구입니까?

"하이데거입니다."

우리 중에 어떤 누구도 소피아를 따를 만큼 철학적인 지식을 갖고 있는 사람은 없었다. 소피아의 대답으로 강의실 문을 열고 들어선 우리는 다시 한 번 기겁을 했다. 강의실 한가운데에는 제2차 세계대전을 일으킨 히틀러가 많은 서류를 놓고 결재를 하고 있는 모습이 보였다. 히틀러는 그중 한 장의 결재 서류를 들고 주위의 참모들과 이야기를 나누고 있었다. 우리가 들어가자 히틀러의 바로 옆 책상에 앉아있던 Mr. 밀레니엄이 반갑게 우리를 맞으며 일어섰다.

"하이데거는 독일의 실존주의 철학자로 잘 알려져 있습니다. 그리고 그의 실존 개념은 강의실을 들어오기 위한 퀴즈에서도 나온 것처럼 근심과 불안에 관한 것입니다."

우리의 놀람에도 불구하고 Mr. 밀레니엄은 아무렇지 않게 히틀러의 주변을 돌아다니며 하이데거의 생애에 대한 설명을 시작했다.

하이데거는 독일 서남부 고원 지대인 슈바르츠발트에 있는 메스키르히라는 조그마한 도시에서 태어났습니다. 슈바르츠발트는 숲이 너무 많아 낮에도 어둡다 하여 검은 숲^{黑林}이라고 불립니다.

포도주 통을 만드는 장인이었던 하이데거의 아버지는 성당에서 여러 가지 일을 도와주고 있었습니다. 그리고 어머니는 전형적인 가정주부였습니다. 종종 아버지를 따라가서 일을 돕기도 한 하이데거는 수영, 스케이트, 축구 등에서 뛰어난 솜씨를 발휘한 스포츠 소년이었습니다. 아버지의 영향을 받은 하이데거는 신부가 되기 위해서 신학을 전공하였습니다. 하지만 철학을 배우기 시작하면서 신학을 그만두고 수학, 자연과학, 역사 등에 관심을 갖게 되었습니다. 이후 하이데거는 프라이부르크대학교에서 후설의 제자로 활동을 시작하면서 유명한 철학자가 되었습니다.

야스퍼스는 존재와 존재자를 구별하였습니다. 우리가 경험적으로 인식하는 책, 연필과 같은 것은 모두 존재자, 즉 현존재이며, 그 현존재가 있게 해주는 것을 존재 혹은 존재 자체라고 말합니다. 이런 관점에서 볼 때, 이 존재의 문제는 오래전부터 철학의 주제임에 틀림없습니다. 중세 철학에서는 신이 존재를 대신했습니다. 근세 철학에서는 자연 과학의 대상으로 존재가 바뀌었으며, 신의 문제는 철학에서는 더 이상 다루지 않았습니다. 실존주의 철학에서는 존재를 인간의 세계 즉, 인간의 삶의 문제로 다시 보기 시작했습니다. 인간의 삶이 곧 세계의 중심이란 뜻이죠. 결국 철학의 주제가 인간의 삶으로 바뀐 것이라고 하여도 무방합니다. 하이데거 역시 존재를 인간적인 삶의 바탕으로, 어떻게 그것을 밝히는가를 중요하게 생각했습니다.

우리는 사회 내지 국가적인 공간 속에서 살고 있습니다. 그렇다면 우리의 삶 혹은 인간의 현실이라 할 수 있는 현존재는 이 공간 속에 한정되어 있을까요? 아니면 이 공간을 넘어 한계가 없을까요?

"하이데거가 문제 삼은 존재는 바로 이런 것이었습니다. 여러분의 생각은 어떻습니까? 인간의 현실을 포함한 모든 현존재는 그들이 있는 공간에 한정되어 있을까요?"

"아니오. 하지만, 잘은 모르겠어요."

소피아의 대답은 정직했다. 나 역시 현존재는 우리가 살고 있는 사회라는 공간 영역에 한정되어 있는 것이 아니라는 생각은 했지만, 더 이상은 알 수 없었다.

"하이데거는 그래서 시간의 문제를 중요하게 생각했습니다."

"그래서 존재와 시간이 함께 나오는군요. 그런데 어떻게 시간의 문제를 존재의 문제와 연결시켜 설명했죠?"

소피아는 '모르는 것은 반드시 알게 될 때까지!'라는 모토를 가지고 사는 아이 같다.

인간의 삶을 포함한 모든 현존재는 사회 혹은 국가라는 사회적인 공간에 한정되어 있지 않습니다. 현존재는 시간과 역사적인 차원으로 자신의 삶을 넓혀나가는 것이 불가피합니다. 인간의 현실 혹은 인간의 삶이 속해 있는 공간에는 그들의 역사성까지 포함되어 있습니다. 이런 삶의 역사성 혹은 현존재의 역사성을 하이데거는 시간이라고 했습니다. 그럼 이 시간은 무엇으로 인간의 삶이라는 현존재를 알게 해 주는 것일까요?

철학의 주제는 결국 존재라고 했습니다. 인간뿐 아니라 식물과 동물에도 존재가 있습니다. 하지만 존재에 대해서 알고 있는 것은 인간뿐이라고 하이데거는 생각했습니다. 이렇게 인간은 존재의 문제에 대해서 알기 때문에 스스로 그 존재를 밝히려고 합니다. 이것을 하이데거는 "인간은 자기 자각을 하는 존재"라고 한 것입니다.

"현존재란 무엇이죠?"

"하이데거는 세계 속에 내던져진 존재라고 했습니다. 한자로는 '피투성被投性'이라고 합니다."

"만약 현존재가 세계 속에 내던져진 존재라면 어떤 목적이나 뜻이 있어서 태어난 것이 아니라, 그냥 태어났다는 뜻이잖아요?"

"그렇습니다. 하이데거는 그렇게 표현하고 있습니다. 현존재는 자기 주변에 있는, 현존재를 둘러싸고 있는 모든 것에 관심을 갖게 되는 것이랍니다."

현존재가 자신을 둘러싸고 있는 모든 것에 관심을 갖는 것은 자신을 주위의 모든 것에 던져 알아보려는 것이라고 하이데거는 생각했습니다. 이것을 하이데거는 '기투성企投性'이라고 부릅니다. 이렇게 세계에 던져진 인간으로서 현존재가 자신의 주위에 관심을 갖고 본래적인 자신으로 되돌아가는 존재 방식이 곧 '실존'입니다.

하이데거는 현존재인 인간에게는 세 가지 존재 구조가 있다고 말합니다. 현존재는 세계에 던져진 존재로 현재 여기에 있지만 주변에 관심을 갖고 앞질러 자신을 그곳에 던집니다. 예를 들어 수업을 받고 있는 우리는 현재 여기 던져진 현존재입니다. 그 현존재는 수업이 끝나는 상황이나 집에 돌아간 상황을 앞질러 설정합니다. 그리고 그것을 바탕으로 현재 우리는 행복의 미소를 짓는 것이죠. 이러한 것을 하이데거는 '시간성'이라고 했습니다. 이런 시간성의 문제는 우리가 일반적으로 말하는 과거, 현재, 미래와는 다르다는 것을 잘 알 것입니다. 이런 시간성의 문제 때문에 현존재의 현재의 모습이 구체적으로 나타난 것입니다.

"그렇다면 왜 인간으로서 현존재는 주변에 관심을 갖고 기투를 할 수밖에 없나요?"

"소피아의 질문이 바로 오늘 우리의 미션과 관계가 있을 것 같군요. 그것은 바로 불안 때문입니다. 하이데거는 그의 책 《존재와 시간》에서 인간의 탄생에 관한 예를 신화에서 찾아 설명하고 있습니다."

불안과 근심의 신 쿠라Cura가 우연히 진흙을 발견하고, 그 진흙으로 사람을 빚었습니다. 그 다음 그 사람을 데리고 유피테르Jupiter를 찾아가서 영혼을 불어넣어 달라고 부탁했습니다. 이렇게 해서 사람이 태어났습니다. 유피테르는 사람의 행동이 마음에 들었습니다. 유피테르는 쿠라에게 자신이 영혼을 불어 넣었으니, 사람은 자신의 것이라고 돌려달라고 했습니다. 이것을 본 땅의 신인 텔루스Tellus는 자신의 몸의 일부인 흙으로 인간을 빚었기 때문에, 인간은 자신의 것이라고 우겼습니다. 하지만 쿠라는 자신이 빚었기 때문에 인간은 자신의 소유물이라고 주장합니다. 결국 세 명의 신은 시간의 신인 사투른Sturn을 찾아가서 공정한 판정을 부탁하였습니다. 사투른은 다음과 같이 판정하였습니다.

"이 사람이 죽으면 재료인 흙은 텔루스가 갖고, 영혼은 유피테르가 다시 빼앗아 가면 됩니다. 하지만 살아 있는 동안은 인간을 만든 신인 쿠라와 함께 살면 좋겠습니다."

"결국 사람은 불안과 근심의 신인 쿠라와 함께 살아야 하기 때문에 살아 있는 동안은 불안과 근심에서 벗어 날 수 없다는 얘기군요."
"하이데거는 인간이 불안하고 근심에 둘러싸인 존재라는 것을 이 신화를 통해 이야기하고 있습니다."
"인간의 불안과 근심의 궁극적인 원인은 뭘까요?"
"그것은 죽음입니다."

인간이 불안과 근심의 신과 함께 산다고 표현한 하이데거의 생각은 인간이라는 현존재가 갖고 있는 존재론적인 불안을 설명하기 위한 것

입니다. 인간이 아무리 양심적이고 도덕적으로 산다고 해도, 때에 따라서는 헛된 노력일 수도 있다고 하이데거는 생각했습니다. '피투성'인 인간이 죽음이라는 것을 '기투'하게 되면 인간의 모든 것은 허무해지고 만다는 것이 하이데거의 생각이었습니다. 하지만 인간은 자신의 결단을 믿고 주변의 어떤 것도 회피하지 않고 사는 노력을 끊임없이 해야만 하는 현존재임에는 틀림이 없습니다.

"1933년 하이데거는 히틀러가 서명한 프라이부르크대학교 총장 임명장을 받았습니다. 바로 지금 이 모습입니다."

Mr. 밀레니엄은 히틀러의 손에 있는 임명장을 장난스럽게 툭 건드렸다. 야스퍼스는 히틀러 당원이 되지 않으려고 나치스의 협박에 시달렸다. 하지만 하이데거는 히틀러가 서명한 총장 임명장을 받고, 국방의 의무, 노동의 의무, 지식의 의무 등 세 가지 의무를 강조하는 연설을 하였다. 이런 하이데거의 행동을 보고 많은 사람들이 야스퍼스와 비교하여 나치스 동조자라고 비판하기도 한다. 하지만 하이데거는 극단적인 국수주의자나 히틀러의 인종차별정책에 동조하지는 않았다고 한다. 하이데거가 히틀러로부터 총장 임명장을 받은 이유는 나치스를 통해서 독일의 부흥을 꾀하고자 했던 최선의 선택이었음을 이제는 모두 알고 있다.

"그들이 한 일이 정말 옳은 것이었을까?"
"무슨 말이야?"
"일제하에 친일파들 말이야."

"음, 모든 것은 역사가 말해주겠지."

하이데거의 총장 임명장과 히틀러에 관한 이야기를 듣는 순간, 갑자기 친일파라는 단어가 생각났다. 하지만 소피아는 자신의 의견보다는 역사라는 시간에 맡기자고 했다. 역시 존재와 시간의 문제는 많은 것을 함축하고 있는 걸까?

신이 없는 세상에서
자유롭게 살기

사르트르 1905-1980

신이 있으면 우리의 행동은 자유로울까요?
아니면 부자유스러울까요? 현명한 판단을 내려주십시오.

인간에게 육체를 준 신, 인간에게 정신을 준 신, 그리고 인간을 만든 신. 인간은 어떤 신이 가져야 할까? 신이 인간을 갖는다는 것은 인간이 신에게 예속되어 있다는 뜻이겠지? 그렇다면 인간의 행동은 자유롭지 못하고 어떤 무엇에 구속되어 있을까?

한참을 이런저런 생각을 하며 걷는데 갑자기 시끄러운 소리가 들려왔다.

"프랑스 사람들이여 단결합시다! 나치스에 대항하여 우리는 끝까지 싸워야 합니다. 우리는 결국 승리할 것입니다. 애국 동지 여러분, 단결하십시오! 자유 프랑스 만세! 지금까지 런던에서 드골이었습니다."

라디오가 부족하던 시절, 시골에서는 이장님이 동네 사람들이 모두 라디오를 들을 수 있게 동네 여기저기에 유선 스피커를 연결시켰다고 한다. 강의실로 가는 길에 놓인 수많은 유선 스피커들에서 드골의 생생한 목소리가 흘러나왔다.

"드골 장군은 제2차 세계대전 당시 아주 유명했던 프랑스 장군이잖아. 이번 시간과 무슨 관계가 있지?"

"글쎄, 그건 소피아 네가 해결해야 할 문제 같은데."

드골과 철학자, 어떤 관계가 있는지 모르겠다. 하지만 드골은 프랑스 현대사에 빼놓을 수 없는 군인임과 동시에 정치가임에는 틀림없다.

제2차 세계대전이 발발하고, 프랑스의 페탱은 유서 깊은 파리를 전쟁의 포화에서 지킨다는 명목으로 독일에 항복하였습니다. 그러나 독일에 도저히 굴복하지 못한 장군이 있었습니다. 그 사람이 바로 드골 Charles de Gaulle(1890~1970)입니다. 프랑스가 히틀러에 항복하고 내각이 해체된 이틀 후인 1941년 6월 18일, 드골은 영국으로 망명하였습니다. 드골은 런던에서 라디오를 통해 "자유 프랑스"를 외치면서 프랑스 국민들에게 단합할 것을 호소하였습니다. 이후 드골은 히틀러의 나치스에 맞서 싸우는 프랑스의 상징이 되었습니다. 드골은 런던에서 자유 프랑스군을 조직하여 연합군에 가담하였습니다. 뿐만 아니라 드골은 프랑스 내의 레지스탕스 세력을 결집하기 위해서 무척 노력하였습니다. 1943년 연합군이 북아프리카를 해방하자, 드골은 알제리에 프랑스국민해방위원회를 조직하였습니다. 다음 해 드골은 이 위원회를 프랑스 임시 정부로 바꾸어 스스로 총리가 되었습니다.

1944년 6월 6일 미국의 아이젠하워가 연합군을 이끌고 노르망디 상륙 작전을 성공시키면서 프랑스는 독일의 히틀러로부터 해방되었습니다. 1944년 8월 25일 파리 해방과 함께 드골은 영웅 대접을 받으면서 파리로 돌아와 전후 프랑스 재건에 힘썼습니다. 1958년, 드골은 프랑스 대통령으로 당선되었습니다.

행동하는 철학자로 잘 알려진 프랑스의 실존주의 철학자는 누구입니까?

"사르트르입니다."

"Mr. 밀레니엄, 드골과 사르트르는 무슨 관계가 있죠?"

"필로스는 성격이 매우 급하군요. 잠시 숨 좀 돌리고 시작하면 안 될까요?"

강의실로 들어서자마자 질문을 던지는 나에게 Mr. 밀레니엄이 살짝 미소를 지으며 말했다.

프랑스 현대사의 뿌리는 아마도 1871년 독일과의 전쟁에서부터 살펴보아야 할 것 같습니다. 나폴레옹 3세가 독일과의 전쟁에서 포로로 잡힌 이후 프랑스는 제2차 세계대전이 끝날 때까지 숨 막히는 혁명, 투쟁, 그리고 전쟁의 연속이었습니다. 무엇보다도 제2차 세계대전 당시 프랑스 레지스탕스의 투쟁과 활동은 사람들로 하여금 손에 땀을 쥐게 하였습니다. 여러분도 이런 레지스탕스를 다룬 영화를 많이 보았을 겁니다. 그들의 삶은 우리나라 독립군의 삶만큼이나 긴장과 불안의 연속이었을 것입니다. 무엇보다 레지스탕스는 나치스를 비롯한 적을 피해 다녀야 했습니다. 물론 그들은 누가 적인지 알지 못했기 때문에, 그들이 만나는 모든 사람에 대해 경계를 늦출 수 없었습니다. 바로 이런 레지스탕스 생활을 했던 프랑스의 대표적인 철학자가 바로 사르트르입니다.

"사르트르가 레지스탕스 출신이라고요?"
우리는 놀라지 않을 수 없었다. 하지만 나는 그 순간 사르트르가 왜 실존주의 철학자였는지 알 것 같았다. 실존철학이 보여주는 고독과 절망, 그리고 레지스탕스가 겪은 고독과 절망. 둘이 아주 잘 어울리는 것 같잖아?
"더 재미있는 사실은 슈바이처 박사가 사르트르의 외가 쪽 친척이라는 것입니다. 즉, 사르트르의 어머니와 슈바이처 박사는 사촌 간이었습니다."

1952년 노벨평화상을 받았고, 오르간을 너무 좋아하였으며, 아프리카로 건너가 환자를 위해 자신의 삶을 바쳐 "세계의 위인" 혹은 "밀림의 성자" 등의 별명을 갖고 있는 독일에서 태어난 프랑스 의사, 슈바이처^{Albert Schweitzer(1875~1965)}는 사르트르 어머니의 사촌 동생이었습니다.

사르트르는 파리에서 태어났습니다. 아버지는 해군 장교였지만, 사르트르가 2살 때 돌아가셨습니다. 사르트르는 외할아버지와 함께 살다가, 어머니가 재혼하면서 어머니와 함께 살게 되었습니다.

파리사범대학을 졸업한 사르트르는 병역 의무를 마치고 고등학교에서 철학을 가르쳤습니다. 그리고 1933년 히틀러가 독일의 수상이 된 해, 잠시 독일 베를린대학교에서 철학을 공부하였습니다. 제2차 세계대전이 발발하자 34살의 사르트르는 프랑스 육군에 다시 입대하였습니다. 1940년 독일군에게 포로로 잡혀 1년간 포로수용소 생활을 하였으나, 수용소에서 탈출하여 레지스탕스에 가입해 프랑스를 위해서 활동하였습니다.

제2차 세계대전이 끝난 후 사르트르는 공산주의에 깊은 관심을 갖고, 쿠바의 카스트로를 방문하기도 하였습니다. 하지만 사르트르는 공산주의에 더 이상 빠져들지 않았습니다. 특히 러시아의 스탈린이 헝가리의 자유 운동을 탄압하기 위해서 1956년 헝가리를 공격하자 사르트르는 누구보다 격렬하게 러시아를 반대하는 데모와 비판을 하였습니다. 이후 사르트르는 "행동하는 철학자"라는 별명을 얻었습니다. 이렇게 사르트르 스스로 체험하고 경험한 외로웠던 삶과 절망적인 삶이 그의 실존 철학에 남아 있습니다.

사르트르의 철학은 무엇보다도 데카르트의 철학적 생각에서 시작합니다. 데카르트가 인간의 생각을 중요하게 생각한 것처럼 사르트르도 생각을 중요하게 여겼습니다. 인간이 생각을 할 수 있는 것은 자유 때문입니다. 사람은 항상 자유롭게 생각을 할 수 있습니다. 하지만 사람의 행동은 어떨까요? 사르트르는 인간은 항상 자유롭게 행동한다고 말합니다. 하지만 여러분은 정말 언제나 자유롭게 행동합니까? 우리에게는 도덕이나 규율이라는 것이 있습니다. 사람들은 이 도덕이나 규율에 따라 행동에 제약을 받습니다. 하지만 사르트르는 분명 인간의 행동에는 자유가 있다고 말하고 있습니다.

"신이 있다는 것, 사람이 신의 뜻에 따라 산다는 것, 이 모든 것은 사람의 자유가 아니라 신의 자유대로 사람이 사는 것입니다. 그러므로 신이 있는 한 사람의 자유는 없습니다. 그러나 사람은 아주 자유로운 생활을 하고 있습니다."

"그렇다면 사르트르는 신이 없기 때문에, 인간의 행동에 자유가 있다고 한 건가요?"

"자, 사르트르의 생각을 삼단논법으로 정리해 볼까요?"

Mr. 밀레니엄이 칠판으로 다가가 무언가를 적었다.

> 대전제 : 신이 있으면 나는 자유롭지 못하다.
>
> 소전제 : 나는 자유롭다.
>
> 결론 : 그러므로 신은 없다.

"왜 사르트르는 신이 없다는 결론을 내렸죠?"

"전쟁이라는 공포와 포로수용소라는 절망적인 상황 속에서, 그리고 레지스탕스라는 불안 속에서, 사르트르는 무엇을 생각했을까요?"

"당연히 자유겠죠."

우리는 모두 자유라는 말을 하고 난 다음에야, 사르트르의 생각을 이해할 수 있었다.

사르트르가 포로수용소 생활과 레지스탕스 활동을 하면서 유일하게 생각한 것은 자유였을 것입니다. 사르트르에게 자유는 신이 있고, 없고의 문제보다 더 현실적이고 절실했을 것입니다. 그렇기 때문에 사르트르는 자신의 실존 철학에서 신의 문제를 다루고 있습니다. 그렇다고 사르트르가 신이 없다는 것을 증명하려고 노력한 것은 아닙니다. 사르트르는 단지 신이 있어도 이 세상에 아무런 변화도 주지 못하고, 도움도 되지 않는다는 것을 증명하려 했을 뿐입니다. 아마도 사르트르는 포로 생활과 레지스탕스 생활을 하면서 신이 어떤 변화를 주기를 기대했는지도 모릅니다. 하지만 어떤 변화도 일어나지 않았다고 사르트르는 생각한 것 같습니다. 그러므로 사르트르의 실존 철학에서 신은 존재하지 않으며, 신이 있고, 없고 하는 문제 자체가 성립되지 않는다는 것입니다.

"사르트르는 신이 있다는 것을 증명할 수 있는 어떤 증거도 없다고 보았습니다. 이러한 확신을 가진 사르트르는 신이 있다고 믿으며 부자유스럽게 사는 것보다, 신이 없다고 생각하고 자유로운 삶을 사는 것이 더 좋다고 본 것 같습니다."

"사르트르는 결국 구속을 싫어한 것이군요."

"사르트르는 구속을 아주 싫어했습니다. 사르트르의 실존 철학에서 나타나는 고독과 절망은 포로나 레지스탕스 생활을 하면서 얻은 구속 때문이라고 생각됩니다. 구속을 싫어하는 그의 모습은 1964년 노벨문학상을 거절한 것으로도 잘 알 수 있습니다."

"결혼 생활도 마찬가지였잖아요."

"소피아는 사르트르의 결혼 생활에 대해서도 알고 있나 보죠?"

"그럼요. 아주 유명했잖아요."

사르트르는 24살에 여자 친구 보부아르^{Simone de Beauvoir(1908~1989)}를 만났습니다. 하지만 두 사람은 평생 결혼은 하지 않고 부부처럼 함께 살았습니다. 이것을 우리는 계약 결혼이라고 합니다. 즉, 두 사람은 서로를 부부라고 생각하고 주위의 다른 사람들도 두 사람이 부부라는 것을 인정해줍니다. 그러나 두 사람은 결혼을 하지 않았기 때문에 항상 헤어질 수 있습니다. 하지만 이 두 사람은 죽을 때까지 헤어지지 않고 살았습니다. 이런 삶을 산 사르트르의 고독과 절망은 구속받지 않고 자유롭게 살고 싶어 하는 사람의 욕망을 잘 보여준 예라 할 수 있습니다.

"필로스, 구속과 자유, 어느 쪽이 더 편할까?"

"물론 구속이지."

"왜?"

"자유에는 그만큼 책임이 따르는 거니까."

"구속에는 그만큼 규제가 따르잖아."

나의 질문에 소피아와 나는 서로 자신의 입장만 확인했을 뿐 답은 얻지 못했다. 구속과 자유, 과연 무엇이 더 좋은 것일까?

언어 해체하기

12

데리다 1930-2004

> 말이 먼저 생겼을까요? 글이 먼저 생겼을까요?
> 여러분의 현명한 판단을 기다립니다.

　다음 강의실로 가는 이 길, 어디에선가 본 길이다. 이곳에 온 이후 분명 여러 번 본 길이었다. 아니 어쩌면 우리는 같은 길을 계속 걷고 있었는지도 모른다. 우리가 헤어날 수 없는 미로 같은 성 속에 갇혀서 다람쥐 쳇바퀴 돌듯 계속 돌고 있는지도. 하지만 상관없다. 나는 이제 이곳이 좋아졌고, 언젠가는 나갈 테니까.

　"말과 글 중 어떤 것이 먼저 생겼냐고? 이번 미션은 또 뭘 말하려는 걸까?"

"글쎄, 어쨌거나 문제가 있으니 우리에게 미션으로 주어졌겠지."

"어, 저것 좀 봐!"

한 아이가 손가락으로 가리키는 곳에는 초등학교 6학년 정도로 보이는 한 남학생이 'X'표시가 된 마스크를 쓰고, 손에는 인종차별 반대라는 팻말을 들고 서 있었다.

"저 학생이 우리에게 하고 싶은 말은, '더 이상 할 말은 없지만 제발 인종 차별하지 맙시다'라는 뜻이겠지?"

"더 이상 할 말이 없는 것이 아니라, '할 말은 많지만 하고 싶지 않고, 인종 차별하지 맙시다'라는 뜻이 아닐까?"

소피아와 나는 언제나처럼 다른 생각을 하고 있었다.

제2차 세계대전 당시 알제리는 어느 나라의 식민지였습니까?

"프랑스입니다."

역사적인 사실을 묻는 질문에 내가 얼른 대답은 했지만, 프랑스와 알제리, 그리고 엑스 표시를 한 마스크를 쓴 학생, 이 셋이 도대체 무슨 관계인지 몰라 어리둥절해 하면서 우리는 강의실로 들어갔다.

"어서 오십시오. 자크 데리다 시간에 오신 걸 환영합니다!"

내가 알제리, 프랑스, 그리고 시위하는 학생에 관한 생각을 퍼즐 조각 맞추듯이 고민하고 있을 때, Mr. 밀레니엄이 데리다에 관한 철학을 이야기하겠다고 말했고, 결국 퍼즐은 데리다라는 마지막 조각으로 맞추어졌다. 이번 강의실에는 원탁이 가득했고, 우리는 모두 삼삼오오 짝을 지어 원탁에 앉았다.

"웬 조각들이 이렇게 많아?"

먼저 앉은 아이의 목소리에 우리도 책상 위를 살펴보았다. 책상 위에는 엑스 표시를 한 마스크, 엑스 표시가 된 지뢰가 그려진 종이에서부터, 시계, 과자, 사탕, 빵, 떡 등 여러 글자를 쓴 종이들이 어지럽게 놓여 있었다.

"데리다는 제2차 세계대전의 전운이 감돌던 1930년 알제리에서 태어났습니다."

우리의 궁금증은 뒤로한 채 Mr. 밀레니엄이 이야기를 시작했다.

알제리는 당시 프랑스의 식민지였습니다. 제2차 세계대전이 발발하자 프랑스는 항복하였고, 페탱은 히틀러의 정책에 적극적으로 협조하였습니다. 히틀러의 유대인 차별정책에 동조한 페탱은 식민지 알제리에까지 인종 차별을 강조하였습니다. 어머니가 유대인이었던 데리다는 학교에서 퇴학을 당하고 말았습니다. 하지만 제2차 세계대전이 끝나면서 데리다는 고등학교를 무사히 마칠 수 있었고, 축구 선수의 꿈을 키우던 데리다는 사범대학에 진학하여 선생님이 되고자 했습니다. 하지만 철학을 접한 그는 소르본대학교, 하버드대학교, 그리고 예일대학교에서 철학을 가르친 유명한 철학자가 되었습니다.

"데리다의 철학은 해체 철학으로 잘 알려져 있습니다."

"네? 해체라고요? 지뢰를 해체한다, 뭐 그런 말인가?"

한 아이가 책상 위에 있는 엑스 표시와 함께 그려진 지뢰의 그림을 들고 말했다.

"그렇습니다. 하지만 지뢰를 해체하자는 것은 아닙니다."

"그럼 무엇을 해체하자는 거죠?"

"지금 여러분의 책상 위에 있는 글을 해체하자고 했습니다. 즉, 데리다는 글이 갖고 있는 불필요한 의미를 해체하고자 한 것입니다."

Mr. 밀레니엄은 소피아의 질문에 사탕이라고 쓴 종이를 들어 올리면서 말했다.

여러분은 영화관이나 기차역과 같은 공공장소에서 어떤 특정한 기호로 된 표시들을 많이 보았을 것입니다. 예를 들면 비상구, 금연, 화장실과 같은 것을 글자가 아닌 어떤 기호로 표시하고 있는 것 말입니다. 이런 표시는 전 세계에서 통용되는 기호이기도 합니다. 한국에서 사용하는 금연 기호가 다르고 독일이나 미국에서 사용하는 금연 기호가 다른 것은 아닙니다. 이렇게 글자 대신에 기호를 사용하면 외국어를 잘 모르는 사람에게는 외국 여행이나 관광을 위한 아주 좋은 지침이 될 수 있을 것입니다. 이렇게 기호로 글자를 대신하는 것을 우리는 '기호학'이라고 합니다.

데리다는 글이 갖고 있는 불필요한 의미를 해체시키자는 의미에서 '시니피앙Signifiant'과 '시니피에signifi'라는 두 개념을 도입합니다. 우리는 빵이라는 하나의 글자를 보며 여러 가지 빵을 생각합니다. 즉, 단어는 그 단어가 보여주는 글자 자체의 의미와 단어를 읽은 사람이 떠올리는 의미가 서로 다릅니다. 데리다는 글자를 표현한다는 의미로 기표^{記標}, 즉 시니피앙이라고 했으며, 단어의 의미를 나타낸다고 해서 기의^{記意}, 즉 시니피에라고 하였습니다.

빵이라는 단어를 다르게 읽는 사람은 우리 중에 아무도 없을 것입니다. 빵이라는 시니피앙은 모든 사람에게 똑같습니다. 하지만 빵의 의미 즉, 시니피에는 분명 사람마다 다르게 나타날 것입니다. 빵이라는 단어를 보고 찐빵, 마늘빵, 단팥빵 등 각자 자신이 좋아하는 빵이나 즐겨 먹는 빵의 시니피에를 생각할 테니까요.

"이제 한 단어에는 한 기표만 있지만, 기의는 여러 가지가 있음을 알겠습니까?"

"네, 그렇다고 단어를 해체할 필요가 있을까요?"

"데리다는 이렇게 한 단어에 여러 가지 시니피에가 있을 경우 사람들에게 혼동을 준다고 생각하였습니다. 그래서 이렇게 혼동이 생길 수 있는 단어를 해체해야 한다고 주장한 것입니다. 이런 데리다의 생각을 해체 철학이라고 하는 것입니다."

"단어의 해체를 통해서 혼동이 아닌 좀 더 정확한 의미를 찾을 수 있을까요?"

소피아는 여전히 데리다의 해체에 대한 생각에 동의하지 못하는 것 같았다.

우리는 시니피에 때문에 좀 더 정확하게 시니피앙을 볼 수 없습니다. 즉, 빵이란 시니피앙을 보고, 마늘빵, 찐빵, 단팥빵 등 여러 가지 시니피에를 생각한다면, 빵의 원래 의미가 무엇인지 우리는 도저히 알 수 없습니다. 그렇기 때문에 데리다는 시니피에를 정확하고도 바르게 이해하려면 글자를 해체해야 한다고 주장하였습니다. 글자를 해체한다는 것은 시니피에를 생각하지 않고 시니피앙만 보자는 의미입니다. 만약 이렇게 글자의 의미를 생각하지 않고 글자 자체만 본다면, 우리는 글자 원래의 의미인 시니피앙을 찾을 수 있을 것입니다. 그런데 문제는 여전히 남아 있습니다. 여러분은 글자를 보면 시니피에를 봅니까? 아니면 시니피앙을 봅니까? 아마도 시니피에 없는 시니피앙은 불가능할지도 모릅니다. 그래서 데리다는 말과 글의 문제를 먼저 해결하고자 했습니다. 말과 글 중 어떤 것이 먼저 생겼을까요?

데리다는 고대 그리스 철학에서는 말을 글보다 더 중요시하였다고 생각했습니다. 물론 이런 생각은 비단 고대 그리스뿐 아니라 모든 나라에서도 마찬가지일 것이라고 생각합니다. 세종대왕이 한글을 창제했습니다. 그럼 그 전에는 어떤 글이 있었을까요? 아마도 오늘날 우리가 사용하는 한글과는 다른 글자가 있었겠죠. 여러분은 구전소설이 무엇인지 알 겁니다. 구전소설은 말로 전해지던 것을 한글 이전에 우리가 사용하던 어떤 언어로 표현한 것이며, 그 후에 한글로 다시 표현되었을 것입니다. 이렇게 말이 먼저 생겨나고 그 다음에 글이 생긴 것은 우리나라뿐 아니라 대부분의 다른 나라에서도 마찬가지였을 것입니다. 즉, 글이란 말을 다르게 나타낸 것입니다. 하지만 데리다는 이런 말과 글의 순서를 해체해야한다고 주장합니다.

여러분은 이미테이션이 무엇인지 잘 알 겁니다. 마찬가지로 거울에 여러분의 모습을 비쳐보십시오. 무엇이 진짜이고 무엇이 가짜입니까? 진짜와 가짜를 구별한다는 것이 쉬운 일일까요? 데리다는 이렇게 사물에 진위가 있듯이 말과 글에도 진짜와 가짜가 있다고 생각했습니다.

"말과 글 중 어떤 것이 사물을 나타내는 진짜에 가까울까요?"

이번 질문은 정말 어렵다. 나뿐 아니라 아무도 대답을 하지 못하고 있었다.

"데리다는 글이 말보다 더 진짜에 가깝다고 주장합니다. 말이 거울에 비친 모습과 같다면, 글이란 진짜 나의 모습입니다. 하지만 여러 나라 사람들은 글자보다 말이 더 중요한 것으로 생각했습니다."

"그런 잘못된 말을 해체하자는 것이 데리다의 주장이었군요."

"그래야 진짜 글의 의미가 나타나기 때문이죠. 그리고 우리는 그 글을 중심으로 다시 생각을 한다면, 보다 정확하게 글의 의미를 알게 되는 것이죠."

데리다는 먼저 말보다 글의 중요성을 강조했다. 그리고 그 글의 시니피에는 생각하지 말고 시니피앙만 생각하라고 주장했다. 그렇게 할 때에만 우리는 글이 전하고자 하는 정확한 뜻을 파악할 수 있기 때문이다.

"너는 아직도 이 길을 보면 다른 길이 생각나니?"

"소피아, 너도 그렇게 생각하니? 분명 이 길, 어디선가 우리가 본 길이지? 그렇지?"

"필로스, 데리다가 무엇을 버리라고 했지?"

"말? 아니지. 시니피에를 버리라고 했어. 그런데 그것하고 내가 이 길과 닮은 길을 봤다는 것이 무슨 상관이 있어?"

"아직도 내가 무슨 말을 하는지 이해가 되지 않니?"

"아하, 이제 알았다. 이 길을 어디서 봤다는 것은 시니피에라는 뜻이지? 그래서 내가 시니피앙을 보지 못한다, 그 얘기를 하고 싶은 거지?"

"잘 알고 있네."

더 이상 난 소피아에게 아무 말도 할 수 없었다. 그리고 보다 정확한 것을 얻기 위해서 시니피에를 버리라고 했지만, 난 도저히 이 길들의 비밀을 밝혀내기 전까지는 포기할 수가 없다.

권력이 만들어 낸 광인狂人

Michel 푸코 1926-1984

13

여러분의 공부방을 한 번 꼼꼼히 살펴보십시오. 혹 부모님께서 여러분이 정말 공부를 열심히 하고 있는지, 아니면 놀고 있는지 살피기 위해 소형 카메라를 설치해 두었는지도 모릅니다.

피난길의 행렬이 끝없이 이어지고 있었다. 다음 강의실로 가는 길은 수많은 피난민으로 가득했다. 무슨 일일까? 길거리 여기저기 나치스를 상징하는 깃발이 있는 것으로 보아 제2차 세계대전 중인 것 같았다.

"소피아, 저기 푸아티에라는 팻말 보여?"

"음, 미셸 푸코야. 푸코가 프랑스의 푸아티에에서 태어났어."

푸아티에라는 지명을 보자마자 소피아는 미셸 푸코를 떠올렸다.

프랑스 중서부 푸아티에서 의사의 아들로 태어난 푸코는 어린시절 아주 부유한 환경 속에서 자랐습니다. 하지만 제2차 세계대전은 푸코로부터 많은 것을 빼앗아갔습니다. 조용한 도시에서 아무 시련 없이 자라던 푸코의 마을에 많은 피난민이 몰리면서 푸코는 시골의 부자 아들로 전락했습니다. 푸코가 다니던 학교에 푸아티에보다 더 큰 도시에서 피난 온 학생들이 몰려들었고, 대도시에서 자란 아이들 눈에 푸코는 단지 시골뜨기에 불과했습니다. 뿐만 아니라 푸코 가문은 할아버지 때부터 의사였습니다. 그래서 푸코는 아버지로부터 의사가 될 것을 강요당했습니다. 아버지와 큰 싸움을 한 푸코는 자신의 뜻대로 파리 고등사범학교에 진학하였습니다. 푸코는 전국의 수재만 모이는 이 학교에 4등으로 입학하여 세간의 이목을 끌었습니다. 대학교를 졸업한 푸코는 교수자격시험에 합격한 다음, 외국 여러 나라의 초대를 받아 프랑스의 철학과 문화를 가르치기 시작했습니다.

"누구나 읽어보고 싶은 책이 있을까?"

"그럼, 있고말고. 정말로 유명한 책은 누구나 읽으려고 할 거야. 혹 푸코가 그런 책을 쓴 거야?"

"필로스, 넌 눈치가 빠른 거니? 아니면 생각보다 머리가 좋은 거니?"

"당연히 후자지. 내 머리가 보통 머리는 아니야. 잠깐, 근데 너 '생각보다'라고 했니?"

"푸코는 1966년 《말과 사물》이라는 저서를 발표했어. 이 책이 얼마나 유명한 책이 되었는지, 당시 프랑스 사람들은 이 책을 갖고 있는 것만으로도 자랑거리였다고 해. 이 책의 유명세를 타고 1971년 푸코는 콜레주 드 프랑스의 교수가 되었고, 병으로 죽을 때까지 아주 유명한 저서와 논문을 많이 남겼어."

소피아는 내 말은 무시한 채 푸코에 대해 이야기했다.

"소피아가 푸코에 대해서 너무 많은 것을 알고 있어서 내가 할 얘기가 없을 것 같군요."

어느새 우리의 뒤를 따라 강의실로 들어온 Mr. 밀레니엄이 우리의 어깨를 친근하게 툭 건드렸다.

"어, 여기가 어디야?"

"마치 정신병자 수용소 같아!"

아이들의 말에 놀라 나는 주위를 살펴보았다. 정말 우리가 와 있는 곳은 강의실이 아니라 완벽한 시설을 갖춘 정신병자 수용소였다. 피난민과 함께 따라 들어온 곳이 바로 정신병자 수용소라니, 놀라지 않을 수가 없었다.

"텅 비어 있는 정신병동을 보는 기분이 어떻습니까?"

"왠지 으스스한데요. 누군가 나타날까봐 무섭기도 하고요."

"이곳의 환자들도 우리와 같은 사람들이잖아요. 단지 병이 생긴 것뿐인데 유별나게 굴 필요가 있나요?"

한 아이의 말에 소피아가 정말 이해할 수 없다는 듯이 정색을 하고 말했다.

"이번 시간과 푸코, 정신병동은 무슨 관계가 있나요?"

"푸코는 철학, 정신분석학, 역사, 의학, 사회학, 문학, 여성학 등 수 없

이 많은 분야를 연구하였습니다. 이번 시간 여러분을 이곳으로 오게 한 것은 그의 철학 중 '권력 이론'에 대해서 이야기를 하기 위해서입니다."

"권력 이론이요? 힘과 같은 그런 권력 말인가요?"

"그렇습니다. 바로 그런 권력에 대한 얘기를 하고자 합니다."

나의 질문에 Mr. 밀레니엄은 푸코의 권력에 대해 이야기하기 시작했다.

영국 경험론의 아버지 프란시스 베이컨은 그의 저서 《학문의 진보》

에서 "아는 것이 힘이다"라는 유명한 말을 남겼습니다. 푸코는 베이컨의 이 말을 '아는 것'과 '힘', 이렇게 둘로 나누어서 생각하였습니다.

'아는 것'이란 인간의 지식, 인식에 관한 것입니다. 그런데 인간의 지식에 절대적인 것이 있을까요? 아마도 없을 것입니다. 그렇다면 결국 사람들은 객관적인 어떤 사실이나, 많은 사람들이 참이라고 말하는 어떤 것을 지식으로 정의내릴 것입니다. 이것은 결국 다수의 힘, 혹은 다수의 횡포에 불과한 것입니다. 인간들은 이렇게 지식이나 앎까지도 힘으로 억압하고 있다고 푸코는 보았습니다. 이런 인간의 힘을 푸코는 인간의 권력으로 본 것입니다. 인간은 이런 권력을 이용하여 가장 먼저 정상적인 사람과 비정상적인 사람을 나누고, 비정상적인 사람의 부류에 광기, 범죄, 질병을 넣고 있다고 푸코는 주장합니다.

"범죄자는 그렇다 하더라도 병을 앓는 환자까지 비정상적으로 보는 것은 좀 그러네요."

"마음 놓고 아프지도 못하겠어요."

"푸코는 사람들이 일반적으로 비정상이라고 생각하는 대상에 대해서 불만을 품고 본격적으로 정상과 비정상에 대해서 연구하였습니다."

아이들의 원망은 이어졌지만, 사실 우리가 광인, 범죄자, 환자를 정상적으로 보지 않는 경향이 있다는 것을 부정할 수는 없을 것이다.

사람들은 정상적인 것은 항상 우리 주변에 있는 것이라고 생각했습니다. 하지만 비정상적인 것은 우리 곁에서 멀리 떨어져 있다고 생각했죠. 그래서 옛날부터 사람들은 비정상적인 사람들을 격리 수용한 것이라고 푸코는 주장합니다. 수용소라는 것이 만들어지기 전에는 비정상적인 사람, 특히 정신병자나 환자들을 어떻게 했을까요? 그렇죠. 다른 사람의 눈에 띄지 않게 가족들이 집에서 그들을 보호하였습니다. 하지만 범죄자의 경우는 조금 다릅니다. 범죄자의 경우 수용소가 생기기 전에는 모두 공개 처형했습니다.

푸코는 이런 질문을 던집니다. 비정상과 정상은 누가 구별하는 것일까요? 당연히 정상적인 사람이 구별합니다. 정상적인 사람은 그들의 기준에서 비정상적인 사람을 구별하고, 그들을 치료하며, 꾸준히 연구합니다. 푸코는 이렇게 비정상직인 사람을 성상적인 사람이 구별, 치료, 연구하는 가운데 사회의 권력 관계가 형성된다고 주장합니다.

"결국 정상적인 사람이 비정상적인 사람을 상대로 권력을 휘두른다는 뜻이군요."

"그렇습니다. 의사와 법학자들은 사회가 그들에게 준 권력을 갖고 정신병자와 환자, 그리고 범죄자를 규정합니다. 그 반대는 결코 있을 수 없습니다."

"반대라 함은 정신병자, 환자, 그리고 범죄자가 그들의 권력을 갖고 의사나 법학자에 대해서 얘기할 수 없다는 뜻이죠?"

"그렇습니다."

"그건 당연한 것 아닌가?"

소피아와 Mr. 밀레니엄의 얘기를 듣던 우리는 모두 비정상적인 사람이 정상적인 사람에 대해서 얘기할 수 없는 것은 당연하다고 소리쳤다. 당연한 거잖아?

"여러분들은 아무 이유 없이 소리를 지르고, 하늘을 향해 주먹을 날려본 적이 있습니까? 여러분은 누군가가 여러분의 방을 도청하고 있다고 생각한 적이 있습니까? 여러분은 아무 말도 하기 싫어 손가락도 까닥하지 않고 멍하게 앉아 있어본 적이 있습니까? 누군가 이런 행동을 어쩌다 한 번 한다면, 여러분은 그 사람을 정상으로 볼까요? 아니면 비정상으로 볼까요?"

"당연히 정상이죠. 저도 그런 적이 한 두 번이 아닌데요."

"하지만 위의 행동을 자주 혹은 지속적으로 하면 어떨까요?"

"우리가 지금 수업하고 있는 이 텅 빈 수용소로 들어와야겠죠."

한 아이의 짓궂은 대답이었다. 하지만 정확한 대답이기도 했다.

"왜 그렇게 생각합니까?"

"우리는 광기에 관한 얘기를 들었고, 광기가 어떤 것인지 이미 알고 있잖아요. 위의 세 가지 행동을 지속적으로 하는 것은, 우리가 알고 있는 광기에 해당되니까요."

"만약 우리가 광기에 대해서 알지 못한다거나, 알고 있지 않다면 어떻게 될까요?"

"?"

"결국 정상과 비정상은 정상적인 사람이 정한 규정에 따라 나누어진다는 얘기군요."

소피아가 이야기를 하자 Mr. 밀레니엄이 푸코의 생각을 정확하게 정리해 주었다.

　푸코는 사람들이 사회의 권력을 이용하여 광인을 격리 수용함으로써 그들을 사회로부터 추방하거나 없애려하는 것이라고 보았습니다. 하지만 광인을 치료함으로써 자신의 능력을 인정받으려는 의사들이 나타나면서, 광인들은 수용의 괴로움과 자유의 즐거움을 동시에 갖게 되었습니다.

　푸코에 따르면, 의사들은 광인들에게도 정상적인 사람과 같이 교육을 시키고 직업을 주어야 합니다. 광인들은 교육을 받은 다음 직업을 얻을 경우 그들의 족쇄를 풀 수가 있었습니다. 하지만 잘못하면 언제든지 족쇄는 다시 채워집니다. 사람들은 광인이 족쇄를 다시 차고 안 차고는 순전히 본인의 탓이라고 생각했고, 결과적으로 광인들은 모든 행동에 스스로 책임을 져야했습니다. 광인들은 남들이 자신을 지켜보고 있다고 생각했기 때문에 스스로도 자신을 감시할 수밖에 없었습니다. 뿐만 아니라 정상적인 사람들은 수용소에 수감된 광인에 대해서도 자신들과 같은 잣대로 그들을 감시했습니다. 수용소를 지키는 사람들은 수감된 광인의 행동 하나하나를 체크한 다음 평가를 통해 처벌을 하기도 하였습니다.

　푸코는 이렇게 우리가 광기를 정의하는 것도, 광인에게 권력을 휘두르는 것도 모두 정상적인 사람들이 만들어 낸 것이라고 생각했습니다. 그렇기 때문에 푸코는 수용소도 감옥도 필요 없다고 말합니다. 만약 이런 권력이 없다면, 위에서 본 세 가지 행동을 지속적으로 하는 사람을 보아도, 우리는 광인이라고 규정할 아무런 근거도 없겠죠. 푸코의 이런 생각을 우리는 '권력 이론'이라고 합니다. 이제 여러분들도 권력이나 힘에 대해서 이야기할 때, 한 번 정도 생각을 해봐야겠죠? 진정한 권력이 무엇인지 말입니다.

"결국 비정상적인 사람을 정상적인 사람에게 복종시키기 위해서 만들어진 것이 권력이라는 뜻도 되겠다."

"사실 옛날에는 왕이 자신의 권력을 보여 주기 위해서 감옥과 수용소를 만들었다고 해. 왕이 아주 큰 죄를 지은 사람을 사형시키지 않고 감옥에 보내면, 그 사람은 누구에게 감사할까?"

"그야 당연히 왕이지. 아, 그래서 죄 지은 사람을 죽이는 것보다 감옥에 보내서 왕의 권력을 과시했구나. 수용소도 마찬가지고."

권력의 단맛이라는 말을 들어본 적이 있다. 도대체 얼마나 달기에 시대를 막론하고 모두들 권력의 힘 앞에서는 약해지는 것일까?

라에스테스의 페넬로페이아
_ '행동하는 생각'을 생각함

한나 아렌트 1906-1975

여러분은 지금 수백만 명의 유대인을 학살한 사람의 재판을
보고 있습니다. 여러분이라면 그 사람에게 어떤 판결을
내리겠습니까?

풀어야 할 비밀보다 해야 할 공부가 더 많다는 생각이 문득 들었다.
시간이 지나면 지날수록 철학자들에 대해 더 많은 것을 배웠으면 좋겠
다는 생각도 들었다.

"누구에 관한 얘기일까?"

"수백만 명을 학살했다면 유대인 학살 밖에 더 있겠어?"

"그럼 결국 제2차 세계대전과 관계가 있겠구나."

"저기 봐. 어떤 사람이 무릎을 꿇고 있어. 필로스, 저 사람 누군지

알아?"

"음, 독일의 수상을 지낸 브란트 같은데."

1969년 독일사회민주당 대표로 서독 수상이 된 브란트^{Willy Brandt(1913~1992)}는 1970년부터 3년 동안 신동방정책을 전개하였습니다. 특히 소련과 동독을 비롯한 동유럽과의 관계를 정상화시키려 노력하였던 브란트는, 1970년 12월 7일 폴란드의 수도 바르샤바를 방문하여 나치스에 희생된 유대인 추모비 앞에서 무릎을 꿇고 나치스를 대신하여 잘못을 사죄하였습니다. 이 모습이 전 세계에 생방송으로 중개됨으로써 독일은 진정으로 전쟁을 뉘우치고 있으며, 전쟁 보상에 대해 성실하게 대처한다는 강한 인상을 주었습니다. 브란트의 이런 노력은 1971년 노벨평화상으로 돌아왔습니다.

"브란트도 유대인 문제로 무릎을 꿇었고, 수백만을 학살하고 재판을 받는 사람이라면, 혹시 아이히만이 아닐까?"

"아이히만? 그 사람이 누구야?"

나는 갑자기 아이히만이 생각났다. 아니, 분명 아이히만에 관한 얘기가 틀림없다는 확신이 생겼다.

독일의 졸링엔에서 태어난 아이히만^{Karl Adolf Eichmann(1906~1962)}은 청소년 시절 오스트리아에서 살았습니다. 그곳에서 나치스당에 입당한 아이히만은 빈의 유대인 이주국에서 근무하였습니다. 나치스 친위대인 SS단의 중령으로 진급한 아이히만은 독일 점령하의 유대인 탄압 총책임자였습니다. 정확한 수는 알 수 없지만, 아이히만의 지휘 아래 약 600만의 유대인이 강제 수용소로 끌려간 것으로 추정됩니다. 독일이 전쟁에 지고 난 다음, 아이히만은 미군에 체포되었지만 탈출하여 아르헨티나에서 숨어 살았습니다. 이스라엘 비밀경찰은 1960년 5월 아이히만을 찾아내어 모든 법 절차를 무시하고 강제로 이스라엘로 호송하였습니다. 이스라엘에서는 1961년 4월부터 4개월 동안 아이히만에 대한 재판을 진행했고, 아이히만은 다음 해 교수형에 처해졌습니다. 이것이 그 유명한 아이히만의 재판입니다.

"그런데 이런 아이히만과 브란트, 그리고 유대인과 관련된 철학자가 누군지 알고 있나요?"

"앗, 깜짝이야!"

어느새 우리 뒤에서 나타난 Mr. 밀레니엄이 우리와 함께 강의실로 들어서며 물었다.

"힌트를 좀 줄까요? 독일에서 태어나 미국 시민권을 얻은 여자 철학자입니다. 물론 유대인이고요. 그리고 미국의 한 신문사의 요청으로 직접 아이히만 재판을 취재했습니다."

"혹시, 아렌트 아닌가요?"

"역시, 역사는 필로스, 철학은 소피아군요. 하하!"

엔지니어의 딸로 하노버에서 태어난 아렌트는 마르부르크대학에서 하이데거로부터 철학을 배웠습니다. 그 다음 프라이부르크대학으로 옮겨 후설의 제자가 되었으며, 하이델베르크대학교에서는 야스퍼스의 지도를 받았습니다. 당대의 유명한 철학자로부터 직접 철학을 배운 아렌트는 훌륭한 철학자로 성장하였습니다. 하지만 1933년 나치스의 등장으로 아렌트는 반反나치스 입장에 섰다가, 게슈타포에 잠시 체포되기도 하였습니다. 결국 아렌트는 스위스를 거쳐 파리로 도피하였지만, 독일 국적을 상실하고 말았습니다. 프랑스에서 유대인의 탈출을 돕던 아렌트는 결국 미국으로 도망하였고, 1951년 미국에서 국적을 취득했습니다. 이후 아렌트는 미국 시카고대학교와 뉴욕에서 교수로 지내며 철학을 강의하였고 상도 많이 받았습니다. 특히 아렌트는 미국과 유럽에서 많은 강연을 하였고, 10개의 명예박사 학위를 받은 것으로도 유명합니다.

　"이번 시간 우리가 살펴볼 아렌트의 사상은 '생각'에 관한 것입니다. 아렌트의 저서는 그녀가 죽고 난 다음 출판되었습니다. 1989년《생각Das Denken》이 출판되었는데, 훗날《생각》,《의지》,《판단》이란 책을 한 권으로 묶어《정신의 삶》이란 저서가 다시 출판되었습니다. 그리고 1950년부터 20여년간 쓴 일기가《생각일기Denktagebuch》라는 제목으로 2002년 출판되었습니다. 이 두 권의 책에서 아렌트는 주로 '생각'에 대한 문제를 다루고 있습니다."

　"저기 이어폰을 끼고 앉아 있는 사람이 아이히만이야."

　"저 여자가 아렌트야."

소피아와 나는 각각 아렌트와 아이히만을 가리키며 말했다. 강의실 한가운데에서는 아이히만의 재판이 진행되고 있었다. 나는 인터넷을 통해서 본 아이히만의 모습을 이 강의실에서 다시 보리라고는 생각도 못했다.

시카고대학교에서 교수로 있던 아렌트에게 1961년 〈뉴욕커The New Yorker〉지는 아이히만 재판 취재를 의뢰하였습니다. 아르헨티나에서 체포되어 강제로 이스라엘로 끌려온 아이히만에 대한 재판이 이스라엘에서 열릴 예정이었기 때문입니다.

아우슈비츠를 비롯하여 많은 유내인 수용소의 범죄 행위를 지휘한 아이히만의 재판을 지켜본 아렌트는 매우 충격을 받았다고 합니다. 아렌트는 아이히만이 괴물이나 악마의 모습을 하고 있으리라 생각했기 때문입니다. 하지만 보통 사람들과 전혀 다를 것이 없는, 너무나 평범한 모습의 아이히만을 본 아렌트는 "악의 평범함" 이란 말을 하였습니다. 뿐만 아니라 아이히만은 재판관에게 자신은 단지 명령에 복종하여 자기에게 주어진 의무를 다했다고 말했습니다. 아이히만의 말을 들은 아렌트는 '생각'에 대한 의문을 갖게 됩니다. 아렌트는 아이히만을 가리켜 "생각할 수 있는 뇌가 없는 사람", "생각 없는 사람"이라고 말합니다. 아렌트는 아이히만은 명령이나 의무라는 편견에 빠져 자신이 저지른 끔찍한 일이 어떤 일인지조차 생각하지 않았다고 흥분했습니다. 아렌트는 아이히만의 생각을 낡은 것이라고 말합니다.

"아렌트는 '항상 밝게 깨어 있는 상태로 있는 것'을 생각이라고 했습니다."

"사람의 생각 속에는 어떤 이론이나 사상이 들어있다는 건가요?"

"아렌트는 우리의 생각 속에 이론이나 사상은 없다고 했습니다. 아이히만을 보고 뇌가 없는 사람이라고 표현한 것에서 우리는 아렌트의 주장을 충분히 이해할 수 있습니다. 생각은 사상이나 이론의 문제가 아니라, 정신이 갖고 있는 고유의 생동성을 바로 경험하는 것을 말합니다."

아렌트는 인간의 삶과 생각은 결코 분리될 수도 없고, 분리되어서도 안 된다고 보았습니다. 왜냐하면 인간의 삶은 결코 미래도 과거도 아닌 현재적인 것이기 때문입니다. 그래서 아렌트는 인간에게 삶이라는 숨결이 없는 것은 곧 시체를 의미한다고 했습니다. 뿐만 아니라 생각 없는 인간은 곧 정신이 죽은 인간이라고 말합니다.

'생각'의 국어 사전적 의미는 "마음속으로 헤아리거나 판단하거나 인식하는 일, 또는 그 작용"입니다. 하지만 아렌트는 생각을 이런 판단이나 인식과 연관시켜 설명하지 않고 있습니다. 그렇기 때문에 아렌트는 생각과 인식은 같은 것이 아니라고 주장합니다. 우리는 어떤 진리를 얻기 위해서 생각을 합니다. 인식이 생각과 같지 않다는 아렌트의 주장에 따르면, 생각은 과학적인 진리를 얻기 위한 인식 행위가 결코 아닙니다.

"그럼 아렌트에게 있어서 생각은 무엇이죠?"

"소피아는 생각을 혼자 합니까? 아니면 누구와 함께 합니까?"

"당연히 혼자 하죠."

"생각을 혼자 할 때, 생각을 통한 대화도 가능할까요?"

"물론이죠."

"생각은 말이나 글로 표현할 수 있습니까?"

"네, 당연히 말이나 글로 표현이 가능하죠."

"모든 생각을 다 말이나 글로 표현할 수 있습니까?"

"표현할 수 없는 것도 있죠."

"만약 모든 생각을 다 말이나 글로 표현할 수 없다면, 말이나 글로 표현되지 못한 생각은 수정이 가능할까요?"

"음, 글이나 말은 교정이 가능하겠지만 생각은 교정을 할 수 없어요."

이렇게 바꿀 수 없는 생각이 우리 인간의 순수한 정신적 활동입니다. 사람은 순수한 정신적 활동인 생각을 통해서 우리의 삶을 이리저리 변경하면서 살아갑니다. 문제는 이런 생각은 어떤 경우에도 멈추지 않고 계속된다는 것입니다. 이렇게 계속되는 생각이 때에 따라서는 스스로를 파괴하기도 합니다. 개인이나 사회는 선과 악에 대한 분명한 기준이 있습니다. 스스로 제어할 수 없는 생각은 때에 따라서 개인이나 사회의 기준에 어긋날 때도 있습니다. 이런 생각을 아렌트는 자기 파괴적이라고 했습니다. 이렇게 글이나 말로 표현될 수 없는 생각은 교정이 불가능하며, 자신의 가치나 기준에 따라 스스로를 파괴시키는 행동으로 이어집니다.

"저기 벽에 걸린 그림을 보시겠습니까? 필로스, 무슨 그림인지 알고 있나요?"

"라에스테스의 '수의를 짜는 페넬로페이아' 같은데요."

아티카의 왕 오디세우스는 트로이 전쟁을 시작으로 20년 동안 집을 비웁니다. 그의 아내 페넬로페이아는 남편이 돌아올 것을 굳게 믿고 있었습니다. 하지만 많은 귀족들은 오디세우스가 죽었다며 그녀에게 구혼을 하였습니다. 귀족의 성화에 참다못한 페넬로페이아는 한 가지 꾀를 냈습니다. 시아버지의 수의를 짜는 동안만은 구혼을 자제해 줄 것을 귀족들에게 당부하고는 매일 낮에는 수의를 짜고, 밤에는 낮에 짠 수의를 다시 풀었던 것입니다. 페넬로페이아는 이 일을 무려 3년이나 계속하였습니다. 이런 페넬로페이아의 행동이야말로 생각이 무엇인지를 분명히 보여 줍니다. 그래서 아렌트는 행동하는 생각이야말로 이 생각이 동반하는 삶처럼 끝이 없다고 했습니다.

아이히만을 가리켜 아렌트는 생각 없는 사람이라고 했습니다. 그리고 아이히만은 자신이 한 일을 명령이나 의무라고 했지만, 그가 저지른 것은 악입니다. 결국 아렌트는 '생각이 없는 것'과 '악'의 관계에서 '생각'을 정리하고 있습니다.

아렌트는 생각하지도 않으면서 도덕적으로 살려고 행동하는 사람이 있다고 꼬집습니다. 아렌트는 내가 다른 사람에게 한 행동을 남이 나에게 할 때, 나의 기분이 어떨지 상상하지 않는 것을 가리켜 '악'이라고 했습니다. 우리는 어떤 행동을 남에게 합니다. 내가 행동한 것과 같은 행동을 남이 나에게도 합니다. 하지만 생각하지 않고 행동을 한다면, 그 행동이 좋은 행동인지 나쁜 행동인지 모릅니다. 아렌트는 생각은 사회에 유용한 것이 아니라고 합니다. 뿐만 아니라 생각은 가치를 창출하지도 않고, 선이 무엇인지를 가르쳐 주지도 않는다고 말합니다. 하지만 생각은 자신과의 대화를 통하여 양심이라는 것이 고개를 들도록 만들어 줍니다. 그렇기 때문에 생각은 어쩌면 도덕적인 삶을 살도록 인간의 행동을 이끌어 주기도 하는 것입니다. 그래서 아렌트에게 있어서 생각은 생동적인 것입니다.

"소피아, 넌 너무 많은 생각을 하는 것 같아. 네가 생각에 잠겨있을 때마다 무슨 생각을 저렇게 하나 고민했는데 이제 알았어. 그것이 바로 생각의 대화였다는 걸."

"소크라테스는 정오부터 다음날 아침까지 한 자리에 서서 꼼짝도 하지 않고 생각을 했대. 그에 비하면 난 아무것도 아니지."

"아렌트는 생각을 통해서 부산물인 양심이라는 것을 얻을 수도 있다고 했잖아. 소크라테스는 양심을 지키기 위해서 그렇게 오랫동안 서 있었나보지 뭐."

"그럼, 난 아니란 말이야?"

"아니, 아니야. 사실 그런 얘기를 하려고 한 게 아니었는데⋯⋯."

여전히 나는 소피아 앞에서는 정리가 안 된다, 정리가.

언어만이 존재를 이해한다

Hans-Georg Gadamer 가다머 1900-2002

여러분은 '해석학'이 무엇인지 알고 있습니까? 해석학이라는 말은 독일어로 '헤르메노이틱 Hermeneutik'이며, 이 말은 그리스 전령의 신인 '헤르메스'에서 나온 말이랍니다. 알고 있었나요?

해석학이란 단어를 나는 여기서 처음 들었다. 하지만 헤르메스에 대해서는 알고 있다. 헤르메스는 제우스의 전령으로 다른 사람의 생각을 제우스에게 전하는 일을 했다. 그렇다면 해석학도 다른 사람이 표현한 것을 다시 생각해 보는 것이거나, 내가 어떻게 이해할 것인가의 문제를 다루는 학문이 아닐까?

"저기 벤치에 누워 있는 사람이 보이니? 자고 있나 봐."

다음 강의실로 가는 길은 아름다운 공원이었다. 그 공원의 이름은 비

593

스마르크 광장이었다. 그리고 그 공원의 벤치에는 많은 사람들이 앉아 이야기를 나누고 있었고, 그중 유독 눈에 띄는 사람이 있었다.

"저기 경찰이 와!"

벤치에 누워 있는 사람에게 경찰이 다가갔다. 그 사람은 호주머니에서 신분증 같은 것을 꺼내 경찰에게 보여 주었다.

"당신이 한스 게오르그 가다머입니까?"

"그렇습니다. 어제 하이델베르크에 도착했습니다만, 잠자리를 구하지 못해서 여기서 잤습니다. 수고를 끼쳐서 죄송합니다."

"도대체 뭐하는 사람인데 저렇게 공원 벤치에서 자고 있는 걸까?"

"가다머라는 철학자야."

"누구라고?"

20세기의 마지막 철학자로 알려진 가다머는 1949년 하이델베르크대학교의 교수로 초빙되었습니다. 하이델베르크에 도착한 첫날 가다머는 잘 곳을 구하지 못해 공원 벤치에서 잠을 잔 것으로 유명합니다.

독일의 마르부르크에서 태어난 가다머의 아버지는 화학과 교수였습니다. 가다머는 4살 때 어머니를 잃고, 아버지의 강압적인 교육을 받으며 자랐습니다. 훗날 가다머는 자신이 받은 교육을 이 세상의 어떤 누구도 받지 않았을 것이라며, 당시의 교육이 얼마나 혹독했는지를 회상

하기도 합니다. 가다머의 아버지는 가다머가 과학이 아닌 다른 학문을 하는 것에 대해서 도저히 이해하지 못했습니다. 하지만 가다머는 철학을 비롯한 여러 인문학을 전공하였고, 하이데거로부터 교수 자격증을 받았습니다. 가다머의 아버지는 죽기 일 년 전 하이데거에게 철학의 앞날과 철학이란 학문이 평생 할 만한 가치가 있는 학문인지 물었다고 합니다. 가다머에 대한 아버지의 집착이 얼마나 강했는지 알겠죠?

아버지의 뜻대로 가다머는 유명한 철학자가 되었고, 1960년《진리와 방법》이라는 저서를 발표하였습니다. 이 책은 해석학이라는 철학의 새로운 장을 연 아주 중요한 저서입니다.

"필로스, 헤르메스에 대해서 이야기를 해주시겠습니까?"

문이 열린 강의실로 들어서자 Mr.밀레니엄이 기다렸다는 듯이 나를 앞으로 불러 세웠다.

헤르메스는 아틀라스의 딸인 마이아와 제우스 사이에서 태어났습니다. 제우스는 자신을 위해 중요한 정보를 가져다 줄 전령이 필요했습니다. 제우스는 헤라가 잠든 틈을 타 마이아와 사랑을 나눈 다음, 헤르메스를 낳았습니다. 이때 제우스는 마치 도둑처럼 다른 사람이 전혀 모르게 마이아와 사랑을 나누었습니다. 제우스가 헤라조차도 모르게 헤르메스를 낳은 이유는 헤라의 질투가 무섭기도 했겠지만, 자신의 전령은 도둑질과 거짓말에 재능이 있어야 한다고 판단했기 때문입니다.

제우스의 목적에 따라 태어난 헤르메스는 제우스의 전령이자 죽음의 나라로 영혼을 인도하는 안내자가 되었습니다. 뿐만 아니라 헤르메스는 길과 여행자를 지키고 행운도 가져다줍니다. 그리고 헤르메스는 도둑과 상인의 수호신이기도 합니다. 한마디로 표현하면 헤르메스는 전달자입니다. 다른 사람의 말이나 행동을 깊이 관찰한 다음 제우스에게 알려주는 역할을 했으니까요.

"강의실 뒤쪽에 있는 의자에 앉으시기 바랍니다."

그제야 비로소 강의실에 불이 들어오고, 우리는 강의실 가운데 몇 사람이 서로 마주 보고 앉아 있는 것을 확인했다.

"1944년 제2차 세계대전이 끝나고 라이프치히대학교가 다시 개교하면서 가다머는 이 대학의 총장으로 활동했습니다. 당시 가다머는 러시아 사람과 협상할 일이 있었습니다. 지금 여러분이 보고 있는 장면이 바로 가다머가 통역자를 데리고 러시아 사람과 협상하는 장면입니다."

"협상에서는 통역자의 역할이 크다는 것을 보여 주려는 거군요. 통역자가 상대방을 이해시켜야 협상이 이루어질 테니까요."

"소피아의 말처럼 가다머는 그의 저서 《진리와 방법》에서 이해가 어떻게 가능한지에 대해서 설명하고 있습니다."

우리는 책을 읽고, 예술 작품을 감상합니다. 책을 읽거나 예술 작품을 감상한 다음 우리는 이해했다고 말합니다. 물론 이해는 독서나 작품 감상만의 문제는 아닙니다. 사람을 이해하고, 세계를 이해해야 하며, 인간의 삶도 이해해야 합니다.

헤르메스는 제우스의 명령을 인간에게 전달하기도 하고, 인간의 생활을 제우스에게 보고하기도 하였습니다. 제우스는 신들이 사용하는 언어를 사용했을 것이기 때문에 헤르메스는 이 신의 언어를 인간의 언어로 다시 바꾸어 전달했을 것입니다. 그렇지 않으면 제우스와 인간의 상호 이해란 있을 수 없습니다. 이렇게 이해는 상호 이해이며, 이런 상호 이해가 생기는 가장 큰 이유는 인간들이 서로 다른 언어를 사용하기 때문입니다. 가다머는 라이프치히대학교 총장으로 러시아 사람과 협상을 할 때, 만약 통역자가 자신의 말을 있는 그대로 번역만 했다면 그 협상에서 실패했을 것이라고 말합니다.

협상이라는 중요한 상황에서 통역자는 단순히 번역만 해서는 안 됩니다. 통역자는 말을 하는 사람의 논리뿐 아니라, 그 사람이 하고자 하는 뜻까지도 전달하여야 합니다. 여기서 가다머는 통역자는 말로 표현된 언어만 번역하는 것이 아니라, 언어의 원래 의미까지도 파악하고 통역하여야 한다고 주장합니다. 가다머는 해석학이란 다른 사람이 사용한 언어의 의미를 자신의 언어세계로 옮겨 오게 하는 것이라고 주장합니다. 이런 생각을 가다머는 '철학적 해석학'이라 하고 자신의 이론으로 발전시켰습니다.

"인간의 많은 특징 중에 하나가 아마도 이해일 것입니다. 여러분의 생각은 어떻습니까?"

"모든 것을 보고 이해하려고 하는 인간의 속성으로 볼 때, 확실한 것 같아요."

"예를 들어서 책을 읽고, 예술 작품을 보고, 우리가 그것을 이해했다고 합시다. 과연 우리는 텍스트와 예술 작품 자체만으로 그것을 이해했을까요? 아니면 다른 것들을 이해한 것을 바탕으로 주어진 텍스트와 예술 작품을 이해했을까요?"

"당연히 다른 것을 바탕으로 현재 주어진 텍스트와 작품을 이해했겠죠."

"바로 이런 것을 가다머는 '선^先이해'라고 말합니다."

통역자가 말하는 사람의 논리와 언어의 원래 의미를 파악한 다음 통역을 한다는 의미는 바로 인간의 선이해가 있기 때문에 가능한 것입니다. 이것은 우리가 책을 읽을 때 이미 이해한 것이 있기 때문에, 그것을 바탕으로 현재 읽은 책의 내용을 파악하고 이해했다고 하는 것과 마찬가지입니다. 이렇게 우리가 선이해를 바탕으로 현재 주어진 텍스트나 작품을 이해할 수 있는 것은 이해가 순환 구조를 갖고 있기 때문이라고 가다머는 설명합니다.

가다머는 텍스트나 작품을 이해하기 위해서는 하나의 순환적인 법칙을 이해해야 한다고 말합니다. 그리고 그 법칙이란 전체에서 개체로, 그리고 개체에서 전체로 진행되는 것이라고 주장합니다. 책 한 권을 이해하기 위해서는 문단을 이해해야 하고, 문단을 이해해야만 전체의 내용을 이해할 수 있는 것과 같은 것이지요.

일반적으로 우리는 이해를 통해 객관적인 사실을 알기를 원합니다. 하지만 가다머는 보다 근원적인 방법을 원합니다. 가다머는 자신의 해석학을 '철학적 해석학'이라고 말합니다. 객관성이라는 말은 사실 특정한 기준에 의해서 만들어진 용어가 아닙니다. 사람들은 어떤 목적을 정한 다음 전통과 역사 속에서 어떤 사실을 끌어내고, 그것에 객관성을 부여합니다. 이런 객관성은 보편적일지는 모르지만, 절대적인 것은 아닙니다. 1960년에 가다머의 《진리와 방법》이 발표되었을 때만 해도 자연과학적인 사실이 객관성을 인정받고 있었습니다. 가다머는 이런 자연과학이 확실한 진리가 되기 위해서는 객관성보다는 보다 적극적인 방법이 필요하다고 생각했습니다. 자연과학은 사실 언어보다는 실험의 결과를 더 중요하게 생각합니다. 가다머는 언어에 대한 자연과학의 태도에 대해 서운한 마음을 갖고 있었던 것 같습니다.

가다머는 결국 이해될 수 있는 것은 언어뿐이라는 아주 유명한 말로 철학적 해석학의 중요성을 강조하였습니다. 이제 가다머의 철학적 해석학이 무엇인지 아시겠죠?

"너, 그런 얘기 아니?"

"무슨 얘기?"

"가다머는 죽을 때까지 하이델베르크의 유명한 상징 중 하나였다는 것."

"하이델베르크라고 하면 황태자의 첫사랑, 하이델베르크 성, 뭐 그런 게 생각나는데."

"맞아. 그런 것들 외에 가다머가 바로 하이델베르크의 상징이었어. 어릴 때 앓은 소아마비로 노년의 가다머는 하이델베르크 시내를 양쪽

지팡이에 의지하며 다녔어. 그를 만나는 모든 사람들이 그에게 안부를 물을 정도로 유명한 사람이 되었지. 그리고 하이델베르크 철학과 학생들은 그의 제자인 라이너 비일^{Reiner Wiehl(1928~)}교수 연구실 앞에 앉아 있는 그를 발견하면, 유명한 철학자에 대한 경의와 사랑을 표시하기도 했어. 이렇게 하이델베르크에서는 가다머를 모르는 사람이 없을 정도로 가다머는 하이델베르크를 상징하는 인물이 되었지."

"너는 그런 걸 어떻게 그렇게 잘 아니?"

"글쎄, 꾸준한 관심과 공부?"

'쳇.'

그러니까 나는 관심도 없고 공부도 안 한다는 말이지? 정말 선이해가 필요한 건 소피아 같다. 내가 얼마나 철학에 관심이 많아졌는데. 가다머에 대해서 세세하게 알고 있는 건 좋은데, 이제 나에 대해서도 좀 제대로 이해할 때가 되지 않았나?

철학을 만나다

    마지막 강의를 마치고 나오는 길에 우리 앞을 막은 것은 첫날 우리 앞을 막아섰던 바로 그 홀로그램이었다.

키톤 아저씨 : 작별 인사도 없이 여러분을 보낸다고 너무 섭섭해 하지 마십시오.

베네딕트 수사님 : 회자정리會者定離라는 말이 있지 않습니까? 만나면 언젠가 헤어지게 되어 있고, 헤어지면 언젠가 다시 만나게 되어 있답니다.

Mr.르네상스 : 한 가지 부탁드리겠습니다. 이곳을 빠져 나갈 때까지 긴장을 늦추지 마십시오, 하하!

프랑켄슈타인 박사님 : 미안하지만 우리도 아직 이곳에 있는 성들의 비밀을 다 풀지 못했습니다.

코제트 : 수학을 좋아하는 학생들은 위상 수학을 발전시킨 쾨니히스베르크 다리 건너기가 무엇인지 잘 알 것입니다. 이것을 염두에 두고 나가시기 바랍니다.

에스메랄다 : 가이아가 어디에서 태어났는지 생각해 보시기 바랍니다.

Mr.밀레니엄 : 출구를 빠져나가면 여러분을 태우고 갈 비행기가 준비되어 있습니다. 혹시나 해서 하는 말이지만, 출구를 찾지 못해 이곳으로 다시 돌아오는 일은 없길 바랍니다.

　우리는 잠시 멍하게 홀로그램을 바라보며 아무 말도 하지 못했다. 먼저 입을 연 것은 소피아였다.

　"계속 이렇게 멍하게 있을 수는 없어. 누구 수학 잘하는 사람? 쾨니히스베르크 다리 건너기가 무엇을 뜻하는지 아는 사람 없어?"

　"내가 설명할 수 있을 것 같아."

　나는 예전에 아빠와 함께 위상 수학을 공부하면서, 쾨니히스베르크 다리 건너기에 대해서 들은 것을 생각해냈다.

위 그림과 같이 쾨니히스베르크 시내 한가운데로 프레골랴^{Pregolya} 강이 흐르고 있습니다. 그리고 강 가운데는 두 개의 섬이 있습니다. 그리고 이 두 개의 섬은 일곱 개의 다리로 연결되어 있습니다. 쾨니히스베르크 사람들은 일곱 개의 다리를 차례로 빠짐없이 건너는 일을 자주 하였습니다. 하지만 한 번 건넌 다리는 결코 다시 건너면 안 됩니다.

수학자 오일러는 이 그림을 보는 순간 한 번 건넌 다리를 다시 건너지 않고 일곱 개의 다리를 빠짐없이 건너는 일은 불가능하다고 했습니다. 오일러는 쾨니히스베르크 다리 건너기를 마치 우리가 심심풀이로 즐겨하는 이어 그리기와 같다고 보았습니다. 모든 직선 도형을 이어 그릴 수는 없습니다. 이어 그리기가 되는 도형이 있는가 하면, 이어 그릴 수 없는 직선 도형도 있습니다. 이어 그리기의 조건은 여러분도 잘 알겠지만, 직선 도형의 점을 통과하는 선의 수가 짝수이거나 아니면 홀수가 두 개여야 합니다. 모두가 짝수인 직선 도형을 이어 그릴 경우, 출발점에서 이어 그리기가 끝이 납니다. 홀수가 둘일 경우에는 출발점과 다른 곳에서 이어 그리기가 끝이 나죠.

"너의 말대로라면, 만약 우리가 지금 있는 곳이 섬이고, 우리가 타고 갈 비행기가 강의 남쪽이나 북쪽의 다리에 있다면, 우리는 절대로 비행기를 탈 수 없다는 얘기잖아."

"소피아, 너무 극단적으로 생각하지마. 설마 우리를 여기 가두어 두기야 하겠어."

나는 일단 아이들을 진정시키기 위해 그렇게 말했지만, 사실 겁이 나기는 나도 마찬가지였다. 그래도 이곳에서 배운 것이 있다면 긍정적인 사고방식 아니겠어?

"모두들 조심스럽게 앞에 있는 전동차에 오르시기 바랍니다."

어느 틈엔가 우리 앞에는 전동차가 놓여 있었고, 익숙한 목소리가 들려왔다. 우리 모두는 조심스럽게 전동차에 올라 안전벨트를 착용했다.

"여러분은 지금 쾨니히스베르크 다리 건너기 문제의 오른쪽 섬에 있습니다. 몇 번 다리를 건널지 선택해 주시기 바랍니다. 단, 신중하게 선택해 주시기 바랍니다. 우리가 지나간 다리는 5분 후에 자동 폭파됩니다."

다리가 폭파된다는 말에 우리는 모두 움찔했다. 우려가 현실이 되는 건가 싶은 생각이 들었다.

"4번 다리요!"

그때 누군가가 자신 있게 외쳤다. 우리가 어찌해 볼 틈도 없이 전동차는 서서히 움직이기 시작했다. 어두운 터널을 지나 우리를 태운 전동차는 4번 다리를 건너기 시작했다. 멀리 도심과 강 위의 배, 일광욕을 즐기는 사람들의 모습이 보였다. 정말 오랜만에 보는 풍경이었다. 멀리 모터보트가 부서지며 뿜어내는 하얀 포말은 정말 아름다웠다. 그 모습에 취해 있던 우리는 전동차 앞의 스크린에 비친 내용도 보지 못하고 있었다.

"아직 수업이 끝나지 않았나 봐!"

우리는 일제히 스크린에 나타난 영상을 쫓기 시작했다.

철학의 영어 표기는 '필로소피philosophy'입니다. 이 단어는 서양 철학을 처음 시작한 고대 그리스 사람들이 만들었습니다. 물론 고대 그리스 사람들은 철학이 무엇인지 몰랐습니다. 몇몇 사람들이 모여 남들이 생각하지 않은 생각을 하게 되었고, 그것은 오늘날 우리가 일반적으로 학문이라고 부르는 것이었습니다. 그리고 고대 그리스 사람들은 그것을 '필로소피아philosophia'라고 불렀습니다. 그리고 필로소피아를 공부하는 사람을 '필로소프Philosoph' 즉, 철학자라고 불렀습니다.

필로소피아는 '필로스philos'라는 단어와 '소피아sophia'라는 단어가 합쳐져 만들어진 합성어입니다. 우리말로 번역하면 필로스는 '사랑'이며, 소피아는 '지혜'입니다.

키톤 아저씨 : 동양 사람들은 '지혜를 사랑한다'는 의미의 필로소피아에서 '지혜'를 '밝은 것'이라고 생각했습니다.

에스메랄다 : 그리고 '사랑'은 탐구하고 연구하는 것으로 보았고요.

프랑켄슈타인 박사님 : 그래서 '밝은 것을 추구하는 학문'!

Mr.르네상스 : 즉, '철학哲學'이 된 것이죠.

베네딕트 수사님 : 철학이라는 단어의 의미에 대해서 이제 잘 알겠죠?

코제트 : 철학이라는 단어에 대해서 충분히 알게 되었다면, 이제 제 말을 들어 주시기 바랍니다. 하지만 난 별로 반갑지 않은 질문을 해야겠습니다. 여러분이 막 건넌 4번 다리는 폭파되었습니다. 남은 것은 네 개의 다리입니다. 몇 번 다리를 건너겠습니까?

Mr.밀레니엄 : 아무 다리나 건너도 마찬가지 아닙니까? 서둘러 주세요.

우리 앞에 벌어질 일이 무엇인지 알기라도 한다는 듯 Mr. 밀레니엄은 아무렇지 않은 목소리로 우리를 재촉했다.

"1번 다리요."

"왜 1번 다리니?"

"1번이 가장 먼저이니까."

"말도 안 돼! 5번 다리요. 5번 다리로 건너겠어요."

"2번도 있고, 6번도 있는데, 왜 꼭 1번이나 5번으로 건너려고 하니?"

아이들이 의견 일치를 보지 못하고 우왕좌왕하고 있었다. 하지만 전동차는 이미 건너야 할 다리를 결정한 것 같았다. 쏜살같이 달리는 전동차에는 우리의 음성을 인식하도록 프로그램이 되어 있는 모양이었다. 아니면, 고장이 난 것이거나.

우리는 네 개 다리의 번호를 모두 말했다. 전동차는 어떤 번호를 인식하고 달리는 것일까? 우리가 어리둥절해 하고 있는 사이, 전동차는 깊고 넓은 늪으로 빨려 들어가듯이 달렸다. 우리는 심한 압박감으로 무력감과 피곤함을 동시에 느꼈다. 마치 수영장 물속을 헤매고 있는 듯한 기분이었다.

"아무것도 보이지 않아."

"너무 어두워!"

"누가 전동차의 전원 장치를 만진 것 아니니?"

아이들의 목소리가 아주 멀리서 들리는 것 같았다. 그때 갑자기 에스메랄다의 말이 기억났다. 가이아가 어디에서 태어났는지 생각해 보라는 말.

고대 그리스 신화에 따르면 가이아는 카오스에서 태어났습니다. 카오스는 깊이를 알 수 없고, 넓이를 알 수 없는 어둡고 컴컴한 늪과 같은 것이라고 했습니다. 바로 그 카오스에서 가이아가 태어납니다. 가이아는 우라노스를 낳았습니다. 우라노스는 크로노스를 낳고, 크로노스는 제우스를 낳았습니다. 고대 그리스 사람들은 이렇게 무에서 유가 나오는 것이 아니라, 무엇인지는 모르지만 카오스에서 가이아가 나왔다고 생각합니다. 고대 그리스 철학은 이렇게 "~에서부터 ~이 나왔다"는 것을 근거로 시작하고 있습니다. 이것을 오늘날 우리는 논리적인 근거라고 합니다. 철학의 기본인 논리는 무엇에서부터 무엇이 나오는 것으로 시작됩니다.

우리는 지금 모르는 길을 가고 있습니다. 하지만 시작은 어딘지 알고 있습니다. 모르는 길에 도착하면 또 다른 모르는 길을 가겠죠. 그리고 그곳에서는 또 모르는 어떤 곳을 향해 새로운 선택을 하게 될 것입니다.

무력감에 빠져 있던 우리가 마치 기지개를 펴듯이 정신을 차렸을 때, 우리는 다시 한 번 놀랄 수밖에 없었다. 우리는…… 하늘을 날고 있었다!

유럽에서 영국, 그리스, 그리고 스칸디나비아반도로 기차 여행을 해 본 사람들은 잘 알 것이다. 바다를 건널 때 사람들을 태운 채 기차가 대형 여객선 안으로 들어간다는 사실을. 어떻게 된 일인지는 알 수 없지만 전동차는 우리를 태운 채로 바로 비행기 안으로 들어갔고, 그 비행기는 우리를 태우고 하늘을 날고 있었다.

"우리 비행기에 탄 여러분, 환영합니다. 나는 이 비행기의 기장입니다. 아래 보이는 오른쪽 섬이 여러분이 7일 동안 필로소피컬 저니를 즐긴 곳입니다. 마지막으로 한번 보시죠. 아마 감회가 깊을 것입니다."

우리는 기장의 말에 따라 아래를 내려다보았다. 그 순간, 나는 지금까지 내가 풀지 못한 숙제가 드디어 풀렸음을 느꼈다.

"소피아, 저것 봐! 내가 뭐랬어. 너도 이제 알겠지?"

"응, 그래. 이제 알겠어. 여기서 보니 우리가 있었던 성의 모습이 확연하게 드러나는구나. 와, 정말 멋있다!"

"우리가 머물던 성들은 모두 7개의 동으로 이루어져 있었어. 그리고 성의 모양이 글자 '필', '로', '소', '피', '컬', '저', '니'를 본떠서 만들어져 있었고."

'ㅍ'이 두 개, 'ㅣ'가 세 개, 'ㄹ'이 세 개……

"소피아, 이 비행기에서 내리면 우리는 다시 만날 수 있을까?"

"우리가 비행기에서 내려 모르는 길에 도착하면, 또 다른 모르는 곳을 향해서 가겠지. 하지만 시작이 어딘지는 알고 있잖아?"

"?"

소피아는 알 듯 모를 듯한 미소를 지으며 창밖으로 비행기가 그리는 길쭉한 솜사탕 같은 꼬리 연기를 바라보고 있었다.

The end

도움 받은 책

철학사

김내균, 《소크라테스 이전의 그리스 철학》, 교보문고, 1996

김형석, 《서양철학사 100장면》, 가람기획, 1994

박승찬, 《생각하고 토론하는 서양 철학 이야기 2》, 책세상, 2006

박영식, 《서양철학사의 이해》, 철학과 현실사, 2000

서정욱, 《만화 서양 철학사 1. 2. 3》, 자음과모음, 2004

서정욱. 《문화사와 함께 읽는 서양철학사(고대·중세편)》, 배재대학교출판부, 2007

서정욱, 《문화사와 함께 읽는 서양철학사(근대·현대편)》, 배재대학교출판부, 2005

안광복, 《처음 읽는 서양 철학사》, 웅진씽크빅, 2007

요슈타인 가아더, 장영은 역, 《소피의 세계》, 현암사, 2000

버트런드 러셀, 이명숙, 곽강제 공역, 《서양의 지혜》, 서광사, 1990

T.Z. 래빈, 문헌병, 이부현, 이찬훈 공역, 《서양철학사 탐색》, 동녘, 1993

S.P. 램프레히트, 김태길, 윤명로 외 공역, 《서양철학사》, 을유문화사, 1997

H.J. 슈퇴릭히, 임석진 역, 《세계철학사》, 분도출판사, 1991

페터 쿤츠만 외, 홍수기 외 역, 《그림으로 읽는 철학사》, 예경, 1999

다케다 세이지, 니시 켄 엮음, 홍성태 역, 《태초에 철학이 있었다》, 새길, 2000

도널드 팔머, 이한우 역, 《그림으로 읽는 서양 철학사 1》, 자작나무, 1997

K. 플라시, 신창석 역, 《중세 철학 이야기》, 서광사, 1998

역사

구학서, 《이야기 세계사 1, 2》, 청아출판사, 2006

나종일 외, 《영국의 역사, 상·하》, 한울아카데미, 2005

민석홍 외, 《세계문화사》, 서울대학교출판부, 2006

서양사학자 13인, 《서양문화사 깊이읽기》, 푸른역사, 2008

유시민, 《거꾸로 읽는 세계사》, 푸른나무, 2008

윤선자, 《이야기 프랑스사》, 청아출판사, 2006

이강무, 《청소년을 위한 세계사》, 두리미디어, 2002

미야자키 마사카츠, 이영주 역, 《하룻밤에 읽는 세계사》, 랜덤하우스코리아, 2007

존 파먼, 권경희 역, 《유머러스 영국역사》, 가람기획, 2007

기타

김민수, 《필로 디자인》, 그린비, 2007

김범춘, 《철학, 세상과 소통하기》, 모티브, 2007

김상봉, 《호모 에티쿠스》, 한길사, 1999

김상은, 《철학함의 길에서》, 이문출판사, 1997

김석수, 《현실 속의 철학, 철학 속의 현실》, 책세상, 2001

김용규, 《영화관 옆 철학카페》, 이론과 실천, 2004

김용규, 《철학이 있는 삶과 문화》, 동아출판사, 1990

김용규, 《철학카페에서 문학읽기》, 웅진 지식하우스, 2006

김주일, 《소크라테스는 '악법도 법이다'라고 말하지 않았다. 그럼 누가?》,

　　　웅진씽크빅, 2006

김창호 엮음,《진리 청바지》, 주니어 김영사, 2006

남경태,《스토리 철학》, 들녘, 파주 2007

박제윤,《과학적 사고에 날개를 달아주는 철학의 나무》, 함께북스, 2007

유시주,《거꾸로 읽는 그리스로마신화》, 푸른나무, 1999

이윤기,《이윤기의 그리스 로마 신화 1》, 웅진지식하우스, 2000

황광우,《철학 콘서트》, 웅진지식하우스, 2007

프랑수와 다고네, 신지영 역,《삐딱한 예술가들의 유쾌한 철학교실》, 부키, 2008

T. W. 바이넘 외,《철학, 무엇을 어떻게 가르칠 것인가》, 서광사, 1991

토마스 불핀치, 김경희 역,《그리스로마신화》, 브라운힐, 2008

크리스티아네 슐뤼터, 조희진 역,《내가 사랑하는 철학자》, 말글빛냄, 2007

로버트 C. 솔로몬 외, 박창호 역,《세상의 모든 철학》, 이론과실천, 2007

롤란트 시몬-셰퍼, 안상원 역,《딸에게 들려주는 작은 철학》, 동문선, 1999

이케다 아키코,《열네 살의 철학》, 민들레, 2006

샤를 페팽, 정혜용 역,《7일간의 철학여행》, 현대문학, 2008

하인리히 하네, 백승균 역,《철학수업, 어떻게 할 것인가》, 계명대학교 출판부,
    2000

헤시오도스, 천병희 역,《신통기》, 한길사, 2004

클라우스 헬트, 이강서 역,《지중해 철학기행》, 효형출판, 2007

호메로스,《오디세이아》,《일리아스》

테드 혼드리치, 엮음, 심철호 역,《철학자들》, 이제이북스, 2007

《플루타르크 영웅전》

더 읽어볼 만한 책

Day 1

강영계, 《소크라테스도 왕따였다》, 답게, 2003

서정욱, 《탈레스가 들려주는 아르케 이야기》, 자음과모음, 2007

이형식, 《농담》, 궁리, 2004

조광제, 《플라톤 영화관에 가다》, 디딤돌, 2005

루치아노 데 크레센초, 김홍래 역, 《그리스 철학사 1, 2》, 리브로, 1998

루치아노 데 크레센초, 김홍래 역, 《판타 레이》, 리브로, 1997

프리드리히 로렌츠, 박철규 편역, 《소크라테스와 악처 크산티페》, 도원미디어, 2006

소포클레스, 천병희 역, 《소포클레스 비극》, 단국대학교출판부, 2001

폴 스트래던, 강철웅 역, 《정복자 알렉산더의 정복자 아리스토텔레스》, 펀앤런북스, 1997

M. J. 아들러, 박성호, 박종규 공역, 《쉽게 쓴 아리스토텔레스의 철학》, 이문출판사, 1994

아리스토텔레스, 최명관 역, 《니코마코스 윤리학》, 서광사, 2004

M. 아우렐리우스, 황문수 역, 《아우렐리우스에게 배우는 삶의 철학》, 한림미디어, 1997

움베르토 에코, 안수진 역, 《소크라테스 스트립쇼를 보다》, 새물결, 1995

이나미 리츠코, 허명복 역, 《유쾌한 에피큐리언들의 즐거운 우행》, 가람기획, 2006

플라톤, 박종현 역주, 《국가》, 서광사, 2005

플라톤, 박희영 역, 《향연》, 문학과 지성사, 2003

플라톤, 지경자 역, 《소크라테스의 변명》, 홍신문화사, 1997

Day 2

박규태 외, 《종교읽기의 자유》, 청년사, 1999

박해용, 《아우구스티누스가 들려주는 신의 사랑 이야기》, 자음과 모음, 2007

오강남, 《세계 종교 둘러보기》, 현암사, 2003

이석우, 《아우구스티누스》, 민음사, 서울 1995

이원복, 《신의 나라 인간 나라》, 두산동아, 2002

정수일, 《이슬람문명》, 창작과비평사, 2002

황필호, 《종교철학 11강좌》, 철학과 현실사, 서울 2006

A.M.S. 보에티우스, 정의채 역, 《철학의 위안》, 성바오로출판사, 1993

아우구스티누스, 김희보 역, 《아우구스티누스의 고백》, 종로서적, 1989

헨리 채드윅, 김승철 역, 《아우구스티누스》, 시공사, 2001

Day 3

고전 르네상스 영문학회 기획, 《영국 르네상스 드라마의 세계 1. 튜더 왕조 편》, 동인,
          2004

김용환, 《라비어던》, 살림, 2005

김태권, 《십자군 이야기》, 길찾기, 2007

한국철학사상연구회, 《수다쟁이 홉스에게 말걸기》, 신원문화사, 2001

알리기에리 단테, 김운찬 역, 《신곡》, 열린책들, 2007

R.W.B. 루이스, 윤희기 역, 《중세 천년의 침묵을 깨는 소리 단테》, 푸른숲, 2005

니콜로 마키아벨리, 신재일 역, 《군주론》, 서해문집, 2005

토머스 모어, 박병진 역, 《유토피아》, 육문사, 1993

제임스 몬티, 성찬성 역, 《성 토마스 모어》, 가톨릭출판사, 2006

롤란드 베인턴, 박종숙 역, 《에라스무스의 생애》, 크리스챤다이제스트, 1998

에라스무스, 문경자 역, 《바보 예찬》, 랜덤하우스코리아, 2006

슈테판 츠바이크, 정민영 역, 《에라스무스, 위대한 인문주의자의 승리와 비극》,
    자작나무, 1997

토머스 홉스, 신재일 역, 《리바이어던》, 서해문집, 2007

Day 4

고명섭, 《광기와 천재》, 인물과사상사, 2007

배선복, 《라이프니츠의 삶과 철학세계》, 철학과현실사, 2007

안인희, 《루소의 교육론 에밀》, 양서원, 1999

이준호, 《데이비드 흄》, 살림, 2005

최훈, 《데카르트 & 버클리》, 김영사, 2006

최희봉, 《흄》, 이룸, 2004

마틴 데이비스, 박정일, 장영태 공역, 《수학자, 컴퓨터를 만들다》, 지식의풍경,
    2005

조지 맥도널드 로스, 문창옥 역, 《라이프니츠》, 시공사, 2000

장 자크 루소, 김중현 역,《에밀》, 한길사, 2003

메리 셸리, 이인규 역,《프랑켄슈타인》, 푸른숲, 2007

조나단 스위프트, 신현철 역,《걸리버 여행기》, 문학수첩, 2000

스피노자의 정신, 성귀수 역,《세 명의 사기꾼》, 생각의나무, 2008

아미르 악젤, 김명주 역,《데카르트의 비밀 노트》, 한겨레출판사, 2007

G. E. 에밀머, 임의완 역,《청교도혁명에서 명예혁명까지》, 삼문, 1986

케빈 오도넬, 이영아 역,《30분에 읽는 데카르트》, 랜덤하우스코리아, 2005

블레이즈 파스칼, 이환 역,《팡세》, 민음사, 2003

앙리 페나-뤼즈, 임왕준 역,《데카르트가 사랑한 사팔뜨기 소녀》, 이마주, 2008

Day 5

피터 게이, 주명철 역,《계몽주의의 기원》, 민음사, 1998

H. M. 바움 가르트너, 임혁재 외 역,《칸트의 순수이성 비판 읽기》, 철학과현실사,
        2004

랄프 비너, 최홍주 역,《쇼펜하우어 세상을 향해 웃다》, 시아출판사, 2006

쇼펜하우어, 김재혁 역,《아르투르 논쟁에서 이기는 38가지 방법》, 고려대학교
        출판부, 2007

로이드 스펜서, 윤길순 역,《헤겔》, 김영사, 2007

움베르토 에코, 박여성 역,《칸트와 오리너구리》, 열린책들, 2005

빅토르 위고, 박아르마 역,《노트르담 드 파리》, 다빈치기프트, 2005

J. G. 피히테, 황문수 역,《독일 국민에게 고함》, 범우사, 1998

K. 포트랜더, 서정욱 역,《칸트의 생애와 사상》, 서광사, 2001

Day 6

강유원, 《공산당 선언》, 뿌리와이파리, 2006

고병권, 《니체의 위험한 책 차라투스트라는 이렇게 말했다》, 그린비, 2003

김완진 외, 《공리주의 개혁주의 자유주의》, 서울대학교출판부, 1996

김종현, 《영국 산업혁명의 재조명》, 서울대학교출판부, 2006

허남결, 《밀의 공리주의》, 서광사, 2000

홍성자, 《존 S. 밀 자유론》, 주니어김영사, 2008

로런스 게인, 윤길순 역, 《니체》, 김영사, 2005

D. D. 라파엘, 변용란 역, 《애덤 스미스》, 시공사, 2002

라우스, 윤길순 역, 《마르크스》, 김영사, 2008

존 스튜어트 밀, 서병훈 역, 《공리주의》, 책세상, 2007

애덤 스미스, 유인호 역, 《국부론》, 동서문화사, 2008

조나단 와이트, 안진환 역, 《애덤 스미스 구하기》, 생각의나무, 2007

뤼디거 자프란스키, 오윤희 역, 《니체》, 문예출판사, 2003

질 핸즈, 이근영 역, 《30분에 읽는 마르크스》, 중앙M&B, 2003

키에르케고어, 권오석 역, 《이것이냐 저것이냐》, 홍신문화사, 1990

W. 토머스, 허남결 역, 《존 스튜어트 밀》, 서광사, 1997

Day 7

김선욱, 《한나 아렌트가 들려주는 전체주의 이야기》, 자음과모음, 2006

문창옥 외, 《화이트헤드 철학읽기》, 동과서, 2005

류명걸, 《미국의 실용주의 철학》, 용성출판사, 2004

박찬국, 《들길의 사상가 하이데거》, 동녘, 2004

양운덕, 《미셸 푸코》, 살림, 2003

이성원, 《데리다 읽기》, 문학과지성사, 1997

이영남, 《푸코에게 역사의 문법을 배우다》, 푸른역사, 2007

이유선, 《실용주의》, 살림, 2008

발덴펠스, 최재식 역, 《현상학의 지평》, 울산대학교출판부, 1998

크리스 벳첼, 안정오 역, 《비트겐슈타인》, 인간사랑, 2000

리하르트 비서, 정영도 외 역, 《카를 야스퍼스》, 문예출판사, 1999

신 셰한, 김종승 역, 《30분에 읽는 비트겐슈타인》, 랜덤하우스코리아, 2004

필립 소디, 정해영 역, 《사르트르》, 김영사, 2008

한나 아렌트, 김선욱 역, 《예루살렘의 아이히만》, 한길사, 2006

알빈 디머, 조주환 외 역, 《에드문드 후설》, 이문출판사, 1990

B. 오운, 서상복 역, 《합리주의 경험주의 실용주의》, 서광사, 1997

마이클 와츠, 전대호 역, 《30분에 읽는 하이데거》, 랜덤하우스코리아, 2006

조지아 원키, 이한우 역, 《가다머, 해석학. 전통 그리고 이성》, 민음사, 1999

윌리엄 제임스, 정해창 역, 《실용주의》, 아카넷, 2008

데릭 존스턴, 김영희 역, 《철학 지도 그리기》, 지식나이테, 2007

L. 콜라코프스키, 고승규 역, 《베르그송》, 지성의샘, 2005

카이 하머마이스터, 임호일 역, 《한스 게오르그 가다머》, 한양대학교출판부, 2001

알프레드 노스 화이트헤드, 오영환 역, 《화이트헤드와의 대화》, 궁리, 2006

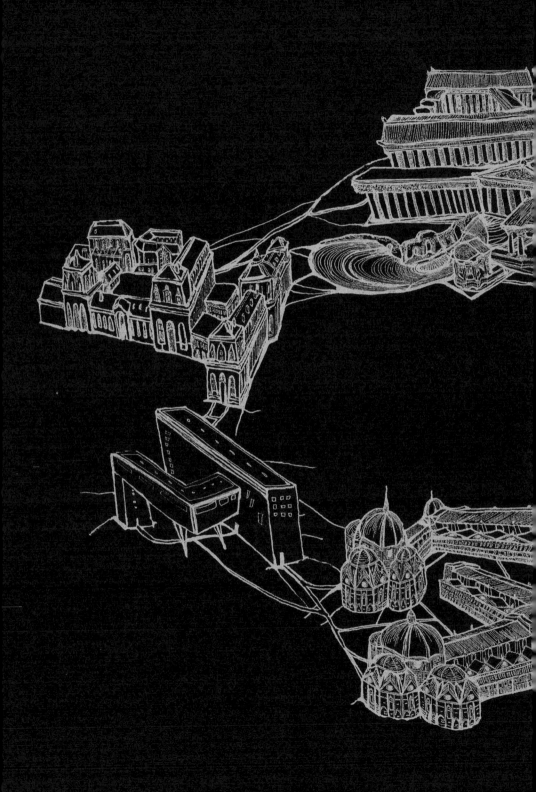

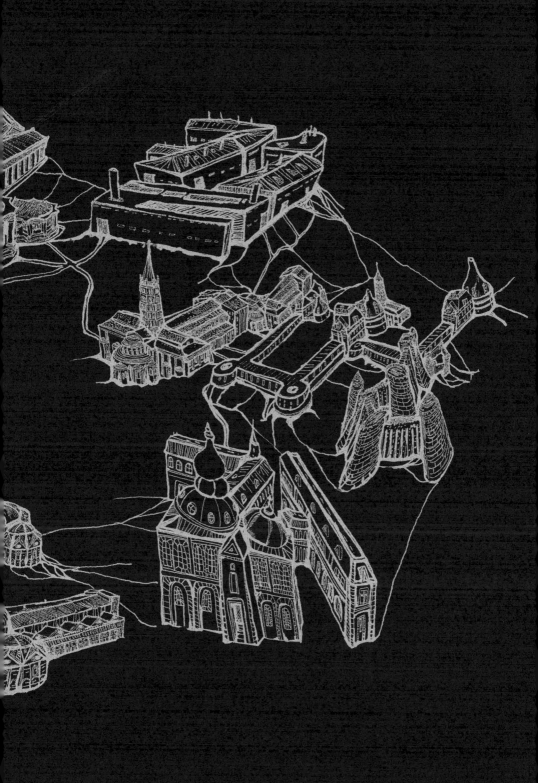